U0135086

DICTIONARY OF
DEMONS AND DEVILS

神之敵！惡魔！
惡魔紳士錄八百九十名以上！
超過四百五十六名以上的惡魔，各宗教、各文化的破壞神與邪魔完整資料！

山北 篤・佐藤俊之◆監修

高胤晃・劉子嘉・林哲逸◆合譯　　朱學恒・楊伯瀚◆中文版審定

前　言

　　惡魔。這個字眼彷若深沉黑暗令人生懼，卻又有著某種甘美誘人的聲音。如今已被用於許多涵義上。

　　在以基督宗教為首的的各宗教，及其教典、神話中，惡魔被描繪為現跡於各色傳說中的神明之敵，或被視作坑害人類的存在。而在日常生活中，我們也時常使用「惡魔○○」「惡魔的○○」等說法。

　　那麼，哪種說法才是正確的惡魔形象？聽到這問題，惡魔或許會啞然失笑也說不定。因為這就像排著黃、黑、紫、紅各色鞋子，卻問人「那雙是白鞋？」一樣。

　　以惡魔名之的「不正」存在、狀況、或行為，乃是在形容身為此類存在之生成要因的一切事物。而神話中所描述之「惡魔」，或許便可說是此類事物的擬人化。

　　本書，即為盡數網羅此類「惡魔」的事典。並不僅囿於常見的基督宗教與佛教，而列舉了廣義上被當成「邪惡存在」的諸多惡魔。書中涵括了於某神話中本為神祇，卻因其他敵對神話而被視成「神之敵」的神格；以及民間傳說裡禍害人類的妖怪；亦含有宗教場域中的惡魔性存在體。然而，書中並未查究惡魔是否存在。因為本書目的並非要論述惡魔是否「實際」存在，乃是欲傳達歷史中被形塑出的惡魔之形象。本書並非要將歷史上的惡魔們作為社會學、民俗學、或神話學等類的學問，亦非以精神醫學之角度看待，乃是將個性鮮明的各色「存在」以傳說故事待之。書中為對神話、傳說、民間故事抱持興趣的讀者送上了平常被總稱為惡魔的各式存在，若讀者諸君能自這些傳說神話獲致樂趣乃筆者之幸。

各個項目依該傳說所生地域之宗教及神話體系由多位作者分工，或共同執筆。西洋魔法書、古典作品為司馬；愛奴（Ainu）、克蘇魯（Cthulhu）為牧山；中國、韓國為遙；塞爾特（Celt）為佐藤；日本、都市傳說為秦野；馬雅（Maya）、阿茲特克（Azteca）、印加（Inca）為田中；東歐、芬蘭為桂；印度為山北、佐藤、桂；中東為山北、桂；希臘、羅馬、埃及、北美、大洋洲（Orient）、歐洲諸神話以北為主負責人。然而，這僅為概略劃分，實際上相關、鄰接項目極其繁多，執筆時並未嚴密區分負責範圍。因此，由山北進行整體架構與補充，佐藤為其補助。

　　希望讀者閱讀各項目描述過的傳說後，能感受到惡魔乃是種令人生畏，卻又擁有邪詭魅力的存在。或許，比起眾神來惡魔更能引起共鳴。這也在所難免；因為，惡魔乃是棲身於我等體內的存在。

執筆者代表
佐藤俊之

目　錄

■主要神話、宗教之惡魔觀

惡魔觀之沿革

一神教的惡魔觀

多神教的惡魔觀

現代傳說的惡魔觀

範例

A 構成

1 主項目中，記述了456條由古今中外神話傳說創作作品而來的惡魔、邪神、邪神、惡靈；惡魔紳士錄則載有890條。

2 主項目由「歐洲文字（主為英文）」「名稱」「神格」「出處」「說明本文」「參照項目」「圖片」構成。

3 排列次序依照英文26字母順序。

4 外來語長音「－」以其後之發音按50音順排序。

B 記號、參照

1 ＋　　出現於惡魔紳士錄中並屬於主項目之名詞於右方印有＋記號。

2 ※　　於主項目、惡魔紳士錄、簡介中屬於惡魔紳士錄之名詞於左方（索引為右方）印有※號。

3 強調　主項目、惡魔紳士錄、簡介中強調之文字（粗黑體），為主項目。

4 注釋　於該條後面、或當頁底下另有註解。原書注釋以「原注」表示；譯者注釋以「譯注」表示；審定者注釋以「朱注或楊注」表示。

5 參照　本文文末之（→）表關係密切之參照項目。

C 索引

1 索引中之頁數乃該字彙出現之頁數。

2 粗黑字表該字於主項目與惡魔紳士錄之頁數。

序

　　惡魔究竟爲何？本書之目的並不在於回答這個既複雜且無定論的問題。下面，乃是與名目繁多的惡魔有關之用語的簡單說明，並試著藉此稍稍闡明無所不在的惡魔的形象。希望讀者能配合本書後半的簡介（主要神話、宗教之惡魔觀），作爲延伸閱讀方面的參考。

惡魔

demon

daemon

　　英語中的demon語意相當廣泛。如薩滿宗教[1]中爲人帶來疾病等災厄的「邪惡精靈」「惡靈」、神祇或人類之敵、誘惑人類的存在，皆可以demon稱之。此字可謂是對惡魔的總稱。

　　現在，於惡言相向箋稱對方時、或指稱使用香辛料之辛辣料理[2]、惡人、有吸引力者、轉包者時，亦頻繁使用此字，將其視爲一個普通名詞。

　　惡魔原本乃是「惡」的擬人化字彙。由於神話中作爲惡魔登場的角色乃是帶來惡的存在，故問題重點在於他所帶來的是何種「惡」；是「誰」所造成的反不重要。擁有人格特性的惡魔受人重視乃是惡魔被擬人化後才有之事。

　　在文明擴展遍及全球，體認到世界爲一共同體的現代社會中，前述此種在意「狀態」而不在意擬人形象看法，似乎有再興跡象。

　　於現在社會中，「惡魔」非僅止於擬人化的形象；而是廣泛指稱許多現象或狀態。甚至也有意指於職業中表現優異的涵義[3]。這種情況，若由惡魔一字本非指人性化存在，而是指「惡」此一狀態此事來看，前述情形並非難以理解。

　　當然，「demon」本來並非用以稱呼上述的諸多事物。而是在指稱demon一字誕生以前即有的「可怕存在」。

---

1. 譯注：Shamanism，或名「黃教」，乃指以通靈人（薩滿）爲媒介與靈交通爲信仰重心之宗教樣式，見於極北寒帶、西伯利亞、中亞、北美原住民處。
2. 譯注：如法式料理中有名爲"魔鬼雞肉"（Pollo alla Diavola）之辛辣料理，歐洲常將使用辣椒或胡椒之料理稱爲「魔鬼風味」（alla Diavola）。更直接的是用 Diablo 來表示嗆辣的菜系，如 Meatball Diablo 等。
3. 譯注：例如 a demon bowler 乃指"快速投球手"。

或許，於主項目中列載的諸多惡魔，皆可謂爲demon之朋黨。無論宗教哲學如何變遷，對我們而言，惡魔乃是自遠古時代起便不斷侵害我們的「可怕存在」，此外無他。

惡靈
badman
evil spirit

神話發生前，亦即尚於萬物有靈論[4]、圖騰崇拜[5]的精靈信仰時代時，由於疾病、災害、死亡、謊言、悲傷諸事象的成因皆盡不明，所以人們將這些認爲乃某種存在帶來的可怕事物。在國家，或身爲國家原形的政治性集團尚未成立，對異民族之接觸亦極少，尚未有「敵人」存在的時代，前面那些災害便成了「惡」的概念。於是自然而然地將近日被蚊蟲傳染而得的疫病，認爲是沼地的「邪惡空氣」所造成，並進一步將其視爲是「邪惡精靈」所導致。

這種思考模式，在將本身神話範圍外的神祇敵人二度含攝入神話中的基督宗教出現後，也再度現身於宗教場域中。

邪神
the evil
evil goods
evil one

因爲人們的注意力改由被帶來的惡，轉而聚焦至帶來惡的存在之故。遭擬人化的「惡」，漸次以「人類敵人」的形象清楚呈現。這種演變於宗教裡具有讓對象清楚呈現，好令信徒容易信仰的目的存在。

然而，在初期的多神教神話中，此類擬人化的惡魔幾乎無從得見。因爲全盤接受自然的原始人類知道：帶來災害的颱風同時也是貴重水資源的來源；若無造成乾旱的太陽生命也無法存續；一個生命的死亡乃是其他生命的糧食。

那麼，人類的敵人究竟爲何？其實乃是異民族的神。

農業興起，在爲了治水或建設而生的中央集權政府成形後，人們變得會以「國家」的角度衡量事物。共同體存於國家內部；國家之外則成了未知的世界。而當成爲共同體的國家與相鄰的他國接觸時往往發生爭鬥。而人們的「敵人」便由此而生。

一場戰爭結束後，隨著一派神明的的勝利，借用該神祇之力遂行

---

4. 譯注：animism，英人類學家所提理論。認爲原始人於形成宗教前先發生"萬物有靈"觀念。認爲一切具有生長或活動現象之物，如動植物、日月、河流皆具有"靈"（anima）。
5. 譯注：totemism，宗教最早形式之一，以圖騰觀念爲標誌。許多氏族社會之原始人相信，各氏族分別源出於各種特定物類（動植物或其他物種），會對該物種加以愛護或作爲標誌、或對其進行宗教儀式。

支配的權力者將造成自己錯誤的責任或令人們痛苦的「惡」，轉化為敗北民族的神。或將勝利的歷史紀錄為自家神祇對「惡」的勝利。此時，惡魔身為帶來「惡」的「神祇與人類之敵」的形象便清楚呈現。

魔鬼
devil

基督宗教中對人類行惡的靈體，亦即被定義為惡靈的名稱。魔鬼此一用語雖是基督宗教之概念，但於基督宗教根深蒂固的西歐，固定作為用以指稱一切神之敵人的辭彙。

這是因為，基督宗教在成為世界性的一神教前，與多神教一樣同為「民族信仰」。換言之，魔鬼本身乃是亦包含了邪神的概念。

邪神中最重要的乃異民族的豐穰神。豐穰神為司掌生命恩惠之神格，與食物和生殖相關。因對某神祇而言，異民族的豐穰乃增強對方國勢兵力之大敵。故而愈發敵視其之存在。將富饒敵人的神明進行負面轉化，作為慾望的象徵。

在確立社會體制的過程中，本與暴飲、暴食、姦淫等「貪婪事物」有所關連的豐穰神，便被由賜惠之神變形為反社會的惡魔。之後再經由基度宗教令其成長為確固概念。

魔王
Satan
The Devil
Lucifer
Archenemy

魔界之王。於指稱神祇與人類之敵的devil前方加上「The」，藉以意指統領惡靈的王。名為撒旦（Satan、魔王）、路西法[6]（Lucifer、墮落天使）、別西卜（Beelzebub）、大敵（Archenemy）的諸般存在，皆可以「The Devil」稱之。

在基督宗教中「惡」乃是抵擋神的福音，妨害神的理想。魔鬼誘惑身為神子的人類並帶來災厄。這群人類的敵人應當有一首領。而神為何不由身為人類之敵的魔鬼手中護佑我們？此乃因有統率諸多惡魔，與神為敵的魔王存在之故。[7]

---

6. 譯注：Lucifer一字於中文中音譯亦頗多，有路西法、路濟弗爾（簡明大英百科全書）、魯西弗（桂冠所版之失樂園）等譯。此處權採《大美百科全書》之譯名。蓋Lucifer一字本為拉丁文。希伯來文聖經於以賽亞書14章12節中將巴比倫王稱為「發光者」，通俗拉丁文本聖經以Lucifer對譯之。Lucifer之拉丁字義小寫時有「含光」、"射光者"、"照耀者"之意；而大寫則為"金星"、"魔鬼首領"之意。英王詹姆士欽定本英文聖經中保留此字（此版聖經12節前半原文為How art thou fallen from heaven, O Lucifer, son of the morning!）。中文和合本聖經中譯為「明亮之星」。人們認為此乃撒但墮落前之名。

7. 譯注：對於神與惡魔之關係，基督宗教中論述頗多，時亦有所歧異，有興趣者可參照神學著作。

魔王的出現也意味著：惡魔並非處於神所造的社會之外部的「可怕存在」，而是變成了已被收編入神話體系內的「社會敵人」。

與人類爲敵而形象漸次明晰的惡魔，終於變爲亦與身爲崇高存在的神明爲敵者。這情況意味著，在文明進展中，對立由共同體與共同體之間移轉至了共同體內部。

魔羅
Māra

在亞洲，特別是印度及中國被視爲人類敵人的存在。嚴格來說雖不相同，但於亞洲地區魔羅乃相當於魔鬼的存在。

原先居於印度之原住民的神祇，與西歐及中東的情況相同，被自北方移入的雅利安人（Aryan）視作惡魔。

不可不提的，歐洲以及深受歐洲[影響的南北美洲、中東、印度，以及受印度影響之中國與日本，全都不免受到此民族之神話的影響。

換言之，或許可說塞爾特（Celt）的弗摩爾族[8]（Formor）、希臘的泰坦神族（Titan）、北歐的尤彌兒[9]（Ymir）、印度的魔羅（Māra）與羅刹（Raksasa）、中國日本的鬼與惡魔，全部皆屬魔鬼的同伴。

惡魔

原本的語意並非作爲demon、devil、Satan之中譯，而是指稱佛教中的「惡魔」。在佛教中，對人而言所謂的「惡」乃是由人類自身中產生的慾望，也就是自我。

而悟道便是要捨去心懷慾望的自我與宇宙化爲一體，不、應說是成爲宇宙本身；但不成熟的人多無法克勝自我的誘惑。在此，惡魔也非位於宗教外部的敵人，而是被納入神話體系中化爲維持體制的道具。

惡魔主義

現代，看起來是理性勝過信仰，或至少也是以理性爲一般價值判斷基準的時代。

但儘管如此，惡魔並未就此消失。也沒有淪爲純粹的概念。

隨著科學的進步，開始客觀看待事物，進行相對性判斷的主體意識，發覺到並非是「神＝人類」，而是「神＝體制」。國家乃爲了進行

8.譯注：此爲塞爾特神話中，自古棲於愛爾蘭島之巨人族，與外來眾神數度搏鬥，性格邪惡。
9.譯注：北歐神話中霜巨人之祖。

治水、建設，或管理軍備而誕生，而當權者爲了維持國家權力將神引爲同伴。於是，體制（神）的敵人，便成了反體制（惡魔）的存在。

　　法國大革命以降，在權力由國家回到民眾的過程中，名爲惡魔主義[10]的觀念就誕生了。

　　惡魔主義的思想淺顯易懂，惡魔之所以邪惡乃是相對體系而言，對惡魔主義者們而言並非如此。因爲對他們自身來說「神」才是敵人。

　　對認爲「神＝體制＝人類眞正敵人」的人們而言，本書所記述的惡魔們，或可說是與眞正的敵人戰鬥，卻被打壓迫害的英雄。

---

10. 譯注：文學上亦有惡魔主義（diabolism），乃19世紀後半出現之文藝思潮。好於醜惡頹廢、怪異恐怖中發掘美感，波特萊爾（Charles Baudelaire 1821～1896）爲代表作家。

Abdiel
アブデイエル

亞必迭

密爾頓的敘事詩《失樂園》（1667年）中出場之天使。雖同大逆不道的天使・撒且極其親近，卻是撒且一黨中唯一未參與反叛唯一神者。他的名字乃「神僕」之意。爲熾天使。

當撒且聽見天父宣布以聖子作繼承人、給聖子自己的全部權力時，心中深懷嫉恨。於是撒且假稱準備接受聖子的命令，召集所有跟隨他的天使到自己在天國北部的領土。響應撒且招集的天使數量高達全天使的三分之一，亞必迭也身在其中。由此觀之，亞必迭原本應是一臣屬天使，隸屬撒且這身爲天國首領之一的領邦君王。

撒且在自家宮殿所在的天國北部山岳中，初次顯明對唯一神與聖子的敵意；遭召集的天使全數贊成撒且叛亂，但唯有亞必迭不忘對神忠誠，脫離了撒且陣營。在造反天使與天國軍的交戰中，亞必迭給了撒且重重一擊。

（→撒且Satan《失樂園》）

Adachigahara-no-onibaba
安達ヶ原の鬼婆（あだちがはらのおいばば）

安達原的妖婆

別名「＊黑塚鬼女」（Kuroduka-no-kijyo黑塚の鬼女）。

本爲服侍公卿之老嫗，因自己一手養大的小姐口不能言，在聽說只要讓小姐吞下孕婦的新鮮肝臟即可治癒後，便躲到安達原野的岩洞中等待孕婦經過。

過了一段時間，有對名叫伊駒之介與戀衣的夫婦造訪她的住處，要求借住一宿。老嫗鼓其簧舌將伊駒之介騙出戶外後，剖開留在屋內的戀衣腹部取得新鮮肝臟。然而，老嫗卻由戀衣攜帶的護身符上發現她乃是自己的女兒，爲此瘋狂錯亂，化爲女妖。

數年後，熊野的山中僧侶祐慶向她借住一宿。當她爲祐慶出外取柴時，告訴祐慶決計不可窺看她的寢室；但祐慶不聽囑咐偷窺了寢室。發現內有許多屍骸，於是大驚而逃。而妖婆由後追來，祐慶自懷中取出觀音菩薩像一心祈禱後，佛像升至空中射出破魔箭刺穿妖婆。妖婆被打倒後，她所住之岩洞便被改稱爲「黑塚」。

（→宇治橋姬Uji-no-hashihime、紅葉Momiji）

Adramelec（Adrammelech）
アデランメレク（アデランメレク）

亞得米勒

詩人密爾頓之敘事詩《失樂園》（1667年）中登場之造反天使（惡魔）。經密爾頓之手，將他設爲《舊約聖經》〈列王紀〉中出現的西法瓦音人神祇之前身。

亞得米勒在〈列王紀〉中被描述爲與摩洛（Moloch）相同，要求獻牲的異教神，這或許就是密爾頓將亞得米勒加入失樂園登場人物的理由。於〈列王紀〉與亞得米勒一同出現的乃是異教神亞拿米勒（Anammelech），但不知爲何密爾頓未將他採爲造反天使。《失樂園》中與亞得米勒同列的變成了阿斯瑪代（Asmadai）。

亞得米勒出現在描寫天國大逆不道的天使・撒且進行造反的第6卷中。似乎是反叛軍中指揮官等級的天使；布陣於敵方陣營天國軍正面的天使尤烈兒（Uriel）所指揮之部隊與他發生激戰，但亞得米勒不致落敗。或許，因爲亞得米勒被西法瓦音人當作太陽神崇拜，所以密爾頓選亞得米勒作爲太陽守護天使尤烈兒的敵手。

天使
失樂園

女妖
日本

造反天使
失樂園

Aēšma

アエーシュマ

艾什瑪

　　瑣羅亞斯德教中司掌狂行暴舉的惡魔。

　　遭艾什瑪所控制的人會虐待有用的家畜，作出難以想像的凶暴行為。而且就像「著了魔」這句話所形容的一樣，自身並不會察覺到已被惡魔控制而變得喪心病狂。

　　瑣羅亞斯德教對酒的態度有些模糊曖昧，一方面於宗教儀式中常常飲用呼瑪（Haoma，含有常用藥草的發酵飲料）；另一方面又將禁酒作為宗教原則，視作應有之道德。關於禁酒戒律的嚴峻程度眾說紛紜。但無論如何，與世界上多數宗教相同，瑣羅亞斯德教也明顯不贊同飲酒過量或酒後無行。醉酒行為亂暴之人會被形容為「被艾什瑪控制了」。

　　而艾什瑪總是手持滿佈鮮血的武器，與暴徒的形象十分相稱。古波斯薩珊王朝（Sāsān）時代的瑣羅亞斯德教徒間便流傳著「若讓此惡魔手掌地上治權，世界恐會變得比肩有兩蛇的暴君薩哈克（Zahāk）[1]統治時還要可怕」的說法。

（→**阿里曼 Ahriman**）

Agares

アガレス

阿加雷斯

　　據說乃古以色列王國國王所羅門所著之17世紀魔法書《雷蒙蓋頓》（Lemegeton，又名《The Lesser Key of Solomon》），書中第一部分〈哥耶提雅〉中所載72名惡魔之一。

　　乘鱷而來，授人語言相關之智識。又據說能控制地震。別名「※阿加洛斯」（Agaros アガロス）。

　　16世紀之惡魔學者讓‧維爾（Jean Wierus〈Wier〉）稱阿加雷斯乃地獄東部之大公爵，乃地獄23名公爵之首。

　　身為名著《地獄辭典》（Dictionnaire Infernal）作者的19世紀作家柯林‧德‧普朗西（Collin de Plancy），乃深受維爾影響之人，亦應熟知維爾對阿加雷斯之解釋；但於《地獄辭典》中卻無阿加雷斯一項。《地獄辭典》經畫家M.L.布爾頓（M.L.Breton）之手，添加了通俗美觀手繪彩色木版畫，書中插畫頗有名氣。但書中配上乘鱷賢者之圖介紹的，卻是名為※齊博斯（Zaebos）的來歷不明惡魔。這名齊博斯屬於伯爵或屬於公爵的說法皆有，布爾頓筆下的齊博斯肖像常被與阿加雷

Aghasura 或 Aghashura

アガースラ

阿迦修羅

　　阿迦修羅乃名為「阿迦」的**阿修羅（Asura 或 Ashura）**之意，據說他乃惡王庚斯（Kansa）手下將領。

　　阿迦修羅化身名為阿迦俱羅的大蛇，陰謀吞吃英雄神黑天（Krsna）[2]極其同伴。

　　由於阿迦修羅的口部，外觀與洞窟入口極其相似，於是黑天的同伴們與他們的家畜便被誘入其中吞下。

　　得知此事的黑天前去救出同伴，打倒了阿迦修羅。

　　這則故事載於《薄伽梵往世書》（Bhagavata Purana，印度教聖典之一）中。此書乃薄伽梵派（Bhagavat sect）之主要經典。書中毗濕奴神（Visnu 或 Vishnu）以薄伽梵（Bhagavad，或譯世尊）之名登場。

　　而且，因為於第10卷登場的黑天（阿迦修羅的故事亦在此卷）亦為毗濕奴化身，故演變為阿迦修羅乃是被毗濕奴打倒。

■ 惡魔
■ 伊朗

1 譯注：或譯佐哈克，伊朗神話中其肩之所以生出兩蛇乃阿里曼所
　致，薩哈克每日殺人取腦供蛇食之，又被稱蛇王（或譯蛇君）。
　朱注：在田中芳樹的《亞爾斯蘭戰記》中即引用此魔王的傳說作
　爲主題。

■ 惡魔・所羅門的惡魔
■ 雷蒙蓋頓

斯混淆。

■ 阿修羅
■ 印度

2 譯注：又譯克里須那、克里希那、克里斯那天或奎師那，印度教
　主神毗濕奴第八化身。

Ah Puch
アフ・プチ

阿・普切

居於中美猶加敦半島之馬雅人的死神。馬雅人的神話中，如阿・金（Ah Kin）、阿・塔巴（Ah Tabai）這種以「阿・～」之名登場的神祇頗多。阿・普切亦爲其中一名。

阿・普切的形象爲一具骸骨，或以掛鈴的腫脹屍體形象出現。

阿・普切也是惡魔之首※胡好（Hunhau），支配著地底最下層的第九層世界米撻那耳（Mitnal）。即使到了現在，阿・普切也依舊存在，只是更名爲「幽姆・席密魯」（Yum Cimil）。

幽姆・席密魯乃「死亡之主」，貪得無厭地不停索求犧牲者。所以幽姆・席密魯會徘徊於病患住家附近。

馬雅人與好戰的周邊民族截然不同，是對死亡異常恐懼的民族。馬雅人遺族對死者的極度哀傷，甚至讓西班牙征服者（Conquistador）們爲此驚異。

也因此，身爲死神的阿・普切遭人畏懼之程度等若死亡。

（→維科布・卡庫伊科斯 Vucub Caquix、奧迦斯

Ahriman
アーリマン

阿里曼

瑣羅亞斯德教（Zoroastrianism）認爲，世界乃善神阿胡拉・瑪茲達（Ahura・Mazda）與惡神阿里曼不斷爭鬥之場所。有傳說阿里曼較阿胡拉・瑪茲達力弱，亦有傳說兩者勢均力敵，眾說紛紜。但無論如何，阿胡拉・瑪茲達於將創造世界時，定然認爲將這名敵對者放置不睬有所不妥。於是以咒語將阿里曼困縛了3000年，並趁此時創造了世界。之後解除咒縛的阿里曼心中大怒，轉而反擊。他創造了毒蛙、毒蛇、毒蜥蝪、毒蝎，以及1萬種病魔，將它們放諸於世。此

後，善神同惡神的鬥爭直至今日依舊不息。

阿里曼統馭以※六大惡魔爲首的無數魔鬼（德弗）[4]，造惡無數。偶爾會化爲人類接近諸國國王，教以奢侈令王墮落。阿里曼於國王墮落後用計親吻國王雙肩，令國王兩肩各生出一對蛇。可怕的是，這對蛇每日各需吃食一個活人的腦子。

（→安格拉・曼紐 Angru・Mainyu）

Ahtu
アトウ

奧陀

奈亞魯法特（Nyarlathotep）乃被稱爲「持擁千面」之神，奧陀即他的化身之一。主要於非洲地方被信仰，甚至還隨黑奴一起融入了巫毒教中。

奧陀乍看下像是攔腰折裂的巨木。然而，在相當於樹幹之處，卻長著仿如鑲嵌石英閃閃生輝的金屬曲枝，奧陀可以揮舞它攻擊人或動物。當然，本體亦可移動。

奧陀的信徒是因壓迫或獨裁者等原因而被逼入瘋狂絕望的人們。所以他的信徒幾乎都因遭受

酷刑、鞭笞而身受重傷，甚至四肢不全。

根據黑魔法書《死者之書》（Necronomicon）記載，據說奧陀乃是在無限漫長的往昔時落於地球上的眾多種子之一，只消於地球上扎根一次，便終有一天會蓋滿整個大地。

■ 死神
■ 馬雅

Orcus、米克特蘭泰庫特利 Mictlantecuhtli）

3 譯注：前者為乾旱瘟疫之神；後者為獵神。

■ 惡神
■ 伊朗

4 譯注：Daeva，泛稱古伊朗神話傳說中的魔怪，與善神為敵。

■ 邪神
■ 克蘇魯神話

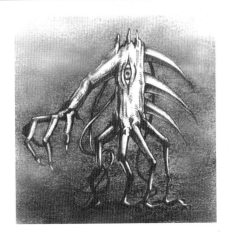

Aini

艾尼

據稱爲古以色列王國國王所羅門（Solomon）所著，現於17世紀的魔法書《雷蒙蓋頓》（Lemegeton，又名《The Lesser Key of Solomon》）書中第一部分〈哥耶提雅〉（Goetia）[5]中所載72名惡魔之第一位。大衛（David）之子所羅門，乃因受崇奉異教之妻妾影響而祭祀偶像神，故相傳與惡魔有關之人物。但《雷蒙蓋頓》乃17世紀之書，並非所羅門所著。

依據《雷蒙蓋頓》所記，艾尼有蛇、貓、人三頭，騎跨毒蛇而現。因其帶有貓頭，故有人認爲他對古以色列人而言乃異教之神，與埃及之貓女神巴斯特（Bastet）[6]有關。又名「艾姆」（Aim アイム），亦有「哈拜利」（Haborym ハボリユム）之名。在法國作家柯林‧德‧普朗西（Collin de Plancy）的《地獄辭典》（Dictionnaire Infernal，1818年初版）中，即載有哈拜利此一名字。普朗西之作應是參考了，受《雷蒙蓋頓》影響之惡魔學家讓‧維爾（Jean Wierus〈Wier〉，1516～1588）所著的《魔界王國》（De praestigiis daemonum），此書中記載哈拜利乃司掌火災之地

Akuroou

惡路王

桓武天皇（781～806年在位）時代興兵做亂的傳說人物。別名「大丈丸」。固守在達谷[7]的洞窟中，後爲坂上田村麻呂所敗。

如今，在蝦夷[8]地方將惡路王與和他同樣起兵做亂的阿弖流爲視作同一人；但兩者其實截然不同。恐怕是同時同在東國[9]起兵作亂，又皆遭坂上田村麻呂剿滅之故，這才引起混淆。

他本來應是中世時代的盜賊，隨著時日變遷，形象便由人類變爲妖人，再由妖人轉爲妖怪。這或許是由於當時京城中的爲政者與知識份子，將不服天皇者（特別是東國）視作如同半魔物的存在，加以畏懼之故。飛驒（今日本岐阜縣北部）的**兩面宿儺（Ryoumennsukuna）**之由來或許也是如此。

相傳坂上田村麻呂於討伐藏身山中的惡路王（＝阿弖流爲）之際，點燃大燈籠並以鼓笛伴奏壯大聲勢；此事被當作青森燈籠祭[10]起源。但史實中，坂上田村麻呂從未履足青森。

（→土蜘蛛 Tsuchigumo）

Akushirou Ishikawa

石川惡四郎

相傳廣島縣的眞定山中曾住著名爲石川惡四郎的妖怪首領。

一位名叫五大夫之人，有次被名叫三左衛門的友人勸邀道：「去看妖怪吧」。於是兩人就這樣來到眞定山，抵達後該地後山頂上烏雲低垂，大地鳴動，下起傾盆大雨。因無法走到山頂，加上已然入夜之故，兩人決定先躲在岩縫中過夜。

然而當晚因異狀接連不斷，二人無法安寢。後來雖然狼狽下山，但三左衛門卻發起高燒昏迷不醒。

在那過後不久，五大夫家開始有妖怪出沒。然而大膽的五大夫絲毫不懼度日如故。

於是數日後有名作和尚打扮之人來到五大夫家如此說道：

「閣下實爲勇敢無比之人。既然如此，我等這就離山」

這名和尚便是石川惡次郎。據說，之後五大夫將自己所見之妖怪模樣繪爲畫卷藏於寺廟。

（→山本五郎左衛門 Gorouzaemon Sanmoto）

惡魔‧所羅門的惡魔
雷蒙蓋頓

獄公爵，指揮26個惡魔軍團。

5 譯注：此書共分4部分，第一部分乃召喚72名惡魔之法。
6 譯注：貓首神，形象初爲北獅，後爲貓首人身，乃快樂與音樂舞
　　蹈之女神，並護佑人類健康。

魔物
日本

7 譯注：於今日日本岩手縣一帶。
8 原注：泛指北日本、東日本。
9 譯注：泛指日本箱根以東的關東地方。
10 譯注：青森陰曆7月7日舉行之祭典，製作許多大型燈籠，上貼
　　武士、惡鬼、鳥獸等圖，以鼓笛伴奏遊行。

妖怪首領
日本

Alaksmi
アラクシユミー

阿羅乞什密

在印度廣受崇敬的女神裏，有一位毗濕奴（Visnu或Vishnu）的神妻羅乞什密（Laksmi）。乃財富、幸運、豐收、家庭圓滿的女神，於漢譯佛典中被譯作「吉祥天」。

這名羅乞什密有位姊姊，名叫阿羅乞什密，即不吉祥天。印度教寺院中常以阿羅乞什密像裝飾，形象爲一騎驢醜陋老太婆。

在名爲排燈節（Diwali）的印度秋日節慶中，人們會於門口與所有窗戶點燈，藉此從家中趕出阿羅乞什密，迎入羅乞什密。於某些地方甚至可聽見「阿羅乞什密在外；羅乞什密在內」這種如同日本立春前日時可聞的喊聲[11]。

然而在古孟加拉地區[12]，曾有在羅乞什密的祭典前，特地請來婆羅門（祭司）於家外進行祭祀阿羅乞什密之儀式的風俗。因此，也有學者主張：「阿羅乞什密本爲古代土著的吉祥女神，但被羅乞什密所取代」。亦有其他學者主張：「羅乞什密本爲司掌幸運與不幸雙方面的女神，只是後來分化爲羅乞什密及阿羅乞什密」。

（→**迦梨女神Kali**）

Alichino
アリキーノ

亞利幾諾

義大利詩人但丁（Dante Alighieri，1265～1321年）之敘事詩《神曲》（Divina Commedia，1307～21年作）中登場之惡魔。《神曲》三部作第一部〈地獄篇〉的第22篇內，描述了於地獄第8圈第5溝懲罰亡者的12名魔鬼所組集團「※馬納勃郎西」（Malebranche），亞利幾諾爲其中之一。名字爲「誘惑者」之意。（→**馬納果達 Malacoda**）

馬納勃郎西們監視著浸於沸騰瀝青（天然柏油）池中的眾多亡者，一但發現有露出身體者，便以鐵鉤將其吊起不停苛虐犯人身體。

帶領主人公但丁的詩人維其略（Virgillo），朝被馬納勃郎西之一的格拉非岡（Grafficane）抓起的「那伐拉人強波洛」，詢問瀝青池中的狀況時，強波洛與惡魔們約定，以叫出池中但丁同鄉的義大利人爲條件，讓魔鬼們便不對自己施加暴力。

然而，身爲懲罰貪官污吏與詐欺犯的第8圈第5溝犯人的強波洛，欺騙了惡魔們而逃回池中。勃然大怒的惡魔們因生性頭腦簡單而開始內閧打鬧起來。亞利幾諾與惡魔**加卡比那（Calcabrina）**

Allocen
アロケン

安洛先

假稱古以色列王國所羅門王所作之17世紀魔法書《雷蒙蓋頓》（Lemegeton，又名《The Lesser Key of Solomon》），書中第一部分〈哥耶提雅〉所載的72名惡魔之一。爲地獄之侯爵。擁有「※安洛瑟」（Alocer アロケル）「※安力瑟」（Allocer アツロケル）「※安林恩」（Alloien アロイエン）等別名。

據說以有著火紅獅頭與如焰雙目的騎馬戰士之姿現身於世。

19世紀法國作家柯林‧德‧普朗西，所著之《地獄辭典》中，採用安洛先別名之一的安洛瑟來介紹他，地位被升格爲地獄的大公。安洛先乃司掌學問的惡魔之一，被認爲能給予召喚者天文學、占星術，以及眾多學問的知識；據說他充滿知性的聲音中有著莊嚴聲韻。畫家M.L.布爾頓於該書中繪有許多惡魔肖像畫，在安洛瑟一項中附加有形似騎士的插圖。於該幅木版畫中安洛瑟身穿甲冑頭戴飾羽頭盔，騎乘披掛嚴整馬甲的戰馬。

（→**撒旦Satan《失樂園》、撒旦Satan〈中世紀歐**

■ 神
■ 印度

11 譯注：日本於立春前一日時有手灑大豆，口呼「鬼在外，福在
　　內」以驅禍祈福之習俗。
12 原注：印度次大陸東北部，包括今日的印度、西孟加拉州、孟
　　加拉共和國。

■ 惡魔・地獄的魔鬼
■ 神曲

一齊摔落瀝青池中雙雙灼傷。

■ 惡魔・所羅門的惡魔
■ 雷蒙蓋頓

洲〉〉

Aloadai、Aloeidai、Aloadae（法文：Aloades）

アロアデス

阿洛伊代

　　乃是指稱海神波賽頓（Poseidon）的兩個兒子「*俄托斯」（Otos）與「*厄菲阿爾忒斯」（Ephialtes）[13]。

　　阿洛歐斯（Aleus）之妻伊菲墨狄亞（Iphimedea，她爲阿洛歐斯之姪女）愛慕波賽頓，時常跑到海中，讓海水注入她懷中。波賽頓回應了她的愛情，於是兩人生下二子。此二子即爲阿洛伊代。

　　他們乃是巨人，每年長高2公尺，9歲時便將俄薩山（Ossa）疊至奧林帕斯山上，再將佩利翁山（Pelion）疊到二山上。接著爬到天上與眾神搏鬥，還想填海造陸，化陸爲海。

　　厄菲阿爾忒斯曾對赫拉（Hera）求愛；俄托斯曾對阿蒂蜜絲（Artemis）求愛，並把從中阻撓的戰神阿瑞士（Ares）綁了起來，關到青銅壺中13個月。

　　他們之死有三種說法。一說爲太陽神阿波羅（Apollo）於成年前所殺；一說爲大神宙斯（Zeus）以雷擊殺；一說阿蒂蜜絲化爲牡鹿走入兩人間，讓兩人擲出長槍相互殺死對方。

Amaimon

アムイモン

亞邁蒙

　　仿啓示文學《以諾書》所作之《僞以諾書》的目錄中記載的惡魔。亦被稱作「*亞邁依蒙」（Amoymonアモイモン）「*邁蒙」（Maimonアイモン）「*梅蒙」（Maymonメイモン）等名。

　　《新約聖經》〈馬太福音〉中表示「財利」的**瑪門（Mammon）**此字被解釋爲是一惡魔。亞邁蒙似乎也因此被認爲是與黃金關係匪淺的存在。有時會被描繪成騎乘似龍生物的鳥頭惡魔。

　　19世紀法國作家法國作家柯林·德·普朗西的《地獄辭典》內，亞邁蒙與瑪門被分作兩項目當成不同惡魔。但因普朗西並非對惡魔學造詣深厚之人，故他對惡魔的解釋幾乎皆是以16世紀惡魔學者讓·維爾爲基準。在《地獄辭典》中，亞邁蒙乃地獄四王之一，爲東方領域支配者。然而，在該書說明地獄帝國陣容的部分中，不知爲何無亞邁蒙之名。《地獄辭典》因畫家M.L.布爾頓所繪之通俗惡魔肖像畫而享有盛名，但他並未繪有亞邁蒙的插畫。

Amanojyaku

天邪鬼（あまのじやく）

天邪鬼

　　日本民間故事中出現的惡鬼。會模仿他人的外表或聲音舉止，或把人的言行舉止變得相反，以藉此對人作亂。大多數的場合中最後都會被消滅。

　　在天邪鬼相關的民間故事中，最有名的應屬《瓜子姬》。由瓜中出生的瓜子姬被膝下無子的老夫婦收養長大。但在出嫁前夕，天邪鬼趁老夫婦不在家時跑來與瓜子姬碰面。天邪鬼巧言哄騙瓜子姬，將她綁在樹上；自己化身爲瓜子姬取而代之。然而因爲小鳥的通風報信而使其惡行敗露，於是天邪鬼被殺死切爲碎塊，瓜子姬則被救出平安完婚。

　　而在日本東北或九州流傳的早期故事中，天邪鬼將瓜子姬撕碎吃下後，再披上瓜子姬的皮變身，情節頗爲殘酷。依流傳地域不同，有時天邪鬼即使惡行敗露也能順利逃脫。

　　他的起源眾說紛紜。代表性的有：和山姥（Yamanba）、山彥（Yamabiko）[14]同樣屬於山岳擬人化之說；原形乃被征服民族中的山地住民之說；源自《記紀》神話的天探女（Amenosagume）

眾神之敵
希臘

相傳落入地獄後的阿洛伊代被巨蛇捆縛於柱上。

13 譯注：或譯「艾非亞特士」。

惡魔
偽以諾書

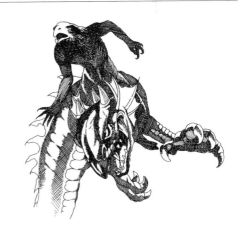

惡神
日本

之說等[15]。另外，佛教毗沙門天（Vaisravana）腹部之鬼面，或其所踏之小鬼也被稱作 Amanojyaku（漢字作海若）。

（→魔王尊Maou-son）

14 譯注：山姥位居於山中身有怪力的女妖，山彥乃山神、山精一類。
15 譯注：《記紀》指《古事記》《日本書記》兩日本古書，天探女乃日本神話中一女神。

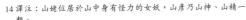

Amanokagaseo-no-mikoto

天香香背男神（あまのかがせおのみこと）

天香香背男神

別名「*天津甕星神」（Amatsumikaboshi-no-mikoto），由此一別名可知他乃天津神[16]。而不遵高天原命令的天香香背男神卻是平定地上諸多暴虐惡神的天津神第一強者。此神身擁的強大力量足以打倒*建御雷之男神（Takemikazuchi-no-mikoto）、經津主神（Hutunushi-no-mikoto）二神。最後若非被倭文神・建葉槌（Shitsurikami・Takehazuti-no-mikoto）懷柔勸服，定能發揮勝過日本神話中最強兩戰神的力量。

謠傳中，據說天照大神（Amaterasuookami）欲平定地界而打算派遣建御雷之男神與經津主神下凡。但兩神因天上尚有名爲天香香背男神之惡神，而主張平定地上前應先打倒他。但天香香背男神依舊未被二神擊敗，據守於香取地方（今日本千葉縣佐原市）；即使面對強大權勢也始終未改變自身立場。

因他自身乃司掌星宿之神，所以或許也因此被認爲司掌吉凶禍福。又，後來自中國傳入牛郎織女的神話後，因同爲星宿神之故兩者相互結合，變得同受祭拜（七夕）。

Amduscias

アムドウスキアス

安度西亞斯

假稱古以色列王國所羅門王所作之17世紀魔法書《雷蒙蓋頓》（Lemegeton，又名《The Lesser Key of Solomon》），書中第一部分〈哥耶提雅〉所載72名惡魔之一。別名「*安布西斯」（Ambuscias アムブスキアス）。地獄公爵。

被認爲是音樂家性格的惡魔，無須管絃樂團即可演奏出悅耳動聽的音樂。又據說會率領隱形樂隊出現。以獨角獸形象現身於人世，會給予召喚他的魔法師小惡魔以供使喚。

依據受16世紀惡魔學家讓・維爾影響的19世紀法國作家柯林・德・普朗西，所著之《地獄辭典》，安度西亞斯爲地獄大公爵，統帥29個軍團。在維爾的說明中，他的原形與獨角獸相仿，現身於魔法師面前時會化爲人形。《地獄辭典》中也介紹他是惡魔中的音樂家，只要召喚者希望他便開始舉行音樂會。安度西亞斯在《地獄辭典》之插畫家M.L.布爾頓手繪的彩色木版畫中，爲馬頭人身造型，這幅肖像相當有名。而該圖中，在安度西亞斯的背後放有數隻喇叭。

Ammit

アミト

阿米特

鱷頭女惡魔。也被叫做「*阿米瑪特」（Amemait アムマイト），她的胴體爲大型貓科動物（多半是獅子），臀部爲河馬。

此名女惡魔在埃及的死者審判中擔任重要職務。而她也因該職務之故被稱爲「吞噬亡靈者」。

阿米特在下達判決以前無法對死者作出任何舉動。只是潛伏在審判之秤旁靜靜等待。

而*奧賽洛斯（Osiris）會將死者的靈魂置於秤上計測重量。秤的一邊是死者的心臟（象徵靈魂）；一邊是象徵眞理女神瑪特（Maat）的羽毛。若靈魂無罪，磅秤中心臟的一方便會下沉。然而若有罪，便會是羽毛較重。

以此下達判決後，阿米特便開始行動。自然，她是不能傷害善者的；可是對於有罪的靈魂，她會將其撲倒，再一口吞下。

（→塞特 Seth）

惡神‧星宿神
日本

（→大國主神 Ookuninushi-no-mikoto）

16 原注：自諸神所居住之高天原降臨的眾多神祇之總稱。

惡魔‧所羅門的惡魔
雷蒙蓋頓

死之惡魔
埃及

Amon

亞蒙

假稱古以色列王國所羅門王所作之17世紀魔法書《雷蒙蓋頓》（Lemegeton，又名《The Lesser Key of Solomon》），書中第一部分〈哥耶提雅〉所載72名惡魔之一。為地獄之侯爵。

因頭部為鳥（梟）首，故有人認為他是被當成惡魔的埃及神之一。教授召喚者未來與過去的知識，予人和情愛相關的秘密。

在受16世紀惡魔學家讓．維爾影響的19世紀法國作家柯林．德．普朗西所著之《地獄辭典》，亞蒙轉而被賦予了截然不同的形象。除了身為埃及神之痕跡的梟頭，在《地獄辭典》中他還被加上蛇尾狼軀狼牙，說明他是地獄諸侯中屈指可數的強者（40個軍團的指揮官）。《地獄辭典》中的惡魔項目，經畫家M.L.布爾頓之手添加了美麗的彩色手繪木版畫，成了相當有名的插圖。布爾頓的亞蒙肖像十分忠於普朗西對他的描述，不只畫出了狼的胴體，還加上狼的前腳。由於這幅令人印象深刻的肖像畫，亞蒙成了著名惡魔之一。
（→**勇者安蒙 Amon the Brave**）

Amon the Brave

勇者安蒙 17

他是永井豪漫畫《惡魔人》中的角色，簡單講就是惡魔族中的好人。原本是惡魔族的一員，而且是個被族人稱為勇者的勇猛惡魔。

故事中，得知惡魔族即將來襲，主角不動明在朋友飛鳥了的引導下在飛鳥家地下舉行的魔宴中與勇者安蒙合體。正確地說，是安蒙被不動明把他肉體上的能力與記憶全部奪走，而精神活動也被不動明吸收了。

這就是當初漫畫發表時引起爭議的第一章，不過實際上，藉由吞食「神（或超常的存在體）」來獲得超人般的能力在許多傳說、傳承中屢見不鮮。例如德國的敘事詩《尼貝龍之歌》（Das Nibelungenlied）中，主角齊格飛（Siegfried）吞食了惡龍法夫尼爾（Fafnir）的心臟，並用龍血洗滌全身，因此獲得刀劍不入的肉體。而《新約聖經》中最後的晚餐一幕，耶穌為了將自己的聖靈分給門徒時，把代表自己血與肉的葡萄酒與麵包分給他們食用。

勇者安蒙（＝惡魔人）最後將全部的惡魔族打倒，與魔王撒旦（Satan the Demiurge）在沒有

Amy

亞米

17世紀魔法書《雷蒙蓋頓》（Lemegeton，又名《The Lesser Key of Solomon》）書中第一部分〈哥耶提雅〉所載的72名惡魔之一。

被認為是地獄之火的擬人化，常被視為與火相關。據說地位為大議長、大總督。相傳在死者世界黑帝斯（Hades）18時全身為火焰包裹，被召喚至地上時則會順應召喚者的希望化為秀麗人類。傳說中他為司掌占星術之惡魔，能予人交換人類生命力的法術。

依據受16世紀惡魔學家讓．維爾影響的19世紀法國作家柯林．德．普朗西，所著之《地獄辭典》，亞米不僅能給人占星術之知識，尚能予人學問或忠僕。為地獄36個軍團之指揮官，統率墮落的能天使。他是希望回到天國的惡魔，心中懷有墮落過20萬年以後便能回歸天國的愚蠢想法。因該書插畫家M.L.布爾頓未繪製亞米的插畫，故為低知名度惡魔。

■惡魔·所羅門的惡魔
■雷蒙蓋頓

■惡魔
■日本

人類與惡魔的大地上一同迎向最後的破曉時。

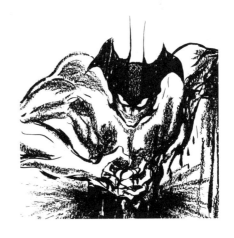

17 原注：勇者安蒙的插圖爲安蒙吸收了不動明之後，變身成惡魔
　　人的樣子。

■惡魔·所羅門的惡魔
■雷蒙蓋頓

18 譯注：希臘神話中的冥神、地府。

Anarch

混沌王（こんとんおう）

混沌

　　密爾頓所著敘事詩《失樂園》中登場的老邁靈魂。支配著上帝用來創造宇宙的混沌。上帝從萬物肇生前就存在，而混沌則接著誕生。不清楚他是否由上帝所創。在《失樂園》中，其存在與除了上帝和耶穌之外，一切事物皆由上帝所造的基督宗教基礎思想相互矛盾。關於混沌，作者可能是從希臘創世神話當中擷取靈感。混沌之妃與他共同統治混沌界（Chaos），他的王妃是「萬物中最年長」，身著黑衣的「夜」，其周圍還有「謠言」、「投機」、「騷擾」、「混亂」，以及擁有無數張嘴的怪物「吵架」等等不祥靈體。混沌王與其黨羽被撒旦稱作「下界的天使」，為與天使一樣擁有柔軟靈體的種族。（→撒旦 Satan《失樂園》）

　　混沌雖不遵從上帝，但也無力反抗；在神不斷擴張領域、侵吞蠶食所屬領地之時，也只能不斷悲嘆。因此，混沌向脫離地獄前往天國偵察的造反天使撒旦提出忠告，教導他前往新世界「宇宙」的正確道路。

Andhaka

アンダカ

安陀加

　　濕婆（Siva或Shiva）神之子。當濕婆神於苦修時，濕婆之女[19]為了玩鬧而矇遮他的雙眼，於是世界化為黑暗，在一片黑暗中隨著如雷巨響安陀加（黑暗）誕生於世。

　　此時，魔族的希羅尼亞克夏（Hiranyaksha）為求子而奉行苦修。於是濕婆神現身將安陀加贈與他做義子。然而，在宣告：「安陀加若受世人憎惡、或求其母、或殺婆羅門（祭司），吾必親自燒殺」後便行消失。

　　可是，安陀加在見到濕婆神之妻雪山神女（Parvati）後愛慕日深。而且對任何人的勸告皆充耳不聞，只想著如何得到雪山神女。

　　於是濕婆神現身，以打賭方式擊敗安陀加。據說因安陀加誠心懺悔，濕婆神便將安陀加救離阿修羅道。

　　在其他傳說中，他的姓名乃「盲者」之意。乃意指他心中愚昧不辨事物。相傳因想盜竊天界神樹波哩闍陀（Parijata），為濕婆神所殺。

Andras

アンドラス

安托士

　　假稱古以色列王國所羅門王所作之17世紀魔法書《雷蒙蓋頓》（Lemegeton，又名《The Lesser Key of Solomon》），書中第一部分〈哥耶提雅〉所載的72名惡魔之一。為地獄侯爵。

　　首為鳥類之頭，據說平時頭部為鴉首、體為天使，手中持劍。所以安托士被認為乃象徵戰鬥破壞成分的惡魔。安托士騎狼而現，但這也有可能是在表現這名惡魔的攻擊性。

　　19世紀法國作家柯林·德·普朗西受16世紀惡魔學家讓·維爾影響，寫下了《地獄辭典》一書，書中說安托士為地獄的大公爵。並把一般傳說的烏鴉頭部換成梟頭，而跨下之狼換成了黑狼，更添兇殺之氣。為地獄30個軍團之指揮官。相傳除自己性喜破壞外，還會煽動人們不和。此外據說能授人以殺敵之法。

　　（→撒旦 Satan《失樂園》、撒旦 Satan〈中世紀歐洲〉）

■ 混沌的支配者
■ 失樂園

■ 黑暗神
■ 印度

19 譯注：有一說是其妻雪山神女（Parvati）。

■ 惡魔‧所羅門的惡魔
■ 雷蒙蓋頓

Andrealphus

安德雷斐斯

假稱古以色列王國所羅門王所作之17世紀魔法書《雷蒙蓋頓》（Lemegeton，又名《The Lesser Key of Solomon》），書中第一部分〈哥耶提雅〉所載72名惡魔之一。地獄之侯爵。

他常被認為與鳥類關係密切，據說會以孔雀形象在人前現身。並擁有將人變為鳥類的法力。能授與召喚者代數與幾何的秘密。19世紀法國作家柯林・德・普朗西，在受16世紀惡魔學家讓・維爾影響而寫下的《地獄辭典》中，說當請求安德雷斐斯教授幾何學時，最好趁此惡魔不是孔雀形象，而是以人形現身之際較合適。同書中，安德雷斐斯除數學知識外，尚能傳授愚弄他人的歪理邪說。於《地獄辭典》中，普朗西與插畫家M.L.布爾頓為被惡魔化的亞述太陽神亞得米勒（Adramelec）添上了孔雀羽毛。或許因此原故，所以未附加安德雷斐斯的肖像，讓他成了印象薄弱的惡魔。

Andromalius

安杜馬利烏士

假稱古以色列王國所羅門王所作之17世紀魔法書《雷蒙蓋頓》（Lemegeton，又名《The Lesser Key of Solomon》），書中第一部分〈哥耶提雅〉所載72名惡魔之一。為地獄公爵。

雖以人形現身卻手中握蛇，所以召喚者能辨識出他並非普通人類。與竊盜關係密切，擁有取回被竊之物、察明小偷真面目之力。因他能揭顯隱密之事，常為了要找出地下交易地點與隱藏財寶之所在而被召喚。在他帶給人的災害方面並無特別紀錄。受16世紀惡魔學家讓・維爾影響的19世紀法國作家柯林・德・普朗西，寫下了《地獄辭典》一書。書中經畫家M.L.布爾頓附加了許多惡魔肖像畫。這些廣受好評的通俗插畫，也成了後世惡魔的固定形象。安杜馬利烏士雖是「所羅門72惡魔」之一，並曾於《雷蒙蓋頓》中出現；但在《地獄辭典》中卻未介紹，因而是不起眼的低知名度惡魔。

Angru・Mainyu

安格拉・曼紐

瑣羅亞斯德教惡神阿里曼（**Ahriman**）之別名。更正確地說，是較早時的發音。

阿契美尼斯王朝（Achaemenian dynasty）巴底亞（Parthia）時代的瑣羅亞斯德教中，把生的力量叫做斯貝塔・曼紐（Spenta・Mainyu）；把死的力量名為安格拉・曼紐（Angru・Mainyu），他們乃是孿生精靈。他在世界初始時為善神阿胡拉・瑪茲達（Ahura・Mazda）所造出。而安格拉・曼紐從阿胡拉・瑪茲達對先知瑣羅亞斯德所說的話中，得知要把波斯化為地上樂園的計畫後，便想加以破壞。據說阿胡拉・瑪茲達給了一切被造物自由意志，但安格拉・曼紐藉由「選擇最惡事物」方法逆轉了此一恩惠。而這正是安格拉・曼紐的樂趣所在……。

然而到了薩珊王朝，身為瑣羅亞斯德教神話根幹的此一部分，莫名其妙地發生了變化。在一般說法中，阿里曼（安格拉・曼紐）已非阿胡拉・瑪茲達所造；而被當成了與阿胡拉・瑪茲達同等級的存在，乃「無限的時間」所生。他恐怕是世上的惡魔惡靈中最為飛黃騰達的一人了。

■惡魔・所羅門的惡魔
■雷蒙蓋頓

■惡魔・所羅門的惡魔
■雷蒙蓋頓

■破壞靈
■波斯

（→阿日・達哈卡 Azi Dahaka）

阿努比斯

豺狼頭人身的喪葬神。有時亦被描繪成一隻狗。

早先的時期，喪葬儀式是以阿努比斯為主神而進行，但到了後來因冥神※奧賽洛斯（Osiris）漸次重要，轉而以奧賽洛斯為主神進行喪事。

母親是牝牛神黑莎特（Hesat），或說是貓首神巴斯特（Bastet）。然而，也有他乃奧賽洛斯與妹妹奈芙蒂斯（Nephthys）的私生子之說法。妻子名為伊卜特；女兒為掌管讓死者復甦之清水的女神凱勃胡特（Qebehet、Kebhut）。

起初，人們在看見徘徊於墳墓附近的狗後，認為狗是墓地的守護者，再由此觀念產生了這名神祇。

阿努比斯因為將奧賽洛斯被分為16份的身體加以組合，而成了製作木乃伊時施行防腐措施的神官的守護神。

阿努比斯會於進行埋葬前，在地下墓地前方立起木乃伊進行「開嘴大典」。這是賦予死者生氣的儀式。也藉此儀式拔除死者的汙穢。

之後，死者經阿努比斯嚮導被帶至地府的奧

阿帕奧沙

瑣羅亞斯德教中帶來旱災的惡魔。雖然伊朗自古即為農耕畜牧兩者並行的國家，但伊朗人自身（相對於東鄰的土耳其系遊牧民族）一直認為自己是農耕民族。故而將旱災視作最大災害。

而司掌這最可怕災害的即是阿帕奧沙。形如黝黑馬匹，但頭、背、尾上光禿無毛。只要這匹能隨意奔馳於天際的黑馬停滯空中，下界便會不斷為盛陽所苦。

與他相爭鬥的則是雨神提什特里雅（Tishtrya）。外型為一雪白馬匹，有黃金雙耳與黃金口轡。

依照瑣羅亞斯德教經典，阿帕奧沙與提什特里雅大戰三天三夜後，提什特里雅落敗。然而提什特里雅自善神阿胡拉・瑪茲達（Ahura・Mazda）處得到「十匹馬、十頭駱駝、十隻牛、十座山、十條大河」之力後再度上陣，激戰三天三夜，終於一雪前恥。如此一來下界的雨期終於來臨。但雖說如此，提什特里雅並非總是每次都能迅速打敗阿帕奧沙。

（→阿里曼 Ahriman、魃 Pa）

阿波非斯

由水元素土元素構成的黑暗之蛇。身上顏色為黃與黑。亦被以「駭人者」「危險者」「反叛者」「不可招來者」等名稱之。

象徵黑暗的阿波非斯為太陽神阿圖姆（Atum）之敵。本來也是塞特（Seth）之敵，但在賽特於※奧賽洛斯（Osiris）傳說中被視作反派角色後，阿波非斯似乎也變成了賽特的同伴。

因為阿波非斯是自原初之水（阿庇索斯）中現身，故他乃是將世界拉回原初渾沌的力量的具像化。

阿波非斯於埃及的祭典中登場時，會被當作必須打倒的邪惡存在。孟斐斯（Memphis）舉行的塞凱爾（Sekar）祭典中，國王會在奧賽洛斯前舉行打倒阿波非斯的儀式。在其他神殿中，雖有記載要打倒賽特及其手下的書籍，但儀式中被打倒的仍為阿波非斯。而在此類儀式中使用的教條，到了後世轉而被當成由一切邪惡中保護自己的咒文。

不過於冥界中，阿波非斯擔任著追趕、折磨被奧賽洛斯宣判有罪之死者的任務。

喪葬神
埃及

賽洛斯前面，秤量死者靈魂的重量。
（→**塞特 Seth**）

惡魔
伊朗

黑暗之蛇
埃及

Arabaki--gami

荒吐神（あらばきがみ）

荒吐神

亦寫作「*荒霸吐神」（Arabaki-gami あらばきがみ）。日本關東以東、東北地區以南之原住民信仰的古代神。

邪馬台國國王長脛彥與其兄長安日彥爲神武天皇所敗後亡命至津輕地方（日本青森縣西部），與原住民結爲荒吐族。荒吐神被認爲乃該族所祀之神。但依二次大戰後公開的僞史文書《東日流外三郡誌》，荒吐神乃對日本全土擁有影響力之神明。然而，據說是因遭戰勝荒吐族的朝廷貶爲夷神（東方異族之神），所以在今日才被降格爲替

《記紀》諸神[20]之神社守門的門神。

像這種神祇的復活、復權行動，於明治維新前後與二次大戰後頗盛行。說得好聽是發掘失落的知識，但也有人認爲是在混水摸魚，把爲人淡忘的弱小神祇升格抬高。

此外，於青森縣曾挖堀出造型奇特，臉上彷彿帶著護目鏡的土偶與遮光器土偶，甚至有人說它們是古代太空人的塑像。但也有人說那些是仿自荒吐神形象的塑像，益發增添了荒吐神這名來歷不明的門神的神秘性。

Ariel

アリエル

亞利

《失樂園》（1667年）內登場之造反天使（惡魔）。在描述大逆不道之天使・撒旦於天國進行叛亂的第6卷中登場。

名字爲「神獅」之意，在戰爭場面中與同階級的造反天使亞略（Arioc、Arioch＝如獅者）、拉米埃（Ramiel＝神之雷霆）一組。三人於戰場上同遭對神忠誠篤實的天使亞必迭（Abdiel）所敗。

《失樂園》中屢屢提及在《約翰啓示錄》中出現，名爲「生命冊」之書的重要性。在《失樂園》

中，「生命冊」內記有於最後審判中可得救者之名，若是姓名被自書中畫去，便會成爲永無姓名者。書中撒旦身爲天使的本名已然消失，而別西卜（Beelzebub）等高階造反天使的原本姓名被消去的跡象也很濃厚；但亞利等人的姓名依舊有著強烈的天使氣氛，所以有人認爲他們三人在撒旦統率的天使中地位不高。於介紹主要造反天使的第1卷中也未記有他的名字。

（→**撒旦 Satan**《失樂園》、**別西卜 Beelzebub**《失樂園》）

Arimbi

アリムビ

阿琳毗

爪哇皮影戲的羅刹婆（Raksasa）之一。

爪哇皮影戲（Wayang）中，有五名被國家流放的王子來到了人跡罕至的馬爾杜森林。

而這座森林中有著羅刹婆（*羅刹 Raksasa）的小國，國中之人對王子們的來歷感到懷疑。於是羅刹婆公主阿琳毗，奉國王兄長之命前去刺探五名人類王子的狀況……。

但她卻對五名王子的其中之一，力大無窮的勇士必瑪（Bima）一見鍾情。阿琳毗現身於必瑪面前，請求與他結爲夫妻。然而她的模樣醜陋猙

獰，嘴角露出長大獠牙。因此必瑪心想：「這定然是要欺騙我，好將我吃掉的陷阱。」於是他抓住阿琳毗，對她又踢又打、又甩又摔。

此時五王子的母親插了進來。說道：

「停下這種粗魯舉動。請過來這，美麗的姑娘。」

說完這句話後，阿琳毗便變成了絕世美女，趴在五王子母親的腳邊。

就這樣，必瑪與阿琳毗成親結婚生下一子。他們的孩子就是能看穿黑暗，奔馳於夜晚天際的

邪神
日本

（→惡路王 Akuroou）

20 譯注：指出現於《古事記》《日本書記》兩日本古書中之神祇。

造反天使
失樂園

羅剎婆公主
印度尼西亞

勇士加塔圖凱卡（Gatutkaca）。

Asmadai（Asmodeus）

アスムダイ（アスモデウス）

阿斯瑪代（阿斯摩丟斯）

英國詩人密爾頓的敘事詩《失樂園》中登場之造反天使（惡魔）。

《失樂園》第一卷中，逐名介紹了與大逆不道之天使——撒旦一同造反的眾多天使，但內無他的名字。在描述撒旦對天國之戰的第6卷中，他以指揮官身分登場，與造反天使**亞得米勒**（**Adremelec**）一同指揮造反天軍的兩翼。

在密爾頓的設定中，他是聖經外典《托比傳》（Tobit）中曾出現的好色惡魔※阿斯摩丟斯（Asmodeus）的前身。密爾頓亦在第4卷中說明

了他於《托比傳》內的惡行。又、作者也許可能也意識到了載於猶太神話裡，名字與他相同的惡魔王。

在《托比傳》中阿斯摩丟斯為大天使拉斐爾（Raphael）所擊退，密爾頓也將這段事作為兩者的往日糾葛加以敘述。《失樂園》第6卷裡，造反天使阿斯馬代、亞得米勒和指揮天軍兩翼軍勢的天使長尤烈兒（Uriel）、拉裴爾（在《失樂園》中為熾天使[21]）交戰。阿斯瑪代為拉裴爾所敗。
（→撒旦 Satan《失樂園》）

Asmodeus（Asmadai）

アスモデウス（アシュマダイ）

阿斯摩丟斯（阿斯瑪代）

以猶太神話為發端的名惡魔。更前初的原形，似乎是波斯傳說中出現的**艾什瑪**（**Aēšma**）。在啟示文學中的聖經外典《托比傳》內以「※阿斯摩丟斯」（Asmodeus）之名出場後，便成為惡魔學中佔有重要位置的存在。由《托比傳》的描述來看，他多半被解釋為破壞夫婦感情的存在。在17世紀魔法書《雷蒙蓋頓》（Lemegeton，又名《The Lesser Key of Solomon》），或仿啟示文學《以諾書》作成的《偽以諾書》兩書的惡魔目錄中，記有他的異名「阿斯摩代」（Asmodai）。

《雷蒙蓋頓》記載他的姿態為有公羊、公牛、人類三個頭的騎龍國王。

依照受16世紀惡魔學者維爾影響的19世紀作家柯林·德·普朗西所作之《地獄辭典》，阿斯摩地（Asmodée，アスモデ，即阿斯摩丟斯）乃地獄七王之一，統馭72個軍團。經由普朗西與畫家布爾頓之手，他除了三個頭與乘龍外，還加上了蛇尾鵝腳與蝠翼，外型變得猶如怪獸。這種外型或許是在仿諷象徵福音傳道者的四種動物也說不定。[22]

Astaroth

アスタロイ

亞斯她錄

由古巴比倫王國豐穰女神伊西塔（Ishtar）的傳說與解釋中發端成形的名惡魔。擁有「※亞斯他脫」（Astarte アスタルテ）、「※阿斯塔特」（Ashtart アシュタルト）等眾多別名。被認為與埃及的亞斯托勒（Astoreth）[23]與希臘的阿芙柔黛蒂（Aphrodite）相近。本是異教女神的阿斯塔特，被猶太教、基督宗教惡魔化；《失樂園》作者密爾頓亦將亞斯托勒作為造反天使之一員令其於書中登場。也有將亞斯她錄視為惡魔代名詞的說法，所以他成了惡魔文獻中不可或缺的存在。在《雷

蒙蓋頓》，與仿照啟示文學《以諾書》所作的《偽以諾書》兩書之惡魔目錄中，自然順理成章的將他收錄於內。《偽以諾書》說他乃率領40個軍團的司令官。

依照受到16世紀惡魔學者維爾影響的19世紀法國作家普朗西所作之《地獄辭典》，亞斯她錄為地獄大公爵之一，左手握毒蛇乘龍而現。他是典型的墮落天使，在墮為惡魔後外表變為醜陋的天使。詳熟天使學與歷史。出現時散發惡臭。

▌造反天使
▌失樂園

21 譯注：即撒拉弗。

▌惡魔‧所羅門的惡魔
▌雷蒙蓋頓、僞以諾書

22 譯注：象徵馬太、馬可、路加、約翰的四種動物爲有翼雄獅、
　　有翼之人、有翼公牛、鷲。

▌惡魔‧所羅門的惡魔
▌雷蒙蓋頓、僞以諾書

23 譯注：埃及戰鬥女神，形象獅頭女身駕駛馬車。

Asto Vidatu

アストー・ウイーザーイウ

阿斯圖・維達特

　　瑣羅亞斯德教中的死之惡魔。因為對一切人類而言死亡乃避無可避之事，故阿斯圖・維達特被視為強悍無比的惡魔。此魔物不僅覬覦世上所有活人的生命，連對母親腹中的胎兒也虎視眈眈（流產即是由他引起）。身為善良瑣羅亞斯德教徒者，必須經常留心意外災害、不做有損健康的行為，而瑣羅亞斯德教也不甚尊崇苦行，皆是因為必須減少被此魔物奪去性命的機會，以生育子女。

　　依照民間傳說，此魔物極擅投擲套索，會將套索套在世上每個活人頸上。據說人一但死去，好人頭上的套索會鬆脫；壞人則被繩索拽入地獄。

　　然而在其他傳說中，在人頸上圈掛繩索的，是坐在地獄入口處名為維薩魯夏的惡魔。這名惡魔會在死者行經通往天國的橋樑時投出套索。若是好人便不會被繩索套住；惡人則會高興地被繩索牽著拉入地獄中。

（→阿里曼 Ahriman）

Asura 或 Ashura

アスラ

阿修羅

　　眾神之敵，日本佛教中漢字寫為※阿修羅（Asyura）。相對於意指印度眾神的提婆（Deva）一字，阿修羅乃是總稱擁有變身能力與法力，名為伐樓那（Varuna）或的神格。之後轉為指稱與眾神為敵的魔神。

　　對阿修羅此字本身的語源，看法頗多。有自意指「存在」的asu而來之說，有意指自「呼吸、生氣」asyu而來之說，還有指涉眾神的sura加上否定的a而來等說法。

　　出處也是眾說紛紜。印度教祭典儀式指引書《推提利耶梵書》（Taittiriya Brahmana）說他們乃造物主生主（Prajapati）自生氣中所造出。而祭典儀式指導書《百道梵書》（Satapatha Brahmana）中言眾神與阿修羅皆造物主所生，但眾神取真棄偽，阿修羅取偽棄真。聖典之一的《毗濕奴往世書》（Visnu 或 Vishnu Purana）記載阿修羅乃自梵天（Brahma）神的大腿所生。

　　事實上，阿修羅即是阿胡拉・瑪茲達（Ahura・Mazda），在瑣羅亞斯德教中阿修羅乃善神；相對於身為印度諸神的提婆而言時才是惡

Atlach-Nacha

アトラク＝ナチヤ

阿圖拉奇・納采

　　有著與人類的大小相近之軀體、粗圓足部的蜘蛛神。體型與蜘蛛相仿，但頭部卻肖似人類，濃毛密佈的臉中狡猾的深紅雙眼閃閃生輝。由於外型之故，而有人說他支配著全世界的蜘蛛。阿圖拉奇・納采住在札特瓜（Tsathoggua）所居之地底湖——「恩該（N'Kai）的洞窟」之更深處。在洞窟深處有著遼闊且深不見底的裂縫；而他想在那裡以蜘蛛絲架起橋樑。

　　阿圖拉奇・納采對這件工作極其熱衷，所以對想妨礙他的入侵者毫不留情。在古老黑魔法書中雖載有將阿圖拉奇・納采招至地上的咒文，但若未事先做好恰當準備，即使是詠唱咒文的招喚者也會成為這名怪物不滿的對象。

　　阿圖拉奇・納采架橋的理由完全無從得知；但在古書中有著當他築巢完成時此世界即會滅亡的記載。

惡魔
伊朗

魔族
印度

神。
（→**阿里曼 Ahriman**、**商波羅 Sambara**）

蜘蛛神
克蘇魯神話

Azathoth
アザトース

阿瑟特斯

克蘇魯神話（Cthulhu Mythos）中的主神暨破壞神。自宇宙初始之時即存在；又一說宇宙本身不過只是阿瑟特斯引起之「現象」，因此或許也可說他是創造神。由於為地位極高之神，所以即使是在破壞神眾多的克蘇魯神話中，他所有之力量依舊強大驚人。

平常居於位在宇宙中心的王座上，受「外神們的僕人」所服侍。被咒文或儀式召喚後，出現的最初一瞬間是直徑數公尺的沸騰團塊，於數十秒內壯大至數千公尺並吞噬周遭物體。甚至可能進一步形成偽足[24]破壞更多區域。有人說存於木星與火星間的小行星帶，便是遭阿瑟特斯破壞之行星的殘骸。

一般幾乎沒有崇拜阿瑟特斯的人。因為他即使被祭祀也不會感到高興，也不會眷顧敬拜者。阿瑟特斯乃是名實俱符的破壞神。

（→奈亞魯法特 Nyarlathotep）

Azazel〈Heberew〉
アザゼル

阿撒瀉勒〈希伯來〉

希伯來惡魔。於《舊約聖經》〈利未記〉中亦有登場。性格不明，與「惡魔」此字一樣同被作為一般名詞使用。

也現跡於《舊約聖經》偽經《以諾書》（Enoch）內，書中義人以諾對阿撒瀉勒咒罵如下：

「你必不能得享平安；嚴峻的審判要臨到你。他們將會綑綁你，你不會有安息和祈求的機會，因為你教人行不義，又因你指示他們羞恥、不義和罪惡的行為」。

而阿撒瀉勒最後也被捕獲。

於一在火中焚燒的深谷裡，天使們在鑄造極重之鎖鏈。被問到鎖鏈用途的天使回答：「這是為阿撒瀉勒的軍隊做的，他們要捉住阿撒瀉勒的人，把他們丟入完全絕望的無底坑裏，並用大石堆在他們的顎上，這是萬靈之主所吩咐的。」[25]

最後阿撒瀉勒被米迦勒（Michael）、加百列（Gabriel）、拉斐爾（Raphael）、法魯爾（Phanuel）等天使所捕獲，連同他所愛之人被投到深谷。

Azazel《Paradise Lost》
アザゼル

阿撒瀉勒《失樂園》

英國詩人密爾頓（John.Milton，1608～1674）之敘事詩《失樂園》（Paradise Lost，1667年）中登場的造反天使（惡魔）。於《舊約聖經》〈利未記〉中乃是與唯一神二分祭物，真面目不明的惡魔[26]。又，於猶太教偽經《以諾書》（Enoch）中被記為惡魔指揮官之一人。密爾頓於《失樂園》內所描寫阿撒瀉勒之形象似是以《以諾書》為素材。原形雖是有名惡魔，出場機會卻少，僅出現於第1卷中。

密爾頓雖熟知「熾天使[27]」「基路伯」「寶座」「治權」「王國」「權勢」「德行」「天使長」「天使」[28]之天使九階級；卻不知為何未於《失樂園》中嚴格區分位階。罕見地將阿撒瀉勒寫為智天使[29]（Cherubim）。天使的位階不僅是階級，亦是天使命定之出身。即使變為地獄居民後，阿撒瀉勒的階級卻依舊仍是基路伯。阿撒瀉勒乃相貌堂堂高大頎長之天使，擔任為撒旦掌旗之榮譽職務。經常手持龐巨王旗而行。在第一卷中撒旦命他執掌大旗。

（→阿撒瀉勒 Azazel〈希伯來〉、撒旦 Satan《失樂

■ 破壞神
■ 克蘇魯神話

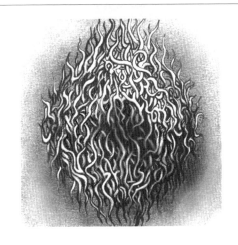

24 譯注：原生動物為攝食或運動方便而由身體伸出的臨時觸手或
　　突起。

■ 惡魔
■ 希伯來

25 譯注：此處兩段經文引自《基督宗教典外文獻－舊約篇》（基督
　　宗教文藝出版社）第一冊，然書中阿撒瀉勒譯作「亞撒爾」，此
　　處為求統一變之。

■ 造反天使
■ 失樂園

園》》

26 譯注：〈利未記〉16章8節「為那兩隻羊拈鬮，一鬮歸與耶和
　　華，一鬮歸與阿撒瀉勒。」
27 譯注：即撒拉弗。
28 譯注：原文分別為「Seraphim」「Cherubim」「Thrones」
　　「Dominations」「Principalities」「Powers」「Virtues」「Archangels」
　　「Angels」。此處天使九階漢譯引自朱維之譯、桂冠1994年出版
　　之《失樂園》中。同日系天使九階略有所不同。
29 譯注：即合和本聖經中之基路伯。

Azhrarn

アズユラーン

亞祖蘭

美國作家塔妮絲·李（Tanith Lee）的小說《平坦地球系列》（Flat Earth Series）中登場的妖魔王之一。

在世界尚爲一片平地浮於渾沌之海時，天上地下海中各有神祇存在。天上眾神造出人類後將人放置陸地；海中諸君王則與人類無干；地底妖魔諸王則以作弄人類、令人不幸爲樂。

亞祖蘭即爲妖魔王之一，別名「黑暗公子」（Night's Master 闇の公子）。好用形象爲一黑髮白膚，有著會如石碳般燃焰生光的黝黑雙目的男子。亦能自在幻化爲黑鷹、黑雲或其他任何姿態。他以玩弄、陷害人類爲樂，有時會引誘人類讓人自動走入他的陷阱，有時利用與人類所訂契約的漏洞令人不幸，有時則將人們垂涎的寶物撒佈於世以埋下紛爭種子。又因淫亂無度，只要容貌美麗，對象是男是女皆不在意。即使死亡了也會將身體化爲數塊，被數名姊妹生下後再癒合重生。

（→烏戮穆 Uhlume、凱希梅特 Keshmet、強茲 Chuz）

Azi Dahaka

アジ・ダハーカ

阿日·達哈卡 30

瑣羅亞斯德教惡神阿里曼（Ahriman）爲了完全破壞善神阿胡拉·瑪茲達（Ahura·Mazda）所造物而作出的巨大三頭龍。瑣羅亞斯德教聖典「阿維斯陀」（Avesta）上形容牠「三口三首六目，法術上千、極其高強」，有時亦被列爲※六大惡魔之一。

照古波斯薩珊朝時代（224～651年）之文獻，此龍造惡無數，將兩名公主關於岩山中。於是名爲費里頓（Feridun，或譯法里頓）的勇敢年輕人，攜帶粗重棍棒與鋒利無匹之長劍前去消滅牠。

費里頓遇上龍後，用粗重棍棒擊打了龍的肩膀、心臟、頭頂。但龍依然不倒。於是他拔出銳劍砍斬三次；此時砍下的部分化爲毒蟲猛獸。

見到如此，善神自空中喊道：：「別再砍了。若是這樣世上便會充滿蜥蜴同其他可怕生物了」。

於是費里頓放棄斬殺惡龍，用鎖鏈將其捆縛於山底洞穴中。

Ba'al

バアル

巴力

腓尼基神的巴力最初是只用來表示一個特定的神的名詞。但是後來這個名詞開始用來表示一般名詞的「神」之後，就出現了無數的「巴力·～」了。

《舊約聖經》中有好幾個叫做「巴力·～」的異教神出現。就連有名的別西卜（Beelzebub）其實也是這些「巴力·～」的其中之一[31]。

以色列人因爲崇拜「巴力毗珥（Baalpeor）」而惹來主的憤怒，結果瘟疫就開始流行了。主對摩西（Moses）說：「將百姓中所有族長在我面前對著日頭懸掛，使我向以色列人所發的怒氣可以消了。」

於是摩西吩咐以色列的審判官說：「凡屬你們的人，有與巴力毘珥連合的你們各人要把他們殺了。」於是瘟疫雖然是停了，但是據說共有24000人在瘟疫中喪生[32]。

另外，還有一次攻擊崇拜「巴力比利土（Baal-berith）」的城市，將居民全殺，灑上了鹽，還放火燒樓，據說大概死了有1000人[33]。

從這些記載看來，耶和華似乎比巴力們更邪

妖魔之王
美國

龍
伊朗

30 譯注：或譯阿日達哈克。

偽神
希伯來

惡得多了。
（→撒旦 Satan《舊約聖經》）

31 譯注：參見別西卜〈希伯來〉條（Beelzebub<Hebrew>）。
32 譯注：出自《舊約聖經》〈民數記〉4：3
33 譯注：出自《舊約聖經》〈士師記〉9：45-49

Baal（Bael）
バール（バエル）
巴力（巴耶力）

這是假託是所羅門王所寫，但其實爲17世紀魔法書《雷蒙蓋頓》（Lemegeton，又名《The Lesser Key of Solomon》）的第一部〈哥耶提雅〉中記載的72隻惡魔當中的一人。另外以模仿啓示文學《以諾書》（Enoch）所作的《僞以諾書》上面也有記載這個惡魔的名字。

這個惡魔多半是以聖經中出現的腓尼基人（古代閃族）崇拜的太陽神巴力爲藍本，結果在惡魔學的輾轉傳承之間變成了與原本原貌毫不相關的惡魔了吧。

他通常被描述成惡魔當中最有力的一人。在《僞以諾書》中說他的外型是長著貓頭與青蛙頭，人類的身體，當然有時亦以人頭的樣子出現。另外一說認爲他是同時長著三個頭。也有說是蟹頭人身等等。

法國作家普朗西（Collin de Plancy，1794～1881）的《地獄辭典》（Dictionnaire Infernal）中將「巴力」「巴耶力」兩項分開，該書中「巴力」是介紹爲異教的神，而「巴耶力」則說他是會授予人奸智，也可以讓人變爲透明。該書的插畫家

Baalim&Ashtaroth
バーリムとアスタルテ
巴林與亞斯她錄

這指的是《失樂園》中登場的造反天使中的一個集團。作者密爾頓說明這些天使是兩河流域一帶人民信仰的豐饒神的前身。《失樂園》只認定全能的造物主才是此宇宙唯一的神。因此多神教中的諸神在這部作品中，通常被視爲原本是天使在反叛了主之後變成惡魔來誘惑人所假藉的姿態，當然這裡我們所說的巴林與亞斯她錄也不例外。巴林是「主人們」的意思，指的是一群男神。這個字的單數型是Baal（→巴力Ba'al）。而亞斯她錄則代表著「女神們」的意思。密爾頓以

這些具有性別的天使爲例，說明天使原本並沒有確定的性別或型態，她們靈性的肉體可以自由自在的作變化。亞斯她錄的單數型亞斯托勒（Astoreth）則是被當成一個單獨的天使來介紹，作者說她就是美索不達米亞與腓尼基人所崇拜的女神※亞斯她脫（Astarte）的前身。這個女神經常被視爲跟希臘神話中的美神阿芙柔黛蒂（Aphrodite）與羅馬神話中的維納斯（Venus）是同一尊神。

（→撒旦Satan《失樂園》）

Baba Yaga
ババ・ヤガー
芭芭雅嘎 34

她是俄羅斯童話中的老巫婆。據說她住在一間底下長有一支雞腳的小屋裡，窗口向著森林，門向著牆壁，一旦聽到有王子或小姑娘在森林裡迷路了，就會房子就會轉個180度朝向前，打開窗子。

芭芭雅嘎很瘦，長的一副皮包骨的樣子，腳也只有一隻骨頭腳。雖然她並不是什麼壞事做盡的惡魔，但是也絕非善類，經常抓那些在森林裡迷路的小孩丟進火爐裡烤來吃。而且，萬一如果你以前曾經打倒過惡龍的話，那隻惡龍搞不好就

是芭芭雅嘎的女婿，如果眞是那就糟了，因爲就算你想逃也逃不了。芭芭雅嘎會坐在鐵臼上面，一隻手用鐵杵划著，另一隻手用掃帚將她留下的痕跡掃乾淨，飛快地來追你。

不過這個老巫婆意外的也有很親切的時候。有時給遠道而來的年輕人忠告，送他魔法馬與毛線球。有時年輕姑娘來的時候，交代她繁重的家事做，如果完成的話就會對她非常好。不知道到底是有兩個一好一壞的芭芭雅嘎，還是單純只是老人的任性而已並不確定。

■惡魔，所羅門的惡魔
■雷蒙蓋頓‧偽以諾書

布爾頓將他畫成同時具有人、貓、與青蛙的頭部，底下長著蜘蛛的腳，因為這張插畫使得他在一般人之間也頗有名氣。

■造反天使
■失樂園

■女巫
■俄羅斯

（→俄羅斯的惡魔 Demon〈Russia〉）

34 譯注：或譯雅加婆婆。遠流有出版《芭芭雅嘎的故事》，講的就是這個老巫婆。另外俄國音樂家穆索斯基的代表作「展覽會之畫」中的第9曲目「巫婆的小屋」指的也是她。

Babi

バビ

巴比

古埃及《亡靈書》（The Book of the Dead）中記載的邪神，或說是黑暗的惡魔。

他的外型被描述成一支陰莖勃起的猩猩。

在埃及古王國時期（西元前2700年左右）便已爲人所熟知，是個暴力且充滿敵意的神。埃及傳說中人死會到*奧賽洛斯（Osiris）[35]的面前舉行測量心臟的儀式，如果這個時候巴比出現的話就表示能去天國的機率微乎其微，非常有可能會下地獄，由此可知他是非常危險的神。

不過有時候他也是個守護者，在地下世界（庫多尼亞），他那勃起的陰莖就成了渡船的船帆，引渡死者上到天國。

巴比在希臘人的魔法書裡面則是以「*巴弗」（Bafo，バフォ）這個名字出現，巴弗這個字代表**塞特（Seth）**的意思，活躍在羅馬時代的希臘思想家普盧塔克[36]（Plutarch）認爲巴比應該是賽特的陪神，不然就是賽特本人。

Badb

バーヴ

芭德布 [37]

塞爾特神話中的女戰神除了現在要介紹的芭德布以外還有**摩莉甘（Morrigan）、瑪哈（Macha）**等等女神。這些女神不管是特徵或行爲都很類似，因此有人認爲這些女神其實指的都是同一尊神，只是這些名字代表著他們不同的面目罷了。另外也有人認爲，女戰神的主格其實是摩莉甘，其他兩人都算是她的從屬而已，這個說法主要根據在不少神話裡都可以看到瑪哈、芭德布接受摩莉甘的命令去實行種種的行動而來。

芭德布的別名是「黑烏鴉」或是「冠鴉」，外型是隻黑鳥。戰鬥時，她用她那尖銳叫聲喚起戰士們的亢奮狀態。

由於她的恐怖外型與以及戰神身份，很容易讓人聯想到惡魔。但是實際上在諸神與巨人的戰鬥中她是站在諸神這一邊來對抗巨人族，因此神話中經常將她描寫成善神。只是到了後世，當故事的主角由諸神轉到英雄的時代，她也逐漸被冠上誘惑英雄的形象，開始強調她是惡魔了。

Baizaku

バイザク

拜札克

她是伊斯蘭教中惡魔王**易卜劣廝（Iblis）**的女兒。

根據伊斯蘭民間傳說來看，這個世上的法師分爲兩種，善法師使用的是所羅門王流傳下來的術法，而惡法師使用的則是墮落天使**哈魯特（Harut）與馬魯特（Marut）**教的術法。

在很久很久以前的話，惡魔或惡法師直接向兩位墮落天使學習，不過現在這些邪惡的法術已經是由拜札克來統籌管理。

伊斯蘭教的惡魔或*鎮尼（Jinn）喜歡隱藏在東西與東西的交界點（晝與夜的交界點＝清晨或黃昏；地上與地下的交界點＝井；道路與道路的交界點＝十字路口；現實與虛幻的交界點＝鏡子或水面。）上，拜札克也不例外。傳說她坐在遙遠水面上的王座上。想要學得邪術的人只要忘卻神所立下的律法，並且獻上人或獸當作祭禮的話，瞬間就可以來到拜札克的王座前，向她學習邪術。水上的王座旁有許多惡法師隨侍在旁，據說他們全部都光腳，腳踵裂成兩跟。這些人到底是惡魔裝成人類的樣子，抑或是人類並無定說。

邪神
埃及

35 譯注：又譯「歐西理斯」、「俄賽里斯」，埃及宗教中的王室喪
葬神，王者之主宰。
36 譯注：普盧塔克（Plutarch，46?-119以後）活躍於於羅馬帝國
時期，出身於雅典。對十六～十九世紀的歐洲影響最大的古典
作家，知名的法國作家蒙田（Michel de Montaigne，1533-
1592）、哈伯雷（F. Rabelais，1483?-1553），英國作家培根（F.
Bacon 1561-1626）、莎士比亞（W. Shakespeare 1564-1616）等人
均深受他的影響。今日一般人對希臘羅馬的知識也多由他的作
品而來。

女戰神
塞爾特神話

37 譯注：或譯作「芭茲芙」。

惡魔
伊斯蘭教

（→紅龍 The Red Dragon、撒旦 Satan《新約聖
經》）

Baka

ボコ王

巴卡王

　他是**爪哇皮影戲的羅剎婆（Raksasa）**其中之一。

　巴卡王長得尖牙利嘴，是*羅剎婆國的國王，最喜歡吃人肉。有一次連續七天都沒吃到人，他生氣地對他的家臣說：「你們再不去抓幾隻人類來讓我享用的話我就把你們連皮帶骨都吃了！」

　結果他的家臣回答說：「本國的人類都抓光了，但是別國還有。」

　於是國王就率領羅剎大軍殺進鄰國，突襲村子。大口大口地吃掉村民。

　一陣狼吞虎嚥，飢餓的肚子也差不多填飽了之後，村子裡還剩下一戶人家，因此打算好好品嚐這戶人家的滋味，於是國王對這戶人家的小孩說：「我打算明天吃你父親，你給我用醬料將你父親全身好好地醃到入味。」

　小孩子一邊做著醬料一邊嘆氣，結果有個名喚必瑪（Bima）的男子來到這村落，經過他身邊。這男子就是古代印度數一數二的豪傑，據說他是風神的兒子，一走動就會起風，風暴來襲。他是個力大無比，個性豪爽之人。必瑪聽完小孩

Balam

バラム

巴拉姆

　這是假託是所羅門王所寫，但其實為17世紀魔法書的《雷蒙蓋頓》（Lemegeton，又名《The Lesser Key of Solomon》）的第一部〈哥耶提雅〉中記載的72隻惡魔之一人。另外以模仿啟示文學《以諾書》所作的《偽以諾書》上面也有記載這個惡魔的名字。別名是「*巴蘭」（Balanバラン）。

　傳承惡魔學的學者們通常喜歡奇形怪狀的惡魔，而其中三頭的惡魔不算少數，巴拉姆就是其中之一。而通常擁有三頭的惡魔多半其中一顆是人頭，巴拉姆當然也不例外。剩下的兩顆則是牡

羊與牡牛的頭。尾巴是蛇，騎著一匹兇暴的熊。另外他還有個重要的特徵是手腕上停了隻老鷹。至於他的能力在72惡魔中並不特別，能夠給予召喚他來的人過去與未來的知識。

　作家普朗西的書《地獄辭典》中是以「巴蘭」這個名字來介紹他，並且追加了他負責教導惡魔們策略與透明化的能力的記載。並說明他現在是40個軍團的指揮官。該書的插畫家布爾頓將他畫成長著牛頭人身裸體的樣子。

Bali

バリ

伯利

　他是以善良著稱的*達伊提耶（daitya）[38]之王。*毗盧遮那[39]（Virocana）的兒子，缽羅訶羅陀[40]（Pralahda）的孫子。

　伯利雖然身為達伊提耶，但是虔誠信神苦心修行，結果甚至獲得了凌駕*因陀羅的神力，得到了支配天上地上地下三界的權力。

　眾神害怕世界即將受達伊提耶統治，於是就拜託毗濕奴（Visnu或Vishnu）神想辦法阻止他。

　毗濕奴神立刻化身成伐摩納（Vamana）（矮人，毗濕奴的第五化身），來到伯利的面前，希望

伯利能夠賞賜他三步跨過的土地。

　伯利見他矮小，笑了笑，毫不遲疑的立刻答應他的要求。結果矮人馬上變成巨大的神，第一步跨過天界，第二步跨過地上界。

　當他打算走第三步將地下也取回來的時候，想說伯利本人道高德隆，他的祖父缽羅訶羅陀也是德行高深之輩，而且伯利也算是毗濕奴自己的孫子，於是就留下地下界，交由伯利統治了。

（→阿修羅 Asura 或 Ashura、底提 Kotavi、波諾 Bana）

▌羅剎娑
▌印度尼西亞

子的哀訴之後，義憤填膺，立刻前往巴卡王處，將他打倒了。這就是貪好美食的下場。

▌惡魔・所羅門的惡魔
▌雷蒙蓋頓・偽以諾書

▌達伊提耶（惡鬼）
▌印度

38 譯注：巨人族。與眾神對抗的惡魔。在歷史上象徵著南印的原住民。
39 譯注：名字意思是「光明遍照」，佛教中擁有崇高地位。在日本佛教的真言宗裡則稱之為大日如來。
40 譯注：希羅尼耶格西布（參見該條）之子，雖身為惡魔，但德行深厚，篤信毗濕奴，其道行甚至與因陀羅並駕齊驅，最後與毗濕奴合而為一，故此處說伯利為毗濕奴之孫即是如此。

Balor

バロール

巴羅爾

他是**弗摩爾（Fomor）**族之王，塞爾特神話中的惡魔。弗摩爾族與愛爾蘭的「達那神族」展開激烈的戰爭，最後敗給了他們。而巴羅爾也在最後一戰的時候被太陽神魯夫[41]（Lug）打敗。

傳說巴羅爾有2顆眼睛，其中一顆一直緊閉著，看不見他的眼球。據說要四個壯漢的力量才有辦法打開他的眼瞼。這顆緊閉的眼睛一旦打開，被他的視線射中的話，不管是人還是神都會立刻死亡，但，這顆緊閉的眼睛同時也是他的唯一的弱點。

在漫長的弗摩爾族與達那神族的戰爭其間，巴羅爾一向都是身先士卒在前線作戰，令女神族苦戰連連。只要女神族中沒有人能夠打倒巴羅爾，諸神就不可能獲得勝利。

但是，能夠打倒巴羅爾的神終於出現了。在一場戰鬥中，巴羅爾打算用他的視線射殺諸神時，太陽神魯夫趁著他眼睛睜開的一瞬間用石頭[42]丟向他的眼球，結果擊破了他的唯一弱點，巴羅爾就這樣死了。巴羅爾一死，弗摩爾族敗亡的命運就再也不能避免了。

Bana

バーナ

波諾

他是※**達伊提耶（Daitya）**王**伯利（Bali）**的長男。擁有1000隻手臂，是破壞神**濕婆（Siva或Shiva）**之友，同時也是全能神毗濕奴（Visnu或Vishnu）的敵人。

波諾的女兒優莎（Usha）愛上了英雄黑天[43]（Krsna）的孫子阿樓尼陀，因此波諾很生氣，用魔法將阿樓尼陀抓到自己身邊。

得知此事，黑天與大力羅摩[44]（Balarama）以及明光[45]（Pradyumna）便出發前往救助。但是波諾那邊的援軍有濕婆與室犍陀[46]（Skanda），因此戰鬥非常的激烈。

一番激戰之後，濕婆被黑天打倒，塞建陀也受了傷，不得不輪到波諾自己出場跟黑天一戰了。面對波諾，黑天拿起名喚鐵餅[47]的武器準備要丟向他時，達伊提雅的守護女神**底提（Kotavi）**裸身出現在黑天的面前想要保護自己的孩子（波諾乃底提之子）。

黑天閃過底提，擲出鐵餅，波諾的1000隻手被切了下來。此時，濕婆出現在黑天面前，向他求和，於是波諾才得以活命。

Baphomet

バフオメット

巴弗滅[48]

今日最為人所熟知的山羊頭的惡魔。他的名字的來源據說是由基督宗教的敵人穆罕默德（Mohammed，又作Mahomet）而來。

14世紀初法國國王腓力四世（Philips IV）指稱聖殿騎士團（Knights Templars）[49]是異端，行同性戀，以及崇拜偶像。巴弗滅就是當時所謂的騎士團崇拜的偶像。但是在教會審判下，231個騎士中知道巴弗滅的名字的人僅僅只有12人，而且這12人的自白書中所描述的巴弗滅形象也毫不一致，或說頭有1～3個，腳有2～4根，偶像有說是金屬做的木頭做的，也有人說上面貼著金箔，甚至有人說他們拜的只是張圖畫。很明顯的這些都是在拷問下逼出來，胡亂回答的自白。

到了19世紀，法國的魔法師艾利佛斯·李維（Eliphas Levi）所畫的「曼德斯的巴弗滅」（The Baphomet of Mendes）[50]造成轟動，此一惡魔的名稱因此變得很有名。20世紀最偉大的魔法師亞歷斯特·克勞利（Aleister Crowley）等人在要入魔法團體東方聖殿騎士團的時候還曾經以巴弗滅的名號加入過。

弗摩爾之王
塞爾特

（→英帝契 Indich）

41 譯注：或譯作盧格。塞爾特文字發音法與羅馬拼音的發音法差別不小，因此採取哪種發音規則來翻譯就會影響譯名。百科全書類的多採用羅馬拼音規則來翻譯，而此處所採的譯法是根據星光版的譯法，即塞爾特文字的發音法，日文網站中多依此種發音。朱注：光是 Celtic 的發音就有遵照該文化原始發音的凱爾特，或是以後代拼音爲主的塞爾特念念法，在歷史學界造成不小的爭議。希望讀者看到兩種發音時各自知道其來源即可。

42 譯注：關於魯夫打倒魔眼巴羅爾的說法不一，國內星光出版的《塞爾特神話》的說法與本書說法不同。此一版本中所說的石頭其實是魯夫的神器之一的「魔彈塔拉斯姆」。其餘兵器尚有「魔劍安撒拉（應酬者的意思）」「十字劍弗拉加拉哈（Fragarach，報復者的意思）」「魔槍布琉那克（Brionac，貫通者的意思）」（網路資料，出自「貓之夜會 附屬幻想圖書館」，網址 http://www.asahi-net.or.jp/~qi3m-oonk/tosyokan/tosyokan.htm。

達伊提耶（惡鬼）
印度

43 譯注：毗濕奴的第 8 化身。
44 譯注：爲黑天之兄，但亦是毗濕奴自身的化身，相傳毗濕奴有黑白二色頭髮，黑髮是自己的頭髮，而白髮是他身上的神蛇舍濕（Sesa，舍濕亦被視爲毗濕奴的一部份）的頭髮，這兩色頭髮化身爲兩英雄，黑髮即黑天，白髮即大力羅摩。
45 譯注：爲黑天之子。
46 譯注：濕婆之子，神界軍事的統御者，也被視爲戰神。
47 譯注：音「斯陀盧舍那」，爲一飛盤狀武器，火神阿耆尼爲了答謝黑天的幫助贈送他的神器。

惡魔
基督宗教

　　原本是隨便回答產生的惡魔，沒想到變得如此有名，恐怕其他惡魔也要嘆氣了吧。

（→易卜劣廝 Iblis、撒旦 Satan〈中世紀歐洲〉）

48 譯注：電腦網路遊戲「天堂」或「仙境傳說」中亦有此惡魔，譯作「巴風特」。
49 譯注：又名 Poor Knights of Christ and of The Temple of Solomon，是共濟會以及其他一些團體的前身。該團最初成立於 12 世紀初，幾位法蘭西的騎士決心保衛朝聖者而組成的團體，耶路撒冷國王鮑得溫二世（Baldwen II）將猶太教聖殿範圍的一部份劃給他們，因而得名。後來迅速發展，擁有強大軍事力量與聚集大量的財富。14 世紀初時遭腓力 4 世的指控，隊長莫萊（Jacques de Molay）受火刑而死。此一事件可謂中世紀的異端審判的濫觴。
50 譯注：爲一顆有五芒星、頭顱爲山羊、背有雙翼、上半身爲女體下半身爲男性，兩性徵皆具的惡魔畫像。朱注：在漫畫《烙印勇士》斷罪之塔篇中其形象就有實際出現過。

Barbaricca

バルバリッチヤ

巴巴利卻

　　這是在義大利詩人但丁的敘事詩—《神曲》（1307～1321年創作）這部作品中登場的惡魔。《神曲》三部作中的第一部〈地獄篇〉中第22篇中描寫到的地獄第8圈第5溝的獄史，專門懲罰生前貪污或詐欺的死者的惡魔集團「＊馬納勃郎西（Malebranche）」十二惡魔中的一人。他名字的意思是「充滿惡意者」。

　　第5圈第5溝是個沸騰的瀝青（天然柏油）池，在世時行騙的罪人下地獄後要在此受浸泡瀝青之刑，馬納勃郎西這班惡魔用他們狀似蝙蝠的翅膀飛到池上，以利爪將罪人從瀝青池子裡拖出來，然後再用爪子或獠牙撕裂罪人。

　　巴巴利卻的地位似乎僅次於隊長的**馬納果達（Malacoda）**，大概相當於班頭。當但丁與詩人維其略[51]（Virgillo）要前往下一個溝時，馬納果達命令巴巴利卻帶他們前往。他雖然是個狂暴且粗俗的惡魔，但是對似乎對同伴還十分有情誼，因為他見到同屬馬納伯郎西的**亞利幾諾（Alichino）**與**加卡比那（Calcabrina）**因為爭吵而不慎摔落池裡時，焦急著想要趕快把他們救上來。

Barbatos

バルバトス

巴巴妥司

　　這是假託是所羅門王所寫，但其實為17世紀魔法書的《雷蒙蓋頓》（Lemegeton，又名《The Lesser Key of Solomon》）的第一部〈哥耶提雅〉中記載的72隻惡魔之一人。另外以模仿啟示文學《以諾書》所作的《偽以諾書》上面也有記載這個惡魔的名字。

　　據說在召喚者面前，他帶著大量侍從[52]身著獵裝出現。他的能力是能給予召喚者過去與未來的知識，並且會告訴召喚者財寶埋藏的地點等等，十分普通的能力。但是如同他身著獵裝所示，他與動物之間的關連性很強，在《偽以諾書》中說他通曉一切動物的語言。另外許多書中都提到他原本是力天使墮天之後變成的惡魔。

　　作家普朗西的書《地獄辭典》中說他是地獄的伯爵兼公爵，是統御30個軍團的指揮官。

　　而該書又說他在出現時身旁伴隨著四個吹著號角的國王，這應該是與前述趕獸的侍從相混淆了的結果。除此之外該書又為他附加了能與爭執中的友人和解的能力。插畫家布爾頓所畫的肖像畫簡直就像是羅賓漢[53]（Robin hood），一點都感

Bathin

バテイン

巴欽

　　假託所羅門王所寫，但實為17世紀魔法書的《雷蒙蓋頓》（Lemegeton，又名《The Lesser Key of Solomon》）之第一部〈哥耶提雅〉中記載的72隻惡魔當中一名。另外以模仿啟示文學《以諾書》所作的《偽以諾書》上面亦有記載此惡魔之名。別名有「＊馬爾欽姆」（Marthim，マルテイム）「＊巴提姆」（Bathym，バテイム）「＊瑪提姆」（Mathymムテイム）等等。

　　根據《偽以諾書》的說法，出現在召喚者面前的，是名個騎著氣色不佳的馬，身材魁梧、長有蛇狀尾巴的男性。一般認為他具有強大力量，是＊路西法（Lucifer）之親信，貴為地獄大公。動作敏捷，在惡魔當中是少見的和藹可親之人。在具有草藥與寶石的知識這點上，跟同為72惡魔的**斯托剌（Stolas）**與**單卡拉比（Decarabia）**相似。

　　19世紀法國作家普朗西的著作《地獄辭典》中將他的名字寫作「馬爾欽姆」（Marthim），一樣說他是掌有重權的公爵，並且該書還幫他附加了〈哥耶提雅〉中**懨布（Gaap）**所擁有的，讓人可

▌惡魔・地獄的魔鬼
▌神曲

51 譯注：此處譯作維其略是根據志文出版社版《神曲》的譯法，
英語版拼作「Virgil」，因此大英百科譯作維吉爾，拉丁語全名
為「PUBLIUS VERGILIUS MARO」生卒年70-19 B.C.，為羅馬
最偉大的詩人，最著名的作品是羅馬民族史詩《埃涅阿斯記》
（Aeneid），對密爾頓的《失樂園》等影響很深。

▌惡魔・所羅門的惡魔
▌雷蒙蓋頓・偽以諾書

覺不出他是個惡魔。

52 譯注：此處侍從從原文作「勢子」（せこ），古代貴族在狩獵的時
候在一旁追趕野獸，不讓牠們逃走的隨從。
53 譯注：12世紀英國民間傳說中劫富濟貧的豪傑。

▌惡魔・所羅門的惡魔
▌雷蒙蓋頓・偽以諾書

以瞬間移動的能力。

Beelzebub<Hebrew>

ベルゼブブ

別西卜〈希伯來〉

　　他原本是緋尼基人的神巴力西卜（Baal-zebul）其意思是「天上的主人」，或者在阿卡德[54]（Akkad）語中是「王子之主」的意思。（→巴力Ba'al）

　　但是在拉比（rabbi，猶太教的宗教上的領導者）的文獻中，別西卜這名字已經是作為「蒼蠅王」的意思在使用了，他被視為引起疾病的惡魔。

　　《舊約聖經》中別西卜以巴力西卜之名出現，以色列王亞哈謝（Ahaziah）得病時，差人去詢問

以革倫（Ekron）之神巴力西卜[55]。

　　而在《新約聖經》的〈馬太福音〉〈路加福音〉中提到[56]，基督幫一名被鬼附身的又聾又啞的人趕鬼，但卻被人指責「這個人趕鬼，無非是靠著鬼王別西卜啊！」於是基督回答：「凡一國自相紛爭，就成為荒場；一城一家自相紛爭，必站立不住；若撒旦趕逐撒旦，就是自相紛爭，他的國怎能站得住呢？我若靠著別西卜趕鬼，你們的子弟趕鬼又靠著誰呢？」從基督的回答看來，惡魔之間似乎還不會自相紛爭的樣子。既然如此，那

Beelzebub<M. L. Breton>

ベルゼブブ

別西卜〈M.L.布爾頓〉

　　十九世紀法國作家普朗西（Collin de Plancy，1794～1881）所著《地獄辭典》的1863年版（第6版）中附了550張插圖，而當中給讀者們最深刻的印象的是由M.L.布爾頓這位畫家所畫的72張惡魔圖。這種彩色版畫在愛好傳統魔法書的惡魔學家之間頗受惡評，但是由於其強烈的視覺效果結果使得這些畫家畫出來的惡魔形象成了今日惡魔形象的典型。

　　而這些插畫當中最有名的就是別西卜的肖像。別西卜是緋尼基的神巴力西卜（Baal-zebul 意

思是天上的主人）被希伯來人轉音念成別西卜（Beelzebub 意思就是蒼蠅之王），這個行為原本只是一種對巴力西卜的污衊性文字遊戲而已，但是布爾頓就直接依照其轉音後的意思來畫出這張既不像蠅也不像蜂的巨大昆蟲的樣子來。這怪物鼓漲的藍紫色身體與翅膀上浮現的骷髏圖案，正可說是一般人心目中「蒼蠅王」的樣子吧。而這巨大蒼蠅的形象時至今日也已經成為惡魔別西卜的代表形象了。

（→巴力 Ba'al、別西卜 Beelzebub〈希伯來〉）

Beelzebub《Paradise Lost》

ベルゼブブ

別西卜《失樂園》

　　這是英國詩人密爾頓的敘事詩《失樂園》（1677）中登場的造反天使（惡魔）。在書中作者說明這個在希伯來文中有「蒼蠅王」的意思的名字，是後來巴勒斯坦（Palestine）地方稱呼他的名字，原本尚為天使時應該還另有別名。但是他與他追隨的領導者撒旦因為背叛了天神，他們的名字已經被神從救贖者名單—也就是「生命冊」中給抹消掉了。因此《失樂園》中從頭到尾一貫以「別西卜」這名字來稱呼他。並未提到他的原名。

　　別西卜是撒旦的親信同時也是最要好的朋

友，當然也是有如他的分身一般的最忠實的部下。而且別西卜在造反天使中的地位也是僅次於撒旦的第二人，當撒旦親臨作戰時，他也一向以參謀的身份隨侍在旁。從書中的描述來看，別西卜幾乎看不出他有任何邪惡的氣氛，即使已經墮天仍不失其王者的威嚴與賢者的風格。其有如水一般的冷靜性格與充滿熱情及人格魅力的撒旦恰好形成一對比，可以說是賢相型的天使。被認為是智天使，但書中未替他定下階級。

（→撒旦 Satan《失樂園》）

神之敵
希伯來

不是比人類還了不起嗎？
（→撒旦Satan《新約聖經》）

54 譯注：楔形文字，古代美索不達米亞使用的語言。
55 譯注：見《舊約聖經》〈列王紀下〉1：2。
56 譯注：見《新約聖經》〈馬太福音〉12：24，〈路加福音〉
 11：15。

惡魔
地獄辭典

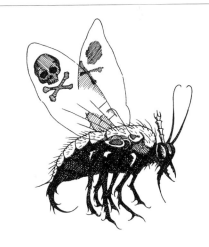

造反天使
失樂園

貝西貘斯巨獸

　　牠是《舊約聖經》中提到的怪物。看起來樣
子很嚇人，但並不是什麼邪惡的怪物。

　　「你且觀看貝西貘斯巨獸；
　　我造你也造牠。」

　　如同這段經文所示，此一怪物也是神所創造
的。而且根據以下的描述，牠似乎是隻草食性的
動物。

　　「牠的氣力在腰間，
　　能力在肚腹的筋上。
　　牠搖動尾巴如香柏樹；

　　牠的大腿的筋互相聯絡。
　　牠的骨頭好像銅管；
　　牠的肢體彷彿鐵棍。
　　牠在上帝所造的物中為首
　　（中略）
　　河水氾濫，牠不發戰；
　　就是約旦河的水漲到牠的口邊，也是安然。」[57]
　　在〈約伯記〉中，神對自己能夠創造出這樣
一隻龐然巨物感到十分自豪。

　　那麼傲慢的神都會感到自豪了，想必是將貝

貝拉

　　蘇格蘭傳說中的眾神之母同時也是冬之女
神。身高很高，非常年老。

　　貝拉一旦發起怒來的話，就會吹起猛烈的暴
風雪，因此人們厭她如毛蟲，畏她如惡魔。

　　冬天的時候沒人敢惹怒冬之女神貝拉。她以
女王的身份君臨「四個紅色國度」，但是一到春天
人們開始敢反抗她了。因為夏之王安格斯與他的
妃子布萊德將會取代貝拉成為世界的統治者。

　　而貝拉在春天來臨後，因為喝了青春之泉中
的魔法泉水，進入沈眠。然後被陽光喚醒後，她

此時已經搖身一變，成了一個青春貌美的少女。
能與她的美貌匹敵的就只有夏之女神布萊德而已
了。

　　但是貝拉在夏天過半之後就會轉為一成熟女
性，到了秋天時臉上已有縐紋，開始老化。而到
了冬天的時候就已經完全變成一個滿臉皺紋的老
太婆，再度恢復成那個可怕的冬之女神貝拉。據
說這時的貝拉眼睛只有一隻，臉色陰沈且呈黑藍
色，牙齒外露像是生鏽的刀子，蜷曲的毛髮就跟
霜一樣蒼白。

貝雷特

　　這是假託是所羅門王所寫，但其實為17世紀
魔法書的《雷蒙蓋頓》（Lemegeton，又名《The
Lesser Key of Solomon》）的第一部〈哥耶提雅〉
中記載的72隻惡魔之一人。另外以模仿啟示文學
《以諾書》所作的《偽以諾書》上面也有記載這個
惡魔的名字。其他尚有「※比雷斯」（Bileth，ビレ
ス）、「※表雷特」（Belieth，ビユレト）等別名。

　　他的特徵是討厭被人召喚，召喚出來時總是
在生氣。《偽以諾書》說他騎著氣色不佳的馬出
現在召喚者面前，但對他本身的外型並無描述。

並且建議要召喚他的人，最好在左手的中指上戴
上銀戒指以保平安。

　　深受16世紀惡魔學者維爾影響的19世紀法國
作家普朗西在他的《地獄辭典》中以「※比雷特」
（Byleth，ビレト）這個名字來介紹他，據說這是
跟別的惡魔混淆了的結果。很難得地對他的記載
中並沒有提到他的爵位，只說明他是80個軍團的
指揮官，並且該書更強調他易怒的性格，解說了
一些要召喚他時該注意的事。

怪物
希伯來

西貘斯巨獸造得很好。至少肯定是造得比人類好多了。

（→利維坦 Leviathan）

57 譯注：引自《舊約聖經》〈約伯記〉40：15。

冬之女神
蘇格蘭

（→綠魔女 Green Lady）

惡魔‧所羅門的惡魔
雷蒙蓋頓‧偽以諾書

Belial<Hebrew>

ベリアル

彼列〈希伯來〉

在《舊約聖經[58]》或《死海古卷[59]》（Dead Sea Scrolls）中提到的神的敵對者。從與他相關的傳說中我們可以看到屬一神教的猶太教也受到了伊朗（瑣羅亞斯德教）的二元論的影響，神創造了光同時也創造了暗。

根據《死海古卷》的說法，神所造的惡靈的名字叫做彼列。彼列的外型與天使無異但是頭上長了角。因此他也被稱為黑暗之子或充滿敵意的天使。彼列是為了帶來毀滅而創，因此他的職責就是犯罪行惡。而光之子所率領的軍團將與彼列的軍團一直交戰到世界末日為止。

《死海古卷》中的〈戰爭之書〉裡有下述記載：

「光之子們以其勇氣擊倒邪惡三次，彼列的勢力也奮力作戰，使光明之軍後退三次。」

不過因為神是站在光之子這一方的，所以在第七次的戰鬥中，彼列與他的追隨者，也就是毀滅的天使們終將被打倒，他的頭角也會消失不

Belial《Lemengeton》

ベリアル

彼列《雷蒙蓋頓》

這是假託是所羅門王所寫，但其實為17世紀魔法書的《雷蒙蓋頓》（Lemegeton，又名《The Lesser Key of Solomon》）的第一部〈哥耶提雅〉中記載的72隻惡魔之一人。另外以模仿啟示文學《以諾書》所作的《偽以諾書》上面也有記載這個惡魔的名字。

希伯來文中彼列這個字的意思是「無價值」「無賴」的意思，於是後來演變成一惡魔的名字。原本在《舊約聖經》中的〈士師記〉〈撒母耳記上〉中當成形容惡人的話，但是到了《新約聖經》〈哥林多後書〉時已經變成一個惡魔的名字了，在概念上與撒旦類似。

根據《偽以諾書》的記載，彼列是個乘在火戰車上的俊美天使，聲音悅耳能給予人崇高地位。19世紀法國作家普朗西的書《地獄辭典》中說他是古代緋尼基的西頓[60]（Sidon）人崇拜的神。

（→撒旦Satan〈中古歐洲〉、彼列Bilial《失樂園》、彼列Belial〈希伯來〉）

Belial《Paradise lost》

ベリアル

彼列《失樂園》

這是英國詩人密爾頓的敘事詩《失樂園》（1667）中登場的造反天使（惡魔）。他第一次登場是在第一卷的中介紹跟從天使撒旦（Satan）造反的天使時的最後有提到他，在他之前介紹的天使多半都是後來異教神的前身，不過他與他並不是。

名字有「惡」「毀滅」「無賴」的意思，在聖經中與撒旦這個名字一樣並不單指一個特定的惡魔。《新約聖經》〈哥林多後書〉中視這個名字為撒旦的別名[61]，因此《失樂園》將彼列描寫的像是個小撒旦一般，擁有堂堂的相貌與優雅的動作。但是不同於理想崇高的撒旦，他的品行並沒那麼高尚，絲毫不見他有崇高的理想，反倒像是個只會說些漂亮話的紈褲子弟一般。從書中描述看來，他並不是個好戰者，當摩洛（Moloch）提議反攻天國時，他用一堆冠冕堂皇的言詞來反對。而且他也是個馬屁精，對撒旦的發明大砲以他擅長的美麗詞藻讚美了一番。

（→撒旦Satan《失樂園》）

神之敵

希伯來

見。

（→撒旦 Satan《舊約聖經》）

58 譯注：中文的《舊約聖經》中並未特意將此字譯為一具體惡
魔，而是將之視為邪惡的代名詞，例如在英文版寫作「the son
of Bilial」的部分中文版的通常譯為「惡人」等等，有興趣者可
自行比對。

59 譯注：1947年以來陸續在死海西北岸發現的以希伯來文、亞蘭
文、希臘文寫成的古書，對於《舊約聖經》以及基督宗教成立
前後的猶太教研究上具有高度的史料價值。

惡魔·所羅門的惡魔

雷蒙蓋頓·偽以諾書

60 譯注：即今日黎巴嫩（Lebanon）南部海港賽伊達（Saida）。

造反天使

失樂園

61 譯注：見《新約聖經》〈哥林多後書〉6：15。原文作「基督和
彼列（彼列就是撒旦的別名）有什麼相和的呢？光明與黑暗有
什麼相通的呢？」

Berith

ベリト

比利土

這是假託是所羅門王所寫，但其實爲17世紀魔法書的《雷蒙蓋頓》（Lemegeton，又名《The Lesser Key of Solomon》）的第一部〈哥耶提雅〉中記載的72隻惡魔之一人。另外以模仿啓示文學《以諾書》所作的《僞以諾書》上面也有記載這個惡魔的名字。此外別名爲「＊比亞珥」（Beal，ベアル）、「＊伯夫萊」（Bolfri，ボルフライ）「伯菲」（Bofry，ボフイ）等。

據說他騎著紅色的馬，頭帶皇冠出現在召喚者的面前，與紅馬、紅色之間的關連性強。《僞以諾書》上也記載他是騎著紅馬的士兵。

他能給人練金術，以及過去與未來的知識，性格表裡不一，多本書上都說他是個會說謊的惡魔。

深受16世紀惡魔學者維爾影響的19世紀法國作家普朗西在他的《地獄辭典》中說他是頗有勢力的地獄公爵，統領26個軍團，也是異教徒的偶像神。該書插畫家布爾頓將他畫成了三頭身的比例，有點滑稽的樣子，結果比利土也因此變得有名了。

Bifrons

ビフロン

比夫龍

這是假託是所羅門王所寫，但其實爲17世紀魔法書的《雷蒙蓋頓》（Lemegeton，又名《The Lesser Key of Solomon》）的第一部〈哥耶提雅〉中記載的72隻惡魔之一人。另外以模仿啓示文學《以諾書》所作的《僞以諾書》上面也有記載這個惡魔的名字。據說他擁有伯爵的爵位。

《雷蒙蓋頓》等等的深具傳統的惡魔學相關的魔法書中並沒有記載他出現在召喚者前的模樣，只說明他在魔法師命令他行事之前是怪物的模樣。他是隻對博物學有深厚知識的惡魔，從占星術到礦石草木之名都知曉。雖然從這些描述中看不出他有任何不祥的氣氛，但是不知爲何比夫龍經常被認爲是與死者或墳墓相關，好幾份文獻中都說他是在墳墓上點燃鬼火、蠟燭的惡魔。

深受16世紀惡魔學者維爾影響的19世紀法國作家普朗西在他的《地獄辭典》中說明他是26個軍團的指揮官，另外在占星學知識方面還附加了能給予人瞭解行星運行對命運影響的知識，以及能夠移動屍體的能力。

Bilwis

ビルウィス

比威斯

比威斯原本是德國南部巴伐利亞[62]（Bavaria）地方與奧地利一帶的民間故事。因此從這些地方的文獻裡我們可以看到比威斯相關傳說的原貌。原本的比威斯是一種自然精靈，而且她會射出可以治病的箭。

德國中部則稱作＊皮威斯（Pilwiz，ピルウイズ）。

但是到了中古世紀末期，原本的意義完全變的相反了，許多傳說中的精靈開始被視爲惡魔妖怪的一種。

比威斯也不例外，原本的精靈身份轉變爲會使用魔法害人的魔法師，結果比威斯就被當成是女巫的一種了。

在德國東部，比威斯被看做是擁有魔力的男子，腳上帶著鐮刀，一到晚上就會偷偷進到玉米田裡偷走穀物。

到了現代，一般認爲比威斯是類似**惡作劇精靈**（Boogeyman）之類的怪物，只不過身材比他還要更矮小。

■惡魔‧所羅門的惡魔
■雷蒙蓋頓‧偽以諾書

■惡魔‧所羅門的惡魔
■雷蒙蓋頓‧偽以諾書

■病魔
■德國

62 譯注：德國南部一州，首府為慕尼黑，過去是一獨立王國。

貧乏神

窮神〈日本〉

居留在人家裡，給那個家庭帶來貧窮的神。雖稱作神，卻不是令人會想信仰的對象。

但是因爲窮神也是神，所以並沒有方法可以打倒他，不過還是勉強有個能夠趕走他的方法。

新潟縣[63]有個傳說，據說只要在大稬日（12月31日，也就是除夕）的夜裡在家中的圍爐燃燒大火，窮神就會嫌太熱而跑掉，而同時喜歡溫暖的福神就會出現。據說這個福神會以小孩子的樣子出現待在圍爐的旁邊。

關於窮神的外表，一般說他是躲在壁櫥裡的小老頭，或者是個像顆小豆子似的矮小男子，再不然就是拄著枴杖，身穿破爛衣服的老爺爺。總之其共通點就是矮小。不過他喜歡懶惰者的家裡，只要待在懶人家中，他的身體就會越來越大。

另外還有個傳說，窮神會以落魄者的樣子出現，如果不嫌棄好好地招待他的話，就會變身成福神。從這個傳說看來，或許窮神福神其實是同一神的一體兩面吧。

（→窮神〈西伯利亞〉The deity of poverty

ボクルグ

波克魯格

他是克蘇魯神話中鮮少提及的一尊邪神。他住在「夢之國」（Dream land）裡。

他的外型就像是隻巨大的蠑蜥，下顎長有長長的，像是觸角一般的鬍鬚，背鰭就跟剃刀一樣銳利。腳長的粗壯而扁平，趾間長有蹼，體長約3.6公尺。

名義上雖然也是個神，但是更像是隻擁有強大能力的奇妙生物。例如說，他在幼年期時長的與人類絲毫沒有差別，因此可以送進人類社會裡，在那裡長大，也就是所謂的換子傳說[64]

（changelings）的一種。

原本他受到一群叫做「伊布[65]（Ib）的怪物」所崇拜，但是這群伊布的怪物被薩拿斯[66]（Sarnath）的人們所滅，因此波克魯格對薩拿斯下詛咒，結果這個都市也在一夕之間滅亡了。現在伊布怪物們的幽靈跟在他的身旁，而他則是在依拉尼克[67]（Ilarnek）人民的敬畏下再度受人膜拜。

（→克蘇魯Cthulhu）

ブギーマン

惡作劇精靈[68]

恐怖電影界的大師約翰‧卡本特（John Carpenter）身兼導演、劇本、配樂製作而成的恐怖電影「月光光，心慌慌」（Halloween）（1978）中出現的殺人魔[69]。

這裡出現的惡作劇精靈是個人類。

在某個萬聖節的晚上，年方六歲的麥克‧梅爾（Michael Mayer）刺殺了姊姊，被強制送入精神病院裡。但是十五年後，二十一歲的麥可逃出了醫院，回到過去生長的小鎮上。戴上了南瓜面具，手拿菜刀開始無差別地殺人。他的那一個接

一個將小鎮居民殺掉行爲已經讓人無法相信他是個人類了。他殺人的時候既不吼叫也不發聲，只是淡淡地進行著。最後精神科醫生追尋他來到這個小鎮，南瓜頭在身中數槍後，從陽台摔了下去，但最後生死不明的情況下電影就這樣結束了。

這個殺人魔原本是美國都市傳說中的人物，父母經常以「如果你還不睡覺小精靈就要來抓你了喔！」來嚇小孩子要他們趕快就寢。

另外史蒂芬‧金（Stephen King）原著，傑佛

B

▌窮神
▌日本

〈Siberia〉、疱瘡神 Housou-gami）

63 譯注：日本的一縣，位置在日本本州島上的東北方靠日本海側。

▌破壞神
▌克蘇魯神話

64 譯注：英格蘭的民間故事中常見的一種小妖精（Fairy）的惡作劇。例如某故事中妖精將人類的嬰兒與自己的小孩互換，但是妖精並不會長大，結果使得小孩的母親一直都要照顧嬰兒，而妖精們則是因為有新人加入所以很高興。
65 譯注：克蘇魯神話小說《The Doom That Come to Sarnath》中的太古文明都市。
66 譯注：克蘇魯神話小說《The Doom That Come to Sarnath》中的太古文明都市，與伊布在同一大陸上。
67 譯注：同上。

▌都市惡魔傳說
▌美國

瑞・席洛（Jeffrey C. Schiro）導演的《The Boogeyman》（1982年）也是以此為題材。
（→克莉斯汀 Christine、殺人小丑 Killer Crown）

68 譯注：在這裡出現的 boogeyman 指的是一個殺人魔，但其實原本的 boogeyman 並沒有特定的形象，指的是一種會害人的精靈。
69 譯注：這部片子後來在賣座之後又連續拍了不少續集，2002年7月拍了該系列的第八部作品，台灣譯名為《戰慄online》、香港大陸的譯名為《月光光心慌慌：重生》（Halloween: Resurrection），導演為里克・羅森塔爾（Rick Rosenthal）

Botis

波提斯

這是假託是所羅門王所寫，但其實爲17世紀魔法書的《雷蒙蓋頓》（Lemegeton，又名《The Lesser Key of Solomon》）的第一部〈哥耶提雅〉中記載的72隻惡魔之一人。另外以模仿啓示文學《以諾書》所作的《僞以諾書》上面也有記載這個惡魔的名字。

他以蛇的外型出現在召喚者的面前。說到蛇，自然會讓人聯想到惡魔，但是不可思議的是，《雷蒙蓋頓》的惡魔中，與蛇有關係的居然只有波提斯而已，單純只是蛇的外型，在《雷蒙蓋頓》形形色色的奇形怪狀惡魔中反而是非常有特色。

不過如果召喚者命令，他也能變身成長了犄角與獠牙的人形，可說是典型的惡魔的樣子吧。

除了外型以外並無其他特色，不過經常被認爲是高位階的惡魔，一般說他是地獄的議長，最低也還是個伯爵。

《僞以諾書》中說他是地獄的大公，26個軍團的指揮官。能力同樣地並不特別，可以給人過去與未來的知識。

Brahala

婆羅訶羅

他是爪哇皮影戲的羅刹娑（Raksasa）之一，更正確的說，他是《摩訶婆羅多》（Mahabarata）中好人的軍師庫力蘇諾因爲太過憤怒而變成的羅刹。《摩訶婆羅多》這故事是在講好人的潘達瓦五個王子與壞人可拉瓦一百個王子 [70] 相鬥的故事，而好人的軍師是庫力蘇諾（也就是英雄黑天）。他是毗濕奴（Visnu 或 Vishnu）神的化身，神通自在可預見未來。

當他憤怒達到頂點的時候，會變身成巨大的羅刹娑，昂然雄立，對天怒吼。身上各處長了人頭共1000顆，有的頭還長連著像蛇一般長長的脖子纏繞在手腳上。牙齒有3萬3千根，當中的400根是可愛的複齒。他的頭頂到九重天上，一走動他的腳就會陷入七層的地底去。體內燃燒著熊熊烈火，一切野獸的精氣在他體內奔騰。一言以蔽之，恐怖到令人不敢正視。

庫力蘇諾變成這個姿態，正當準備要將壞人的國家擊潰的時候，天上的眾神卻遣來使者制止他說：「你那樣做不合我們預定的劇本。」結果庫力蘇諾似乎忘了自己也是神，忿忿地說：「神

Brahmaraksasa

婆羅門羅刹

印度神話中有一種叫做® 羅刹的妖怪種族。在坦米爾人 [71]（Tamils）或古孟加拉地區 [72]（Bengal）的民間故事中，據說有一種叫做婆羅門羅刹的特殊羅刹，如他們的名字所示，他們的前世是個婆羅門 [73]。

婆羅門羅刹經常會在黑夜的森林裡出現。有時會一個人孤單地坐在樹上，有時會在明亮的月光照耀下的小徑上跳舞。一般的羅刹經常是成群結隊的，但是婆羅門羅刹並不見得如此。或許是因爲他們曾經是婆羅門，也或許他們現在是羅刹，也有可能是因爲兩者都是的關係，使得他們擁有優秀的能力。他們可以附身在人類身上，或者輕易的殺掉人類，或者是讓那些對自己很親切的年輕人獲得難以估量的寶物，並且一瞬間就將他送到他自己的家裡。無人的森林裡，七個裝滿黃金的罈子到底埋藏在哪棵樹下，這些秘密他們都一清二楚。

可是爲什麼原本這麼高貴的婆羅門死後會轉世爲羅刹呢？據說跟他們生前的行爲有關係，每個人的原因並不大相同。例如說某個故事裡就說有個婆羅門羅刹是因爲對音樂的造詣太深了，但是他吝於教人，結果那些知識隨著他死亡就再也

■ 惡魔・所羅門的惡魔
■ 雷蒙蓋頓・偽以諾書

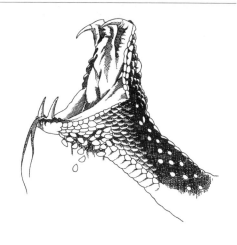

■ 羅剎婆
■ 印度尼西亞

明還真的都是些任性的傢伙啊！」

70 譯注：也就是印度神話中的般度族（Pandu）五王子與俱盧族百
王子，印尼的發音稍有不同。

■ 羅剎
■ 印度

不見天日，因此為了懲罰他就讓他轉世成為婆羅
門羅剎了。
（→阿修羅 Asura 或 Ashura）

71 譯注：住在印度東南部與斯里蘭卡東北部的民族，信仰印度
教，採行種姓制度。
72 原注：印度次大陸東北部，包括今日的印度、西孟加拉州、孟
加拉共和國。
73 譯注：為印度教種姓制度—婆羅門（Brahman 僧侶）、剎帝利
（Kshatirya 武士）、吠舍（Vaisya 商人）、首陀羅（Sudra 賤民）
四位階中最高位者。吠陀時代末期以後，婆羅門在政治上的地
位逐漸被剎帝利所取代，但是他們在學術上的壟斷地位仍然不
變。

Bres

ブレシユ

布雷斯

他是塞爾特神話中達那神族與巨人**弗摩爾**（Fomor）族的混血兒，有一段時間曾經當過達那神族的王，但後來又背叛了眾神。

布雷斯的母親是女神達努（Dana，或Danu）的妹妹，也就是以出眾的美貌聞名的艾莉。他愛上了弗摩爾之王艾拉薩（Elatha），生下布雷斯。布雷斯遺傳了母親的美貌，為一美男子，因此他的外號叫作「美麗的布雷斯」。他在眾神與菲伯克（Firbolgs）的戰爭中建立了功勳，因而取代了在這場戰役中失去一條手臂的神王那札（Nuada）成

為新王[74]，娶了女神布麗基德[75]（Brigits）為妻。但是他執政後卻實行暴政，將達那神族當成弗摩爾的奴隸一般。結果受到眾神的強烈反彈，達那族的吟遊詩人科布爾（Corpry）作了詩[76]諷刺他，而這段期間，那札的斷臂接上了銀製的義肢，恢復其神勇後，起兵將布雷斯趕跑了。布雷斯向他的父親艾拉薩求援，於是展開了弗摩爾族與達那神族的激烈戰爭，而最後被光神魯夫打敗，他向眾神求饒，眾神開出饒命的條件是布雷斯必須要教他們何時該播種與收穫，當他喝光三百頭牛的

Brushman

ブラッシュマン

魔靈

范達—庫欽[77]族（Vanta-Kutchin）的傳說中提到的精靈，外表看起來跟人類幾乎沒有兩樣。基本上是個會對人類惡作劇的精靈，因此並不受歡迎。

當老婆婆想要曬魚乾的時候，他會搶走老婆婆手中的小刀，偷走籃子裡的魚。

不過有時候也會對貧窮的人很親切。

某年冬天，部落移動的時候，他用魔法將一個女孩的針線盒打掉，女孩想要撿回來他就掀起一陣暴風困住女孩，最後將她帶回到自己住的洞

窟去。

人們發現女孩不見了，立刻四處尋找，後來找到了，但是女孩因為魔靈的洞窟裡糧食多的吃不完因此不想回去，就這樣住下來了。

一年後，這個部落再度通過該地，這時部落因為缺乏糧食而苦惱，魔靈不忍心見到自己的岳父受飢餓之苦，於是將糧食拿了出來提供給部落的人，自己也跟他們一同生活了。

不過因為已經過慣了一個人的生活，最後還是回到自己的洞窟去了。

Buau

ブアウ

包

越南人稱戰爭中被殺死的人變成的叫做包。包是個沒有頭的鬼怪。

在人類剛誕生不久的時代，有一對夫婦。丈夫出海捕魚的時候，躲在陰暗處的包跑了出來，將他妻子用力抓住，拖進草叢裡。結果妻子就被帶到離家十分遠的地方，背上塗滿黏稠的膠，被緊貼在大岩石上。

丈夫回到家裡，發現妻子不在，焦急地四處尋找。最後終於找到，想要搭救，但是因為惡魔的膠黏的很緊，丈夫莫可奈何。

傍晚，丈夫在包會走過的路上設了陷阱等他到來。包一腳踏在陷阱上腳被纏住，就逃不了了。丈夫騙他只要他願意給他解藥就放他走，但是一拿到藥就立刻將他砍了。

後來妻子懷孕生了個小孩，但那是包的種，一出生就緊緊吸住妻子的乳房不肯鬆口。這小孩非常的醜陋但很聰明，從一出生就會說話知道各種事物的名稱。丈夫問小孩邦格樹的名稱，小孩一開口的瞬間，他的頭就被丈夫用劍劈成兩半，據說那小孩散落的肉片變成了水蛭。

▋背叛眾神者
▋塞爾特

牛奶時才能獲得饒恕。
（→英帝契 Indich、巴羅爾 Balor）

74 譯注：根據星光版的說法，塞爾特人的習俗是不能讓身體有缺陷的人當上國王，因此選了布雷斯當王。

75 譯注：達那神族主神達格達的女兒，與達努是姊妹，但也有另一說法說是達努的女兒。

76 譯注：諷刺他很各嗇。星光出版社的《塞爾特神話》中有詳細說明。如下：盤中不立刻盛裝食物，連使小牛長大的牛奶也無，漆暗的夜實非人住的地方，無法支付吟詩者的報酬，最好讓布雷斯王也過這種日子啊。這首詩打動人心，布雷斯也因此被迫退位。

▋精靈
▋美洲原住民

（→塔威史卡拉 Tawiscara）

77 譯注：住在加拿大育空（Yukon）地區的原住民。

亡靈
▋越南

Buer

ブエル

布耶爾

這是假託是所羅門王所寫，但其實爲17世紀魔法書的《雷蒙蓋頓》（Lemegeton，又名《The Lesser Key of Solomon》）的第一部〈哥耶提雅〉中記載的72隻惡魔之一人。另外以模仿啓示文學《以諾書》所作的《僞以諾書》上面也有記載這個惡魔的名字。能力很強，與海星之間的關係很深。

據說在太陽來到射手座位置時才能夠召喚他，而他出現在魔法師面前的姿態是海星。《僞以諾書》中說他擁有治病的能力，能給召喚者哲學或邏輯學的知識。

布耶爾是相當有名的惡魔，不過之所以會有名是因爲普朗西的書《地獄辭典》所帶來的影響。普朗西本身對惡魔學並沒有很深的研究，在他的書中將布耶爾描述成擁有五隻腳，邊滾邊走的惡魔，而插畫家M.L.布爾頓則根據這個說明將他畫成了一個獅頭長了五隻放射狀的腳。由於這張肖像畫實在太過奇特了，給人非常強烈的印象，布耶爾也因此一舉成爲有名的惡魔。

Bune

ブネ

布涅

這是假託是所羅門王所寫，但其實爲17世紀魔法書的《雷蒙蓋頓》（Lemegeton，又名《The Lesser Key of Solomon》）的第一部〈哥耶提雅〉中記載的72隻惡魔之一人。另外以模仿啓示文學《以諾書》所作的《僞以諾書》上面也有記載這個惡魔的名字。

他與同在《雷蒙蓋頓》中有介紹到的艾尼（Aini）、巴力（Baal）、巴拉姆（Balam）等惡魔同樣地具有三顆頭，其中一顆是人類，一顆是狗，最後一顆是獅鷲（Griffon）—也就是老鷹的頭。而身體則是龍（Dragon）。

他與死亡的關係很深，據說他知道能咒人致死的咒語。另外還具有高度的智慧與會話術。《僞以諾書》中提到他能移動屍體，並且能在墳墓周圍召集惡魔。19世紀法國作家普朗西的書《地獄辭典》中提到，他是地獄的大侯爵，同時也是30個軍團的指揮者。該書並幫他加上了不講話就能傳達意思的特質，並且對他的手下，也就是韃靼人（Tatars，土耳其系民族）所害怕的惡魔「布尼」介紹的很詳細。

Buruke

ブルケ

布爾喀

牠是卡馬克那拉（天上的國度之一，意思是黑暗之國。）的猛獸，布爾喀的意思是火犬，如名所示，他不怕火，甚至可以輕鬆地唧起火球。

卡馬克那拉的國王對自己國家這麼黑暗感到不滿，因爲卡馬克那拉裡既沒有太陽也沒有太陰（月亮）。因此國王命令國中最勇猛的布爾喀去偷太陽。布爾喀聽命將太陽叼了過來，但是太陽實在太燙了，燙得嘴巴差點被燒掉，最後只好放棄。

國王責怪布爾喀辦事不力，不得已只好再考慮更可行的方法，於是這次國王對太陰動起了歪腦筋，他想太陰不像太陽那麼熱，應該可以簡單的偷到手了吧。

於是他派了另一隻布爾喀去偷太陰，但是沒想到太陰實在太冰了，冰得嘴巴都要凍傷了，終究還是沒辦法將太陰偷回來。

不過現在卡馬克那拉國王依舊沒有放棄，每隔一段時間就會出現的日蝕月蝕，其實就是布爾喀又來偷日月了。

（→**獨腳鬼 Tokebi**）

▌惡魔‧所羅門的惡魔
▌雷蒙蓋頓‧偽以諾書

▌惡魔‧所羅門的惡魔
▌雷蒙蓋頓‧偽以諾書

▌火犬
▌韓國

Bururekki
ブルレッキ

布烈其

西太平洋帛琉群島中貝里琉島[78]（Peleliu）的民間傳承中的惡神。據說他像玉一般光耀閃亮，背後長了條尾巴，模樣很嚇人，但是卻有愚蠢的一面。

某夜，一個男子堆石頭作捕魚用的陷阱，布烈其出現對他說「我幫你忙，但是你要教我陷阱的做法。」男子很害怕，雖然點頭答應，但是從頭上抓了隻跳蚤對牠說：「如果布烈其問這樣做對嗎你就回答對，如果他叫我的名字的話，你就答有。」然後將跳蚤放在石頭上趕緊逃跑了。

布烈其努力的工作，但是後來才發現人早就跑了。

布烈其於是非常生氣，到處尋找那名男子。村落裡雖然住了很多人，但是他仔細聞味道當中只有一人有帶有海的味道。於是布烈其將整個房子的地板抬了起來帶走了，這時男子因為躲在門口上方的牆壁上於是倖免於難，後來布烈其好幾次都想要將他抓走，一次次地被他逃掉。

最後男子叫醒其他村民幫忙，只要布烈其一來就吹起法螺敲打椰子來嚇跑他。布烈其果然被

Bushasp
プーシュヤンスター

布沙斯普

她是瑣羅亞斯德教的惡魔之一，長了一雙非常長的手。她的任務是對人吹催眠的氣息，使人變成很懶惰的人。她會在日出時分無聲無息地來到枕邊，在你耳旁悄悄地說「起床的時間還早呦。」因為根據瑣羅亞斯德教的說法，早起的人就能上天國，如果每個人都上天國的話對惡魔來說可是難以忍受的。

瑣羅亞斯德教的經典《阿維斯陀》（Avesta）裡，對她有如下描述：

「人們啊，早起吧。讓我們稱讚正義，詛咒惡魔吧。否則惡魔布沙斯普就要來到你枕邊了。她隨著陽光的到來而悄悄潛入房間裡，想要讓全世界的人都陷入睡眠的國度中，在你耳邊說著：『人類啊，再多睡一點吧，離起床時間還早的很呦，讓我們摒棄三大好事—善思、善語、善行。努力實行三大壞事—惡思、惡語、惡行吧。』」
（→帕伊里卡 Pairilas）

Cagnazzo
カニヤッツオ

加惹索

義大利詩人但丁所作敘事詩《神曲》（1307～1321年作）當中登場的惡魔。為《神曲》三部作第一部〈地獄篇〉第22篇中，地獄第8圈第5溝的獄吏。負責懲罰生前貪污和詐欺的亡靈，是12個惡鬼所組集團「*馬納勃郎西（Malebranche）」之一。其名意為「嘮叨者」。（→馬納果達 **Malacoda**）

《神曲》地獄第8圈第5溝中有一沸騰瀝青（天然柏油）池，罪人靈魂浸於此一滾熱溝中受無止境的灼熱折磨。

然而比起瀝青的折磨，被監視水面的馬納勃郎西抓逮一事更令犯人恐懼。罪犯「那伐拉人強波洛」因不小心露出頭而被馬納勃郎西吊出池中。當詩人維其略問他瀝青池中是否還有義大利人時，他以叫出池中義大利人為條件要求馬納勃郎西不得對他施暴。

而個性嘮叨正如其名的加惹索則說：「他想法子要脫身了」，反對強波洛的條件。

惡神
帛琉

嚇跑,逃進艾魯地方的洞穴裡了。
(→艾拉帝穆 Eratemuu、姆爾阿茲庫爾
Muruadurukuuru、姆爾阿茲・恩黑陽家爾
Muruaduru・Nheyangaru)

78 譯注:位於帛琉群島最南,亦是帛琉群島中最早發跡的地方。

惡魔
伊朗

惡魔・地獄的魔鬼
神曲

Caim

カイム

蓋因

假稱古以色列王國所羅門王所作之17世紀魔法書《雷蒙蓋頓》（Lemegeton，又名《The Lesser Key of Solomon》），書中第一部分〈哥耶提雅〉所載的72名惡魔之一。又，此惡魔亦列載於仿啓示文學《以諾書》而成之《偽以諾書》一書的目錄中。

以斑鶇形象出現在召喚者面前。自古以來此惡魔一直爲暗示事像秘密的鳥語之象徵，並和語言有密切關係。據說能教授一切動物與人類言語。

受到16世紀惡魔學家讓・維爾的影響的19世紀法國作家柯林・德・普朗西，在他所著《地獄辭典》中，把蓋因視爲重要惡魔，說他除語言方面外亦與詭辯、理論的能力有關。同書中記載他乃地獄大議長，率領30個軍團。說蓋因有斑鶇、手持軍刀身裹火焰的人類、飾有羽毛長有孔雀尾的畸形人類這三種形象。插畫家M.L.布爾頓爲他描繪了斑鶇與畸形人類兩種形象；蓋因也由於這肖像畫之故成了高知名度惡魔。

Caitiff Choir Of Angels

卑しき天使

卑鄙的天使

義大利詩人但丁之敘事詩《神曲》（1307～21年作）中，爲失去光輝的眾天使。也被叫做「騎牆派天使」。在《神曲》第一部〈地獄篇〉的第3篇中，引導主人公但丁的詩人維其略解釋了他們的存在。

《神曲》的地獄以大門作爲與活人世界的間隔。渡過環繞該大門的亞開龍（三途河）後，可至疊爲九環的地獄第一環——地邊（Limbo）。地邊爲地獄最上層，不屬惡人但未領洗之人於此度日。比地邊更靠近陽世的場所乃是亞開龍與地獄大門之間的走廊，未造惡亦未行善的亡者之靈於此處嘆息過日。在這些亡靈中混雜著名爲卑鄙的天使的諸多靈體，毫無目的地徘徊流浪。據說因他們在昔日的偉大天使——惡魔王*狄斯（Dis，*路西勿羅Luccifero）背叛神時，不幫助神也不參與狄斯的叛亂，觀望戰亂的動向，故而失去天使的榮光，但又不能變成惡魔。是變爲不上不下之存在的一群天使。

Calcabrina

カルカプリーナ

加卡比那

義大利詩人但丁所作敘事詩《神曲》（1307～1321年作）當中登場的惡魔。《神曲》三部作第一部〈地獄篇〉第22篇裡，地獄第8圈第5溝中有12個魔鬼所組之集團「*馬納勃郎西（Malebranche）」負責懲罰生前貪污和詐欺的亡靈。加卡比那即爲馬納勃郎西之一，其名意爲「嘲笑恩寵者」。馬納勃郎西此一集團比較像是地獄中的鬼吏而不太像是惡魔；不過加卡比那之名有強烈的基督宗教背信者色彩，十分適合作爲惡魔之名。（→馬納果達Malacoda）

馬納勃郎西頭腦簡單得有些滑稽而生性暴力，作者但丁爲了表現出地獄惡魔的凶暴性格而設計了加卡比那一顯身手的場景。《神曲》地獄第8圈第5溝中有一沸滾瀝青（天然柏油）池，罪人靈魂浸於此熱池中接受折磨。然而比起瀝青的折磨，被監視水面的馬納勃郎西抓逮出池一事更令犯人恐懼。因不小心露出頭而被抓出的亡靈強波洛騙了加卡比那逃回池中，結果加卡比那又生氣又激動，撞上了同伴亞利幾諾（Alichino）兩人一同摔入池中遭灼傷。

▌惡魔‧所羅門的惡魔
▌雷蒙蓋頓‧偽以諾書

▌地獄使者
▌神曲

▌惡魔‧地獄的魔鬼
▌神曲

Camazotz

カマソツツ

坎馬卓茲

形爲巨大蝙蝠殺人飲血的惡神。

他有巨牙與鉤爪，鼻部形如短刀。象形文字中以一手抓著可憐獵物，另一手手持切斷獵物首級的小刀的模樣表示他。

馬雅神話中的冥府——西保巴（Xibalba）中有處名叫「蝙蝠之家」之地，該處爲他的住所。因爲傳說中該處有無數坎馬卓茲群聚度日，因此所謂的「坎馬卓茲」應當是一種族的名稱。

神話中的英雄孿生子胡那普（Hunapu）與喀巴倫格（Xbalanque），有則征服西保巴的故事。

故事中有一段是坎馬卓茲因中了胡那普的陷阱而被斬下首級。之後坎馬卓茲雖然復活，但又再度爲英雄胡普那所敗。

於是，最後西保巴就被孿生子所征服，許多魔神也被奪去了力量。或許那些魔神也步上了與坎馬卓茲（們）雷同的命運。

（→維科布・卡庫伊科斯 Vucub Caquix）

Camuel

カムエル

卡穆爾

仿啓示文學《以諾書》而成之《僞以諾書》於目錄中所載的惡魔。《僞以諾書》所記之惡魔雖與《雷蒙蓋頓》（Lemegeton，又名《The Lesser Key of Solomon》）第一部分〈哥耶提雅〉的72名惡魔多有重複；但卡穆爾之名並未現於《雷蒙蓋頓》。

卡穆爾比較像是天使性質的靈體（鬼神），而惡魔性質較弱，並不被認爲是什麼顯著的邪惡存在。《僞以諾書》中說他爲東方之首長。

15世紀德國聖職者兼秘法家崔勒繆司所著《秘密術法》的目錄中，將卡穆爾之名記錄於白晝屬性的靈體群中，說他與東南方位有關。然而，同《秘密術法》中亦有提及的《僞以諾書》惡魔**加斯伯祿（Caspiel）**相比，加斯伯祿擁有200名部下而卡穆爾僅有10名，令人不覺得他爲有力惡魔。在《秘密書法》中與卡穆爾同掌同一方位的亞薩列爾（Aseliel）則有40名部眾。或許身爲主掌管理東南方惡魔的卡穆爾並非主流勢力。

Candrabilawa

チャンドロビロオ

強多羅必羅瓦

爪哇皮影戲的羅刹娑（Raksasa）的一種。

在西元前10世紀左右，印度某王國裡有一位善良的五王子與邪惡的百王子展開內戰。在戰役的最後關頭，百王子陣營的長老沙魯由（Salya）終於出陣，使出最後王牌，那就是用咒語召喚名爲強多羅必羅瓦的小羅刹娑。羅刹娑的頭部特大、長相醜惡，外表看來並不厲害。但是砍了一隻會變兩隻，砍了兩隻會變四隻，如此倍數增加，力量自然也增強，最後，不管什麼樣的對手都被它們殺死了。

唯一能跟這種妖魔對抗的，只有五王子的長兄，也就是厭惡戰爭的尤第斯提拉（Yudistira）。他沒有拿任何武器，只帶著一枚護身符就上了戰場。他的意識化爲火焰熊熊燃燒，靠近的羅刹娑都被火舌吞噬，消失了蹤影。法術被破的沙魯由戰力全失，最後只能嘆息覺悟敗北的事實。

這部皮影戲的背景是西元前10世紀。但是放在尤第斯提拉護身符的那張紙上，寫有「阿拉（Allah）之外別無真神，穆罕默德（Muhammad）爲神之使徒」。

C

吸血神
馬雅

惡魔
偽以諾書

羅剎
印度尼西亞

　　這正是東南亞常見的「複數信仰混雜」的最明顯例證。

Caspiel

カスピエル

加斯伯祿

此惡魔出現在仿啓示文學《以諾書》而成的《僞以諾書》一書之目錄中。該書目錄中記載的惡魔與17世紀魔法書《雷蒙蓋頓》（Lemegeton，又名《The Lesser Key of Solomon》）之惡魔多有重複。但《雷蒙蓋頓》中並無此惡魔。

正如他的名字所示，加斯伯祿殘留的天使性質頗重。不太像是惡魔，反倒是靈體（鬼神）的色彩較濃。相傳他乃「支配南方之偉大皇帝」，統馭200名公爵與400名小公爵。描寫惡魔屬性因方位不同而有異此點，與密爾頓《失樂園》中撒旦身爲天國北方之領邦郡主一事頗爲近似。（→撒旦Satan《失樂園》）

15世紀德國聖職者兼秘法家崔勒繆司（Trithemius. Johannes，1462～1516）所著《秘密術法》（Steganographia，1499）於目錄中列舉了許多靈體。而加斯伯祿之名亦載於此目錄中。《秘密術法》中的靈體分爲白晝靈體與夜晚靈體，加斯伯祿乃白晝中可召喚的靈體之一，其屬性依舊與南方有關。

Charun

カルン

凱隆

根據居於古義大利地區的伊特拉里亞人（擁有比羅馬更古文化之民族，因爲羅馬共和國併吞，族中許多神祇亦被納入羅馬神殿中）傳說，凱隆爲居於地底的男惡魔。

有人認爲凱隆此名字是希臘神話冥界擺渡人查融（Charon）的由來。

凱隆肩挑鐵垂，或倚鐵鎚爲杖。

凱隆的鼻子高凸有如禿鷹，耳朵尖聳與動物相仿。在許多傳說中他頭上長蛇代替頭髮。此外偶爾會被形容成身具羽翼的模樣。

凱隆爲死者嚮導，總是監視著墳場的入口。（→范絲Vanth）

Chemosh

ケモシ

基抹

於密爾頓所作敘事詩《失樂園》（1667年）中登場的造反天使（惡魔）。密爾頓將此墮落天使描述成，《舊約聖經》〈列王紀〉裡居住在約旦河以及死海東岸的民族——摩押人所崇拜的偶像基抹的前身。這位異教神與摩洛（Moloch）[79]一起被猶太王約西亞放逐。在《舊約聖經》〈民數記〉所描寫的邪神巴力毘珥（Baal-peor）[80]，據密爾頓解釋，和基抹相同。不管如何，基抹在之後被當作造反天使。

異教神基抹和摩洛同時記載於〈列王紀〉中，被當作造反天使的素材。然而，與基抹相反，摩洛在《失樂園》中，卻只記載其名而無詳細敘述。這只能說，敘事詩在使用固定傳統名詞時，基抹恰巧被拿來當作造反天使的造像之一。在〈列王紀〉裡，基抹被當成「淫樂」的擬人化，而摩洛則是「憎惡」。這麼一來，身爲造反天使的基抹，智慧與勇氣可想而知並不是十分優秀。

C

惡魔
偽以諾書

死之惡魔
伊特拉里亞

造反天使
失樂園

79 譯注：亞捫人和腓尼基人的神，一些以色列人在欣嫩子谷將自
　　己的幼嬰獻給他們。
80 譯注：山谷之主（神）。在毘珥（地）可能以放蕩儀式被敬拜的
　　神祇。

Chiangshen-tachun

江君大神（こうくんだいしん）

江君大神[81]

中國最長河川—長江之神。

在中國，河川與湖泊皆有龍神居住。江水氾濫，即爲居住此處之龍王興風作浪所致。長江也不例外，身爲中國最長的河流，居住於此地的龍王—江君大神，

自然具有強大的力量。然而，江君大神卻是位惡神。向居住在流域一帶的民眾要求每年供奉兩位女孩，要是拖延不從，則興水患。

戰國時期，秦國有位名叫李冰的賢臣。他在赴任蜀郡太守之時，聽聞此事，便獨自躍入河內

與龍神大戰。最後變身爲青牛於岸邊互鬥之時，命官屬刺殺北面者，江神遂死，自此蜀郡無水患。

李冰在擔任蜀郡太守時，治水相當有名。因此，這項傳說也是其來有自。有一說，此人以二郎神（哪吒[82]）爲模範而創。

（→共工 Kungkung、洪水之兆 The omen of flood、錢塘龍王 Chientang-lungwong、洞庭神君 Tungting-shenchun）

Chiao

蛟（こう）

蛟

屬龍之一族。在日本，蛟唸作Mizuchi，與虯龍、螭龍的念法混同，但三者並不相同[83]。

蛟似蛇有四足，小頭細頸，身體需數十人環抱，能吞人。一說，池魚滿三千六百匹，蛟來爲之長，能率眾魚飛空。

另一種說法是，蛟狀似蛇、首如虎、聲如牛鳴。潛於溪潭石穴下，伺機害人。

見人先吐以腥臭涎水迷惑，使犧牲者自投水中。蛟再捕捉犧牲者，於其腋下吮其血，血盡而止。

蛟原本爲水蛇修練五百年、蓄積功力而轉化成的。應該是四足、頭有瘤、背有青斑、尾巴上環有幾重紋路的龍之一族。

然而，卻和各種怪異的傳說混淆，變成了怪物。

（→共工 Kungkung、洪水之兆 The omen of flood）

Chientang-lungwong

錢塘龍王（せんとうりゆうおう）

錢塘龍王

錢塘龍王指的是流經中國中南部的錢塘江之水神。也是**洞庭神君（Tungting-shenchun）**柳毅之妻的叔父。

錢塘江之所以爲人所知，主要是由於著名自然奇景—錢塘江大潮。由於海潮的流向，使江水以氣勢萬千的澎湃之姿逆流。因此，錢塘江的水神自然也被認爲擁有極爲激烈的性格。而錢塘龍王也的確是個性暴烈的神祇。在天帝神·堯的時代，錢塘龍王由於一時激憤，使中國全境蒙受大水之災，之後又與天界將領爭鬥，再次使天下成

爲一片汪洋，因此被剝奪了仙位，受到了反躬自省的處分。

柳毅之所以成爲洞庭湖之神，是因爲他幫助遭到下嫁夫君—涇川小龍虐待的洞庭龍王之女。

錢塘龍王正是洞庭龍王之弟。得知自己的姪女受辱的錢塘龍王，火冒三丈地飛向涇川興師問罪，結果竟把姪女的夫婿給活活吞下。[84]

據說當時引起的風雨及洪水摧毀了方圓800里之內的作物，因而喪生的人更達到60萬人之多。對沿岸的人民來說，還眞是難以承受之怒

C

▌長江神・龍神
▌中國

81 譯注：中文只有「江君大神」，並無「江神大君」，疑原文有誤。

82 譯注：原文疑有誤。二郎神之傳說有二，一爲李冰二子，助其治水甚多，後人感念其恩，奉爲「二郎神」，於灌口立廟，別號灌口二郎。二爲青城道士趙昱，原隱居於蜀中青城山。隋煬帝知其賢，屢詔起用爲嘉州太守。河內有老蛟爲害百姓，昱奮神勇，入水斬之。後嘉州江水大漲，蜀人看見趙昱騎白馬挾彈弓牽獵犬從江上越流而過。百姓感德，在灌江口立廟，稱爲「灌口二郎神」。

▌怪物・水神
▌中國

83 譯注：《博雅》中明文記載，有鱗者稱爲「蛟龍」，有角者稱爲「虯龍」，無角則稱爲「螭龍」。

▌水神
▌中國

啊。
（→共工 Kungkung、江君大神 Chiangshen-tachun、洪水之兆 The omen of flood、無支祁 Wuchihchi）

84 譯注：此段故事詳見唐代傳奇小說《柳毅傳》。作者李朝威。《太平廣記》題〈柳毅〉，《類說》題〈洞庭靈姻傳〉。

Chihyu

蚩尤（しゆう）

蚩尤

古代的惡神、戰神、叛亂神。蚩尤是古代帝王炎帝神農氏的後裔。關於他的模樣，有各種傳說。一說，蚩尤牛頭人身[85]，四目六手，具牛角及牛蹄。有八十一名兄弟，皆食砂石[86]。

神農氏之德衰、政治混亂之時，黃帝繼炎帝（神農氏）後即位，封炎帝一族爲南方之王。蚩尤因而不滿，率魑魅魍魎及風伯雨師推翻黃帝。

蚩尤精通武器發明[87]、又具有指揮能力，在戰爭一開始時，曾一度壓制了黃帝的大軍。然而，天帝派遣九天玄女幫助黃帝，蚩尤因而戰敗

被殺。

之後，大亂又起，黃帝便畫蚩尤形象以示天下，作亂者以爲蚩尤被黃帝收爲部下，心生警惕，便將矛收起。

後世的民眾認爲黃帝的敵對者蚩尤是位惡神，因而厭惡。但因蚩尤同時是武器的發明人以及魑魅魍魎的支配人，最終還是獲得戰神、驅魔神的地位。

（→暴風之兆 The omen of big wind、共工 Kungkung、大風 Tafeng）

Chinchiao-tawong & Yinchiao-tawong

金角大王・銀角大王（きんかくだいおう・ぎんかくだいおう）

金角大王・銀角大王

在《西遊記》（1570年左右成立）登場的怪物。他們登場的一回，應最爲日本讀者熟知。

金角與銀角是平頂山水蓮洞之主。支配洞外方圓六百里之地，以人類爲食。他們屬害之秘密在於五件法寶。作爲武器的七星劍、將回答的人吸入瓶中溶解的瓢簞和淨瓶、吟唸咒語可使收放自如的幌金繩、以及刮起眞火（三昧眞火）的芭蕉扇。

他們讓三藏一行人遭遇極大困難，首先捉走豬八戒（豬悟能 Chu-wuneng），接著是三藏、沙

悟淨（Sha-wuching），而孫悟空（Sun-wukong）也有數次被捕遇難。

然而，悟空的使計盜走寶物，使兩人最後被自己的寶物，也就是瓢簞給收服。

兩人原是道教之祖太上老君的僕人，負責看守煉丹爐，卻盜取太上老君的寶物來到下界享受榮華富貴。

Chiungchi

窮奇（きょうき）

窮奇

懲善勸惡的惡神。

傳說形似牛毛如針鼹；或說爲似虎有翼之怪物。聲如犬吠。

會食人，然他的飲食喜好十分奇特。聞人爭吵他便前去吃食正確的一方；見誠實之人則食其鼻；另一方面若遇人惡逆不善則殺獸饋之。以此誘人行惡。

西方帝王神少暤氏有子不才。不重信義捨忠恕，口出惡言謗人，重用惡人屏退善人。據說此人因此被稱窮奇。由此可知窮奇極其遭人嫌

忌。

然窮奇又有不同形象。

名爲「大儺」之追惡驅凶儀式中有十二匹異獸驅食惡鬼[88]。以十二神或十二獸稱之，窮奇即爲其中之一。此處窮奇被視爲驅趕惡靈之降魔神。

如同蚩尤（Chihyu），強猛惡神化爲降魔神之例亦可見於中國。

戰神‧叛神
中國

85 譯注：原文疑有誤。據《述異記》：「人身牛蹄，四目六手，
耳鬢如劍戟，頭有角。」
86 譯注：《龍魚河圖》（《太平御覽》卷七八引）云：「蚩尤兄弟
八十一人，並獸身人語，銅頭鐵額，食沙石子。」
87 譯注：《世本》：「蚩尤作五兵：戈、矛、戟、酋矛、夷矛。」

怪魔
中國

惡神‧降魔神
中國

88 譯注：可參見《漢書》之〈禮儀志〉。

Chomiel
コミエル

可彌爾

　　啓示文學《以諾書》的模仿作《僞以諾書》的目錄中有記載其名。然而，和《僞以諾書》的目錄多有重複的 17 世紀魔法書《雷蒙蓋頓》（Lemegeton，又名《The Lesser Key of Solomon》），第一部分〈哥耶提雅〉卻無此記載。

　　《僞以諾書》的惡魔目錄當中，以有名的加百列及米迦勒爲首，其中也有**卡穆爾（Camuel）**或是**加斯伯祿（Caspiel）**等等。書中也混有彌漫著天使氣息的人物，例如可彌爾就是其中之一。在《僞以諾書》中，可彌爾被視爲一同刊載在名錄上北之君王戴蒙瑞（Demoriel）的家臣。戴蒙瑞爲北方君主，讓人想起密爾頓《失樂園》中登場的天國北方城邦君主撒旦。侍奉戴蒙瑞的可彌爾，身份貴爲公爵。（→**撒旦《失樂園》、迪里艾爾 Diriel**）

　　15 世紀德國聖職者兼秘法家崔勒繆司所著《秘密術法》目錄當中，刊有戴蒙瑞之名，卻無提及可彌爾。在《秘密術法》當中，戴蒙瑞擁有四百多名僕人，可彌爾可能是爲其中一人。

Chonchon
チョンチョン

飛頭

　　受秘魯（Peru）的印地安人畏懼，會吸取人類靈魂的怪物。又稱爲「Chuncho」（チュンチョ）。

　　這個怪物長著一顆大大的人頭，但是沒有身體。一對又大又長的耳朵，可以像翅膀般拍動，會一邊發出奇特的叫聲一邊自在地盤旋空中。

　　它們只在晚上出現，而且只侷限有病人的房子四周。飛頭一出現，幾乎所有的病人都過不了多久就死了。因此人們都很害怕「死亡傳訊者」，對它們是又忌又厭。

　　它們除了告知死期將近，據說也是「奪取魂魄」的怪物。一旦發現虛弱的病人，飛頭就會企圖進入病人的身體之內。要是靈魂虛弱的話，就會敗給飛頭，任憑它入侵體內。如果變成這樣，病人就眞的沒救了，會被吸乾血液而死。

　　飛頭只能在夜晚行動，一旦天亮，它們就會四散奔逃而去。

Christine
クリスティーン

克莉斯汀

　　由史蒂芬・金原作，約翰・卡本特導演的電影「克莉斯汀」（1993 年）裡登場的 1958 年型 Plymouth Fury 車輛之名。

　　在電影當中，該車破破爛爛被扔在廢車棄置場，之後這輛車被取名爲克莉斯汀，由主角阿尼（Arnie）買下修理好。這輛車被亡靈魯貝附身，對傷害阿尼以及克莉斯汀的人一一復仇。克莉斯汀極端執著、力量龐大，擁有不管損傷到何種程度都能靠自己修復再生的恐怖能力。正如其車名 Plymouth Fury（fury＝憤怒）一般，隨心所欲恣意妄爲。

　　正因爲美國沒有固有神話或傳說，才產生克莉斯汀這種獨特的存在。在這之前，也有「擁有邪惡意志的機械」登場。不知是否因爲殺人車獨具人氣，「克莉斯汀」播映之前，也有許多部相同類型的電影。

　　此外，殺人車的概念大概是取自於英國，駕駛無頭馬車的無頭騎士（Dullahan）的變種。
（→**殺人小丑 Killer Crown、惡作劇精靈 Boogeyman**）

▌惡魔
▌偽以諾書

▌告知死亡的怪物
▌印加

▌惡靈・殺人車
▌美國

Chu

鴩（しゆ）

鴩

雖說災禍，也有許多形式。

例如，洪水與旱災平等地給予人痛苦，但，受害最深的還是農民。此外，也有種災禍只有君子蒙受。

造成此種災禍的怪鳥就是鴩。如同別名「＊鴗鴩」，姿態如鴗。此外，也有人說鴩的腳似人手。

只要鴩一現身，當地被流放的士人增多。士人即為君子，也就是官員、學者等人。對此種階層的人來說，鴩簡直是災難。

然而，越多官員及優秀的學者被放逐，對政治的影響越大，結果，反而危害到人民身上。

一說，鴩正確的名稱為「＊鳽鴩」（Hanchu），取其偏旁則為「丹朱」。正是帝王神・堯的不肖太子之名。這項理論若是正確，或許丹朱無法即帝位的怨氣生出了這隻怪鳥。

（→鬼車 Kueiche、鴑鳥・鷑鳥 Tzuniao & Channiao、大風 Tafeng、畢方 Pifang）

Chu-wuneng

豬悟能（ちょごのう）

豬悟能

明代神怪小說《西遊記》（1570 年左右成書）中的角色。在日本則是以別名「＊豬八戒」（Chupachieh，ちょはつかい）較為人所知。

豬悟能原本是天蓬元帥，統領天兵中的天河水師。但是因為他在蟠桃會（→西王母 Hsiwangmu）時趁酒意調戲月神・嫦娥，所以被貶入凡間。下凡時又不小心誤投到母豬的肚子裡，所以變成了半人半豬模樣的怪物。投胎變成怪物之後，他成了吃人肉的妖怪，擾亂凡間的安寧。但是經過觀世音菩薩的點化，再次扭轉了他的命運。觀世音菩薩奉如來佛之命，尋找願意由唐土前往天竺（印度）取經的僧人，以及擔任隨從的弟子。偶然相逢的豬悟能獲選為隨從之一。

希望能夠修成正果重返天庭的豬悟能，之後便以唐三藏（玄奘法師）弟子的身份活躍書中。

經過重重苦難到達西天後，功勞受到肯定的豬悟能，晉升成為淨壇使者菩薩，也順利重返天庭。

（→沙悟淨 Sha-wuching、孫悟空 Sun-wukong）

Chuyin

燭陰（しょくいん）

燭陰

神名，又名「＊燭龍」（Chulung，しょくりゅう），人面而蛇身，身軀長及千里。

關於此神有數種傳說，其共通處皆為自然的化身。

居於北方的鍾山或是章尾山，從山上俯視天地。兩眼縱列，開目為晝，閉目成月。其所放之光，能及天地之盡頭。若兩眼俱開，則使大地如燃燒般酷熱。

不飲不食，亦不呼吸。然一吐氣即成風，拂過大地。急吐成冬、緩息成夏。

若將各類傳說一一拾閱，則其逸話多不勝數。綜觀各項，燭陰為「創造大地的巨人」傳說之變形。據中國天地創造神話，世界依據巨人盤古之屍體而成。而燭陰，正是此一傳承之變形。

（→鴩，Hsun）

徵兆
中國

惡神・怪物・武神
中國

自然神
中國

Chuz
チヤズ

強茲

於美國作家塔妮絲・李的小說—《平坦地球系列》中出場的妖魔王之一。

遠古時分，當世界還是浮於混沌之海的平面大地時，天空、地底、海洋各有專屬的神。天上眾神創出人類便放手不管，海中君王們與人類毫不相關，而地底的妖魔眾王則以捉弄人類，折磨人類爲樂。

其中一個妖魔就是強茲，別名「惑亂公子（Delusion's Master）」。他的右臉是年輕俊朗的男子，簡直可以說是美的化身。但是左臉卻是佈滿皺紋的醜陋老者。從正面看到他的人，幾乎都會變成瘋子。

五位妖魔王之間互不友好，強茲尤其厭惡「黑暗公子（Night's Master）」，他會利用自己得意的瘋狂，也就是送上使對方會讓陷入狂情痴戀的女人。

當他不想陷害妖魔王同伴時，就會將目標轉爲人類，爲了尋找對象而在人世間漫無目的遊晃。他的手上握著黃銅的喀拉喀拉棒、各種骰子、以及驢子的頭骨。驢子的頭骨會說話，有時

Cimeries
キメリエス

錫蒙力

17世紀魔法書《雷蒙蓋頓》（Lemegeton，又名《The Lesser Key of Solomon》），書中第一部分〈哥耶提雅〉所載的72名惡魔之一。並列載於仿啓示文學《以諾書》而成之《僞以諾書》的目錄中。爲「地獄之侯爵」。

因錫蒙力自身外形毫無特異之處，故常以他所騎之黑馬爲他的象徵。一說他以士兵外形出現，但或許此外形是由他能予人勇氣之能力而來。然而蒙錫力並非只擁有戰爭面向的惡魔，亦有會教授人文學的一面存在。

錫蒙力此名惡魔被人強調他與失物、遺忘物、隱藏物之關係，能帶領召喚者前往遺失物或財寶所在之處。並擁有關於非洲的詳細知識。

雖然《雷蒙蓋頓》及《僞以諾書》均有介紹他，但或因外觀能力缺乏特性，作家普朗西的名作《地獄辭典》中並未收錄他。

Ciriatto
チリアアット

西里阿多

出現在義大利詩人但丁的敘事詩《神曲》（Divina Commedia，1307～21年所作）中的惡魔。首次出場是在《神曲》三部作的第1部〈地獄篇〉中的第22篇。是以馬納果達（**Malacoda**）爲首、被稱爲「*馬納勃郎西（Malebrache）」的地獄獄卒之一。

馬納勃郎西們都是有著黑色身體、蝙蝠般的翅膀、以及長著銳利爪牙的兇殘惡鬼，西里阿多跟同伴相比，牙齒又特別的長而利，因此又有「獠牙豬」的別名。此外，馬納勃郎西的首領馬納果達也叫他「長牙的西里阿多」。

在〈地獄篇〉第21、22篇中描寫到地獄第8圈第5溝，是爲了處罰生前曾經貪污或詐欺的亡靈們的瀝青池（天然柏油），西里阿多等數位馬納勃郎西，虎視眈眈的等著罪人的頭或身體露出池面。當馬納勃郎西之一的**格拉非岡**（**Graffiacane**），將一個不小心讓身體冒出瀝青池的亡靈—「那伐拉人強波洛」給抓住時，西里阿多就用正字標記的銳利長牙，把這個罪人背上的皮給狠狠撕裂。

■妖魔之王
■美國

還會說出正氣凜然、充滿說教味道的言語。
（→烏戮穆 Uhlume、凱希梅特 Keshmet）

■惡魔‧所羅門的惡魔
■雷蒙蓋頓‧偽以諾書

■惡魔‧地獄的魔鬼
■神曲

Coatlicue
コアトリクエ

科亞特利庫埃[89]

嗜血的大地女神。

其名稱意為「蛇淑女」。產下阿茲特克的守護神威濟洛波特利[90]（Huitzilopochtli），具有重要功能的神祉。

她的模樣與一般大地母神有相當的出入。蓋住下半身的裙擺上是無數條蛇所織成的，項鍊則是用人身體的一部份（心臟、手腕、頭骨）製成。手腳生有利爪，可撕裂取食人類或是其他生物。

身為大地女神應為大地帶來恩惠，為何有如

此恐怖的行為姿態，實在事出有因。她是大地的子宮，可孕育一切生物。但是，一旦生命逝去，必會歸回原處。

絕對逃不出科亞特利庫埃的「死亡之頸」。

她最恐怖的姿態象徵的是大地的黑暗面（吞食生命的墓地）。殘酷地執行自然法則的大地之母，就是科亞特利庫埃。

（→泰茲卡特利波卡 Tezcatlipoca）

Cthugha
クトウゲア

庫多古

克蘇魯神話中的邪神之一。居住在離地球27光年的北落師門南魚座α（Formalhant〈αPsA〉）的炎之邪神，是一團有生命的火焰。

只要唸誦咒文召喚，便會形成一團巨大的火焰現身。此時，嬌小的「炎之精靈」或者「庫多古的部下」一起和庫多古出現也十分普通。庫多古現身時，其高熱使得周圍一帶產生大火災。除此之外，庫多古可造偽足敲擊、拖取物品，或是射擊火焰使物品燃燒殆盡。

作家奧古斯都達雷斯（August William

Derleth,1909~1971）創造的克蘇魯邪神中，庫多古獨有土的屬性（達雷斯自己定義的），與奈亞魯法特（Nyalrathotep）相對應。也因為如此，其他相關的描寫非常地稀少，就連他到底有沒有知性也不清楚。（不過，這一點對克蘇魯邪神來說，也不是十分少見。）即使在破壞神眾多的克蘇魯邪神當中，庫多古仍是具有強大破壞力的邪神之一。

Cthulhu
クトオルフ

克蘇魯

克蘇魯神話中的主要邪神之一。其名稱雖冠有神話之名[91]，卻非主神。在太古之時，從異界飛來地球。

身形巨大，形似章魚的頭上長著蝙蝠般的翅膀，如人類般的四肢覆有鱗片，身形不定，身體各部分的比率及詳細狀況時時刻刻都在變化。

克蘇魯信仰雖說是世界性，但在臨水區、島嶼、漁民等，與水有關的地方特別多。

平常時克蘇魯被封印沈睡在沈沒於太平洋深處的都市魯利謁[92]（R'lyeh）中，偶爾會利用精神

感應（Telepathy）與遠處不特定的人類接觸。與克蘇魯接觸的人類，大致上感受性頗強，有許多人因為精神接觸而發狂。然而有時，有些藝術家因得到此種瘋狂的靈感而聲名大噪。

惡魔與藝術的組合絕不少見，但是人為了追求藝術與惡魔訂約而招致瘋狂的說法並不太正確；一種新的解釋是，藝術乃是惡魔自然流露的瘋狂中所產生的副產物。

（→奈亞魯法特 Nyalrathotep）

殘酷的地母神
阿茲特克

89 譯注：或譯「寇阿特里姑」。
90 譯注：意爲太陽神，或戰爭之神。

邪神
克蘇魯神話

舊支配者
克蘇魯神話

91 譯注：克蘇魯神即爲Cthulhu Mythos。
92 譯注：水底都市魯利謁，位於太平洋及紐西蘭之交匯處，南緯
　　47度9分西經126度43分的海底，分佈區域廣大的石造都市，
　　具有極端不規則的幾何外型。據說，只要星星回歸正確的位
　　置，都市會再度浮出水面。

Dagon
ダゴン

大袞

於密爾頓所作敘事詩《失樂園》（1667年）中登場的造反天使（惡魔）。根據密爾頓的說法，他應該是非利士人（Philistine）所崇拜的異教神之前身。這位非利士人的神—大袞，本來是古代閃族（Semite）的農耕之神。被非利士人崇拜之後，海神的神格逐漸增強，密爾頓也描述這位異教神是半人半魚的姿態。在《舊約聖經》的〈撒母耳記〉（Samuel）中，提到大袞是一位偶像神，或許這就是密爾頓將大袞這位異教神加入到造反天使名單中的原因。

在《失樂園》當中，只有在列出追隨大逆天使撒旦（Satan）的造反天使目錄的第一卷中，記載著大袞的名字，除此之外的事項則隻字未提。大袞也跟列在這一卷的其他諸多造反天使一般，是密爾頓為了展現敘事詩——唱名的傳統而準備的天使吧。然而，身為撒旦的部下，參與了天國的叛亂事件，又因失敗而墜入地獄時的大袞，雖然逐漸失去光輝與美麗，但也不會是半人半魚，而是一直保持著天使的姿態才對。

（→撒旦（Satan）《失樂園》）

Dantalian
ダンタリアン

但他林

假託古代以色列王國之王所羅門所著，完成於17世紀的魔法書《雷蒙蓋頓》（Lemegeton，又名《The Lesser Key of Solomon》）書中第1部〈哥耶提雅〉所載的72名惡魔之一。身份是惡魔公爵。

當他現身在召喚者面前時，全身長有無數男女的臉。這些臉顯示出但他林的博學多聞，象徵他涉獵的知識範圍之廣。記載中還特別描述，當他出現在人類面前時手上會拿著書籍，這也表示但他林是與知識有關的惡魔。

但他林可以傳授召喚者神秘的知識，或是隱藏在別人心中的祕密知識。此外，他還能讓人看見人類的幻影。符合他拿著書籍現身的姿態，但他林會教導人類有關藝術及科學的種種。

19世紀的法國作家柯林‧德‧普朗西的著作《地獄辭典》，讓許多惡魔聲名大噪，但是但他林卻不在其中。他是擁有特異型態的惡魔，如果本書的插畫家Ｍ‧Ｌ‧布爾頓有畫出但他林的肖像的話，或許他會成為大名鼎鼎的惡魔。

Dasa
ダーサ

達沙

又稱「*達濕由」（Dasyu ダスユ）。達沙——婆羅門教經典《黎俱吠陀》中的眾神的敵人，也就是惡魔。達沙是「黑」的意思。達沙的形象為黑膚、塌鼻、操著完全不同的語言，其信仰也很特異。

由歷史上來看，達沙很有可能是亞利安人（印度＝歐洲人的古老稱謂）入侵印度時所遇見的印度原住民。這些原住民與亞利安人間的爭鬥，藉由許多神話流傳至今。原住民們雖然興建城寨、豎立柵欄來抵抗，但是碰上乘著戰車，使用

鐵製武器的亞利安人，無疑是以卵擊石，毫無勝算。與惡魔戰鬥且獲勝的戰神※因陀羅（Indra）[93]之所以被稱為 Puran-dara（意為「城寨的破壞者」），也是源於這場戰爭。

當時的原住民面臨或是被殺、或是逃亡、或是投降淪為奴隸的慘況。印度種姓制度（caste）中最低層的賤民（Sudra）[94]，很有可能是當時原住民的後裔（當然，經過長久以來的混血，現在由外觀上幾乎看不出不同之處。）

※達伊提耶（Datiya，惡鬼）或※檀那婆

D

■造反天使
■失樂園

■惡魔‧所羅門的惡魔
■雷蒙蓋頓

■惡魔族
■印度

（Danavas，惡魔）、**阿修羅**（**Asura** 或 **Ashura**）
等，極有可能都是印度的原住民族。

93 譯注：「因陀羅」在漢文經文中曾被譯為「天帝」、「天帝
　　釋」、「帝釋天」或「帝釋」。佛教將因陀羅視為護法神之一，
　　即為忉利天（及三十三天）之主，居須彌山頂之善見城。
94 譯注：又稱為「首陀羅」，為奴隸之意。

Death <Africa>

死（し）

死〈非洲〉

第一個男性吉茲與妻子娜比欲前往天國之時，古魯對兩人忠告說：因為「死」也想一同前往，所以要兩人趕快動身出發別再回來。

然而，娜比卻忘了帶雞飼料，返家來取，「死」也就緊跟著他們。之後，夫婦生了許多小孩。

「死」拜託吉茲讓自己照料小孩，但吉茲拒絕了他。於是「死」就說「我要殺了你的小孩」。吉茲雖不懂什麼是「殺」，但小孩卻陸續病死。

於是，吉茲前往天國向古魯訴苦。古魯認為應該給予警惕，便派「死」的兄弟凱依吉基阻止「死」。

凱依吉基與「死」作戰，最後仍被「死」逃掉。之後讓小孩領著山羊散步，想引誘「死」出來。但因小孩大叫，「死」就再度躲入地下。於是凱依吉基放棄追捕「死」，返回天國。

因此到了現在，「死」仍藏於地底，伺機殺人。

Death 《Paradise Lost》

〈死〉（し）

〈死〉《失樂園》

英國詩人密爾頓所著敘事詩《失樂園》（1667年）中登場的異形。為造反天使撒旦與其女〈罪惡〉（Sin）所生。性格狂暴，連他的母親也屈服於他的暴力之下，和他生下了怪物般的地獄獵犬。〈死〉的姿態仿如地獄，軀體黝黑而龐大、器官無法判別。連看到他的撒旦大感嫌惡。武器為蠍子鞭及百發百中的鏢槍。

〈死〉與其母〈罪惡〉一起看守地獄之門，對試圖通過地獄之門的撒旦施予恐嚇。〈死〉與母〈罪惡〉不同，是以強烈飢餓作為其行動準則，因此，對撒旦的孺慕之情已一點不剩。先忽略撒旦選擇地獄作為其住所此點，〈死〉也是地獄的支配者，像似頭一般的地方戴著皇冠。雖不屬於造反天使，也無對上帝的歸屬感，只以其慾望為行動準則。

撒旦、其女〈罪惡〉、以及兩人所生的〈死〉是模仿天國「聖父、聖子、聖靈」三位一體[95]的拙劣品[96]。

（→撒旦 Satan《失樂園》）

Decarabia

デカヲピア

單卡拉比

完成於17世紀的魔法書《雷蒙蓋頓》（Lemegeton，又名《The Lesser Key of Solomon》），據稱是古代以色列王國的所羅門王所著，單卡拉比是此書第1部〈哥耶提雅〉中所載的72名惡魔之一。

這個惡魔非常與眾不同之處是他出現在召喚者面前時的姿態，據說是五芒星形中的星形、這般極為抽象的型態。以沒有生命的無機姿態現身的惡魔，在〈哥耶提雅〉中也只有單卡拉比而已。而當我們想到《雷蒙蓋頓》成書於17世紀初，就不禁為想像出單卡拉比姿態的人擊節稱讚。

據說如果召喚者要求的話，單卡拉比也可以化身成人的姿態。他的能力在《雷蒙蓋頓》的惡魔當中，並沒什麼特出之處，他可以教導人類瞭解關於蘊藏在植物或岩石中的力量。此外，他還可以將以鳥的型態存在的靈，賜給召喚者作為使喚魔之用。

法國作家柯林・德・普朗西的著作《地獄辭典》，配合插畫家 M・L・布爾頓（M.L.Breton）

死
非洲

撒旦之子・地獄守門人
失樂園

95 譯注：the Trinity, 即上帝天父、基督、聖靈，神的三位格。
96 譯注：parody, 文學作品的一種形式。藉模仿他人作品而作的戲
　　作、遊戲文字。

惡魔・所羅門的惡魔
雷蒙蓋頓

所繪製的惡魔肖像，使得許多惡魔聲名大噪。但
是可惜的普朗西在書中並沒有介紹單卡拉比，因
此也沒有具體的單卡拉比畫像。

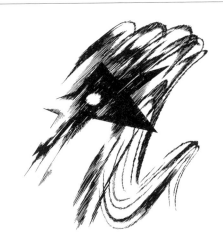

Demogorgon
デモゴルゴン

特摩高根

出現在《失樂園》（西元1667年）書中，如靈體般的存在。在於宇宙之外，有個比宇宙還要古老的原初世界－混沌界（chaos），它的支配者是**混沌（Anarch）**，特摩高根正是混沌的臣子。他是繼混沌及王妃〈夜〉的左右手——**奧迦斯與黑帝斯（Orcus & Hades）**後的第三廷臣。又被稱爲「可怕的特摩高根」。

《失樂園》的作者密爾頓選用了許多聖經記載的偶像神・異教神、惡魔等，讓他們以跟隨大逆天使撒旦（Satan）的反逆天使身份出現在書中，但是特摩高根並不是出自聖經的惡靈，也不像同

爲混沌之臣子的奧伽斯及黑帝斯出自於希臘・羅馬神話。密爾頓可能是將希臘古哲柏拉圖（Platon）的著作－《提瑪友斯》（Timaeus）中的宇宙創成論裡記載的宇宙創造者戴米烏爾格司（Demiurgos）[97]之名略加變化，或是看到14世紀的義大利小說家薄伽丘（Giovanni Boccacci）[98]的論文《異教神的系譜》[99]，以及16世紀英國詩人愛德蒙・史賓賽（Edmund Spenser）未完成的敘事詩《妖精女王》中被描述爲惡靈的特摩高根，並因此借用而來的吧。

這個惡魔應該是從說出名字就會招致災禍的

Demon〈Gogol'〉
ゴーゴリの惡魔

果戈里的惡魔

果戈里爲俄國作家，喜好描寫怪異、怪奇、惡魔以及魔術之類題材。特別是他的初期作品《狄康卡近鄉夜話》（Vechera na khutore bliz Dikanki）中，有許多惡魔登場。遵循傳統俄國惡魔形象，書中惡魔喜好賭博，經常於密林中、荊棘榛樹茂密處的對面小河上架的橋樑周圍，整夜吵鬧。在這裡無數的惡魔，其面如豬、犬、雁或是馬等，與魔女相互追逐嬉戲，或是在空中旋回，打著滿是手垢的撲克牌賭博。他們之間的賭博，因爲彼此都是惡魔的關係，都是互相詐賭。

他們做盡一切壞事，只有在聖誕節的早晨鐘聲一響，便會全身發抖不得不躲進洞穴裡。因此，只有在聖誕節前夜這天能盡情爲惡，與魔女嬉鬧。

之後，果戈里透過描寫惡魔時幽默滑稽的筆法，道盡一切人世間的不合理，被世人奉爲俄國寫實之父。描述寫實此點實在令人出乎意料。
（→威Vii）

Demon〈Karuhaimu〉
カルハイムの魔

加魯海姆的惡魔

多瑙河流經處有一名叫加魯海姆之土地，該處有個名叫「惡魔崖」的高聳岩石。

因多瑙河於該處變得十分狹窄，故船隻難以航行。

於是便有一名工匠想借用惡魔之力拓寬河道。

然而惡魔不可能平白出力。惡魔與工匠約定在實現工匠的心願後要把通過拓寬河道的頭三個靈魂給自己。

在河道拓寬後，工匠先讓一頭鹿坐在船上隨

河而去。接著坐船順河而下的是公雞，最後是狗。

之後工匠便對惡魔說他可以取去三個靈魂了。

惡魔爲此憤怒無比，把三匹動物變爲岩石。這些岩石於是被叫做「惡魔之軛」。三座岩石分別名爲「鹿岬」、「公雞」、「狗」。
（→戴拉・布蘭卡 Dera Buranka、姆歐迪爾 Muouderu、樅樹中的惡魔 The demon in fir）

D

混沌的臣子
失樂園

傳説，漸漸演變成「可怕的特摩高根」。
（→撒旦 **Satan**《失樂園》）

97 譯注：希臘原文爲「工匠」之意。
98 譯注：Giovanni Boccacci（1313～1375）中文譯爲「薄伽丘
（邱）」，義大利作家及散文家，也是一位人文主義者。與但丁
（Dante）、佩脱拉克（Petrarch）同爲義大利文藝復興的先驅。
早年從父習商，及長在那不勒斯攻讀法律，因興趣偏好古典文
學，棄商撰法，以文學著作聞名於世。其代表作品有《菲羅可
羅（Filocolo）》、《菲亞美達（Fiammetta）》、《十日譚
（Decameron）》等。
99 譯注：原書名爲《De genealogia deorum gentilium》（1350-
1374），以拉丁文寫成，書中仔細論述關於古老神話與文化的種
種。英文版書名爲《On the Genealogy of the Gods of the
Gentiles》。

惡魔
俄羅斯

惡魔
奧地利

Demon<Lermontov>

萊蒙托夫的惡魔

俄國作家萊蒙托夫[100]（Mikhail Yur'evich Lermontov）的長篇詩《惡魔》中描述的惡魔。俄國文人筆下的惡魔經常帶有鄉土味，但是這部作品則不同，對主角的描寫，有如密爾頓的《失樂園》一般洗鍊。

主角「他」是一墮天使，被天國流放到人間，在地上流浪，四處行惡。但是因爲沒人反抗自己，因此作惡作久了也開始感到厭煩。

有一天，他在山間之國喬治亞[101]（Geogia）的山谷裡，遇見了一名美麗的少女。少女明天就要與未曾謀面的新郎結婚了。「他」驚覺，他見到少女時居然連任何引誘她墮落的卑劣句子都想不出來。後來新郎被殺了，少女嘆息，「他」出現在她的夢中安慰她。少女後來進入修道院，但是無法忘懷曾經安慰自己的「他」。不久，「他」時常來到修道院與她幽會，最後少女不顧天使的警告，與「他」接吻了。結果，因爲惡魔之吻帶有劇毒，少女因此而殞命。「他」獲得了伴侶，欲帶著少女飛向天空，但是天使出現對「他」說：「這少女已經受了太多苦難，因此她已獲得

Demon<Russia>

俄羅斯的惡魔

俄文中稱惡魔爲「*秋爾特」（Chërt，チョールト）「*貝斯」（Besu，ベス）「*加否」（Diyaavoru，ヂヤーヴォル）等。有種種形象，大體上是全身長滿黑色的體毛，有角有尾，腳上有蹄。擅長變身，可以自在地變成純白的馬，純黑的狗，容貌美麗的年輕人，懂得人情世故的流浪士兵等等。喜歡躲藏在鏡子裡面，某一宗派認爲鏡子裡映出的世界其實就是惡魔住的世界，因此該派信徒家中不擺鏡子。就算是一般的家庭，家中有死者的時候，或是「聖伊利亞在對惡魔生氣了」（打雷）的時候，也會用布將鏡子蓋起來以防止惡魔進去的習俗。有時他們也會鑽進鏡般的水面，與溺死的女人相好、結婚。據說龍捲風或旋風就是惡魔與溺死女的婚禮。

俄羅斯的惡魔最喜歡酒與煙草、唱歌與跳舞、牌戲與猜謎，經常徹夜地與魔女或溺死女們玩耍。有精神的年輕人與美麗的姑娘們經常被他們的玩樂所吸引。

俄國的小說家的作品中，經常會出現這種充滿民族特色的惡魔。

Dera Buranka

戴拉・布蘭卡

放蕩子狄提魯・馮・佛理德布洛克向錫布里格城（Hedberg）的姑娘尤蒂朵（Judith）求婚被拒後，動用武力搶親，不過還是失敗了。此時有位義大利騎士戴拉・布蘭卡出現。他全身包在黑天鵝絨之中，頭上戴著插有大紅羽毛的尖帽。「想要達成願望，就到薔薇谷大叫三次我的名字。」他說完這句話之後便出城去了。其實這個男人正是惡魔。

在尤蒂朵舉行婚禮的前一天，狄提魯跟惡魔訂定了契約。他希望當尤蒂朵在祭壇前發誓的那一瞬間，錫布里格城還有全城的居民都會同時灰飛煙滅。

狄提魯爲了看見城鎮的滅亡而外出。忽然之間烏雲密佈，雷聲大作，雖然仍是白晝卻如同夜晚般漆黑。接著，在雲中飄浮著一顆托在惡魔手中的巨大岩石。當這顆岩石來到狄提魯城上空時，宣告結婚的禮拜堂聖鐘正好敲響，使惡魔支撐不住，岩石就從這麼地從狄提魯上方墜落。而他的靈魂則爲了惡魔之王的需要，被帶到了灼熱地獄。

惡魔
俄羅斯

救贖，我們要帶她上天國。」然後帶著少女離去了。

（→果戈里的惡魔 Demon<Golgo'>、俄羅斯的惡魔 Demon<Russia>）

100 譯注：俄國詩人、作家。生卒年 1814-41 年。被視為普希金（A.S. Pushkin，1799 1837）的後繼者，但最後於決鬥中死亡。
101 譯注：即今日從前蘇聯獨立出來的喬治亞共和國

惡魔
俄羅斯

（→《傻子伊凡》的老魔、《傻子伊凡》的三匹小惡魔、威 Vii、果戈里的惡魔 Demon<Golgo'>、萊蒙托夫的惡魔 Demon<Lermontov>）

惡魔的化身
奧地利

（→加魯海姆的惡魔 Demon〈Karuhaimu〉、姆歐迪爾 Muouderu、樅樹中的惡魔 The demon in fir）

Dhenuka
デーヌカ

達奴卡

體型龐大的羅剎娑（Rashasa），有著驢子的外貌。羅剎娑是印度神話中的鬼神，也就是佛教中的*羅剎（Rashasa）。

達奴卡住在**迦梨女神（kali）**的森林。人們都很懼怕，絲毫不敢靠近森林。

聽聞此事的英雄神黑天（Krsna，或Krishna）就與兄長巴拉拉馬（Balamara）同行，準備討伐達奴卡。

在一陣激戰之後，達奴卡被兄弟倆給消滅了。

在其他傳說中，黑天跟兄長巴拉拉馬，跟牧童們一起看守牛群，此時有一位**阿修羅（Asura 或 Ashura）**變成公牛的模樣混入牛群中。黑天跟巴拉拉馬視破那隻公牛是由阿修羅所變，就把牠給殺死了。

Diabel
ポーランドの悪魔

波蘭的惡魔

波蘭的民間故事或口傳文學中與惡魔相關的非常多。有人做過統計，將波蘭的民間故事以主題類別來分類，當中最多的一類就是惡魔的故事。

波蘭的惡魔們與其他基督宗教的國度中述說的惡魔一樣，在地獄裡懲罰罪人，或者與人們交易想要獲取他們的靈魂。但是比起他國的惡魔，波蘭的惡魔多了點人情味，十分紳士且充滿正義感。他們嚴守商業道德，在與人作靈魂的交易時，絕對會信守自己所做的承諾（相反的充滿奸詐的波蘭百姓卻經常會打破自己的諾言）。例如在賭上靈魂的撲克牌戲中，結果被人類耍了老千，最後只好眼睜睜地看著到手的靈魂離開地獄上了天堂等等之類的故事可說是屢見不鮮。

不過就算經常被人類騙，惡魔們還是不會怨恨全體人類，只憎恨著那些作壞事的人們。有個故事是這樣的：城市的惡魔與鄉下的惡魔兩人一起到城市中某法庭裡要抓一個作偽證的貴族。正當抓到他，拔掉他的舌頭時，舌頭自己跳了起來並且叫著「我專作偽證！我專作偽證！」。看到

Diriel
デイリエル

迪里艾爾

仿照啓示文學《以諾書》寫成的《僞以諾書》目錄中有列出其名。和**可彌爾（Chomiel）**相同，都是「北之君王」戴蒙瑞（Demoriel）的臣子，爵位則是公爵。

在17世紀的魔法書《雷蒙蓋頓》（Lemegeton，又名《The Lesser Key of Solomon》）中，記載於第1部〈哥耶提雅〉目錄中的72名惡魔，一般稱爲「所羅門的惡魔」，其中有許多與《僞以諾書》中列出的惡魔名稱重複，但是像**加斯伯祿（Caspiel）**或是**卡穆爾（Camuel）**這般有著類似天使之名的《僞以諾書》惡魔，《雷蒙蓋頓》裡幾乎沒收錄。迪里艾爾也是其中之一。

而像迪里艾爾這般名字充滿天使氣氛的《僞以諾書》惡魔，有許多也被記載在15世紀德國聖職者兼秘法家崔勒繆司所著的《秘密術法》目錄之中，其中當然也有收錄迪里艾爾之名。被收錄於《祕密術法》中的北方支配者戴蒙瑞，擁有眾多下屬，公爵迪里艾爾也是其中一人，但是比起同樣侍奉戴蒙瑞的可彌爾相比，迪里艾爾的地位恐怕略遜一籌。

羅剎娑（羅剎）
印度

惡魔
波蘭

這副光景，兩個惡魔嘆口氣說：「這種無賴連惡
魔也受不了啊！」於是就離開了。
（→波蘭的路西法 Lucifer<Poland>）

惡魔
偽以諾書

Dis、Dite、Luccifero
惡魔大王

地獄王

　　於《神曲》中出現，碩大無朋的惡魔之王。又名「*狄斯」（Dis デイス）或「*地帝」（Dite ディーテ），亦稱「*路西勿羅」（Luccifero）。乃相當於基督宗教中大逆不道的墮落天使撒旦，《神曲》中將其等視同於別西卜（Beelzebub）。（→ **撒旦Satan〈中世紀歐洲〉、別西卜Beelzebub〈希伯來〉**）。

　　地獄王位在地獄最下層，第9圈第4溝的「猶大環」（Giudewcca）中，自胸以下呈立姿封於冰中。過去曾為偉大天使的地獄王，因反抗神而被逐出天國，在地上到地心間撞出大洞，並維持墮落時之姿勢冰封地獄深處。懲罰人類亡魂的地獄便是依地獄王墮落時所生之洞而造。

　　地獄王有三個面孔，右面白而帶黃、左面黝黑、中央的臉火紅。三張口中各別咬住出賣耶穌基督的猶大、刺殺凱撒的柏呂篤（Bruto）與卡西何（Cassio），以牙齒給予懲罰。每張面孔以下生了一對如蝙蝠般的大翅膀；似乎是他以往曾為六翼熾天使（Seraphim）[102]的殘証。
（→卑鄙的天使Caitiff Choir Of Angels、黑天使

Djinn
千一夜物語のジンたち

一千零一夜的鎮尼（Djinn）們

　　伊斯蘭教與猶太教及基督宗教均有淵源，因此伊斯蘭文化圈中，也有類似猶太教·基督宗教文化圈的惡魔，以及許多與惡魔有關的民間故事。然而伊斯蘭文化圈的故事集《一千零一夜》（Arabian Nights）之中，卻幾乎沒有惡魔登場。威脅無辜的商人、背叛神的使者所羅門王，並將其綁在鐵柱上凌虐、依據魔法契約而現身等各式惡靈，全都是鎮尼（Djinn）。為什麼《一千零一夜》中都沒有惡魔出場呢？

　　鎮尼是阿拉伯原生的妖怪，在伊斯蘭教出現的同時，邪惡的鎮尼便與惡魔的形象混淆。這種混淆的情況一直持續至今。因此，即使是內容相似的民間故事，卻經常出現下列的情況：如果故事的氣氛偏宗教、或是與預言者有關，出現的便是惡魔；如果故事的氣氛偏世俗、或是與古代阿拉伯有關，便換成鎮尼出場。

　　另一說則是在民間故事中，固執的法律學者喚來的通常是惡魔，如果是老婆婆或為人妻者喚來的通常是鎮尼。因此由美麗的王妃向國王娓娓道來的《一千零一夜》，可以說是由鎮尼取代了所

Draghignazzo
ドラギニヤツツオ

達其惹索

　　這是在義大利詩人但丁的敘事詩—《神曲》（1307～21年創作）這部作品中登場的惡魔。神曲三部作中的第一部〈地獄篇〉中第21篇與22篇中描寫到的地獄第8圈第5溝的獄吏，專門懲罰生前貪污或詐欺的死者的惡魔集團「*馬納勃郎西（Malebranche）」十二惡魔中的一人。

　　他的名字有「殘忍的龍」或「墮落的龍」之含意。的確，「馬納勃郎西」們兇暴但欠缺知性，與其說是墮落的天使感覺更像是地獄的妖魔。聖經中龍是惡魔的象徵，因此由這點來看，

相信作者是將這些「馬納勃郎西」視為惡魔的。
（→馬納果達Malacoda）

　　達其惹索在地獄裡並沒有什麼了不起的工作。文中他頂多是將罪人那伐拉的強波洛，從瀝青（天然柏油）的池子裡拉上來的時候，與他的**同事西里阿多（Ciriatto）或利比谷谷（Libicocco）**一起割裂罪人的肉。而且比起西里阿多用強大的利牙來撕裂罪人背部，達其惹索只會消極地用爪子刮傷罪人小腿而已。

D

地獄之王
神曲

Nelo Angelo）

102 譯注：天使分爲「熾天使」（Seraphim）「智天使」（Cherubim）
「座天使」（Ofanims）「主天使」（Dominons）「力天使」
（Virtues）「能天使」（Powers）「權天使」（Principalities）「大天
使」（Archangels）「天使」（Angels）九等之分法乃日本對天使
位階之漢字翻譯，國內亦常引用。Seraphim於和合版聖經中做
「撒拉弗」乃身具六翼之天使（參見以賽亞書6：2）。

惡靈
伊斯蘭教

有惡魔的角色吧。
（→易卜劣厮 **Iblis**）

惡魔‧地獄的魔鬼
神曲

Durga
ドゥルガー

突迦 103

突迦乃濕婆（Siva 或 Shiva）之妻「提毗 104」（Devi）眾多別名的其中一個，或說是多個化身中的一個。此名字原本是一個欲打倒諸神征服世界的惡魔之名。濕婆之妻決心要打倒該惡魔，擊退惡魔的軍團，並且一一打倒化身成水牛或象等多種變化的突迦，最後終於獲得勝利，消滅了惡魔。為了紀念，她稱在與惡魔作戰時的自己為突迦。

女神突迦有一千隻手，通常畫成十隻手來表現。各自拿著槍、矛、劍等武器，且拿著武器的手上還有銳利鉤爪。而如果敵人數目眾多，她亦可從頭髮創造分身來應對。

於是，突迦為了諸神而戰獲勝，吃下惡魔的肉來慶祝勝利。這個名字和象徵了性與破壞的**迦梨女神（Kali）**這名字一樣，表現出濕婆之妻恐怖的一面。

Echidna
エキドナ

艾奇德娜

上半身美女；下半身為蛇的怪物。艾奇德娜一字即有「蛇」之意。她的來歷眾說紛紜，一說為大海老人福耳庫司（Phorkys）與刻托（Ceto）之女；一說為克律薩俄耳（Chrysaor，波賽多與美杜莎【Medusa】之子）與卡利羅厄（Kallirrhoe、Callirrhoe（這是英文）、俄刻阿諾斯【Okeanos、Oceanus】同忒修斯【Tethys】之女）所生；一說為地獄之神塔耳塔羅斯（Tartaros、Tartarus）105 之女；或說為冥河女神斯梯克斯（Styx）所生。此外，她的住處亦無定論，或說居

於伯羅奔尼撒半島（Peloponnesus）106；或說是基利西亞（Kilikia）。

她與泰風（Typhoeus、Typhon、Typhaon，塔耳塔羅斯之子）生下蓋美拉（Chimaira、Chimaera）、地獄看門狗地獄犬（Kerberos、Cerberus）、水蛇海德拉（Hydra）、犬怪俄耳托斯（Orthros）。而她又與俄耳托斯生下斯芬克斯（Sphinx）、涅墨亞獅（Nemean Lion）、庫羅邁米恩（Krommyon）的母豬等怪物。其他尚有看守黃金頻果的巨龍拉冬（Ladon）、守衛科爾奇斯

Edimmu
エディムム

埃提姆

巴比倫神話中，在地獄阿普斯（Apsu）與地上世界中夾著一地底世界，名叫「有去無回的國度」。該處是以七重門扉封鎖的死者國度，即便是神明，只要進入了便無法回來。統治那裡的乃是「死之女主人」**埃蕾什基伽兒（Ereshkigal）**。

在這個黑暗國度中住著埃提姆（死者的靈魂），外型如鳥生有翅膀不停胡亂徘徊。

一則神話中如此記述了這個國度：

「室內滿佈灰塵
　活著的君王與僧侶

　活著的術士與預言者
　甚至連活著的偉大眾神
　全被驅至此地獄
　以幽暗為滋養
　以泥漿為食」

這個國度唯一歡迎的唯有埃提姆。只有他們能獲得床鋪與新鮮飲水。

此國度中，有如※金古（Kingu）一類的冥神於其中度日。

D

E

惡魔
印度

103 譯注：「突迦」的意思是難以靠近，因此也譯作「難近母」
104 譯注：濕婆之妻擁有兩種截然不同的樣貌，性情溫和柔順時，
稱作優摩（意思是「光明者」）或波哩婆提（Parvati，意為
「登山者」），而性格暴戾時則以突迦・迦梨女神（Kali，意為
「黑膚者」）為代表。

怪物之母
希臘

（Colchis）金羊的龍、啄食普羅米修斯
（Prometheus）肝臟的鷲鷹都是艾奇德娜的子嗣。
她偷走赫拉克勒斯（Herakles、Heracles）之馬，
與前來取馬的英雄生下斯庫忒斯（Skythes，斯庫
提亞族【Skythai】之祖先）以及革洛諾斯
（Gelonos，革洛諾斯族之祖）。

最後在睡眠時被百眼巨人阿古士（Argos、
Argus）抓住殺害。（**→拉彌亞 Lamia**）

105 譯注：亦指地獄。
106 譯注：希臘南部的半島，或作「Peloponnesos」。

亡靈
巴比倫

Eligor

エリゴル

埃力格

17世紀魔法書《雷蒙蓋頓》（Lemegeton，又名《The Lesser Key of Solomon》）書中第一部〈哥耶提雅〉所載的72名惡魔之一。

以騎士之姿限於召喚者面前，所以也被認爲和同樣以騎士姿態出現的「＊亞必戈」（Abigor アビゴル）爲同一位惡魔。許多惡魔學者將亞必戈解釋爲埃力格的別名。

埃力格現身時爲一手持長槍與王笏的扛旗騎士，能告訴召喚者財寶隱藏之處。又，據說能予人快樂的戀愛及勇敢的戰鬥。多半將埃力格解釋

爲能給予預見未來之力，或帶給人類軍事助益的惡魔。後者應當是從他的騎士形象聯想而來的屬性。

19世紀法國作家柯林·德·普朗西的作品《地獄辭典》中，以「亞必戈」之名介紹他，說他乃地獄大公爵，爲60個軍團之指揮官。或許是因爲他傳說中的姿態全無惡魔的感覺，所以《地獄辭典》的插畫家M.L.布爾頓在亞必戈的座騎身上加繪了巨大蝠翼，增添邪惡之感。

Eratemuu

エラテムー

艾拉帝穆

西太平洋帛琉的賈拉左瑪地方流傳之有翼惡神。

相傳在賈拉左瑪的禿山上住有惡神會自空降下擄人而食。

人們因心懷恐懼而逃到名叫霍魯雷伊的村莊。可是有一名老婆婆因來不及逃走而被留了下來。老婆婆只好躲入山洞食芋維生，不久後生下兩兄弟。兩人長大成人後建了自己的家。並在自家屋頂上用一種名叫圖貝黑魯的紅樹樹枝作了陷阱，接著在家中生起火。

於是艾拉帝穆便停到屋頂上，結果立刻觸發了陷阱而不得動彈，最後爲兩兄弟所殺。

兩兄弟取下艾拉帝穆的氣囊（左拉布庫魯）打算把事情的經過傳播出去，便命氣囊去霍魯雷伊傳達惡神被消滅之事。當霍魯雷伊的村人撿到氣囊，就對它問道：「是魚的氣囊嗎？」氣囊沒有回答。問道：「你是野獸的氣囊嗎？」時也沒有回答。最後問道：「是惡神的氣囊嗎？」時，氣囊便沉入水中變爲石頭。

（→布烈其 Bururekki、姆爾阿茲庫爾

Ereshkigal

エレシユキガル

埃蕾什基伽兒

蘇美神話中，在流過大地的甜水底下，有塊滿是乾燥砂塵的土地，名叫「有去無回的土地」（庫爾·努·吉，kur-nu-gi-a），埃蕾什基伽兒乃支配該處的「死之女主人」。

她乃「天之女主人」伊南娜（Inanna）之姊；與光明的伊南娜相反，擁有黑暗性質。埃蕾什基伽兒於巴比倫神話中爲奈爾伽耳（Nergal）之妻；地底惡魔「＊伽拉」（Galla）爲其部下。埃蕾什基伽兒與伊南娜敵對，而伊南娜因想展現自身權威故造訪姊姊所支配之土地；但反遭殺害被

赤身裸體吊於木椿上。

後伊南娜雖獲水神恩基（Enki）之助，吃下「生命之食」與「生命之水」復活；但眾伽拉仍對伊南娜糾纏不休，要她尋得替代者方能離開。

伊南娜因發現丈夫植物神杜姆茲（Dumuzi）對自己之死毫不在意，正在遊宴尋樂，一怒之下就將丈夫做爲自己替身送入庫爾·努·吉。杜姆茲雖竭力逃匿，最終還是被送入地府。

（→埃提姆 Edimmu）

▎惡魔·所羅門的惡魔
▎雷蒙蓋頓

▎惡神
▎帛琉

Muruadurukuuru、姆爾阿茲·恩黑陽家爾
Muruaduru · Nheyangaru）

▎死之女主人
▎蘇美、巴比倫

Erinys

エリニユス

復仇女神

　　報仇的女神。等同於羅馬神話的「＊復仇女神」（Furiae フリアイ）。因由「＊阿勒克托」（Alekto）、「＊麥格拉」（Megaira）、「＊提西福涅」（Tisiphone）三人組成，故也用複數形「＊厄里倪厄斯」（Erinyes エリニユエス）稱之。順帶一提，三人姓名意義分別為「無休無止者」、「懷恨者」、「血仇復仇者」。為針對殺害血親或不法行為的懲罰者。背生雙翼頭髮為蛇，手持火把追趕罪人使其發狂。

　　因她們為頗不吉利之神，故多以「＊歐美妮德斯」（Eumenides，善意之人）或「＊賽姆妮西」（Semnai Theai，嚴峻的女神們）等委婉表現稱之。

　　她們平時居於塔耳塔羅斯（Tartaros、Tartarus），責罰著犯下永恆罪孽的人或神。

　　美錫尼（Mykenai、Mynekai）王妃克莉坦娜絲查（Klytaim(n)estra、Clytem(n)estra）殺害丈夫阿葛曼農（Agamemnon）。兩人的兒子奧瑞斯特（Orestes）於是殺母以報父仇。此時復仇女神現身開始追趕奧瑞斯特。即使太陽神阿波羅

Erlik

エルリク

埃利刻

　　西伯利亞神話中的惡靈，為最初之人類亦為死者之王。

　　韃靼人（土耳其、蒙古系的游牧騎馬民族）認為，傳說中至高神兀兒該於海中發現一有人臉的土塊，將土塊注入靈魂後便造出埃利刻。然而埃利刻因過於自大而被放逐至地下，成為死者之王。

　　埃利刻主張：兀兒該雖然管轄「有氣息者」，可是死者應歸自己所有。由於兀兒該對死者並不在意，便照埃利刻所言辦理。但儘管如此，埃利

刻同時也是人類始祖。亦是第一個開啓通往冥界之道的人類，一切「有氣息者」的最終狀態——屍體的原形。

　　另外，韃靼人相信令人不快的溼地也是埃利刻所造成的。當最初的人類被命令從海中帶來泥土時，埃利刻偷藏了一部分土於口中。

　　而在土塊開始變大化為大地時，埃利刻口中的土壤也開始變大。埃利刻連忙將土吐出，那些泥土則因唾液化成溼地。

Farfarello

フアルフアレルロ

發發累羅

　　這是在義大利詩人但丁的敘事詩—《神曲》（1307～21年創作）這部作品中登場的惡魔。《神曲》三部作中的第一部〈地獄篇〉中第21篇與22篇中描寫到的地獄第8圈第5溝的獄吏，專門懲罰生前貪污或詐欺的死者的惡魔集團「＊馬納勃郎西（Malebranche）」十二惡魔中的一人。名字的意思是「中傷他人者」「愛說人壞話者」（→**馬納果達Malacoda**）。

　　這些馬納勃郎西的任務是監視著罪人們防止他們從沸騰的瀝青池爬上來，一旦有人浮了上來

就立刻用鐵鉤將他們釣上來懲罰他們。引導神曲主角但丁的詩人維其略向格拉非岡（**Graffiacane**）剛釣上來的罪人—也就是那伐拉人強波洛詢問瀝青池裡的情形如何時，暴戾且欠缺思慮的發發累羅立刻想要用鉤子刺他，結果被班頭的巴巴利卻（**Barbaricca**）給阻止了。這些馬納郎西們被上長著狀似蝙蝠的翅膀，為了監視罪人，經常在瀝青池上盤旋飛舞，就像隻靜不下來的麻雀一般。因此巴巴利卻罵發發累羅為「惡雀子」。

復仇的女神
希臘

（Apollon、Apollo）為奧瑞斯特脫罪、將他庇護
於聖地特爾斐（Delphoi），復仇女神依舊不放過
他。最後經由雅典娜（Athena、Athene）在亞雷
奧帕高斯（Areios Pagos、Areiopagos）法庭的判
決，復仇女神才總算離去。
（→橫死之神**Ker**、鳥身女妖**Harpuia**）

惡靈
西伯利亞

惡魔‧地獄的魔鬼
神曲

肥遺

牠是會帶來旱災的兆，外型是條蛇怪。

據說肥遺藏身在中國西方的太華山山腳下。根據傳說，牠具有六隻腳，二對翅膀，一個頭二個身體。

另一個版本的說法則完全不同，這個版本說肥遺是隻黃色的長得像是鶴鶉的鳥，只有嘴的顏色是鮮紅色。據說吃了牠可以治百病，還能除寄生蟲。

至於爲何會有差異如此大的兩個版本並無定論。或許是原本是毫無關係的兩個傳說在流傳的過程中有所訛誤所導致的吧。

不論如何，只要這條蛇出現在人間的話，即刻會旱象連年。

除了肥遺以外，還有另外一隻怪物也會引起旱災的，牠的名字叫做「※人面鴞」。

這隻怪物外型狀似貓頭鷹，但是長了人頭犬尾猴身。據說牠一出現的話也是會立刻帶來大旱災。

中國有關旱災的傳說非常的多，由此可見旱災在中國是非常可怕的災害吧。

芬里爾狼

他是北歐神話中，導致諸神毀滅的元兇。他的父親是擅長使奸計的邪神洛基（**Loki**），母親則是女巨人安格爾伯達（**Angrboda**，意思是「苦命的女人」），弟弟是大蛇「**約爾孟甘德**」（**Jormungand**，意思是大地的帶子），妹妹是陰間的統治者「海爾」（**Hel**）。

由於父親是有巨人血統的**洛基**，母親則是不折不扣的女巨人，所以在血統上應該算是巨人族，但是他們三兄妹與其說是巨人族倒不如說他們就是諸神毀滅世界末日的象徵。

芬里爾狼似乎擁有高度的知性，例如說在諸神想要用魔法的鎖鍊將他綁起來的這段故事中，我們看到他與諸神的鬥智。而另外當知道自己最後終究會毀滅諸神的時候，他又裝出對諸神示好的態度。

芬里爾狼的身體一天一天的以令人驚訝的速度茁壯長大，他那快速的成長正暗示著世界毀滅的日子逐日接近中。雖然芬里爾狼最後還是被諸神用魔法的鎖鍊給綁住，但是在諸神與巨人族的最終戰爭時他掙脫開來重獲自由，如同預言所說

佛勞洛斯

這是假託是所羅門王所寫，但實爲17世紀時魔法書之《雷蒙蓋頓》（Lemegeton，又名《The Lesser Key of Solomon》）的第一部〈哥耶提雅〉中記載的72隻惡魔之一。

他與《雷蒙蓋頓》中的**歐賽**（**Ose**）同樣是豹的外型。通常被召喚來與其他魔法師召喚出的惡魔相對抗。根據某些傳說，如果召喚他時他出現在魔法陣的三角形外面，這時他所說的全部都是謊話。據說他可以給予召喚者未來的知識，但是他似乎是力量更勝於知識的惡魔，只要召喚者下達命令，他會以火焰燒盡對手。

深受16世紀惡魔學者維爾影響的19世紀法國作家普朗西在他的《地獄辭典》中說他是地獄的大將軍，指揮20個軍團，除了未來的以外，還能給人過去與現在的知識。另外更強調了他的攻擊性，他會呼喚所有的惡魔攻擊召喚者的敵對者。該書的插畫家M.L.布爾頓將他畫成人身豹頭蛇尾的站立的豹，使得他給人更加不祥的印象。

■徵兆
■中國

■洛基的兒子
■北歐

的一般，吞食了諸神之王奧丁（Óðinn）。
（→奧丁Óðinn〈北歐神話〉）

■惡魔‧所羅門的惡魔
■雷蒙蓋頓

Focalor
フォカロル

佛卡洛

這是假託是所羅門王所寫，但其實為17世紀魔法書的《雷蒙蓋頓》（Lemegeton，又名《The Lesser Key of Solomon》）的第一部〈哥耶提雅〉中記載的72隻惡魔之一人。另外以模仿啟示文學《以諾書》所作的《偽以諾書》上面也有記載這個惡魔的名字。別名「＊佛爾卡洛」（Forcalor，フォルカロル）。

他與同書中的另一惡魔威沛（Vepar）的能力有相當多的重複。據說他擁有控制海洋的能力，因此通常召喚他的目的是想讓某人溺死，或者讓某船沈沒。不過不同於外型是人魚的威沛，他以有翼人或是騎乘獅鷲[107]（Griffon）的姿態出現在召喚者的面前，外型上與海洋並無太大關連性。

十九世紀法國作家普朗西的書《地獄辭典》中說他是地獄的將軍，同時也是30個軍團的指揮官。其興趣是殘酷地將人殺了丟入海裡，而對於召喚者的命令雖會實行但卻一副十分不悅的表情。並且說他與亞米（Amy）相同，是個期盼能夠回到天國的墮天使。

Fomor
フォモール

弗摩爾

弗摩爾是在塞爾特神話中，與達那神族對抗的種族。達那神族從愛爾蘭來到塞爾特，但是弗摩爾族從久遠以前老早就已經住在這裡，面對不斷來襲的愛爾蘭入侵者有的降服有的挺身對抗，但戰敗後不見其蹤影。弗摩爾族是巨人族，或許可以說相當於希臘神話中的泰坦神族（Titan）或北歐神話中的尤彌兒族（Ymir）吧。

弗摩爾這個字的意思原本是「地底」或者是「下級神」。但是在塞爾特神話中他們並不是神而是被形容成像惡魔一般的種族，他們擁戴魔眼巴羅爾（Balor）當他們的王，與諸神展開激烈對抗。

達那神族剛來到愛爾蘭，戰勝菲柏克（Firbolgs）族之後，他們擁戴達那神族與弗摩爾族的混血兒布雷斯（Bres）當他們的王。但是布雷斯的統治並不長久，最後巴羅爾被光神魯夫打倒之後，弗摩爾族讓出了愛爾蘭後最終滅亡了。（→英帝契 Indich、奧克托力藍其 Octriallach）

Foras
フォラス

佛拉斯

這是假託是所羅門王所寫，但實為17世紀時魔法書之《雷蒙蓋頓》（（Lemegeton，又名《The Lesser Key of Solomon》）的第一部〈哥耶提雅〉中記載的72隻惡魔之一。別名「＊佛卡斯」（Forcas フォルカス）。

被召喚時，他是以普通老人的姿態而非畸形的怪物姿態出現在召喚者面前。與斯托剌（Stolas）一樣屬於《雷蒙蓋頓》中常見的學者型惡魔，這類惡魔通常具有礦石學與藥草學的知識。另外也說他可以給予召喚者邏輯學與醫學的知識。至於其他的能力則是可以讓人隱形，不過這在《雷蒙蓋頓》的惡魔中並非特別稀奇的能力。

19世紀法國作家普朗西的書《地獄辭典》中是以「佛卡爾」這個名字來介紹，並且說他是地獄的騎士兼大議長，29個軍團的指揮者，而在外觀上則增加了白髮長鬚的特徵。另外在該書中關於他的能力除了醫學知識以外，還有占卜、修辭學、讓人獲得滔滔雄辯的能力等等，增加數個多樣化的能力。

F

惡魔‧所羅門的惡魔
雷蒙蓋頓‧偽以諾書

107 譯注：半鷹半獅的怪獸，前半具有老鷹的頭、翅膀與爪子，後
　　半則是獅子的身體與尾巴。

諸神之敵
塞爾特

惡魔‧所羅門的惡魔
雷蒙蓋頓

Forneus
フォルネウス

佛鈕司

這是假託是所羅門王所寫，但實為17世紀時魔法書之《雷蒙蓋頓》(《Lemegeton，又名《The Lesser Key of Solomon》) 的第一部〈哥耶提雅〉中記載的72隻惡魔之一。

雖然在召喚他出來的時候他是海中怪物的樣子，但是也可以依照召喚的魔法師的命令變成人類的姿態。雖然他的樣子是海怪，但是能力上卻與海洋毫無關連。《雷蒙蓋頓》中學者型的惡魔佔了不少部分，他也是其中之一。據說可以給召喚者藝術、科學與語言學的知識。

不過會召喚佛鈕司出來，其最重要的理由通常是因為他擁有將對召喚者的敵意轉變成愛情的能力。

因為M.L.布爾頓的插畫而變得有名的普朗西的《地獄辭典》中並沒有介紹到佛鈕司。因為這本書的插畫而使得《雷蒙蓋頓》或《偽以諾書》中的許多惡魔一舉成名，佛鈕司很可惜地並沒有受到這個恩惠。

Fouyu
浮游（ふゆう）

浮游

據說他是反叛天帝的水神・共工（**Kungkung**）的臣子。

在叛軍之中浮游究竟是擔當什麼職責如今已不可考，只知道在顓頊的時代時，共工造反他也隨之響應，但是最後失敗之後他自殺身亡。

不過這裡有個與他相關的傳說。

春秋時代[108]時，晉平公夢見一隻紅色的熊從在屏風後面偷看，之後就得了怪病，一直難以痊癒。於是便請教鄭國的賢相子產得病的原因，子產回答說：

「古代共工的大臣浮游隨共工起事失敗後自殺了。這浮游的相貌是隻紅熊，愛笑愛回頭看，經常作祟害人。宮廷裡見到他則表示統御天下的王者要駕崩了，在大門遇見他則表示近臣有憂難，在庭院裡遇見他則平安無事，見到他在屏風後面則可能會因病身亡。請備大禮祭祀顓頊與共工應該就可免於病災了。」

於是晉平公照子產的建言祭拜了之後果然真的病癒了。

Furcas
フルカス

弗爾卡斯

這是假託是所羅門王所寫，但其實為17世紀魔法書的《雷蒙蓋頓》(《Lemegeton，又名《The Lesser Key of Solomon》) 的第一部〈哥耶提雅〉中記載的72隻惡魔之一人。另外以模仿啟示文學《以諾書》所作的《偽以諾書》上面也有記載這個惡魔的名字。

據說召喚他出來時，出現在召喚者面前的一個騎著氣色不佳的馬，手裡拿著槍的老人。雖然性格殘忍，但是非常博學。可以授予召喚者哲學、修辭學、邏輯學、天文學、占卜學的知識。

若說到其暗色的馬，手持槍，殘忍而博學的老人，不由得會讓人聯想到日耳曼民族的主神奧丁（**Óðinn**）或渥丹[109]（Wondan或Wotan）的氣氛非常相近。

11世紀以後的北歐在基督宗教的滲透下，過去信仰的諸神之王奧丁其形象也轉變成與基督對抗的惡魔。或許在惡魔學的傳承過程中，弗爾卡斯的特徵受到了北歐的奧丁或是德國的渥丹的影響也說不定。

（→奧丁 Óðinn〈改宗後的北歐薩迦〉、奧丁

惡魔・所羅門的惡魔
雷蒙蓋頓

惡神
中國

108 譯注：原文爲「戰國時代」，疑有誤，應該是「春秋時代」。

惡魔・所羅門的惡魔
雷蒙蓋頓・僞以諾書

Óðinn〈北歐神話〉〉

109 譯注：日耳曼傳說中的主神，一般將他與奧丁視爲同一神。

Furfur

弗爾弗爾

這是假託是所羅門王所寫，但實爲17世紀時魔法書之《雷蒙蓋頓》（《Lemegeton，又名《The Lesser Key of Solomon》）的第一部〈哥耶提雅〉中記載的72隻惡魔之一。

據說出現在召喚者面前的是，一頭長有燃燒中的蛇尾與巨大翅膀的鹿，這樣的外型在《雷蒙蓋頓》中算是非常稀奇的。

據說他能讓夫婦間充滿愛情，也能告訴人一些不爲人知的秘密。而比較特別的能力是能夠呼喚閃電，在《雷蒙蓋頓》的72惡魔中擁有與天氣相關魔力的只有弗爾弗爾而已。

十九世紀作家普朗西的書《地獄辭典》中說他是會說謊的惡魔，並且有時會以天使姿態出現在召喚者面前。是地獄的伯爵，26個軍團的指揮者。插畫家M.L.布爾頓爲該書畫了不少世間評價不錯的插圖，而弗爾弗爾在他筆下則成了長有蝙蝠翅膀的半人半鹿，令人印象深刻。拜此圖所賜，弗爾弗爾也因而在現代成了知名度頗高的惡魔。

Gaap

慨布

假稱古以色列王國所羅門王所作之17世紀魔法書《雷蒙蓋頓》（《Lemegeton，又名《The Lesser Key of Solomon》），書中第一部分〈哥耶提雅〉所載的72名惡魔之一。並亦現於仿啓示文學《以諾書》而成之《僞以諾書》的目錄中。別名「*戈布」（Goap，ゴアプ）、「*塔布」（Tap，タプ）。

相傳爲墮落的能天使。被認爲是手握重權之惡魔，現身於人類面前時會有四名王者隨侍。又，在《僞以諾書》內說他與惡魔派蒙（**Paimon**）同爲統領西方之王。他的能力多采多姿，能司控喜愛與憎恨、通曉未來之事，並能給予召喚者瞬間移動及隱身之力。

19世紀法國作家柯林・德・普朗西所著《地獄辭典》中載以「*塔布」之名，爲他多添了地獄大議長與君王的地位，說他與《僞以諾書》惡魔之一的*比雷特（Byleth，貝雷特**Beleth**）關係深厚乃爲同僚，或奉比雷特爲主。《地獄辭典》插畫家M.L.布爾頓在他的肖像畫中，把他畫成一般人心中最常見的惡魔形象，因此成爲知名度最高

Gamygyn

加麥基

假稱古以色列王國所羅門王所作之17世紀魔法書《雷蒙蓋頓》（《Lemegeton，又名《The Lesser Key of Solomon》），書中第一部分〈哥耶提雅〉所載的72名惡魔之一。此惡魔亦列載於仿啓示文學《以諾書》而成之《僞以諾書》的目錄中。別名「*加米基」（Gamigin，ガミギン）。

以小馬或小驢之形象出現於召喚者面前。爲與亡着關係密切之惡魔，人們會爲了與亡靈見面而召喚他。《僞以諾書》中也說他與死者靈魂有關，擁有叫出溺死者靈魂令其回答問題之能力。

受到16世紀惡魔學家讓・維爾影響的19世紀法國作家柯林・德・普朗西所，在著作《地獄辭典》中也同《雷蒙蓋頓》與《僞以諾書》一樣，介紹時把加麥基的特殊性放在靈媒能力上。《地獄辭典》中還多加了他在完成被命令的工作前會留滯召喚者身旁的特性。爲地獄大公爵，30個軍團的指揮官，該書插畫家M.L.布爾頓未爲他繪製肖像。

■ 惡魔·所羅門的惡魔
■ 雷蒙蓋頓

■ 惡魔·所羅門的惡魔
■ 雷蒙蓋頓、偽以諾書

之惡魔。

■ 惡魔·所羅門的惡魔
■ 雷蒙蓋頓、偽以諾書

F
G

Ganesa

ガネーシヤ

伽尼薩 110

在佛教中又被叫做「*聖天」或「*歡喜天」。別名「*伽那婆提」（Ganapati）。

本爲印度原住民的災厄神、瘟神。又有其他傳說說伽尼薩原是*夜乞叉（Yaksa）的豐穰神。只是在被印度神話吸收時變成了**濕婆（Siva或Shiva）**與雪山神女（Parvati）之子，轉爲智慧與藝術的神祇。

伽尼薩象頭四臂而僅有一隻象牙。

他的母親雪山神女在一次洗浴前曾要伽尼薩負責守衛不讓任何人接近。而伽尼薩就連濕婆亦攔阻不誤，毫不通融。濕婆因此發火切下伽尼薩的首級。但雪身神女反對濕婆此舉大怒，於是濕婆就近尋來大象首級安在伽尼薩項上。此後伽尼薩的頭便改爲象頭。之所以僅有一牙，乃是他與「持斧羅摩」（ParAsura或Ashurama）相搏負傷所致。相傳伽尼薩在看到羅摩手中之斧時便知該斧爲濕婆所贈，於是故意敗給羅摩讓一隻象牙被打斷。

Ghede

ゲーデ

瑪得

巫毒教中的死神。又稱「*星期日男爵（Baron Samedi サムデイ男爵）」、「*墓地男爵（Baron Cimetiere シミテール男爵）」、「*十字架男爵（Baron La Croix クロア男爵）」。身形嬌小的男子頭戴黑色圓頂禮帽、身著黑色燕尾服，站在「永遠的十字路口」。永遠的十字路口指的是死者前往眾神故鄉幾內（幾內亞 111）的必經之地。

瑪得也是諸神中最賢明的神。也因此，身爲死神的瑪得對所有生者之事知之甚詳。

瑪得是生命的支配者，可自由增加生者，也可讓死者復活。此外，恐怖殭屍的生成也需藉瑪得之力。

瑪得雖是愛神，但瑪得之愛，恐怕是大口喝蘭姆酒般令人感到猥瑣不堪的愛。

他也會闖進其他神明的儀式中，附身於眾人身上。此時，儘管是巫毒教的祭司也拿他沒轍。

Glaaki

グラーキ

葛拉奇

克蘇魯神話中的邪神之一，從異星飛到新幾內亞海岸邊小島的某個湖底。橢圓形的身體上，長滿無數金屬棘刺，厚唇大口，三個眼睛分別位於嘴巴周圍突出的肉棘前端。其長相與其說是邪神，更不如說像是怪獸。實際上，葛拉奇帶給人的恐懼，比起惡魔，更神似1950年代好萊塢大量製造的B級恐怖片。

葛拉奇利用自己的棘刺造出不死的怪物當做手下使喚。當他鎖定犧牲者後，用心靈感應催眠犧牲者，讓他自己前來，接著再用棘刺扎入被害人體內，注入毒液殺害。棘刺留在被害人體內，經過一畫夜成長後自行脫落，一個不死的奴隸便產生了。

不管是不死的奴隸或是夢的犧牲者，操縱的方法都是讓被害人做惡夢，再根據契約奪走魂魄，與中世紀的惡魔或**男夜魔** 112（Incubus）的手法如出一轍。其原型可說是根據50年代的現實而產生的新式惡魔。

（→奈亞魯法特 Nyalrathotep）

G

■ 瘟神
■ 印度

110 譯注：或譯「象頭神」。

■ 死神
■ 巫毒

111 譯注：現為幾內亞共和國，位於西非。

■ 邪神
■ 克蘇魯神話

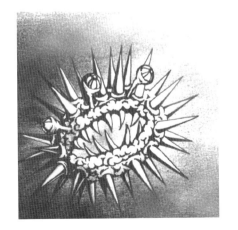

112 譯注：或譯夜魔，化作美男子侵犯沉睡眠中的女人，有時會將
精液注入女子體內使其懷孕，之後女子所生之子，便成為夢魔
的手下。

Glasyalabolas
グラシヤラボラス

格剌希亞拉波斯

據稱爲古以色列王國國王所羅門所著，現於17世紀的魔法書《雷蒙蓋頓》（（Lemegeton，又名《The Lesser Key of Solomon》）書中第一部分〈哥耶提雅〉中所載72名惡魔之一。此外，以《以諾書》爲藍本的《僞以諾書》的目錄當中，也記載其名。

格剌希亞拉波斯又稱「＊卡西莫拉爾」（Cassimolar，カシモラル）、「＊古拉夏」（Glasha，グラシヤ）、「＊古拉奇亞・拉波剌」（Gulakya・labolas，グラシヤ・ラボラス）等，擁有許多別稱。在所有別名當中，最具知名度的就是「＊卡厄喀里諾拉斯」（Caarucrinolaas，カールクリノーラス）。格剌希亞拉波斯以擁有巨大翅膀的犬之姿態出現在召喚者面前。

除了殺害人類的工作之外，格剌希亞拉波斯會將豐富的學問，特別是科學方面的知識傳授給召喚者。此外，也具有使人隱身的能力。

19世紀法國作家柯林・德・普朗西所著《地獄辭典》中，以「＊卡喀里諾拉斯」（Caacrinolas，カークリノラース）之名刊載於其上。他是地獄

Gomory
ゴモリ

格莫瑞

據稱爲古以色列王國國王所羅門所著，現於17世紀的魔法書《雷蒙蓋頓》（Lemegeton，又名《The Lesser Key of Solomon》）書中第一部分〈哥耶提雅〉中所載72名惡魔之一。

以騎乘駱駝、頭戴黃金冠的美女姿態出現於召喚者的面前。是《雷蒙蓋頓》72位惡魔當中，唯一以女性姿態出現者。

她的能力也與女性有關，召喚者爲了得到女性的愛而召喚她。其他能力包括知道過去未來、隱藏黃金的地方等沒什麼個性的能力。

受到16世紀惡魔學家讓・維爾的影響，19世紀法國作家柯林・德・普朗西所著《地獄辭典》中，被描述成地獄公爵，頭頂戴的王冠被解釋成公爵冠，是地獄軍團第26團的指揮官。

畫家M. L.布爾頓的畫工優異，惡魔學相關知識卻幾近空白。畫家聯想到駱駝去了，而把她繪成充滿中東異國情調的女性。結果，格莫瑞變成72人中知名度最高的惡魔。

Gorouzaemon Sanmoto
山本五郎左衛門（さんもとごろうざえもん）

山本五郎左衛門

支配日本各種來自魔界生物的魔王之一。江戶時代（1600～1867年）的妖怪物語《稻生物怪錄》最後登場，並說明自己「在日本稱爲山本五郎左衛門。不是人類也不是天狗，而是魔王。」其中，提到「在日本」的名字，在國外的名字則不詳。

《稻生物怪錄》中，廣島・三次藩的稻生平太郎（後來的武太夫）的宅中，眾多妖怪相繼出現，並騷擾主角。然而，年輕的當家屋主（當時16歲）對這一切採取毅然決然態度。此種氣度受到山本五郎左衛門的青睞，給了主角一枝木槌，並說今後遇到怪事或危機，只要朝北方喊出「山本五郎左衛門快來」並以木槌擊柱，他就會飛快起來幫助。

日本的妖怪基本上都有共通之處，具有相當能力的妖怪，對自己欣賞的傢伙，都會予以保護。

順道一提，在《稻生物怪錄》中，山本五郎左衛門以普通武士的姿態出現，而在平田神社所藏的圖畫中，則被描繪成三隻眼的鴉天狗。

■ 惡魔・所羅門的惡魔
■ 雷蒙蓋頓

司令官、以及36軍團的指揮官。在《地獄辭典》
當中,被介紹爲《雷蒙蓋頓》惡魔中的**納貝流士**
(**Naberius**)的坐騎。根據畫家 M. L.布爾頓所繪
肖像,卡喀里諾拉斯是位知名度較高的惡魔。

■ 惡魔・所羅門的惡魔
■ 雷蒙蓋頓

■ 魔王
■ 日本

(→石川惡四郎 Akushirou Ishikawa)

G

Grafficane
グラッフイアカーネ

格拉非岡

義大利詩人但丁所作敘事詩《神曲》（1307～1321年作）當中登場的惡魔。《神曲》三部作的第一部〈地獄篇〉第22篇所描寫，地獄第8圈第5溝的獄吏。負責懲罰犯下瀆職和詐欺的亡靈，是12個魔鬼所組集團「※馬納勃郎西（Malebranche）」之一。格拉非岡原意為「似犬者」。（→**馬納果達Malacoda**）

格拉非岡等魔鬼負責地獄第8圈第5溝的瀝青池（asphalt），將亡者推入池中使之受到瀝青灼身之懲罰。然而，在這第8圈中最重的刑罰是，魔鬼集團的爪牙撕裂身體之刑。死者為避免惡魔施暴，將身體隱匿於炙熱的瀝青池中。格拉非岡在主角但丁的面前，將不意露出頭的罪人用勾子吊起。

受到格拉非岡注意的「那伐拉（位於西班牙東北的國家）男子強波洛」，因為主角詳細的描述，注釋家[113]試圖找出實際相符的人物，卻仍不明。

Green Lady
グリーンレデイシ

綠魔女

屬於多之女神**貝拉（Beira）**子孫的魔女之一。姿態多變，有時如同貝拉老嫗，有時又彷彿夏之少女時的貝拉一般年輕美麗。此外，其他人也能夠自由變化其姿態。

她們各自居住在安靜的場所，如河流、瀑布、綠色的丘陵或是深峻的峽谷。白天難得見其蹤跡，晚上即出外四處徘徊欺騙人類。

譬如，在旅人的面前變成其所愛之人，談了一會取得信任後，大聲嘲笑而去。又或者，變成野犬追逐羊群使之四散，困擾牧羊人。甚至使人溺於淺灘、誘至斷崖絕壁。

絕對不可將所擁有的武器名稱告訴她們，一不小心說了出來，她們就會用魔法變作無用之物。只要記得這一點，就可以順利捉到綠魔女，使之實現願望。但是，被強迫工作的魔女，之後絕對會來復仇。其中不乏善良的魔女。

Grendel
グレンデル

格蘭戴爾

七世紀盎格魯撒克遜的敘事詩《貝奧武夫》（Beowulf）裡登場的怪物名稱。個性殘暴冷酷，經常徘徊在國境、荒野、沼地以及城堡周圍，令人感到毛骨悚然。

居住在丹麥湖畔，每晚化作人類潛入胡魯斯加王城內，逐一捕食這些僕人家臣。最後，國王因為恐懼棄城而逃。

此時，瑞典的英雄貝奧武夫向國王提出除去怪物的要求，前往廢棄的城堡。正當貝奧武夫小憩之時，格蘭戴爾突然現身。貝奧武夫連拔劍的時間都沒有，與怪物扭打成一團，並扯下對方的右手腕。國王和眾臣看到怪物逃出城外，便又安心地回到城中。隔夜，格蘭戴爾的母親憤怒地前來復仇。其母比格蘭戴爾更恐怖百倍，卻被貝奧武夫的劍打敗。之後，貝奧武夫前往格蘭戴爾水中的房間，割下怪物的首級帶回城內。為了搬運怪物的屍體，必須召集四位男性才得以搬動。（→**奧丁 Óðinn**〈北歐神話〉）

G

■ 惡魔・地獄的魔鬼
■ 神曲

113 譯注：指注釋神曲的人。

■ 魔女
■ 蘇格蘭

■ 怪物
■ 日耳曼

Gusion
グシオン

古辛

　　據稱爲古以色列王國國王所羅門所著，現於17世紀的魔法書《雷蒙蓋頓》（Lemegeton，又名《The Lesser Key of Solomon》）書中第一部分〈哥耶提雅〉中所載72名惡魔之一。又名「＊哥賽因」（Gusayn，グサイン）、或「＊哥所因」（Gusoyn，グソイン）。

　　他爲外形不明，於召喚者前所採用的樣貌亦不明的惡魔之一。能力爲通曉古今及未來、對其召喚者有問必答。這點在《雷蒙蓋頓》所記載的眾多惡魔當中是極爲普通的能力，沒有必要加以著墨。古辛個人特有的能力是將別人對魔術師抱持的敵意轉成善意。

　　受到16世紀惡魔學家讓・維爾的影響，19世紀法國作家柯林・德・普朗西所著《地獄辭典》中，《雷蒙蓋頓》所記載之惡魔，有許多都以自己的見解加以解釋，再由畫家M. L.布爾頓繪其肖像。然而型態、能力皆不突出的古辛，即使位列所羅門72惡魔之一，在《地獄辭典》中卻漏載。是知名度較低的惡魔之一。

Hagenti
ハゲンテイ

哈艮地

　　這是假託是所羅門王所寫，但實爲17世紀時魔法書之《雷蒙蓋頓》（Lemegeton，又名《The Lesser Key of Solomon》）的第一部〈哥耶提雅〉中記載的72隻惡魔之一。別名「＊海艮地」（Haagenti，ハーゲンテイ）「＊哈格尼特」（Hagenit，ハゲニイ）。

　　他的外型與能力跟同書中記載的另一個惡魔**撒共**（Zagan）可以說毫無兩樣，同樣都是以長著翅膀的牡牛的姿態出現在召喚者面前。同樣是在影射以牛爲象徵的四福音書作者之一的聖路加[114]。

在能力上也跟撒共相同，可以將水變成葡萄酒，將葡萄酒變回水，也能將普通的金屬變成黃金。

　　深受16世紀惡魔學者維爾影響的19世紀法國作家普朗西在他的《地獄辭典》中將這隻惡魔寫作「海艮地」，並且還幫他加上新的能力，如果召喚而來的是以人頭而不是牛頭的樣子出現的話，甚至還能給召喚者萬能之力。據說哈艮地是地獄的議長，統領33個軍團。

　　只不過該書的插畫家布爾頓並沒有幫他畫插畫，因此在現在知名度是比較低的。

Halpas
ハルパス

哈帕斯

　　這是假託是所羅門王所寫，但實爲17世紀時魔法書之《雷蒙蓋頓》（Lemegeton，又名《The Lesser Key of Solomon》）的第一部〈哥耶提雅〉中記載的72隻惡魔之一。別名是「＊哈法斯（Halphas，ハルファス）」。

　　據說他是以鴿子的樣子出現在召喚者的面前，但是他的性格十分好戰，與戰爭之間有很深的關連性。

　　16世紀英國的學者雷吉那勒德・史高特在他的著作中介紹了哈帕斯，說他是個營建要塞城市的惡魔，但是這其實是經常會跟哈帕斯混淆，在《雷蒙蓋頓》中也有介紹的惡魔**瑪帕斯**（Malpas）的能力。另外也有人認爲他的樣子是鸛鳥，這種說法與雷吉那勒德對**沙克斯**（Shax）的解釋相近。

　　作家普朗西的書《地獄辭典》中是以哈法斯（Halphas）這個名字來介紹這隻惡魔，他採用了他的外型是鸛鳥的說法，並且說他是會引起戰爭的惡魔，不過同樣也是與瑪法斯混淆，也說他是建設都市的惡魔。普朗西似乎將哈法斯與瑪法斯

G

惡魔・所羅門的惡魔
雷蒙蓋頓

惡魔・所羅門的惡魔
雷蒙蓋頓

114 譯注：有翼牛爲路加代表；聖馬可代表爲有翼雄獅。此處原文
有誤。

惡魔・所羅門的惡魔
雷蒙蓋頓

之間的關係搞混了的樣子，《地獄辭典》中將這
兩隻惡魔視爲同一隻。

Hapun

惡魔ハプン

惡魔哈普

俄羅斯作家科羅連科（Vladimir.G.Korolenko，1853～1921）小說《贖罪日》（Yom Kippur）中登場之惡魔。贖罪日乃猶太教節日，根據烏克蘭地方基督宗教信徒的傳統信仰，猶太惡魔哈普會於這一天自猶太教會中帶走一個人。但若有基督宗教徒在看到惡魔抓人的光景後，對惡魔大喊「放開！那是我的！」，被抓之人便能得救。

然而小說主角眼看著經營酒店兼高利貸的猶太人被抓走，卻未說出趕走惡魔的話，自行將酒店老闆的財產據爲己有。

此後他熱中於凶狠的高利貸放款，即使讓自己所愛女性掩面涕泣亦無動於衷。

而惡魔哈普看到這「連猶太人都相形見拙」的狠惡後，於次一個贖罪日中不抓走猶太人，而改抓走了主角。可是主角所愛的女子看到後大喊了：「放開！那是我的啊！」救下主角，這才令他洗心革面。

在這則故事中的惡魔不針對特定人種或民族，有世界主義傾向。

（→俄羅斯的惡魔Demon〈Russia〉）

Hariti

訶梨帝母（かりていも）

鬼母 115

在日本以「鬼子母神」之名而廣爲人知的神格。在原本的印度神話中被稱爲「訶利底」，爲財神俱毗羅（Kubera）之妻生有一萬名子嗣，爲豐穰與多產之象徵。

儘管訶利底的孩子如此眾多，但她卻是會攫取他人孩童而食的鬼魔。這是說明在印度神話中帶來恐懼的神格幾乎都爲女性的例子之一。

同其他許多神祇一樣，訶利底後來添加了佛教神格。在佛教中她是名爲「半支迦」（Panchika）的鬼魔之妻，子女人數變爲500人，但依舊會吞

噬孩童。於是某次釋尊藏起她的一名孩子，訶利底自此明瞭失子母親之苦，遂洗心革面皈依佛法變爲安產神。

佛教中訶利底的形象，多是造成左抱幼子右手持象徵多產之石榴的模樣。

Harpuia[116]

ハルピュイア

鳥身女妖

一般認爲她們是有翅膀的女性，或者是女首鳥身。名字的意思是「掠奪東西的女人」，由於鳥身女妖不只一隻，因此通常以複數型的「Harpuia」（ハルピュイア）來表示。

希臘詩人赫西奧德[117]（Hesiod）所著《神譜[118]》（Theogony）中說她們爲巨人陶瑪斯（Thaumas）與海洋神俄刻阿諾斯（Okeanos、Oceanus）的女兒海之精靈伊萊克查[119]（Elektra、Electra）所生。

鳥身女妖共有三人，即*阿耶羅（Aello，意思是「奔馳的風」）、*奧賽琵特（Ocypete，「飛

得快的女人」）、*色萊諾（Celaino，「黑女人」），不過也有其他說法是扣掉色萊諾，只有其他兩人，或者說還要加上波達格（Podarge，「快腳女」）總共四人。

圖畫中經常將她們畫成與賽壬（Seiren、Siren）相同的女首鳥怪，而在他們旁邊也同樣畫有死者的鬼魂，因此兩者經常被混同在一起。

《阿爾高號遠征記》中也將她們描述成發出惡臭，在餐桌上空盤旋，一邊排出糞便，同時企圖掠奪桌上的食物，非常討人厭的怪物。

而在《荷馬(Homer)史詩》中，鳥身女妖則是

猶太惡魔
俄羅斯

天神
印度

115 譯注：又譯「鬼子母」、「呵利陀」、「迦利帝」、「呵利帝」
　　「訶利帝」、「訶利底」。

死靈
希臘

擄走潘達羅斯（Pandareos）女兒的怪物，只不過
在這裡則是將她描寫為死靈。
（→復仇女神Erinys、橫死之神Ker）

116 譯注：英語拼作Harpy。
117 譯注：創作時期約西元前700年 希臘詩人。是希臘最早的詩人
　　之一，常被稱為「希臘教訓詩」之父。
118 譯注：亦譯作《神統記》。赫西奧德所做的敘事詩，歌頌宇宙
　　誕生到由宙斯（Zeus）統治世界的過程，與《荷馬史詩》並稱，
　　為帶給後世的人瞭解希臘神話眾神系譜的重要著作。
119 原注：與索福克里斯（Sophocles）的悲劇中阿茲曼農
　　（Agamemnon）的女兒不同人。（譯者補注：阿茲曼農的女兒
　　即有名的戀父情結（Electra Complex）的字源。此名或譯作厄
　　勒克特拉。）

Harut wa Marut
ハールートとマールート

哈魯特與馬魯特

他們兩位爲墮落天使，在伊斯蘭教的可蘭經中說他們住在喪德之都巴比倫裡，教導人類與惡魔妖術。

這段記載後來被人加油添醋。傳說中，他們原本是天國中很了不起、行爲端正的天使。了不起的人總是喜歡嘲笑別人，他們也不例外。看到下界的人沈溺於慾望當中時，經常笑稱「這些人類眞是傻啊」。

於是神就對他們說：

「你們到了下界恐怕也會變成那樣吧，你們敢去試看看嗎？」

「當然可以。」

於是他們接受挑戰來到了人間，結果僅僅三天就被捲進慾望的漩渦裡了。兩人同時被一個美女玩弄於手掌之間，美女勸酒他們就喝（伊斯蘭教禁止喝酒），甚至還拜唯一神以外的異教神。而且，那個美女從他們口中套出了「某個秘密名字」，靠著那名字的魔力，她升到天空中變成了金星。神看到這種情形大爲憤怒，將這兩人用他們自己的頭髮吊在巴比倫裡的一口很深的井裡了。

Hasshou-jin
八將神（はつしようじん）

八將神

他們是日本的陰陽道思想中，會影響一年的吉凶方位的神祇。不過與其說他們是掌管星辰的神，不如說性質上比較接近星辰的精靈。

木星之精*大歲神[120]（Taisai-shin）的方位於爭鬥爲凶，但於創造或遷徙爲吉。

大歲的神妃是土星之精*大陰（Daion-shin），在她的方位上於女性相關的一切事務皆凶。同屬土星之精的*歲破（Saiha-shin）的方位，則會有遭損受傷的凶相發生。

金星的*大將軍（Daisyougun）之方位，於遷徙結婚爲凶。*歲殺神（Saisatsu-shin）同屬金星，雖然他較大將軍爲弱，但是據說有毀敗諸事物的力量。

水星之精是*歲刑（Saikei-shin），如其名所示，他是掌管刑罰的神。

羅睺星之精是*黃幡（Ouban-shin），據說他的方位對建築爲凶。

計都星的*豹尾（Hyubi-shin）則是會極爲凶猛且強力地作祟。

除了這些或多或少都會帶來災害的八神以

Haster
ハスター

哈斯特

克蘇魯神話（Cthulhu Mythos）中的主神之一。別名「難以名狀之物」或「往來星間宇宙者」。據說他住在金牛座畢星團（Hyades）中的α星（Aldebaran）附近的黑暗星雲之湖「黑色哈利湖」裡（另有說法說他是被封印在那裡的）。

如同他的別名所示，沒人知道哈斯特眞正的樣子。那是因爲他眞正的樣子實在太嚇人了，恐怕只需看一眼就會嚇得發狂。有時候他也會附身在人類或其他生物上來行動，這時他的身體會膨脹，變的軟趴趴的，像流體一樣。

他最溫和的樣子大概是他的一個叫做「黃衣之王」（The King in yellow）化身。外型看起來極爲接近人類。他會招待瘋狂或是有素質的藝術家，然後吞食他們的精神。以藝術爲餌來騙取藝術家靈魂的惡魔並不少，哈斯特的創作者大概是從這些傳說中得到靈感的吧。

（→克蘇魯 Cthulhu）

墮落天使
伊斯蘭教

（→易卜劣廝 Iblis、拜札克）

禍祟神
日本

外，再加上兩位一整年都是吉相的※歲德神
（Toshitoku-jin）。歲德神與大歲神二位，剛好可以
與其他位神明取得平衡。
（→太歲 Tasuei）

120 譯注：即太歲，日本有太歲、大歲兩種稱法。

邪神
克蘇魯神話

Haumea

哈烏美亞

她是波里尼西亞的吃人女神。

哈烏美雅與來自地下世界的羅‧努伊結婚，生了個兒子叫做慈慈雷。後來夫婦之間發生激烈的爭吵，羅‧努伊丟下妻子回到地下去了。

從此之後哈烏美亞在怨恨與憤怒中開始有了吃人的習慣。她的兒子慈慈雷因此害怕母親，做了一艘魔法船要逃離她身邊。他給她一把有破洞的水瓢拜託她舀水，趁機逃了出去。哈烏美亞發現後立刻追了出去準備連人帶船一口吞下去，慈慈雷拿燒的火紅石頭丟進她的口裡，於是哈烏美亞發出一聲慘叫，就這樣燒死了。

但是她死後又再度復活，改名叫做諾娜，繼續吃人。後來她又生了個女兒。女兒長大有了愛人，害怕母親知道，一直隱瞞這件事。但是最後還是被諾娜發現，將女兒的愛人吃掉了。而且因為太過生氣甚至打算連女兒也吃了。

女兒沒命的逃，最後逃進一個老婆婆的家裡。老婆婆看她可憐，於是將追來的哈烏美亞給殺了。

就這樣，吃人女神終於消失了。

Hiisi

席西

在芬蘭敘事詩《卡勒瓦拉》中登場的魔神。

古代芬蘭人的概念中，有無數的神存在於這個世上。不過他們心目中的「神」或許較為接近「精靈」此概念。死者的國度圖奧奈拉（Tuonela）中有**圖奧尼與圖奧奈達（Tuoni&Tuonetar）**以及他們的兒女，此外冥府裡還有無數的邪靈。而海底也有人智所不能及不可勝數的惡靈。

但是如果只限定在人界的惡神的話，那這個魔神席西就是最強大的，甚至可以說是邪惡的批發商了。因為世上一切不好的、邪惡的事物都叫做「席西的～」。

舉幾個例子來說，黃蜂的別名是「席西的小鳥」，蛇毒或蟻酸則稱為「席西的可怕東西」。而另外，當北方的魔法師與妖術師們唱著歐陸盡頭的拉布蘭[121]地方的歌謠時，也會被說是「席西的歌聲震天價響」。甚至連一個勇敢的男子手持的斧頭傷到了自己的膝蓋也被說成是「這是席西搞的鬼。」

但是，席西在《卡勒瓦拉》中幾乎沒有顯現出他的形象過。以中文的感覺來說，或許這個席

Hiranyakasipu

希羅尼耶格西布

他是**希羅尼亞克夏（Hiranyaksa）**的兄弟。

經過嚴苛的苦修之後，他從梵天[122]（Brahma）那裡獲得了「不管是神是阿修羅或人或獸，不管是白天還是晚上，不管是屋裡或屋外，不管用任何武器，都殺不了他」的這個非常注意到細節的承諾。

獲得不死力量的他，就這樣征服了天上地上地下三界。但是他的兒子鉢羅訶羅陀[123]（Prahlada）不像父親，篤信毗濕奴（Visnu或Vishnu）。為此希羅尼耶格西布十分不滿。有一次希羅尼耶格西布又對他兒子生氣，說：

「你這小子嘴裡老是念著毗濕奴毗濕奴的，你倒說說看他到底在哪？」

「毗濕奴神無所不在。」

「喔，是嗎？那這裡也在嗎？」

希羅尼耶格西布說著順手就打向玄關的柱子。柱子瞬間裂成兩半，從中跳出了獅首人身的毗濕奴[124]來。希羅尼耶格西布立刻拿起劍應戰，但是最終還是不敵，被半獅人抓住，用爪子撕裂殺死了。

▌吃人女神
▌波里尼西亞

（→瑪圖克Matuku）

▌魔神
▌芬蘭

西就像是「厄運」或「道高一尺魔高一丈」之類的詞語吧。

121 譯注：Lapland，斯堪的那維亞半島的最北端。

▌達伊提耶
▌印度

　　就這樣，希羅尼耶格西布在既不是夜裡也不是白天的時刻下，既不是屋內也不是屋外的場所裡，被既不是神也不是阿修羅也不是人也不是獸的東西，用不是武器的東西殺掉了。

122 譯注：印度教三大神之一，為宇宙的創造者。
123 譯注：希羅尼耶格西布之子，雖身為惡魔，但德行深厚，篤信毗濕奴，其道行甚至與因陀羅並駕齊驅，最後與毗濕奴合而為一，故此處說伯利為毗濕奴之孫即是如此。
124 譯注：即毗濕奴的第四化身—人獅（Narasimha，音那羅辛訶）。

Hiranyaksa

ヒラニヤークシヤ

希羅尼亞克夏

印度教經典之一《伐由往世書（Vayu Purana）[125]》中描寫到的*達伊提耶（daitiya，一種惡鬼），名字的意思是「金眼人」（也有別的說法說他是**阿修羅**而不是達伊提耶）。

有一次，希羅尼亞克夏惡作劇地拿起棍棒，在海上邊打邊走。水神伐樓那（Varuna）被那聲音驚嚇到，於是向毗濕奴（Visnu 或 Vishnu）神求救。毗濕奴想要殺死他，但是這惡鬼卻用他的利牙咬起大地逃到下界去，結果大地就這樣沈入下界。

於是毗濕奴化身成爲一隻野豬（婆羅訶（Varaha），毗濕奴的第三化身）與他相鬥最後獲勝，並且以他的豬牙支撐起來，大地才得以恢復正常。

但是大地女神普蜜因爲被希羅尼亞克夏的牙齒接觸到而懷了胎，生下一個屬害的小孩。這個小孩就是阿修羅族的*那羅迦（Naraka）。普蜜同情這不潔的孩子，希望毗濕奴神能夠幫助他，於是毗濕奴賜給他無敵的武器那羅亞那斯陀羅。但是最後因爲那羅迦偷了阿摩利陀酒（Amurita）的

Housou-gami

疱瘡神（ぼうそうがみ）

疱瘡神

日本人將散播疾病的瘟神總稱作疫病神，而其中特別令人害怕的幾種傳染病則各自有自己的名字，例如會傳染恙蟲病的恙蟲，就被認爲是某種妖怪。

而在形形色色的傳染病神中，特別爲人所害怕的恐怕就是疱瘡神了吧。疱瘡是天花的舊稱，在接種牛痘的方法尚未發明之前，對日本人來說沒有比疱瘡更可怕的疾病了。

據說疱瘡神是搭著稻草編成的船，不知從何出現來到人們的夢中，在夢裡將疱瘡傳染給人。

一旦被傳染，患者全身會起疹子並且發高燒，十之八九的人都會死。因此這些患者們非常的熱心地祈求疱瘡神減輕他們的病症，不要奪走他們的生命。

只不過，在某幾個故事中不約而同地提到疱瘡神討厭狗，因此不會進入養狗的家裡。至於爲何會怕狗則並沒有提到，其原因已不可知了。

（→疫病之兆 The omen of plague、禺彊 Yuchiang、窮神 Binbou-gami〈日本〉）

Hsiangliu

相柳（そうりゆう）

相柳

又名爲「*相繇」（Hsiangyao そうよう）。是上古時曾經雄霸北方的洪水之神・**共工（Kungkung）**的臣子。

相柳是人面蛇身的怪物，而且還是隻九頭的大蛇。相柳會用這九顆頭，很貪心地將九處地方的所有東西吃的一乾二淨。

不僅如此，只要這隻怪物所到之處，那個地方的土地便會化爲沼澤。飲水也會變得苦澀而不堪飲用，使得任何動物都無法繼續居住下去。

到了帝王神・堯的時代，舜受命於堯，討滅

了共工，但並沒有將相柳趕盡殺絕。然而，到了繼承舜之帝位的禹王時代，終於還是興兵討伐了相柳。

不過，一旦被相柳之血污染過的土地，穀物就再也無法結實，而相柳所在的土地無論填平幾次，依然會令下沈凹陷，使得任何生物都無法寓居其上，因此禹王乾脆將當地闢爲池塘。

共工與相柳的傳說清楚地表現出，對中國的皇帝而言，治水是何等艱鉅的難題。

達伊提耶
印度

泉源，也就是阿底提女神的耳環，結果被毗濕奴
親手殺了。

（→希羅尼耶格西布 Hiranyakasipu）

125 譯注：又稱《濕婆往事書（Siva Purana）》，以記述濕婆相關事
　　蹟為主。

瘟神
日本

怪物・災害神
中國

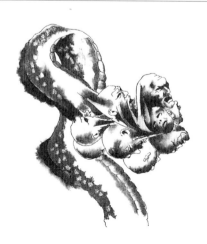

脩蛇（しゆうだ）

脩蛇

脩蛇是中國古代的怪物。別名「＊巴蛇」（Pashe はだ）。蛇身碩大，有180公尺長，青頭烏身。

棲息在中國南部洞庭湖周邊，居住在附近無論何種生物一律襲而吞之。傳說曾吞食一頭大象，三年後則吐出類似象骨之物。

居住在洞庭湖畔的人深受其害，帝王神·黃帝便命神射手后羿除民害。后羿先用矢傷之，脩蛇在痛苦之際逃往西方，后羿緊追而至，將脩蛇砍成兩截。而脩蛇之屍體化作丘陵，其地便被稱為巴陵。脩蛇與后羿一戰，逃往西方後被后羿討伐此點，與鑿齒（Tsaochih）的傳說十分相似。

抵抗漢民族的各部族，以怪物的姿態留名於神話、傳說中。說不定鑿齒與脩蛇同族、或是分屬不同族卻一起戰鬥吧。

（→猰貐 Iayu、大風 Tafeng）

西王母（せいおうぼ）

西王母

在中國眾多神仙當中知名度最高、最受人尊敬的女神。

西王母負責監督眾神，是位絕世美女。頭上結著大髻、戴金冠、身穿金錦衣、腳履鳳繡鞋。此外，此為女神也負責管理吃了可不老不死的蟠桃生長的蟠桃園（三千年結一次果實的蟠桃一熟，眾神便會前來向西王母賀壽，舉行蟠桃宴。）

然而，這是在道教成立之後才創造的姿態。

根據古代傳說[126]，西王母豹尾虎齒、蓬髮上簪著鑲有寶玉的釵子。負責監督因刑罰或災害之諸事，也就是司掌死於非命之命運。

兩者的形象差距甚大，但若以女神的角度思考則可理解。這兩個姿態正是女性在男性眼中的兩面：慈母像和怪異像的象徵。

（→迦梨女神 Kali、沙悟淨 Sha-wuching、孫悟空 Sun-wukong、豬悟能 Chu-wuneng、突迦 Durga）

虛耗（きよこう）

虛耗

為人招來災禍的小鬼。

虛耗身著紅衣，鼻似犢，單腳著履，另一隻鞋則繫在腰上。此外，腰上還夾有一把竹扇。

唐玄宗在位年間（712～756）曾記載虛耗現身於宮中。相傳玄宗練兵後回到宮中，突然瘧疾發作，因而晝寢，虛耗現身夢境。

小鬼盜走玄宗玉笛及楊貴妃之繡香囊，繞殿奔戲，玄宗見而叱之。正當此時小鬼自稱虛耗，自曰：「虛者，望空虛中盜人物如戲；耗即耗人家喜事成憂。」玄宗怒而呼廷衛，忽然，一大鬼現身將虛耗劈而啖之。

大鬼自稱「鍾馗」，終南山人，應舉不第，羞憤之餘撞廷階自殺。玄宗命以厚葬，鍾馗為感恩發誓除盡天下惡鬼妖孽。日本端午節（五月五日）所裝飾的武人人偶就是鍾馗。

怪物
中國

神仙・禍神
中國

126 譯注：《山海經・西次三經》：「玉山，是西王母所居也。西
王母其狀似人，豹尾虎齒而善嘯，蓬髮戴勝，是司天之厲及五
殘。」

禍神・疫鬼
中國

Hsun

鴞（しゆん）

鴞

鴞原名「鼓」，中國古代自然神‧燭陰（Chuyin）之子。與其父一樣，人面蛇身，或是擁有青色的羽毛的人面馬身。

燭陰是司掌自然的大神，鼓則爲不肖子。牠與人面獸身的欽鴞共同謀殺了葆江（或云祖江）的神。

鼓是怎麼殺了葆江並不清楚，只知，掌管天庭的天帝知曉此事，將鼓與欽鴞予以處刑。

被懲處的兩人心生怨恨，死後各自化作災禍。

鼓轉生爲鴞。其腳似梟而赤，直直的鳥嘴上有黃色的花紋，頭爲白色。或是，其鳴如白鳥。只要此鳥一出現在地方上，就會有大旱災。

（→乾旱之兆 The omen of drought、大鶚 Tae、魃 Pa）

Huenshin-mowong

混世魔王（こんせまおう）

混世魔王

明代神魔小說《西遊記》（約1570年成立）中登場的怪物。是主角**孫悟空**（**Sun-wukong**）最初的敵人。

混世魔王本來是坎源山水臟洞之主，掌管山中小妖。孫悟空爲了修習仙術離開花果山水濂洞，其間，混世魔王的手下率眾襲擊水濂洞，意圖佔據。

悟空回來後，聽聞此事瞬時飛往坎源山水臟洞，要求一決勝負。

當時悟空還沒得到如意棒，只好徒手攻擊，

卻因此遭受到混世魔王的輕視侮辱。混世魔王自己也是徒手攻擊，但兩人的實力不辯自明。不得以只好取刀再戰，沒想到，刀反而被悟空奪去，將自己劈成兩截。

同樣也是明代小說的《水滸傳》當中，有一位名叫「樊瑞」的好漢。他是一山之主，使用幻術對抗貪官污吏。他的名號也是混世魔王。兩個作品之間，不知是否有所關連。

Huentuen

渾沌（こんとん）

渾沌

亦可寫作「混沌」。渾沌之意本爲宇宙演化成現在這個模樣之前，一切混沌互相混雜，沒有任何東西存在的樣子。從渾沌之海可誕生出一切生命，因此，也有人稱呼爲「原始渾沌」。

人類畏懼渾沌。對渾沌象徵的無形、無秩序感到厭惡。因此將渾沌當作不論何時都可帶來災惡的元兇。

身爲凶神的渾沌，一說爲天帝之子。狀如囊，似炎而赤，無口，能解歌舞音律。

另一說，渾沌似犬又似熊，有目不能視，有

耳不能聽。平常時咬著自己的尾巴團團轉，一臉呆滯地嘻笑著，一遇到有德者就會變得十分粗暴，對惡人則十分安靜溫馴[127]。

另外，在道教裡，原始渾沌有一個擬人化的名字「鴻均道人」。他是道之起源原始渾沌的具體體驗者，具有無窮的力量。

（→阿波非斯 Apophis、混沌 Anarch、太歲 Tasuei、蒂雅瑪特 Tiamat、泰茲卡特利波卡 Tezcatlipoca）

■ 徵兆
■ 中國

■ 魔怪
■ 中國

■ 原始神・凶神
■ 中國

127 譯注：《神異經》〈西荒經〉云：「人有德性而往抵觸之，有
　　凶德而往依憑之。」

Hung-haierh

紅孩兒（こうがいじ）

紅孩兒

在明代神怪小說《西遊記》（約1570年成立）中登場的怪物。又稱「聖嬰大王」。是**孫悟空（Sun-wukong）**的義兄**牛魔王（Niu-mowong）**與**鐵扇公主（Tiehshan-kungchu）**所生的小孩。

紅孩兒掌管枯松澗火雲洞，支配鑽頭號山方圓六百里。和許多在《西遊記》登場的怪物一樣，紅孩兒也想捕捉三藏食其肉，和孫悟空一戰。

他的武功及法術比悟空和八戒略遜一籌，但是擁有三昧真火這項秘法。

三昧真火為純粹元素之焰，非普通火炎可與匹敵。悟空為了對抗三昧真火，向水神龍王請求幫助，但普通之水豈能與之對抗，反而加大了火勢。

不得已之下，悟空只好向南海觀世音菩薩求助。菩薩將海水裝入淨瓶變為甘露水，用甘露水滅了三昧真火，順利捉到紅孩兒。

紅孩兒自知不敵，於是降於觀世音菩薩，皈依佛門成為善財童子。

Huotou

禍斗（かと）

禍斗

食火怪獸。

原本禍斗乃用以稱呼傳說中居於中國遼闊南方的異民族。相傳該族能食火碳。應是有此傳說才將食火怪獸以禍斗稱之。

禍斗其形似犬。好食犬糞噴火為禍。

自然，禍斗所到之處必生火災。故此獸被視為火災之兆。禍斗一現即屬大兇。

另有一說禍斗為食焰糞火之獸。唐代書籍中有白螺天女贈知縣以禍斗[128]之記載。然而不知白螺天女意欲為何，竟將此種不祥兇獸送至下界。

或許該名知縣乃無德之人故天女贈禍於他。

（→**畢方 Pifang**）

Iayu

猰貐（あつゆ）

猰貐

猰貐乃古代怪獸。亦寫作「猰㺄」、「窫窳」。

不可思議的是，猰貐的形象依文獻不同而描述上各有所異。

若一一列舉不免繁複。例如有猰貐乃人面龍身之怪物之說；亦有其外型似狸之說。又一說形為人面牛身馬腳，或說乃龍頭虎身馬尾的巨大怪物，眾說紛紜。

由於不同文獻中對外觀的形容莫衷一是，故有牠可能為可隨意變身之怪物的說法。或亦有可能為數個怪物傳說交混而成的產物。

唯一共通之處，僅有擾人而食此點。

猰貐本為天神。然被名為「危」的神祇所殺，後雖經儀式復活，卻化為怪物。

牠曾於傳說中帝堯的時代肆虐為禍，但被奉堯之命的名弓箭手羿所殺。

（→**鑿齒 Tsaochih**、**脩蛇 Hsiushe**、**大風 Tafeng**）

H
I

魔怪
中國

怪物・徵兆
中國

128 朱注：《山海經》校注：《馮夢龍情史》卷十九〈白螺天女〉
條略謂：「吳堪少孤，得一白螺歸，螺變爲美女，助其炊爨。
縣宰欲圖其妻，先索蝦蟆毛及鬼臂二物。後乃索蝸牛，妻牽一
獸形如犬者以致之。獸食火而糞火，宰身及一家，皆爲灰燼，
遂失吳堪及妻。」（按實出唐皇甫氏原化記，見舊小説乙集
四，「蝸牛」作「蝸斗」）。此「蝸牛」者，即「禍斗」也。

怪物
中國

139

Ibaraki-douji

茨木童子（いばらきどうじ）

茨木童子

即所謂的「＊羅生門的鬼」（Rasyoumon-no-oni，羅生門の鬼）。乃盤據於大江山的**酒吞童子（Shuten-douji）**之弟子。

下面是與他有關的傳說。

於京城的羅生門附近肆虐的茨木童子，遭源賴光的部下渡邊綱砍落手腕。渡邊綱將那隻手腕攜回後，依陰陽師安倍晴明的指示將其收入唐櫃（一種櫃子），進行爲期七日的閉關淨身。而進行閉關時，渡邊綱在津國[129]的伯母來訪。因爲渡邊綱正在閉關無論如何也不與她見面；伯母便對泣

訴了對他如此無情的怨恨、扶養他的辛苦以及旅途的辛勞。渡邊綱終於因此讓步，將伯母迎入屋中設酒宴款待。心情大好的伯母，說希望渡邊綱能讓她見識一下他砍下的妖怪手腕。當渡邊綱應允出示後，伯母卻趁機將其奪走，露出了茨木童子的眞面目一溜煙地逃了。

而茨木童子的這段故事後來成了歌舞伎戲碼「羅生門」中的名段子「茨木」。由「茨木」中，可看出平地居民的都市人，自山中、海濱居民處奪走「寶物」後又被奪回的古老民間傳說雛型。

Iblis

イブリース

易卜劣廁

伊斯蘭教中的惡魔王、墮落天使。相當於基督宗教中的「＊路西法」（Lucifer）。也被稱作「亞・曬依陀乃」（Al・Shaitan，那唯一的惡魔）。名字一說來自希臘語的「迪奧波羅斯」（Diabolos，惡魔）；一說來自阿拉伯語的「烏卜劣沙」（無所期待）一字。依據可蘭經，神造人祖阿丹（Adam）命眾天使「跪拜他」時，唯有易卜劣廁一人回答「不」。因此被逐出天國成爲惡魔之王。

然而，關於易卜劣廁的來歷並無定論。因爲

在可蘭經中他有時被說是天使，有時被叫做＊鎮尼（Jinn，ジン，邪靈）。於是便有一神學者統整兩派說法思考出一個答案。依照該神學者的說法：他原爲鎮尼，因對鎮尼同伴在地上整日爭鬥感到心灰意冷而昇天成爲天國看門人。可是在被命令跪拜阿丹的瞬間，無法容忍自己這名身爲「無煙之焰」所造的鎮尼，去敬拜黑土捏塑而成的人類，於是背叛了神明。

（→伊斯蘭教的惡魔 Shaitan、撒旦 Satan《新約聖經》、拜札克 Baizaku）

Illuyankas

イルルヤンカシユ

伊盧延卡

西台的惡龍或是蛇惡魔。被天候神所殺，但關於此事有新舊兩種傳說。

古老的傳說中，伊盧延卡雖擊敗了天候神，卻中了女神伊納拉爲惡龍設下的圈套。女神陳列了「盛葡萄酒之甕、盛果汁之甕、盛其他飲料之甕」召開慶祝會，伊盧延卡與其諸子喝得爛醉無法回家。於是女神的愛人胡帕西雅斯（Hupasiays）綁起伊盧延卡與其子，天候神將他們殺死。[130]

較晚的傳說中，惡龍戰勝天候神後奪去其心其目。爲取回自己的心目，天候神造出子嗣，讓

兒子與惡龍之女結婚。兒子向妻子問出心臟與眼睛的所在後取還於父。天候神立即擊斃伊盧延卡，卻連自己的兒子也一並擊殺了。

無論是哪個傳說，當天候神擊敗惡龍便意味著新年的到來。因爲新的一年被認爲乃是由蛇怪的死所帶來。

這個傳說普及後，成了迦南地方中**巴力（Ba'al）**與**利維坦（Leviathan）**相搏的故事，以及希臘的泰風（Typhon）傳說。

140

妖怪
日本

129 譯注：日本一古國之名，於今日大阪、兵庫縣一帶。

惡魔王、墮落天使
伊斯蘭教

惡龍
西台

130 譯注：有書說是女神愛人所殺。

Incubus
インクブス

男夜魔

　　Incubus在拉丁語中有「騎在上方者」之意。不論在古羅馬也好，或是今日的義大利，男夜魔都被認爲是「精靈」的一種。因他乃惡夢精靈或是隱藏財寶之精靈，故被視同於方努斯（Fanus，等若希臘神話中的潘Pan）。

　　男夜魔於入夜後坐於入睡女子胸上（此即名稱由來）讓她做惡夢。有時會與沉睡的女性交合。

　　男夜魔頭戴圓錐帽，但有時會因得意忘形而落下帽子。據說能得到這頂帽子之人便能發現隱藏的財寶。

　　到了中世紀以後，侵犯入睡女性的變成了男性惡魔。

　　而在女巫的紀錄中，也說明男夜魔乃是擔任女巫愛人的惡魔。

　　女性外表的*女夜魔（Succubus），在到了中世紀時被則認爲是女性版男夜魔。

　　（→奧迦斯Orcus）

Indich
インジッヒ

英帝契

　　愛爾蘭島巨人族——**弗摩爾（Fomor）**族之王，與魔眼**巴羅爾（Balor）**和混血兒**布雷斯（Bres）**同爲與「達那神族」交戰的魔神。

　　英帝契之母是被視作弗摩爾族親生母親的托姆紐女神。托姆紐有「海底」之意，因此身爲女神子孫的弗摩爾族也被叫做「海之巨人」。神話中所載，弗摩爾之王除英帝契外尚有巴羅爾與拉富鐵。

　　英帝契雖以弗摩爾之王身分於神話中出場，但他並未活躍於戰場上。大抵只有在同逃出宮殿的布雷斯，或是與眾神最強之敵巴羅爾召開作戰會議的橋段中出現。而在戰爭最高潮時他遭眾神的戰士歐格馬（Ogma）所殺。約於此時，巴羅爾亦被光神魯夫（Lug）打倒。弗摩爾族就此敗亡。

　　又，據說其子**奧克托力藍其（Octriallach）**於戰事正盛時，立下掩埋可讓眾神復活的魔法之泉的功勞。

Indrajit
インドラジット

因陀羅耆特

　　楞伽（Lanka＊羅刹之都）魔王**羅波那（Ravana）**之子。別名「*彌迦那陀」（Meghanada メーガナーダ）。彌迦那陀乃「雷鳴」之意。

　　因陀羅耆特一字有「戰勝*因陀羅（Indra）者」之意。彌迦那陀之所以被如此稱呼，乃因當羅波那在天界與因陀羅部下交戰時，彌迦那陀與魔王父親極其驍勇善戰，最後俘虜因陀羅將他帶至愣伽之故。而以梵天（Brahma）爲首之諸神賜他因陀羅耆特之名，請求釋放因陀羅。但他回答若不以「永生不死」之恩典交換便不放人，於是贏得不死之身。

　　有種說法是因他乃**濕婆（Siva或Shiva）**神之子故才如此強悍。傳說中阿婆娑羅（Apsaras，天界水精）之一的瑪陀羅因與濕婆結下露水姻緣，遭濕婆之妻雪山神女（Parvati）變爲青蛙。濕婆因哀憐她一心求恕，便將她化爲美麗少女。當這名少女與羅波那結婚時腹中濕婆之精開始活動，於是生下因陀羅耆特。

■惡夢精靈
羅馬

I

■弗摩爾之王
塞爾特

■魔物
印度

愛奧尼諸神

　　《失樂園》內登場的一群造反天使（惡魔）。於第1卷介紹參加叛亂的造反天使姓名處出現。（→撒旦 Satan《失樂園》）

　　此一造反天使集團被解釋爲希臘神話內**泰坦神族**（**Titan**）的前身。在《失樂園》以唯一神爲絕對眞理的基督宗教式世界觀中，說他們是假冒神之名的惡魔集團。雖然愛奧尼（Ionian）諸神自誇乃天（烏拉諾斯 Uranos）與地（蓋亞 Gaia）所生，但由於唯一神乃是創造全宇宙之存在，故愛奧尼諸神不過僅是自不量力的卑微存在。書中的

泰坦並非指以泰坦爲名之種族，而是指被當成烏拉諾斯與蓋亞之長男的神明；與原本的希臘神話有所不同。希臘神話裡，泰坦中的長男乃水神奧克亞諾斯，但《失樂園》裡出現的泰坦並非是奧克亞諾斯，似乎是作者自創的神祇（造反天使）。愛奧尼諸神係指天地之長男泰坦同他的高大諸弟。他們與在他們之前介紹的埃及諸神相同，並未出現在《失樂園》其他卷中。

依皮屋普・因紐雅

　　伊果里克族[13]傳說中的吃人精靈。

　　有一次部落的人們開始陸續失蹤。而某天時三名姊妹出外遊玩。其中一人發現了海象骨製成的小鳥，正在尋找是否還有其他東西時，三人突然發現自己身在某棟住家裡。在入口處有一名女精靈。

　　最年長的姊姊知道自己一行人到了吃人精靈的家中，於是便對精靈說：「在妳吃掉我們身上的柔嫩動物肉前，請先向後轉，吃掉門口處的土。」接著三姊妹趁機挖掘地洞逃了出來。一回

家後就告訴母親事情經過。

　　因爲男人們都已消失，所以婦女們便出發復仇。在模仿三姊妹的行爲後，也進入了那棟住家。婦女們對精靈說：「就算是捕鯨時也不會殺死抓到的鯨魚，所以我們是來砍斷妳的爪子的。」之後就用皮繩將她的手腳綁起。

　　當婦女們正想殺死精靈時，精靈說了：「我的內臟乃是串珠所造。」殺了精靈後剖開肚子一看，正如她所說的一樣。於是婦女們以串珠裝飾自己。可是過了一晚後那些串珠便跑回內臟裡

因波斯

　　假稱古以色列王國所羅門王所作之17世紀魔法書《雷蒙蓋頓》（Lemegeton，又名《The Lesser Key of Solomon》），書中第一部分〈哥耶提雅〉所載的72名惡魔之一。擁有「*埃沛歐斯」（Ayperos，アイペオス）、「*埃波羅斯」（Ayporos，アイポロル）、「*因悖思」（Ipes，イペス）等諸多異名。

　　相對於天使的階級，惡魔也常被賦予爵位；但罕見的是並無關於因波斯的爵位紀錄。《雷蒙蓋頓》中分別記載了因波斯的天使形象與詭異形

象兩種樣貌。他的惡魔形象爲鵝頭鵝腳的獅子，常會以此外型現身。據說因波斯擁有未來的知識，會被想知曉該類事物的人召喚而來。

　　19世紀法國作家柯林・德・普朗西於著作《地獄辭典》中介紹他時，使用的是因波斯別名之一的「因悖思」。在普朗西筆下他又被加上了兔尾。因爲插畫家M.L.布爾頓如實畫出了普朗西的描述，故該書中因波斯的外表便變得戲謔滑稽。《地獄辭典》中也未提及因波斯之爵位，說他乃地獄36個軍團之指揮官。

造反天使
失樂園

危險的精靈
愛斯基摩

了。

（→溫敵哥 Windigo 、努莉雅尤克 Nuliajuk 、持鞭
的精靈 The Thrashing Spirit with a Bearded Seal
for a Whip）

131 譯注：爲愛斯基摩人之一支。

惡魔·所羅門的惡魔
雷蒙蓋頓

Itzlacoliuhque
イツラコリウキ

依茲拉科里烏基

阿茲特克的石頭與冷氣之神，名字的本義是「黑曜岩匕首」。

他司掌的乃是寒冰、盲目、冷酷與頑固。他代表完全處於禁止狀態（無力、無感覺）的物質，被認爲是於人類社會散佈災害的惡神。此外，帶來黎明的寒冷也是他的工作。

過去，他曾是被視作破壞神而深受畏懼的存在，被稱爲「清晨之主」**特拉威斯卡爾潘泰庫特利（Tlahuixcalpantecuhtli）**。然因挑戰太陽神失敗才變成此一模樣。

在失敗後他便化爲「晨星」（金星），僅能於太陽升起前的短暫時間綻放光明。就這樣，他至今依舊一邊散發著冰冷光芒，一邊靜待時光流逝。

又，他也被視作等同於渾沌神**泰茲卡特利波卡（Tezcatlipoca）**。將象徵「死之寂靜」的依茲拉科里烏基，與象徵「無秩序活力」的泰茲卡特利波卡視作同一神的想法，十分耐人尋味。

Ixchel
イシユチエル

伊希切爾

馬雅神話裡，伊希切爾乃天界支配者伊札姆納（Itzamna）之伴侶。相對於伊札姆納身爲善神、文化英雄、太陽神；伊希切爾爲引發洪水或豪雨、對人類抱持惡意的女神。

伊希切爾爲手生利爪的女水神。頭上盤蛇、裙衩上繡有骨頭交叉爲十字的圖案。當描繪伊希切爾時，會在她週遭畫上死亡與破壞的象徵。

當伊希切爾暴怒時，會傾斜天界的水瓶造成豪雨。而「天蛇」則會協助她興起洪水。因此伊希切爾也被稱做「憤怒老嫗」。

因她是如此可怕的女神，故而必須時常獻上活祭品以取她歡心。若不如此做，她便會引發熱帶暴風雨殺死人類、破壞城市。

（→阿‧普切 **Ah Puch**、伊希塔布 **Ixtab**）

Ixtab
イシユタム

伊希塔布

於中美洲猶加敦半島建立高度文明的馬雅人的自殺守護女神。

伊希塔布的形象爲頸部被套索吊懸的女神。雙眼緊閉，臉頰上已開始出現腐敗的徵兆。然而儘管外表令人不寒而慄，伊希塔布卻是值得敬謝的神祇。

由現代人的角度來看，馬雅人對死亡一事抱持的觀念頗奇特。因爲上吊自殺者、戰死者、做活祭品而犧牲者、生產時死亡之女性，以及神官在死亡後都被認爲能直接進入樂園。

神官與戰死者能前往樂園乃是常見觀念，但生產時死去之女性能進入樂園的說法便相當少見（將生產視作一種污穢的文化相當普遍），而自殺是通往樂園之道的想法則更是稀罕。

總之，伊希塔布會將先前那些幸運的靈魂帶到位在宇宙樹亞奇（Yaxche）樹蔭下的樂園。她們會忘記一切現世的煩惱，從一切痛苦欠乏中變成自由自在，過著休憩的時光。

（→阿‧普切 **Ah Puch**、伊希切爾 **Ixchel**）

惡神
阿茲特克

洪水豪雨之女神
馬雅

自殺女神
馬雅

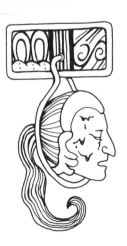

I

Izanami-no-mikoto

伊邪那美命（いざなみのみこと）

伊邪那美命

神世七代[132]中的最後神祇，爲日本人祖先之夫婦神中的女神。

這名女神於生產火神火之香具土（Hinokagutsuti）時因下體灼傷而死。而當丈夫伊邪那歧神（Izanagi-no-mikoto）追至黃泉時，她對他說道：由於自己已然行過「黃泉戶契」（吃下黃泉的食物）故不得隨意返回陽世，因自己要設法與黃泉國之主商量，所以切不可加以窺探。如此說完後她便消失於黃泉深處。伊邪那歧神遵守吩咐一陣後忍不住加以窺視，發現在裡面的是爲八

名雷神所憑附的醜陋妻子屍體。心生恐懼的伊邪那歧神落荒而逃，而伊邪那美命下令黃泉醜女（Yomotsushikome）加以追捕。結果雖被伊邪那歧神成功逃走，但她宣布此後每日要殺死1000人，成爲黃泉女王君臨冥界。

以上即是伊邪那美命的冥界神話。雷同的神話散見於世界各地，如希臘神話的詩人音樂家奧菲斯（Orpheus）的故事便十分有名。換言之，可說伊邪那歧伊邪那美神話屬於普遍性的神話主題。

Jack the Ripper

切り裂きジャック

開膛手傑克

英國史上第一位變態殺人犯。歷史上眞有其人，但是「開膛手傑克」之名卻早先一步不逕而走。

1881年8月31日英國倫敦，一位在的白教堂區（Whitechapel）街上拉客的妓女，屍體被路人發現。屍體喉管被割斷，腹部遭到兇手剖開。被認爲是兇手第一件案件。

約一週後，同樣發生妓女被殺，器官（子宮）被取走的案件。此時，被認爲嫌疑最大的犯人是，使用剃刀的職業－特別是鞋匠。因此緣故，

特別給予「剃刀圍裙（Razorapron）」此一稱號。

然而9月底，中央新聞社（Central news agency）收到犯人寄來的信。通篇使用紅墨水書寫的信上署名「開膛手傑克」。

兇手持續犯案，總計有五名妓女被害。而後新就任蘇格蘭警場犯罪調查部長馬克諾頓提出，1888年12月投水自殺的醫師蒙太鳩·德洛伊是首要嫌犯。

（→殺人小丑Killer Crown、彈簧腿傑克Spring-heel Jack）

Jahi

ジェー

賈西

瑣羅亞斯德教的女惡魔。古稱「賈希」，意爲惡女。然而，在古波斯薩珊王朝時代（224～651年），這位女惡魔一下子躍升爲「惡神阿里曼（Ahrinman）所造物中最強的存在」。

話說，善神阿胡拉·瑪茲達（Ahura·Mazda）在創造世界之時，視惡神阿里曼爲阻礙，用咒語束縛對方後，趁此時機創造世界。惡神阿里曼身上的咒語解開後，入侵世界，看見對手所造之物嫉妒不已，意圖破壞，並認爲自己手上握有十分勝算。然而此時，惡神瞧見善神創造物之一，人

類。看到這個十分傑出的種族後，惡神馬上感到氣餒。儘管手下巧言安慰，依舊提不起精神來，最後只有女惡魔賈西的打氣奏效。

賈西成功的理由不詳。一說，她是掌管女性月經的惡魔。說不定可以解釋成「女人是災難之源」等潘朵拉盒子之類的逸聞。

冥神·死神
日本

（→須佐之男命 Susanowa-no-mikoto）

132 譯注：日本神話中自天地開闢之後出現的七代神祇。

I

J

都市惡魔傳說
英國

惡魔
伊朗

Jara

ジヤラー

賈拉

身形巨大的*羅刹女（Raksasi）。在家中掛上賈拉的圖畫並予以祭拜，可防止其他惡鬼出沒家中。是給予祭拜者福氣的羅刹女。

摩竭陀（Magadha）國王頻婆沙羅祭拜賈拉卻仍無子嗣，便向隱者求助。隱者帶回一顆芒果，王將芒果剖成二半，給兩位妻子一人一半。

不久後，兩位妻子都懷孕了，並同時生下孩子。但是芒果一人一半的結果就是，兩人生出的小孩都只有一半。

妻子們看見孩子後嚇得逃出，此時賈拉現身，將兩個只有一半的小孩合而爲一，交給國王。

這個孩子，因爲「藉賈拉之手合一」，故取名爲「賈拉桑達」，成爲後來的摩竭陀王。

（→首哩薄那迦Surpanakha）

Jormungand

ヨルムンガンド

約爾孟甘德

這是導致眾神滅亡的怪物。其父親是狡猾之神**洛基（Loki）**，母親是女巨人安格爾伯達（Angrboda）。爲「帶來不幸的三兄妹」中的次子。

名字的意思是「大地的帶子」，不過因爲被眾神之王**奧丁（Óðinn）**拋到外海裡，結果在那裡成長茁壯，最後甚至成長到能將整個人類世界米德加爾德（Midgard）環繞的程度，因此他又稱作「米德加爾德之蛇」。

血緣上雖然應該屬於巨人族，但是他不像是巨人族一般與神相競爭，他帶著毀滅世界的命運來到這個世上，在世界滅亡的日子來臨前並不積極地與眾神相抗衡，對神界（Asgard）與人界毫不干涉。如同兄**芬里爾狼（Fenrisúlfr）**注定要吞食眾神之王奧丁一般，約爾孟甘德則是注定要與神界最強的雷神托爾決一死戰。

眾神與巨人的最後戰爭開始之後，約爾孟甘德第一次由海底爬上陸地，與芬里爾狼共同戰線，對諸神的軍隊發動攻勢。最後約爾孟甘德雖然被托爾所打倒，但是托爾也因爲中了約爾孟甘

Kabandha

カバンダ

迦槃陀

居於丹達卡森林中的*羅刹娑（Raksasa，*羅刹）。體大如山而無頭，腹中生有大口內有齒無數。胸生雙目兩臂極長。

據說迦槃陀本爲天精乾闥婆[133]（Gandharra）。之所以變爲此種樣貌，說法有二。

一說是他與*因陀羅（Indra）相搏，頭部被因陀羅的雷擊入身體中。

另一說他因某聖仙（rishi）之詛咒才化作此等模樣。

當眾羅刹娑與拘薩羅國的羅摩兄弟在丹達卡森林交戰時迦槃陀身受重傷。他要求羅摩（Rama）火焚自己的軀體，羅摩應允。於是迦槃陀在火中變回了原本的乾闥婆形象。爲了感謝羅摩破除他的詛咒，迦槃陀與猴王須羯哩婆[134]（哈奴曼）結盟提供建言，協助奪回羅摩被羅刹王**羅波那（Ravana）**奪走的妻子——悉多（Sita）。

羅刹女
印度

洛基之子
北歐

德的毒而絕命。

（→奧丁 Óðinn〈北歐神話〉）

羅刹娑（羅刹）
印度

133 譯注：婆羅門教所崇拜之諸神。

134 譯注：《古代印度神話》：Sugriva 與哈奴曼不屬同一神祇，
　　　哈奴曼為其智囊，此處恐有誤。

Kabrakan
カブラカン

卡布拉坎

諸神之敵**維科布·卡庫伊科斯（Vucub Caquix）**的次子。擁有「翻山者」的稱號。因為他只要踏出一步便會讓小山粉碎、大山震搖。

天上眾神看到卡布拉坎粗暴的樣子後，命令孿生子胡那普（Hunapu）與喀巴倫格（Xbalanque）前去討伐他。這對孿生子乃消滅卡布拉坎之父兄的英雄。

孿生子假扮為貧窮獵人接近卡布拉坎。兩人告訴卡布拉坎自己在打獵時發現一座巨大無比的高山後，卡布拉坎便十分想把那座山給震碎。於

是他讓孿生子領他前往該處。

旅途中，孿生子拿了烤得香氣誘人的雞肉給卡布拉坎。卡布拉坎把雞肉吃得一乾二淨，但肉中其實已被偷偷塗上石膏。

石膏讓卡布拉坎力氣衰弱動作遲緩。孿生子趁機將這可怕怪物的雙手反綁，把他埋入土中。

就這樣，怪物一族就此滅亡。

Kaitabha
カイタバ

吉陀婆

毗濕奴神（Visnu或Vishnu）於劫末沉睡不起時，從他耳中生出的惡魔。為一**阿修羅（Asura或Ashura）**，又說是※達伊提耶（Daitya）或※壇那婆（Danavas）。

他與另一名惡魔摩圖（Madhu）打算加害坐在自毗濕奴臍中所生蓮花上的梵天（Brahma）。

但毗濕奴神察覺此事，於是親手除去二者。因此毗濕奴得到吉陀婆吉塔（Kaitabha-jit敗吉陀婆者）與摩圖蘇達那（Madhu-sudana殺摩圖者）兩個名字。然而在《摩卡地雅往世書》

（Markandeya Purana，印度教聖典之一）中記載，殺死吉陀婆的乃是烏摩（Uma），於是烏摩改被稱作吉陀婆。

傳說毗濕奴殺死二惡魔時海中堆滿他二人的肉與骨。結果骨髓形成一片大陸，於是由骨髓（medas）化成的陸地就被叫作彌底尼（Medini）。

Kalanemi
カーラネーミ

迦羅尼彌

楞伽（※羅剎之都）※羅剎婆（Raksasa，羅剎）王**羅波那（Ravana）**的伯父。

羅波那與羅摩（Rama，拘薩羅國王子）的爭鬥開始後，迦羅尼彌意欲殺害羅摩的盟友猴王哈奴曼（Hanuman）。於是化身修行者邀哈奴曼進餐。

然哈奴曼拒絕，逕行前往河川沐浴。哈奴曼在河中時有鱷來襲，哈奴曼隨即將牠擊斃。結果從鱷魚中出現一名美麗的阿婆娑羅（Apsaras，天界水精）。言她因遭達剎（Daksa）[135]詛咒而被迫

變為鱷魚，直至如今才為哈奴曼所救。阿婆娑羅為了報恩，便說出迦羅尼彌欲謀害哈奴曼之事。

哈奴曼立刻跑回家中，於是逮到迦羅尼彌，哈奴曼直接把他扔向高空讓迦羅尼彌摔到羅波那的王座前。

在其他文獻中，有一**阿修羅（Asura或Ashura）**為惡魔**希羅尼亞克夏（Hiranyaksa）**之孫，亦名叫迦羅尼彌。他雖為毗濕奴（Visnu或Vishnu）所殺但依舊轉生為摩圖羅的惡王庚斯（Kansa）。結果最後被英雄神黑天（Krsna）所

■怪物之子
■馬雅

■惡魔
■印度

K

■羅剎娑（羅剎）
■印度

殺。

135 譯注：印度教神明之一。

Kalasrenggi
コロスレンギ
卡剌司雷基

爪哇皮影戲的羅利婆[136]**（Raksasa）之一。**

卡剌司雷基是*羅利國王，年輕溫柔、身強力壯，其頭爲野豬。有一件事令他十分在意，就是不知道自己的父親是誰，他曾捉住乳母強逼她說出，乳母便說：「從前，羅利國王朝有一對兄妹，公主暗戀著人類勇士安諸那（Arjuna），王子則喜歡安諸那的妻子。王子向安諸那要求，希望他能讓出妻子，若是拒絕也要硬搶。沒想到，王子得償所願。安諸那對王子說，變得俊美一點會比較好，於是就把王子變得和他一模一樣。王子

前去安諸那妻子所在，向她求愛。沒想到在那裡的女性卻是以同樣模式變成安諸那妻子的妹妹。王子知道事情眞相後勃然大怒，襲擊安諸那卻遭到反擊。公主也在生下卡剌司雷基後向安諸那宣戰，卻也戰敗而亡。」

卡剌司雷基聽完這番話，奔向空中展開了復仇之旅，結果，他和安諸那的兒子雙雙作戰至死，羅利國中盈滿了嘆息聲。

Kali
カーリー
迦梨女神 [137]

身爲**濕婆神（Siva或Shiva）**之妻的最高女神「提毗」（Devi）擁有諸多別名，迦梨女神即爲別名之一。提毗又被稱爲「黑地母神」，迦梨女神則用以表現她最可怕的性格部份。提毗是豐穰與獻牲的女神；迦梨女神是在提毗被當作獻牲對象時的神格。

她肌膚黝黑，尖牙三眼四臂。一手持武器；一手持滴血首級；餘下手臂上舉祈禱。臉被祭品血液染爲赤紅。身上未著寸縷；以頭蓋骨與蛇串成之項鍊、孩童頭顱作成的項鍊與耳環、附有陽

具的帶子裝飾自己。

迦梨女神曾與名叫羅耆陀毗闍的魔物爭戰獲勝。然而這頭怪物擁有從自身所滴落血液中增殖復活的能力，所以迦梨女神必須時常喝掉他的血。飲血時的迦梨女神會變爲眾神破壞力的象徵，陶醉於破壞達至神聖的無我境界。此時就連她的丈夫濕婆也無計可施，只得趴伏在她腳畔任其踩踏。

（→突迦Durga）

Karau
カラウ
卡拉厄

西伯利亞東北部科里亞克族（Koryaks）傳說中的惡鬼。又名「*卡拉」。

當創世神泰納多姆瓦前去森林砍材時發現一間在地下的房子。靠近一看才知那是卡拉厄的家。

於是許多卡拉厄說道：「啊呀，食物自己上門了！」抓起了創世神開始養肥他好做食物。

某日創世神在老卡拉厄的監視下出門活動。泰納多姆瓦藉口說要把斧頭磨利，借來了卡拉厄攜帶的斧頭。之後撒謊說：「有一群鴨子」，趁卡

拉厄轉身時用斧頭砍下他的頭後逃走。

逃出卡拉厄家的創世神向至高的宇宙神納伊尼延訴苦，說：「他們的箭矢上有兩眼所以每射必中。」於是宇宙給了他鐵嘴，告訴他：「就用這張嘴去咬住箭矢。」

不久後，卡拉厄的兒子們追到了創世神，於是射出箭。但創世神以鐵嘴將箭擋下全部吞了下去。

之後創世神把箭吐還給卡拉厄的兒子們。

羅刹王
印度尼西亞

136 譯注：Raksasa，印尼語意為巨人、怪物、龐大的。

惡魔
印度

137 譯注：或譯「時母」。

惡鬼
西伯利亞

K

155

Kasane
累（かさね）

累

累是下總國羽生村（茨城縣水海道市）的女子，性格容貌欠佳但卻家財頗豐。有一名叫與右衛門的男子因覬覦財產而入贅累的家中。某日，與右衛門在務農結束的歸途中，於鬼怒川的岸邊平原將累殺害。她死時口中塞砂雙目被戳瞎，並遭活活勒斃，死像極為悽慘。之後與右衛門將累的屍體洗淨，佯裝毫不知情的模樣，說死因乃原因不明的猝死，將遺體送入羽生村的法藏寺。

雖有多名村人目睹他犯罪的過程；但因大家皆認為性格惡劣的累早晚都會有此種下場，所以無人阻止揭發。

之後過了26年，與右衛門第六任妻子所生之14歲女兒阿菊被累的怨靈附身。無論除靈超度幾次她都會去而復返。名僧祐天在聽聞此一消息後造訪該村。得祐天之助，總算令累的怨靈升天成佛。據說作法時祐天曾做了猶如恐嚇般的宣誓，仰天對阿彌陀佛大喊：「若不能以佛法解救阿菊，我便拋棄佛法改習外道法術破滅佛法！」

（→**阿岩 o-Iwa**、**阿菊 o-Kiku**、**阿露 o-Tsuyu**）

Kas'yn
聖カシヤン

聖卡西亞

歐洲、特別是東歐有一個節日稱為「名字日」（imieniny）。小孩取名的時候會從守護一年366天的366位守護聖人的名字中挑選一個，並將與小孩名字相同守護聖人的日子稱為「名字日」，將此日當作生日一般盛大慶祝。然而，366人當中卻有一位被排除在外，那就是聖卡西亞。他是2月29日的聖者，只能四年慶祝一次。因此，在俄羅斯和烏克蘭流傳一個傳說：「聖卡西亞是恐怖的聖人，只要被他雙目凝視就會遭受災難。」

根據傳說，只要聖人一看，樹木馬上枯萎，鳥雀也會掉落。所幸，聖人的眼瞼非常大、甚至垂到地下。因為太重，聖人很少自己把眼皮撐開。聖人想要看東西的話就會叫侍從用鐵製熊手撐開眼皮（另一種說法說不是眼皮，而是眉毛或睫毛因為太長而下垂）。

斯拉夫的傳說是，有邪視（招來禍患的眼睛）的人往往有長眉、長睫毛或是長長的眼皮。由此可猜想，聖卡西亞應該是**威（Vii）**之類妖怪的伙伴。

（→**聖露西 Lucie**）

Ker
ケール

橫死之神

其名擁有「斬斷」、「破壞」等意味。據希臘詩人赫西俄德（Hēsiodos）所著《神譜》[138]：「夜神紐克斯[139]生了可恨的厄運之神[140]、黑色的橫死之神和死神[141]，她還生下了睡神[142]和夢魘神族[143]。接著黑暗的夜神還生了誹謗之神[144]、痛苦的悲哀之神[145]。」如上文所述，夜之女神紐克斯獨自生下眾神。也被當作厄運之神和死神的姊妹。

於荷馬的敘事詩《伊利亞德》中，被認為是戰場上帶來死亡的惡靈。背有翼，翼上黑色的部分是因犧牲者的血所染，當然也有鮮紅的部分。有長長的尖牙和利爪，吸食屍骸的血液為生。

希臘歷史時代（希臘文化繁榮之時）時，被認為是帶來腐敗、污染、不幸的元兇而被厭惡。除此之外，其也可用於指稱死者的亡靈。在死者祭典-安塞斯特里昂節（Anthesteria）結束時，參加者必須一起喊著：「Ker出去！」，也就是此緣故。

（→**復仇女神 Erinys**、**鳥身女妖 Harpuia**）

┃怨靈
┃日本

┃人類
┃俄羅斯‧烏克蘭

┃惡靈
┃希臘

138 譯注：原文爲 Theogony。
139 譯注：原文爲 Nyx，英文譯作 Night，即夜晚。
140 譯注：原文爲 Moros。
141 譯注：原文爲 Thanatos。
142 譯注：原文爲 Hypnos。
143 譯注：原文爲 Oneiros。
144 譯注：原文爲 Momus。
145 譯注：原文爲 Oizys。

Keremet

ケレメット

克雷梅特

在天國中，天使與神互相爭鬥，之後被放逐至下界。墜落森林的天使變成森林精靈、墜落水中的天使變成水之精靈。在眾多墮落天使當中，有位邪惡的天使名叫克雷梅特。

他墜落到切雷米司的小屋外，以遠來旅客的身份，向屋主要求住宿一宿。但是，由於小屋過於狹小，屋主回答：「我沒有房間，你願意在爐灶中睡一晚嗎？」小屋極少使用爐灶，況且現在正值夏天，更不可能用到。

不一會兒，神下令追捕克雷梅特的天使現身於小屋前，並詢問屋主：「屋裡有人來訪嗎？」屋主和其家人不管天使問多少遍都回答：「沒有人來訪！」

接著天使就說：「算了，就讓你們和那傢伙一起住好了。要是以後有任何抱怨我可不管囉！」，說完就消失了。

此後，克雷梅特就一直待在爐灶裡。

（→西魯多 Shiiruto）

Keshmet

ケシユメト

凱希梅特

美國作家塔妮絲・李的小說——《平坦地球系列[146]》中登場的妖魔王之一。

地球仍處於平坦、浮於混沌之海之時，天上、地底及海裡各有眾神司掌。居於地底的妖魔王對作弄人類、使人陷於災難感到樂此不疲。

其中，司掌「命運」的是凱希梅特。原本面目不可考，只知他喜好穿著骯髒襤褸的橘色破衣，手捧金箔斑駁脫落的木碗，在世界各處乞食。皮膚經過長久日曬雨淋，膚色有如鹹菜一般，頭頂也禿了大半。但是仔細用心一窺，襤褸的橘色衣服，彷彿是奢華的衣著，木碗也像是以純金打造。只要他一彈指，繁榮的都市瞬間就會崩毀，此外，也可以使人清楚看見自己的過去未來。

五位妖魔王相當不合，只要一碰面，就會指著對方罵：「你這個冒牌貨！」、「不配當作兄弟的傢伙！」，互相謾罵挖苦對方。其中，只有凱希梅特平易近人不做作，對同族屢次給予勸告。

（→亞祖蘭 Azhrarn、烏戮穆 Uhlume、強茲 Chuz）

Killer Crown

殺人道化師（さつじんどうけし）

殺人小丑

1960年代到1980年代發生在美國堪薩斯州及密蘇里州境內，使兩州各城陷入恐怖的連續殺人犯。

被稱為殺人小丑的犯人，裝扮成小丑的模樣開著一台黃色箱型車（販賣冰淇淋或是糖果的車），用長而尖銳的刀砍傷返家的孩童，或是誘拐他們。

如前述，犯人並無實際殺害學童，稱為過路煞神、或是砍傷行人的歹徒比較恰當。同樣的，也無人家收到誘拐的恐嚇電話。然而，在殺人小丑出沒的時候，美國的失蹤孩童人數暴漲。即使現在想要逮捕，也摸不清他的模樣。

殺人小丑和開膛手傑克（Jack the Ripper）、彈簧腿傑克（Spring-heel Jack）一樣，都是都市傳說的變調，亦無法判別其身份。

一部名為「來自外星的殺人小丑（Killer Klowns From Outer Space）」（1978年）的電影，其中的小丑比實際犯人更適合表達都市傳說變調的形象。

（→克莉斯汀 Christine、惡作劇精靈 Boogeyman）

墮落天使
西伯利亞

妖魔之王
美國

146 譯注：故事大意爲：神創造宇宙之前，地球仍處於平坦的狀
態，此時，人與妖魔同時並存。故事中五位闇之王一一登場，
與人、妖魔之間產生各種愛欲糾葛。此系列中共有七部分，分
別爲 1.Night's Master（暫譯：闇夜之王）2.Death's Master（暫
譯：死亡之主）3. Delusion's Master（暫譯：迷惑之王）4.
Delirium's Mistress（暫譯：譫狂女王）5. Night's Sorceries（暫
譯：暗夜妖眾）6. The Man Who Stole The Moon（暫譯：偷了
月亮的人）7. The Origin Of Snow（暫譯：雪之源）。

都市惡魔傳說
美國

K

Koshcei

不死身のコシチエイ

不死的科西切

也叫做「＊卡西切」（Kashchey,カシチエ
イ），俄羅斯民間故事中的惡魔。關於他名字的來
源，據說是由土耳其語中的「奴隸」而來，或者
說是從俄語中的「骨頭」而來。

他的外型是個瘦弱且矮小的老頭，但是卻力
大無比。住在七個城堡中的七道厚重的門裡面。
雖然擁有無數的財寶但是卻極端小氣（或者說正
是因爲擁有無數財寶才會那麼小氣的），慾望深厚
且極爲善妒，見到年輕又漂亮的小姐就會起邪
心。結果在這些民間故事中他總是四處擄走美貌

的姑娘，帶給這些故事的主人翁們種種的不幸。
比起芭芭雅嘎（Baba Yaga）或俄羅斯的惡魔
（Demon<Russia>）可以說是還要壞上好幾倍的人
物。

科西切擁有不死的能力，因爲他將自己的生
命放在身體外面的地方，不管是刺他還砍他都絕
對殺不死他。

據說他的生命放在針頭上，針又在蛋裡面，
蛋在鴨子的肚裡，鴨子關在鐵盒子裡，鐵盒用七
道鎖鍊牢牢鎖住掛在高高的橡樹的最頂端上。據

Kotan-daiou

巨旦大王（こたんだいおう）

巨旦大王

別名「＊巨旦將來」（Kotan-syourai こたんし
ようらい）。《金烏玉兔集》[147] 祇園說話中論及的
惡神之一。根據該書，牛頭大王（依照本地垂跡
說[148]，是須佐之男命 Susanowo-no-mikoto）前往
迎娶龍宮公主之時，向富裕的巨旦大王要求住宿
一宿，卻被拒絕。之後，受到巨旦大王婢女之弟
—貧窮的蘇民將來熱情的款待。迎娶歸來之時，
順道滅了不讓自己借住一宿的巨旦大王。

此時，牛頭大王在用桃木製成的木簡上寫下
「急急如律令」，交給婢女蘇民將來的姊姊，並

說：「從此之後，災禍不會發生在蘇民將來的子
孫上。」並教導她們在元旦（1月1日）時吃紅白
餅等護身的方法。

巨旦大王之所以當作惡神、厄運之神的原因
是，他後來被稱爲金神（或是艮之金神 Ushitora-
no-konjin），執著到令人恐怖的程度向人施法作
祟。

Kotavi

コータヴィー

底提

是眾＊達伊提耶的守護女神。爲達伊提那王子
波諾（Bana）之母，其名意爲「裸女」。擁有千
手的波諾和英雄神黑天（Krsna）作戰之時，黑天
手持名叫蘇達沙納（Sudarsana）的圓形武器向波
諾擲出，裸身的底提現身於波諾之前，保護孩
子。黑天避開底提擲出武器，砍斷了波諾的一千
隻手，卻也留住性命。

在南印度，對底提的信仰非常深厚，與濕婆
（Siva 或 Shiva）的妻子突迦（Durga）不相上
下。

也難怪，達伊提耶被南印度的眾神征服，從
神明降格爲惡鬼。
（→伯利 Bali）

K

▌惡魔
▌俄羅斯

說只要這個針頭一折斷，不死的科西切就會在他
那豪華的城堡中痛苦萬分倒在地上打滾，飛跳起
來而死。

▌惡神
▌日本

147 譯注：作者、成立年代不詳。傳爲安倍晴明所撰，一說，爲室
　　町時代祇園的社僧所著。
148 譯注：日本神道教的理論。佛教將佛的法身稱爲「本」或「本
　　地」，把佛隨時應機説法的化身稱爲「跡」或「垂跡」。本地垂
　　跡說最早主張「佛主神從」（把日本神當作佛教的護法神），之
　　後伊勢神道提出日本諸神是「本地」，而佛、菩薩是「垂跡」
　　的神主佛從的本跡説。

▌達伊提耶（惡鬼）
▌印度

Kuchisake-onna

口裂け女

裂嘴女

1970末期到1980年流傳於日本各地，使得全日本的小學生驚懼不安的妖怪，就是裂嘴女。

之後，裂嘴女雖產生各種不同的型態，一般而言其形象為，在深夜鮮有行人通過的道路上，一位戴著口罩的女性詢問路人：「我漂亮嗎？」。路人回答若是：「是」，女人便會脫下口罩，露出裂到耳際的嘴巴問：「這樣也是？」。當人感到萬分恐怖想要逃離時，裂嘴女就會用100米3秒的飛毛腿直追而來。但是，若回答：「不漂亮」，裂嘴女就會說：「把你也變的跟我一樣吧！」接著就撕裂對方的嘴巴。

現代都市怪談，大多是「從朋友的朋友那邊聽來的」這種典型的句子開始。然而，此類小學生的都市怪談，竟使得北海道釧路市的女子高中一起集體放學回家，雖然只有持續一段時間，沒想到連大人都為之影響。

在流傳期間，傳說裂嘴女有三姊妹、是整型失敗的女性等等，此種設定假想不斷地增加，也是都市怪談特有之處。

（→黑衣男 Men In Black, Black men）

Kuei

夔（き）

夔

中國古代災害神，能引起暴風雨之怪物。古時中國被稱為東海的大海中有山名流破山[149]。山中有獸名夔。

狀如牛，蒼身而無角。其光如日月，其聲如雷。此獸出入水則必起風雨。

中國帝王神黃帝同叛亂神**蚩尤**（Chihyu）交戰時，黃帝捕殺此獸，以其皮為軍鼓。因當時黃帝一方居於劣勢士氣低落，為免兵敗，黃帝想方設法挫損蚩尤軍士氣。

於是以雷獸骨擊軍鼓，聲聞五百里。黃帝軍因而氣勢大盛；蚩尤軍聞鼓則心生畏懼。

Kueiche

鬼車（きしゃ）

鬼車

招禍怪鳥。別名「*九頭鳥」（Chiutouniao きゆうとうちよう）。形如其名，為身具九頭之鳥。

鬼車有十頸，但僅有九頭。據說一頭遭獵犬咬去；或說遭古時周朝宰相周公旦命庭師射去。不論傳說為何，鬼車無頭頸部時常滴血，人們因而易知此鳥來臨。

相傳鬼車來時，眾人熄燈令犬吠之，以此驅趕。

又說鬼車每頭皆生雙翼，故欲騰空時18隻羽翼相互撲打受傷，因而無法飛起。

又另有一說鬼車乃「*姑獲鳥」（Kuhuoniao こかくちよう）別名。姑獲鳥為攫摺孩童之妖怪，應當是由鬼車衍生而來。

（→鴞鳥・鶬鳥 Tzuniao & Channiao、鵋 Chu、大風 Tafeng、畢方 Pifang）

都市惡魔傳說
日本

怪物‧災害神
中國

149 譯注：原書中錯作「流波山」，流破山才對。

怪物
中國

Kulshedra
クルセドラ

庫希多拉

　　阿爾巴尼亞（巴爾幹半島的西南部）民間故事裡登場的惡魔，或是同一類。其名稱來自拉丁語Kelshidras，意思就是「住在水中或是地上的蛇」。

　　曾以兩種姿態出現在人的面前。一個是乳房下垂、身材高大、面目醜陋的老婦人；另一個是貌似噴火龍的怪物。

　　庫希多拉以自己的尿做為武器，也有使大地乾旱的能力。一旦，庫希多拉所導致的乾旱開始時，除非以活人獻祭，否則無法平息。

　　庫希多拉也可以是男性，被稱爲「庫魯希多拉」（Kulushedel）。當然也是邪惡、爲所欲爲的惡魔。

　　庫希多拉最初是被稱爲「＊波拉」（Bolla）的蛇形惡魔（在南阿爾巴尼亞則稱＊布剌〈Bullar〉）。每當一年一度的聖喬治日（St. George's Day），波拉就會張開眼睛將人活活吞下，經過12年後就會變成恐怖的庫希多拉。

Kumbhakarna
クムバカルナ

鳩姆婆迦哩納

　　楞伽（＊羅刹之都）的羅刹王**羅波那**（**Ravana**）的弟弟。是＊羅刹（Raksasa）毗濕羅婆（Visravas）與妻子＊羅刹女（Raksasi）吉私尼[150]（keśinī）之子。

　　鳩姆婆迦哩納在一次苦修末期受到梵天的恩惠。他向梵天要求「永遠的生命」，梵天卻故意錯聽賜給他「永遠的睡眠」。然而，這麼睡下去不免死亡，梵天便允許他六個月連續睡眠後，有一天的時間能夠醒著。利用這一天，鳩姆婆迦哩納吃下六個月份的食物。

　　然而在羅摩（拘薩羅國的王子）與羅波那的戰事一起，羅波那喚醒鳩姆婆迦哩納。最初，羅波那準備了如山高的米糧以及數百頭水牛的料理，卻被鳩姆婆迦哩納嗤之以鼻。之後，又準備了數千頭象，鳩姆婆迦哩納這才悠悠醒來。

　　鳩姆婆迦哩納負責迎擊猴王羯須哩婆[151]和熊王羯巴婆（Jambavat）率領的大軍，順利擒得猴王。

　　然而在這之後，鳩姆婆迦哩納回到戰場與羅摩一戰，卻被砍下首級而死。

Kungkung
共工（きようこう）

共工

　　古代惡神・武神・亂神。

　　共工乃古王炎帝神農氏之族人。相傳人面蛇身並有人手人腳，個性貪婪惡劣，頑固愚鈍。炎帝人如其名乃爲火神；共工則爲能起洪水之水神。

　　相傳神農氏德衰治亂時黃帝起而逐之，黃帝自身即位後封炎帝一族爲南王。共工對黃帝體制而言乃爲叛神，此點與**蚩尤**（Chihyu）同。

　　若蚩尤乃最強叛神，則共工可謂最大叛神。相傳與共工爭戰過之人中有黃帝，甚至還有其母

祝融氏。共工的真正叛亂於顓頊繼黃帝之位後方始。此時在一陣激戰後共工敗北，其手下**浮游**（**Fouyu**）自盡。因戰敗而大怒的共工撞斷支撐世界的不周山，大陸爲此地傾東南。

　　其後共工屢屢叛亂但皆盡失敗，最後遭夏朝開國君主禹討伐，被禹處刑。

　　（→洪水之兆 The omen of flood）

民間故事的惡魔
阿爾巴尼亞

羅刹
印度

150 譯注：一說鳩姆婆迦哩納以及羅波那為毗濕羅婆及尼迦姿所
　　　生，但據《毗濕奴往世書》所述，毗濕羅婆其妻並非尼迦姿，
　　　而是吉私尼。
151 譯注：又稱妙項。

惡神・叛神・水神
中國

Lamia

ラミア

拉彌亞

貝羅斯[152]（Belos）與利比亞[153]（Libye、Libya）的女兒。

她原本受到宙斯（Zeus）的寵愛，但是赫拉（Hera）嫉妒拉彌亞，於是對她施了一種法術，讓她每生一次小孩，就一定會自己吃掉他。在這殘酷的報復下，在絕望中拉彌亞終於逐漸失去她正常的心，開始轉變成野蠻的怪物了。最後她成了棲身於洞穴中，獵食小孩的怪物。

而赫拉見到她這樣的下場卻還不放過她，更進一步地奪去她睡眠的時間。宙斯不忍心，便施法讓她能夠自由地將眼睛取下。因此當拉彌亞將眼睛拿下時，小孩子們就是安全的。一旦裝回去時，她又會開始四處獵食小孩了。

到了歷史時代時（希臘文化發達的時候），希臘的母親們經常拿拉彌亞來嚇唬不聽話的小孩：「再不聽話的話，拉彌亞就要來將你們吃掉了喔！」

（→艾奇德娜 Echidna）

Lerajie

レライエ

勒萊耶

這是假託是所羅門王所寫，但實為17世紀時魔法書之《雷蒙蓋頓》（Lemegeton，又名《The Lesser Key of Solomon》）的第一部〈哥耶提雅〉中記載的72隻惡魔之一。

在召喚者面前，他手裡拿著弓箭，身穿綠色的獵裝出現。說到獵人樣子的惡魔，不禁讓我們聯想到同是《雷蒙蓋頓》惡魔的**巴巴妥司**（Barbatos），不過巴巴妥司的能力與他的外型相符，與動物很有關連性，但是勒萊耶似乎就只有外型帶來的氣氛罷了。

勒萊耶的能力是能夠讓受傷者痊癒，或是相反地讓傷者完全不能治癒。另外也能引起紛爭，似乎是與戰爭有關係的惡魔。雖說關於他的記載不多，但可以說是〈哥耶提雅〉中十分有特色的一個惡魔。

19世紀法國作家普朗西在他的《地獄辭典》中，插畫家布爾頓所畫的圖深受大眾歡迎，因他的圖而變得有名的惡魔不少，但是可惜的是該書並沒有記載勒萊耶的事項，自然也不會有他的插畫，結果在現代算是知名度較低的惡魔。

Leviathan

レヴィアタン

利維坦

這是希伯來神話中，受到**蒂雅瑪特**（Tiamat）影響下產生的蛇怪，名字的意思是「盤繞起來的東西」。正如其名，牠是一條身體巨大的能夠將大地盤繞起來的蛇。發音除了「利維坦」以外，也可念作「利拜雅桑」（リバイアサン）或「利未雅坦」（Liwyathan レビヤタン）。而在地中海沿岸的古老都市烏加里特（Ugarit）的傳說中，則叫做「隆卡」（Lotan ロタン）。

《舊約聖經》的偽經《以諾書》中對牠有如下的描述：

「在那天，兩個獸將要被分開，女的獸叫利維坦，她住在海的深處，水的裡面；男的名叫比希摩夫[154]，他住在伊甸園東面的一個曠野裡，曠野的名字叫登達煙（Dundayin），是人不能看見的。」[155]

利維坦在《舊約聖經》中是一條渾沌之龍，是耶和華所創出來的生物中號稱最大的。這個時候牠還不是惡魔，只是神所創的怪物罷了。但是到了《新約聖經》的〈啟示錄〉或後來的基督宗教文學時，牠就搖身一變，被視為反抗神，要讓

怪物
希臘

152 原注：海神波賽頓（Poseidon）的兒子，埃及之王。
153 原注：她同時也是貝羅斯之母。今日小亞細亞國家利比亞的語
　　源。

惡魔・所羅門的惡魔
雷蒙蓋頓

海蛇
希伯來

世界毀滅的惡魔了。

（→貝西貘斯巨獸Behemoth）

154 譯注：其實就是貝西貘斯巨獸（Behemoth），當貝西貘斯的傳
　　說流傳到阿拉伯的時候，就轉變成巴哈姆特（Bahamut）了，
　　巴哈姆特是漂浮在極為巨大的海洋上的大魚，其上有公牛，牛
　　上有紅寶石山，山上有天使，天使之上有6層地獄，地獄之上
　　才是大地。天方夜譚故事中，耶穌想要看看這隻巨獸，結果看
　　了之後昏倒在地，三天三夜才醒來，可見其巨大程度。（以上
　　資料引自志文出版社，波赫士（Jorge Luis Borges）著《想像
　　的動物》）
155 譯注：此段經文引自《基督宗教典外文獻－舊約篇》（基督宗
　　教文藝出版社）第一冊，然書中利維坦譯作「利未安畢」，此
　　處為求統一變之。

Libicocco

利比谷谷

　　這是在義大利詩人但丁的敘事詩—《神曲》（1307～1321年創作）這部作品中登場的惡魔。神曲三部作中的第一部〈地獄篇〉中第21篇與22篇中描寫到的地獄第8圈第5溝的獄吏，專門懲罰生前貪污或詐欺的死者的惡魔集團「※馬納勃郎西（Malebranche）」十二惡魔中的一人。名字的意思是「壞心眼傢伙」或者是「暴躁易怒」。（→**馬納果達Malacoda**）

　　一般說來，《神曲》中出現的怪物多半是引用了希臘神話或聖經中的典故，不過這群「馬納勃郎西」則是作者自己的創作，並沒有參考其他的典故。「馬納勃郎西」們長了一副漆黑的身體，背上有蝙蝠翅膀，利牙銳爪，可以說就是「惡魔」這個概念的化身。但是這群「馬納勃郎西」與幽禁在地獄最下層第9圈第4圓「略」中的惡魔王※狄斯（Dis，也就是※路西法）那種型的惡魔可以說完全不同。《神曲》中並沒有談到馬納勃郎西原本是否為天使，而他們的職責似乎也是遵造神的旨意在地獄懲罰罪人。

　　利比谷谷的性格正如其名非常地「暴躁易

Lilith

莉莉絲 157

　　她是與亞當同時從土裡造出來的第一個女人，亞當的第一個妻子。原本應該是巴比倫傳說中的女性，但是因為猶太教經典《塔木德》（Talmud）的記載而變得十分有名。

　　莉莉絲與亞當生了很多惡魔，後來她不願聽從亞當的命令因此離開他到紅海去。主命令三個天使去找她，天使們威脅說要每天殺掉她100個小孩，莉莉絲向天使求饒，結果她也因此獲得使小孩們痛苦的能力。不過由於她向天使發誓不會靠近寫有天使名字的家，因此西元前七到八世紀時希伯來與迦南地區流行著這種符咒。

　　猶太密教喀巴拉（Kabbala）的經典《光輝之書》中也說莉莉絲是由深層的水底誕生，為亞當的第一個妻子，但是後來神造了夏娃之後，她就被驅逐出去，變成了黑夜的惡魔。

　　而在後世的種種文學作品中也經常以誘惑者的身份出現。在歐美文學裡，莉莉絲的典型是美麗的妖女。例如歌德的作品《浮士德》（Faust）中，她是金髮美麗的誘惑者，而喬治‧麥當勞（G. MacDonald，1824-1905）的小說《莉莉絲》

Li-Tsuoche

李左車

　　冰雹會使農作物受損，有時甚至會奪去人命，雖然不是經常可見的天氣現象，但是對農民來說依然是不受歡迎的對象。

　　據說冰雹之神是道教張天師的部下。《聊齋誌異》（蒲松齡著，1766年完成）中有一則關於他的故事158。

　　一個姓王的人159即將赴任湖南當地方官，因此打算拜訪天師。到湖上，準備搭船的時候，立刻有一人搭小艇前來迎接他。王姓男子對他的預知感到不可思議，跟在後面來到天師面前。

　　天師設宴款待，酒熟耳酣之際，方才引領王公的使者來到天師身邊傳達事情，天師回答：「我現在有客人，你靜靜地出去吧。」使者離去後，天師對王公說：「他是你的同鄉，有名的李左車將軍，剛剛天帝命他降雹。」

　　李左車是漢高祖劉邦的將軍韓信的部下。他為何會成了雹神原因不明，而且除了《聊齋誌異》以外也不見其他說他是雹神的記載。

（→**暴風之兆 The omen of big wind**、**乾旱之兆 The omen of drought**、**洪水之兆 The omen of**

惡魔・地獄的魔鬼
神曲

怒」，當罪人「那伐拉人強波洛」由池子裡拉上來
時，立刻按耐不住，衝動地想要撕裂他的手臂。

妖女
希伯來

中則是地獄的女王。
（→**梅菲斯特 Mephistopheles**）

157 譯注：意譯為「夜妖」，或音譯「李麗絲」。

冰雹之神
中國

flood）

158 譯注：出自《聊齋誌異》中的「雹神」。
159 譯注：王筠蒼，名孟震，明萬曆甲午年間舉人，曾歷任浙江道
　　　御史、遼東巡按、工部主事、光祿寺丞等官。

Loki

ロキ

洛基

他是北歐神話中的神，出身於諸神之敵的巨人族。與主神**奧丁**（**Óðinn**）是義兄弟。

思慮敏捷，擅長奸計，擁有自由變身的能力。個性任性妄為，從不考慮事後結果，想惡作劇的時候就會惡作劇，使得眾神經常因此陷於危機之中，但是他也很擅長靠著他狡猾的智慧迴避眾神的責難。

根據基督宗教傳入北歐前的資料，洛基只是個單純的神界中的惡作劇者而已，但是在基督宗教傳入後，北歐神話開始產生了質變，洛基的角色定位也逐漸接近類似撒且一般，變成一種根源性邪惡的擬人化了。

據說洛基擁有俊美的容貌，但是有人認為這是受到基督宗教撒且墮天之前擁有美貌傳說的影響。而北歐神話中洛基因為惡作劇太過份被眾神以鎖鍊綁在深山中，這點也與基督宗教中撒且被基督綁在地獄1000年，直到末日審判來臨為止的說法相類似，因此也有學者認為這是受到基督宗教的影響。

（→**奧丁 Óðinn**〈北歐神話〉、**撒且 Satan**〈中世紀

Louhi

ロウヒ

路希

她是芬蘭敘事詩《卡勒瓦拉》中最了不起的英雄維那莫依寧的敵人，是統御北國波約拉（Pohjola）的女王。

她看到維那莫依寧的故鄉維諾拉如此的繁榮感到很嫉妒，因此向烏可神祈禱說：

「統御天上世界的烏可神啊，用您那以雷電光芒製成的弓箭，或者是用各種疾病，毀滅維諾拉的人民吧！」

但是她的願望並沒有實現，於是路希設計讓**羅薇塔**（**Loviatar**）在自己的國度生下9個小孩，然後將這9名小孩送進維諾拉去，但是最後她這詭計還是被維那莫依寧的智慧所破解了。（→**羅薇塔的孩子們 9 children of Loviatar**）

另外，她也曾抓住魔熊**奧德索**（**Otso**）並且將牠趕進維諾拉去。但是維那莫依寧用他的槍將大熊給打倒了，甚至因此獲得更多的人望。

除此之外，路希為了讓維那莫依寧陷入痛苦之中，甚至還曾經將太陽與月亮藏了起來，從這些行為來看，早就超越人類的行為了，因此本書將她視為邪神或惡魔的一種，收錄在內。

Loviatar

ロヴィアタル

羅薇塔

冥府之王圖奧尼的女兒中最壞心、最醜陋的就是羅薇塔。她被認為是種種邪惡的元兇。（→**圖奧尼與圖奧奈達 Tuoni & Tuonetar**）

有一次她坐在「罪惡」與「悲哀」的原野時，由東方吹起風暴，風暴從原野上呼嘯而過，吹到她的身上，於是她就懷孕了。

羅薇塔很痛苦，想要快點生下孩子，但是總是生不下來。這時天上傳來烏可神的聲音，說「想生下孩子的話就到波約拉（Pohjola）去吧，那個國家正焦急的等著你哪。」於是她就前往北國波約拉去了。結果從她的肚裡生下了九個孩子，這些孩子分別是「疝氣」「橫隔膜炎」「肺病」「痛風」「發燒」「潰瘍」「瘟疫」「癬疥」「腫瘤」。羅薇塔將這些孩子養大之後，對他們說：「來，我的孩子們啊，你們去英雄維納莫伊寧（Vainamoinen）的故鄉，把疾病與痛苦帶給他們吧！」

結果維納莫伊寧故鄉的居民就因此患了種種的疾病一個個死亡了。

（→**羅薇塔的孩子們 9 children of Loviatar**、**路希**

巨人族出身的亞薩神族
北歐

歐洲〉〉

北方女王
芬蘭

死亡魔女
芬蘭

Louhi〉

Lucie

聖ルツイエ

聖露西

所謂基督宗教的聖人，就是把對基督宗教有所貢獻之人，依照其事蹟，將其化作生活各方面的守護神。在歐洲，不管什麼職業、什麼日子都有守護的聖人。譬如銲錫匠的聖人、卡車司機的聖人、幾月幾號的聖人……等等。此類聖人不可避免地與神、英雄、妖精、妖怪等相結合。進一步說就是「在聖人之名下，妖怪也會懼怕。」這類思想盛行的結果，結果造成一部份的聖人與惡魔無法區別。

譬如12月13日的聖女聖露西。根據捷克或斯洛伐克的民間信仰，聖露西之夜，此位女性會在街上徘徊。穿著純白的衣服與披肩、長髮飛舞的美女會把不聽父母勸告的小孩帶到不知名的場所。然而，信仰正統基督宗教的老婦人之中，也有人不相信聖露西會對小孩做壞事，只是吞食長夜讓它縮短而已。讓人想起這樣傳說的夜晚大概接近冬至吧。

（→聖卡西亞 Kas'yn）

Lucifer<Poland>

ポーランドのルツイフエル

波蘭的路西法

波蘭的民間故事中與惡魔有關的故事非常多。而這些故事中當然也有以惡魔王路西法為主角的故事。

波蘭文人布尼凱維奇（Witold Bunikiewicz）在1930年編纂的民間故事集《波蘭惡魔的生活》中提到：波蘭的路西法是個非常懂得人情世故的國王，每次看到他的部下又在吵架的時候總是擔憂在心。他深知「人和是最重要的。如果不和，就算是最繁榮最富裕的國家也會墮入滅亡的境地，最後搞不好連自己都會一起毀滅了」的道理

（這倒也是，畢竟他本人就有在天庭挑起不合的前科）。

因此他將收買人魂、嚴懲罪人的任務交給自己的部下，而自己則專心負責惡魔之間的仲裁與調停。如果有愛吵架的小惡魔他就會將他流放到人間去，讓他在地上而不是在地底散播災難。從這些故事看來，與其說這波蘭的路西法是個「黑暗的王子」倒更讓人聯想到好好先生的中小企業經營者。

（→撒旦 Satan《新約聖經》、波蘭的惡魔 Diabel）

Macha

マツハ

瑪哈

她是愛爾蘭塞爾特神話中的戰女神。名字的意思是「憤怒」，與戰爭有很深的關連。

愛爾蘭的神話中，戰爭女神本來就有好幾組存在，而與瑪哈同時期的神話中的戰爭女神尚有摩莉甘（Morrigan）、芭德布（Badb）等，這些戰爭女神經常被視為同一人物。甚至連名為瑪哈的女神也有好幾位，她們各有各的故事。從這些現象看來，「瑪哈」這個名字大概不是一個女神的專有名字，而是一種對「戰爭女神」的稱號吧。

最為人所熟知的瑪哈是在「達那神族」與巨人弗摩爾（Fomor）族的戰爭中出現的女神，她與眾神的指揮者努哈薩（Nuada）同時被弗摩爾之王魔眼巴羅爾（Balor）所殺。

瑪哈雖然是個女戰神，但是她不是勇猛地在戰場上揮舞著劍或槍來戰鬥，而是憑藉著自己的魔法之力來驅動戰爭。

瑪哈在戰場上以她的魔力喚起戰士們的憤怒，給予他們狂暴的戰鬥力。這也就是為何人上了戰場之後會性格大變有如鬼神一般地瘋狂戰

L
M

■人類
斯洛伐克、捷克

■惡魔王
波蘭

■戰爭女神
塞爾特

鬥。

Mada

マダ

摩陀

吉耶婆那（Chyavana）仙人藉由苦修所生出的阿修羅。

吉耶婆那仙人因為從雙馬童[160]（Asvin）那裡獲得了年輕與美貌，非常感謝他們，因此答應讓雙馬童飲用蘇摩酒。但是※因陀羅（Indra）認為雙馬童他們混在人類之中當醫師所以沒有飲用蘇摩酒的資格。

吉耶婆那仙人不顧因陀羅的反對，繼續供養。於是他獲得了蘇摩酒的容器。因陀羅很生氣，拿起了他的武器金剛杵（Vajra）對仙人放出了雷電，仙人被雷電打中手麻，為了打倒因陀羅，他繼續修行，於是終於生出了摩陀這個巨大的惡魔。「摩陀」的意思是「酩酊大醉者」。

摩陀張開他的大口準備要吞下因陀羅，因陀羅難敵此一巨怪，只好向吉耶婆那求饒，並允許雙馬童喝蘇摩酒。

後來吉耶婆那將摩陀分為四個部分，代表著「蘇羅酒」「女人」「骰子」「狩獵」四大惡習。

Malacoda

マラコーダ

馬納果達

這是但丁的敘事詩《神曲》（1307～21年作）中出場的惡魔。馬納果達這名字是義大利文，意思是「惡尾」。他登場的部分是《神曲》三部作中的第一部〈地獄篇〉中的第21篇。

主角但丁與引導他的羅馬時代詩人維其略之靈所探訪的地獄，在構造上是一圈圈的階層，共有九圈。而馬納果達他是當中第八層的惡魔。第8圈「詐騙者之溝」又再細分為十溝，馬納果達與他的部下負責懲罰當中五溝的死者。

馬納果達與他的手下總稱為「※馬納勃郎西」（Malebranche），意思是「惡爪」，這些惡魔的身上長有蝙蝠般的翅膀，具有銳利的爪子與獠牙。馬納果達則是他們的隊長。這些惡魔並不是一般在故事中常可見的誘惑人犯罪型的惡魔，而是聽命於神負責懲罰這些罪人。因此與其說他們是叛神者，倒不如說他是地獄中的專職獄卒。
（→惡魔王 Dis，Dite，Luccifero）

Malpas

マルパス

瑪帕斯

這是假託是所羅門王所寫，但實為17世紀時魔法書之《雷蒙蓋頓》（Lemegeton，又名《The Lesser Key of Solomon》）的第一部〈哥耶提雅〉中記載的72隻惡魔之一。

據說他的樣子是巨大的黑鳥。擁有建設營造的能力，一般說他是所羅門王在營造都市時曾經擔任建築師幫忙過的惡魔。

他與同屬《雷蒙蓋頓》72惡魔的哈帕斯經常被人混淆了，與戰爭相關的哈帕斯以及與建築相關的瑪帕斯會容易被人混淆，主要原因是因為他們都是鳥形的惡魔。只不過哈帕斯是鴿子（或是鵪鳥）的造型，而瑪帕斯則是大黑鳥（或說是烏鴉）。

作家普朗西的書《地獄辭典》以「※瑪法斯」（Malphas マルフアス）這個名字來介紹。並且說他不只是建築師，還是建築物的破壞者，不過恐怕這也是與哈帕斯混淆了的結果。《地獄辭典》說他是地獄的大議長，40個軍團的指揮者。該書的插畫家布爾頓把他畫成手裡拿著水泥抹刀、直立步行的烏鴉，使得他在現代也十分有名。

阿修羅
印度

160 譯注：音譯「阿濕波」，爲一對孿生兄弟神。

惡魔・地獄的魔鬼
神曲

惡魔・所羅門的惡魔
雷蒙蓋頓

Mammon
マンモン

瑪門

　　這是英國詩人密爾頓所著之敘事詩《失樂園》（1667年）中登場的造反天使（惡魔），也拼作「Mamon」（マモン）。密爾頓在自己的作品中，將《新約聖經》〈馬太福音〉[161]中代表「財利」的「瑪門」此一名詞擬人化而造出他。因此他的來源與被設定為異教神、偶像神前身的其他造反天使們相較之下較為特殊。他被稱作「淺薄者、卑賤者」，對於天使們的根本的存在理由—讚美神的光榮並不熱心，在墮天之前他就醉心於天國路上所鋪設的黃金，而墮天之後他雖然並沒有對自己現

在的境況感到悲傷而嘆氣，但是那也是因為地獄的地底埋藏了極為龐大的貴重金屬的礦脈，據說教人們挖掘地底埋藏的貴金屬的就是瑪門。

　　墮入地獄的天使們在那裡建造了一座壯觀的「萬魔殿」，而瑪門則提供了他在地獄挖到的金礦用來裝飾。除了財產之外他對一切都不感興趣，在地獄的會議上，摩洛提議反攻天國時，他與**彼列**（**Belial**）一致反對這個主張。

（→彼列 **Belial**《失樂園》）

Maou-son
魔王尊（まおうそん）

魔王尊

　　這是日本京都鞍馬山鞍馬寺中所祭祀的天狗[162]的頭目。

　　一說他是毘沙門天[163]夜晚時的樣子。或者也有人認為他就是胎藏界曼陀羅中，東北方（鬼門的方位）的守護神伊舍那天[164]。不管是哪種說法，都認為他是鬼神，是黑暗世界的統治者。

　　魔王尊的破壞性格基本上是因為一般認為他就是破壞神毘沙門天或伊舍那天的緣故。

　　據說，傳說中教導遮那王，也就是幼年時期的源義經[165]劍術與體術（空手搏擊或手持短武器

的武術）的鞍馬天狗，或是鬼一法眼[166]都是他化名而成的。因此從這點來看，他應可說是打破體制創造英雄的神。

　　另外俄國通神論者勃拉瓦茨基夫人[167]（Helena Petrovna Blavatsky）所著《神祕教義》（Secret Doctrine）中，將他與650萬年前由金星飛來的靈王「薩瑪特・克瑪拉」視為同一人物。

（→酒吞童子 **Syuten-douji**）

Mara
《サンユッタ・ニカーヤ》の悪魔

《雜阿含經》的惡魔

　　於初期佛典經常登場妨礙釋迦牟尼修行之惡魔（**魔羅 Mara**），其中最常現身的章節是《雜阿含經》中〈惡魔集成〉這一章。

　　在此章節中，惡魔已經連續24回現身於釋迦牟尼及其弟子之前，一會兒說明惡魔派的哲學，一會兒又以恐怖的姿態威脅釋迦牟尼。

　　然而釋迦以簡短之語，聽完惡魔便說：「這人知我甚詳。」便覺悟而離去。其中，連續出現24回的惡魔究竟是同一位，還是兩人以上並不清楚。因為無人描寫惡魔平常的姿態，況且他又

常常變身，屢次變成恐怖的姿態嚇人。譬如，變成象之時，頭如巨大的黑岩、牙似純銀般閃亮、鼻若巨鋤削尖之前端。其他還有身軀龐大如原木船的大蛇、或是手持杖的老婆羅門（祭司）等姿態。

　　惡魔放棄後，又換成惡魔的女兒們迷惑釋迦牟尼。眾女說：「每個人所喜好的不盡相同。」就變出年齡姿態各異的六百位美女誘惑他，終究沒有成功。

M

造反天使
失樂園

161 譯注：出自〈馬太福音〉6：24，原文作：「一個人不能事奉
兩個主，不是惡這個，愛那個，就是重這個，輕那個。你們不
能又事奉神，又事奉瑪門（瑪門：財利的意思）。」另外〈路
加福音〉的16：13中也有近似的內容。

魔王．天狗
日本

162 譯注：日本傳說中的妖怪，紅臉長鼻，背有烏鴉翅膀，外型似
山伏（日本山中的修道僧），手持金剛杖、圍扇，具有怪力，
可自在地飛翔。
163 譯注：佛教中率領夜叉（Yaksa）鎮守北方的守護神。十二天
之一，又名多聞天。
164 譯注：十二天之一，據說是大自在天（相當於印度教中的濕婆）
憤怒的化身。東北方的守護神。
165 譯注：日本平安末期鐮倉初期的武將，生卒年1159-1189年。
源義朝的第九個兒子。乳名牛若丸、遮那王、九郎等等，曾任
檢非違使尉（判官），故也稱九郎判官。1180年響應其兄源賴
朝（鐮倉幕府開創者）的起義，在對平氏的討伐戰中建立不小
功勞，但後來與賴朝對立，兵敗自刃而死。其悲劇性的一生經
常成為日本文學的題材。
166 譯注：傳說中的陰陽師。住在京都，文武雙全。據說牛若丸與
鬼一法師之女交好，趁機偷學其「六韜三略」（兵法書，相傳
《六韜》為姜子牙，《三略》為黃石公所著）的心得。
167 譯注：1831-1891年，俄國女通神論者，研究神秘主義與招魂
術，多年來遍及亞歐美洲許多國家，自稱曾在西藏印度居住多
年，拜當地諸大聖為師。創辦通神學會，並發行雜誌《通神
學家》（The Theosophist），對神秘主義的發展有重大影響。

惡魔
印度（佛教）

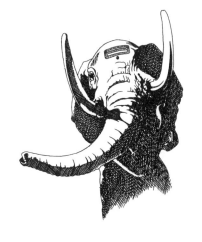

Mara
マーラ

魔羅

這是佛教中妨害悉達多[168]（Gautama Siddhartha）修行的惡魔。他們象徵著妨礙人性開誤的煩惱，也就是對性的慾望，現在在日本這個字也常拿來當作男性生殖器的別稱。

如果人類全部都開悟，不再有煩惱的話，這些魔羅也都會全部消滅，因此他們不斷地妨礙悉達多的修行。有次是將三個擅長各種讓人獲得快樂的技巧的女人送到他身邊。有次則是發動各種恐怖邪魔的軍團。這些惡魔張牙舞爪，發出可怕的吼叫。但是無視這些妨礙，悉達多仍舊不動聲色繼續修行。最後他終於開悟成為佛陀。於是魔羅們使出了最後手段，他們建議佛陀，不要去浪費時間去普渡眾生，還是自己努力地修行，才能達到了悟的最高境界—涅槃。

佛陀本來就對一直執迷不悟的人類感到絕望，因此對於是否要接受這個建議感到迷惑。但是眾神懇求佛陀為世人說法，將悟的境地推廣給全部的人知道，因此最後佛陀擺脫了魔羅的誘惑，決心在現世說法了。

（→《雜阿含經》的惡魔 Mara）

Marbas
マルバス

瑪巴斯

這是假託是所羅門王所寫，但實為17世紀時魔法書之《雷蒙蓋頓》（The Lesser Key of Solomon）的第一部〈哥耶提雅〉中記載的72隻惡魔之一。

他會以獅子的外型出現在召喚者的面前，但是在《雷蒙蓋頓》裡外型是獅子的惡魔實在非常的多，如普爾森（Purson）、安洛先（Allocen）、瓦布拉（Vapula）、華利弗（Valefor）、歐里亞斯（Orias）、拜恩（Vine）等等，因此他在外型上可說是毫無特色，而且在能力上也並不出眾。

16世紀學者雷吉那勒德·史高特的著作《妖術的揭發》中以※巴巴斯（Barbas, バルバス）這個名字來介紹，並且說明他就是在莎士比亞作品中出現的惡魔※巴百松[169]（Barbason）。結果原本並無多大特色的瑪巴斯因為在文學名作中出現而大大提升其知名度。

作家普朗西的書《地獄辭典》中也說他的別名是巴巴斯，地獄的大議長，為36個軍團的指揮官。並且為他附加了擁有工藝的知識，能使人得病的能力，以及能讓人變身成種種東西的能力。

Marchosias
マルコシアス

馬可西亞斯

這是假託是所羅門王所寫，但其實為17世紀魔法書的《雷蒙蓋頓》（Lemegeton，又名《The Lesser Key of Solomon》）的第一部〈哥耶提雅〉中記載的72隻惡魔之一人。另外以模仿啟示文學《以諾書》（Enoch）所作的《偽以諾書》上面也有記載這個惡魔的名字。

《雷蒙蓋頓》中說他是有翼的狼，嘴能吐火。而《偽以諾書》中也說他是有翼狼，但是追加說明了翅膀是獅鷲（Griffon）的翅膀（也就是老鷹的翅膀），而且又追加尾巴是蛇尾的特徵。

16世紀學者雷吉那勒德·史高特的著作《妖術的揭發》中則是介紹了他變身成人類的樣子。他在人類的狀態下會幫召喚者戰鬥，回答任何問題，對召喚者十分忠實。

19世紀法國作家普朗西在他的《地獄辭典》中說明他是地獄的大侯爵，指揮30個軍團，原本的出身是權天使。該書的插畫家布爾頓筆下的馬可西亞斯十分優美，拜此圖所賜，馬可西亞斯到了現代也仍然十分有名。

惡魔
印度（佛教）

168 譯注：釋迦牟尼還未出家前的本名。

惡魔・所羅門的惡魔
雷蒙蓋頓

169 譯注：此惡魔出現於《溫莎的風流娘們》(The merry wives of Windsor) 裡。本此譯法根據的是貓頭鷹出版社的《新莎士比亞全集》。

惡魔・所羅門的惡魔
雷蒙蓋頓・偽以諾書

Martin Luther
マルテイン・ルター

馬丁路德

他是德國的宗教改革者（1483-1546年）。曾擔任羅馬的使節，因此深知羅馬教廷中的腐敗情形，反對販賣贖罪券。因爲不願更改「即使是教宗也不可能完美無瑕」的主張，因此被處以基督宗教世界中最嚴重的懲罰—驅逐出教，後來連神聖羅馬帝國也將他的國籍除去了。但是他從此之後在態度上更加的攻擊性，宣稱要獲得救贖不能靠教宗，「只需要靠聖經」就能得救。可以說是後來一連串新教運動的始祖。因爲反對羅馬教會，因此經常被他的教敵們罵作是「*敵基督」

（Antichrist）「惡魔」（只不過根據梵諦岡的正式說法，眞正的「敵基督」是只有世界末日才會出現，在那之前出現的也都只是「敵基督」的部下罷了）。

路德本人當然不認爲自己是惡魔，不過他倒是相信惡魔是存在的，例如說他罵同樣是德國人的妖術師浮士德說：「他與惡魔結拜爲兄弟了！」而自己也經常爲惡魔所擾，根據他自己說的話，「晚上與惡魔在一起的時間還比跟老婆在一起的時間多。」他認爲惡魔經常鑽進他的肚裡，因此肚

Masakado Taria
平將門（たいらのまさかど）

平將門

他是日本中世歷史中的最高級惡靈之一。

平將門爲高望王之孫，天慶九年（西元939年），他聲稱受到八幡大菩薩的神諭囑託，自命「新皇」舉兵造反，掌握坂東八國的控制權之後，便在上野（今日本群馬縣）的官衙發表新皇宣言。然而，翌年2月，他與藤原秀鄉（俵藤太）、平貞盛的軍隊交鋒，弓箭乘著突然轉變的風勢射中了他，殘餘勢力也被剿滅。將門的首級雖然被帶回京城，但是過了三個月依然沒有一絲腐敗的跡象，每夜高聲吵著想要自己的身體，最後朝向

東國飛去。首級落下之處，就是今天東京大手町的首塚，不過同樣的傳說也流傳在關東到東北一帶的許多地方。

平將門也被視爲江戶鎮守神，在神田明神[170]等神社中受人祭拜。雖然爲一般庶民提供了宗教上的慰藉，一旦有人冒犯埋有自己首級的首塚，平將門便會毫不留情的施法作祟。例如大正12年，原本預計要興建大藏省的臨時辦公廳，但是從大藏大臣開始，不斷有人發生意外；當戰後GHQ（General headquarters，聯合國總司令部）

Masarai
マサライ

馬薩萊

這是居住在新幾內亞的阿拉貝許族中各氏族的精靈。他住在岩石或水塘裡，有時會以帶有班點或條紋的雙頭蛇樣子出現。

馬薩萊基本上是狩獵之神，也是會對侵入者帶來恐怖災害的守護神。

但是對於懷孕中的女性而言，馬薩萊是很可怕的神。因爲他會引起流產、胎死腹中、生病，嚴重時甚至連母親都會死亡。

而且馬薩萊還能發起大風、土石流、地震或是洪水。在阿拉貝許族的神話中，就有個故事是

說因爲觸怒了馬薩萊，而使得整個村莊滅亡。這個時候，整個村裡就只有一名女性獲救，這是因爲只有她沒有吃村人捕獲的兔子肉的緣故。

結果這名女性也因此獲得一種特殊能力，她的身體能夠生出山芋（yam，一種食用芋類），這使得跟她一起生活的都受到了恩惠，因此大家都很感謝她。

（→史馬蘭格 Tsumarangu）

人類
基督宗教

子狀況老是不好（事實上路德有便秘的症狀）。

（→撒旦 Satan〈中世紀歐洲〉、彼得大帝 Pyotr I Alekseyevich、梅菲斯特 Mephistopheles）

禍祟神
日本

展開挖掘作業時，相關人員同樣事故頻傳。

（→早良親王 Sawara-shinnou、菅原道眞 Michizane Sugawara、崇德上皇 Sutoku-joukou）

M

170 譯注：「神田明神」是位於東京都千代田區外神田的神社。祭
祀的神明有大己貴命（おおなむちのみこと）、少彥名命（す
くなびこなのかみ）、平將門等等。又稱爲神田神社。

氏族神
巴布亞新幾內亞

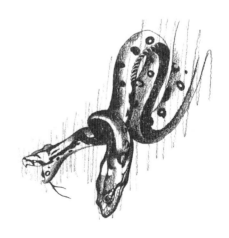

Matara-jin
摩多羅神（またらじん）

摩多羅神

慈覺大師圓仁[171]（794-864年）回國時在遣唐使的船上感應到的神。他以像是威脅般的口吻說：「這是妨礙我們修行的神，如果我們不祭拜他的話，恐怕無法達成往生的願望吧。[172]」

於是摩多羅神就成了佛教的守護神，由歷代天皇主持的天台密教（日本佛教的密宗之一）的玄旨歸命壇來負責祭祀。但是這個摩多羅神實在是十分詭異的神。江戶時代中期的學僧覺深說：「此乃來歷不明神，應非日本或中土之神」。也有人認為摩多羅神就是往生之神荼枳尼天[173]

（Daginiten），不過從今日著名的京都太秦，廣隆寺的牛祭中，摩多羅神頭戴戴北斗七星出場，因此一般相信他是深受道教影響的神。

這個神被認為是邪神的最大理由是他周圍有兩尊童子神陪祀。據說這兩童子神會嘴裡唸著「梭梭洛梭尼，梭梭洛梭」「悉悉利悉尼，悉悉利悉」的句子，邊唱邊跳。而「梭梭」代表著小便，「悉悉」則是大便，而且「悉悉利」其實指的就是當時寺院裡盛行的「眾道」（也就是男色），因此，江戶前期時，玄旨歸命壇被幕府視為

Matuku
マツク

瑪圖克

他是波里尼西亞的食人巨人。

威塔莉（Whaitari） 與凱丹卡達（Kai-tangata）的子孫中有個叫做瓦西耶洛亞的男子。他的妻子懷孕時，想要吃點珍奇的食物，於是瓦西耶洛亞便到遠地去為她張羅，但是卻被當地的食人巨人瑪圖克給吃掉了。

妻子生下了一名男孩，取名作拉達。

拉達長大後決心為父報仇，帶著幾個部下，搭著圓木舟出發了。

來到某個島上，他們遇到了一個食人巨人。

巨人打算吃掉他們，但是拉達用魔法將他的部下的數量變得人山人海，幾乎將要整個岸邊都占滿了，見到這種情形巨人也沒辦法對他下手，於是便誘騙拉達到他家去。拉達來到巨人的家，但是識破巨人所設的陷阱，反而用計騙巨人去打水，並且將水源用魔法隱藏起來。巨人找啊找的都找不到，終於累倒了。拉達將燒得滾燙的石頭放進他的嘴裡將他殺死了。

瑪圖克聽到這個消息很害怕，他躲到地下的洞穴裡頭。拉達來到他的洞穴前，故意擺上成堆

Maxwell's Demon
マクスウエルの惡魔

馬克士威的惡魔

這是19世紀的科學家馬克士威[174]（James Clerk Maxwell）的假設中出現的惡魔。

這個宇宙有熱量高與熱量低的地方，不過最終當宇宙中所有的熱量都達到平衡的時候，宇宙就會平均化進入一種停滯的狀態。但是如果有一種能夠改變自然狀態的「小惡魔」存在的話，那會變得怎樣？

例如說，有個二個相鄰的房間，這兩個房間有一個僅能夠讓一個分子通過的小門。而這個「惡魔」負責開關門，選別移動速度快（高溫的）

與慢（低溫的）的分子，於是一個房間中就只有移動快的分子，另一個房間中則只有慢的分子。於是這兩個房間就會產生溫差，而既然有溫差我們就可以利用它來汲取能量，這樣一來有動機就有可能實現‧‧‧以上就是他的假設。

20世紀俄國作家史卓加斯基兄弟[175]（Arkady Natanovich Strugatsky & Boris Natanovich Strugatsky）的小說中，這個假設的惡魔變成巨大魔神出場，書中馬克士威的惡魔一樣是負責開關門，但是因為身體實在太大了所以負責的不是選

■邪神·往生神
■日本（佛教）

邪教而下令撤銷了。
（→常世神 Tokoyo-no-kami）

■食人巨人
■波里尼西亞

的好吃食物然後設下陷阱。瑪圖克肚子餓得頭昏
眼花，受不了眼前的誘惑，結果出了洞穴要吃這
些東西時，被陷阱夾住，就這樣被拉達所殺了。
（→哈烏美亞 Haumea）

■假想的存在物
■物理學

別分子，而是在蘇聯國內的魔法妖術科學研究所
中當門僮。

Men In Black, Black men
黑衣の男（こくいのおとこ）

黑衣人

在 UFO 懸疑書籍中，必會登場的「黑衣人」，是現代都市傳說中的代表。

第二次世界大戰後，他們才在都市傳說中頻繁登場。正如其名，黑衣人全身上下穿著彷彿出席喪禮般的黑衣及黑帽，經常三人一組，乘著一部舊式黑色的 BMW 四處奔波。對研究 UFO 的人施以恐嚇、竊聽，並任意檢查他人的包裹郵件，有時還假裝是鄰居或是扮成其遠親。偶爾，還會不小心洩漏一些未來的情報。

黑衣人的存在，比起將 UFO 當作國家研究機密，還不如說是掩飾自己國家（或是外星人），令人感到畏懼不已。

順道一提，在中世紀魔宴中，就有一位被稱爲「黑衣人」的惡魔。說不定，這也是其中一位。

（→天蛾人 Mothman）

Mephistopheles
メフイストフエレス

梅菲斯特

這是德國詩人、作家歌德（Johann Wolfgang von Goethe，1749-1832）的著作《浮士德》中登場的惡魔。一般認爲中古世紀德國民間流傳的故事中出現的梅佛斯特（Mephostophiles）應該就是這個梅菲斯特的原型。

梅菲斯特雖是個惡魔，但在歌德將他設定爲代表「爲成就大惡而行善的力量」，他剛登場的時候，並不是個恐怖的惡魔，而是一個身軀瘦弱，微微駝背，鷹勾鼻的男子，臉上浮著嘲笑似的笑容。不過他畢竟是個惡魔，能夠變身成種種樣子，變成尨犬跟在浮士德身旁散步，或者變成旅行的學生待在浮士德的書齋中。而在要與浮士德簽訂契約時，則是變身成西班牙的貴族。

與浮士德訂契約的場面相信是以《舊約聖經》中的〈約伯記〉爲參考。契約的期限是到浮士德唸出「啊啊！你眞是美好無匹！請你駐留！」爲止。在那之前恢復年輕的浮士德經歷了種種的事件。

最後浮士德所希望的新國土建設完成時說出了那句話，惡魔終於獲得了勝利。

Michizane Sugawara
菅原道眞（すがわらのみちざね）

菅原道真

承和 12 年（845 年）時漢學家・藤原是善的三男。得到宇多天皇（在位年間 887 年～897 年）作爲後盾，於昌泰 2 年（899 年）被拔擢爲右大臣（掌管太政官[176]事物之職）。是繼吉備眞備後第二位以學者身份出仕的特例。

然而，延喜元年（901 年），被認爲有謀反的可能，而被醍醐天皇（在位年間 897～930 年）降職爲太宰權帥[177]（掌管太宰府事物之官），貶至九州。爲了取消這項命令，菅原道眞想盡一切辦法手段，卻都失敗。死於延喜三年（903 年），終生沒再踏入京都半步。

在這之後，京都城內雷雨頻繁，傳爲化身雷神的菅原道眞所爲。接著延喜 8 年開始，曾陷害他的人及其周邊陸續死亡。到了延喜 23 年 4 月，天皇爲了平息怨靈，回復他原本右大臣的地位，將左遷太宰府的飭令（天皇的命令）撤回，然而，怨靈卻持續肆虐一直到延喜 8 年，醍醐天皇駕崩爲止。此外，根據《扶桑略記》（平安末期的歷史書），醍醐天皇死後，因管原道眞怨靈之故墮入地獄。

■ 都市惡魔傳說
■ 美國

■ 惡魔
■ 浮士德

　　正當梅菲斯特要將浮士德的靈魂帶往地獄時，天使們拋落的玫瑰花瓣變成了烈火燒死了惡魔，而浮士德的靈魂獲救，被帶往天國去了。

M

■ 怨靈・雷神・學問之神
■ 日本

（→早良親王 Sawara-shinnou、崇德上皇 Sutoku-joukou、平將門 Masakado Taria）

176 譯注：古代律令制度裡中央最高機關，統掌八省及其他官廳，
　　其中職務最高的是太政大臣。左大臣居次、再來則是右大臣。
177 譯注：其中的「權」，意爲權宜，指正職以外，另外編制的官
　　員。太宰權帥，一部分是爲高官左邊時所設之職。

Mictlantecuhtli

ミクトランテクウオリ

米克特蘭泰庫特利

這是阿茲特克的死神。

他是阿茲特克主要的四大神之一，受馬雅的**阿‧普切（Ah Puch）**神的影響產生的神。阿茲特克人的雕刻或繪畫中將他描繪成有如骷髏一般的臉龐，外露的牙齒，十分恐怖的樣貌。米克特蘭泰庫特利是創出寂靜的冥界──米克特蘭（mictlan）的神。而且冥界現在也在他的掌控之下。據說米克特蘭一片荒涼，爲冰雪覆蓋的寒冷土地，毒蛇是那裡唯一的食物。

阿茲特克的王蒙提祖馬二世（Montezuma

II，1466-1520）聽到西班牙軍即將進攻阿茲特克的時候，派了使者去探訪冥王米克特蘭泰庫特利，並且讓使者帶活人的剝皮這豐盛的大禮準備獻上給他，因爲當時流傳著調和之神魁札爾科亞特爾（Quetzalcoatl）即將復位的說法[178]〈國王認爲西班牙的司令官科爾特斯（Hernan Cortes，1485-1547）可能就是魁札爾科亞特爾〉，因此想要知道米克特蘭是否平安無事。

根據傳說，米克特蘭泰庫特利是13個天國中，第六個天國──叫做「依爾菲卡特爾‧瑪瑪爾

Mishaguji-gami

ミシヤグジ神

御社具持神

他的前身是**大國主神（Ookuninushi-no-mikoto）**的次男──**御建名方神（Takaminakata-no-mikoto）**。也念作「※Mishagudi-gami」（ミシヤグチ神）。

這個神是由諏訪[179]上社神官一族的守屋氏祭拜的神，一般稱作「Moreya-gami」（モレヤ神），也寫作「洩矢神」。

他是木與石的神，算是典型的自然神，不過同時也是附身在神官上宣達意旨的神。負責宣達意旨的神官由守屋氏族人中選出。以一年爲期，當任期結束時，便要決定下任繼承者，然後將卸

任的神官殺掉。

根據日本民俗學者柳田國男[180]（Yanagita Kunio）的說法，藉由死亡的過程，得以確信神官能夠成爲神，使其薩滿巫師（Shaman）的能力得以更加強化。另外大和岩雄（Yamato Iwao）則提出爲了豐饒與生命的更新所以必須要一年殺掉一個主祭的神官，而該名死去的神官則是被視爲御社具持神自身的化身。關於這個說法福芮哲[181]（Sir James George Frazer）的《金枝》（The golden bough）中也有提到類似的例子，相信比柳田的說法更接近眞實才是。

Mokoi

モコイ

莫可伊

莫可伊這個名字是「惡靈」的意思，是住在澳洲的原住民阿波吉尼族中的一部族姆倫金人（住在北澳）信仰中的惡靈。

姆倫金人認爲，人幾乎不可能因爲年老而死。而會導致死亡的生病或受傷的原因只有兩個。

一個是儀式上的不純淨，祖先之靈幽魯倫格爾曾經因此生氣地吃掉兩個行近親相姦的女人與其子孫。

另一個原因就是莫可伊害的。不過莫可伊並

不會主動害人，他會害人是因爲薩滿巫師的黑魔法驅使的。因此姆倫金族人對於這種邪惡的巫師非常地恐懼。所以他們會向好巫師求救。好巫師則會呼喚出與自己親善的靈來與莫可伊相戰。

死神
阿茲特克

法索坎」的火焰天國的神明。

178 譯注：魁札爾科雅特爾，或譯作羽蛇神。會有這個說法是因爲
當初蒙提祖馬之部族能有統治權就是將魁札爾科雅特爾趕跑後
才獲得的，而傳說他將會從東方率領眾神的軍隊回來。1519
年科爾特斯率領軍隊到來時，正好是傳說中魁札爾科雅特爾的
回歸年，而西班牙軍又剛好從東岸上陸，因此才會有此傳說。

禍祟神
日本

　　御社具持神爲東北地方的獵人們信仰的神，
因此說他是繩文時代[182]的神應該是沒有問題。

179 譯注：諏訪，音「suwa」，爲甲斐（Kai，及今日長野縣的一部
份）的中心都市，位於日本本州島中部。
180 譯注：生卒年1875-1962年。日本著名民俗學者，在民族學的
研究上留下許多重大貢獻。代表著作有《遠野物語》《桃太郎
的誕生》《蝸牛考》等。
181 譯注：生卒年1854-1941年。受封爲唐姆斯爵士（Sir James），
爲英國人類學家、民俗學家和古典學者，《金枝》爲其重要著
作。
182 譯注：日本考古學上的時代斷限，由舊石器時代一直持續到西
元前三世紀彌生時代開始。

M

惡靈
澳大利亞

Moloch（Molech）

摩洛

這是英國詩人密爾頓的敘事詩《失樂園》（1667）中登場的造反天使（惡魔）。名字的意思是「王」，有時也被稱作「持杖的王者摩洛」。密爾頓說明他是《舊約聖經》〈利未記〉〈列王紀〉中提及的異教神的前身。異教之神摩洛是個渴求犧牲的火神，因此作者也在《失樂園》中強調他凶猛的性格。

追隨撒旦旗下反抗神的這些造反天使中，密爾頓特別凸顯出摩洛的主戰派軍人性格。而且他個人的戰鬥能力似乎也是天國中數一數二的強。

只是在背神之後，其原本天使的光榮與能力似乎也跟著減弱了，在第一次交戰之時，摩洛勇猛地向天使加百列挑戰，但是反而卻反遭痛擊，不得不敗戰逃亡。

摩洛的性格直率而欠思慮，自己也坦承並不擅長思考策略。但是他絕不是個膽小之輩，既使墮入地獄也毫不後悔，而且也不畏懼死。在這些造反天使們墮入地獄後第一次召開會議時，摩洛提出對天國進行絕地的反攻。

（→撒旦 Satan《失樂園》、摩拉克斯 Morax）

Momiji

紅葉

傳說[183]中奧羽會津地方（福島縣[184]西部）有一對姓伴笹的夫婦，他們向摩利支天[185]祈求賜子之後，生了一個女孩，為她取名作「吳葉」。吳葉生得一副絕世的美貌，於是當地的一名富豪上門來提親。但是由於他們一家都懷有到京都發展出人頭地的野心，因此吳葉用摩利支天授與的魔力做出了替身，將替身嫁出去，收下聘金，然後就到京都的四條通做生意了。

有一次源經基[186]的夫人經過店外，被店裡傳出的琴聲吸引，因而結識了吳葉。之後吳葉就經常出入源家的宅第。不久受到經基寵愛的吳葉懷

孕了，正妻對她而言就成了妨礙者，於是用她的魔力變成了女妖，每晚每晚去折磨夫人。源夫人向比叡山的僧侶求助，讓吳葉現出了原形。於是吳葉被抓住，流放到戶隱（長野縣北部）去了。

之後吳葉改名作紅葉，取得村人的信任後，又顯露女妖的本性，開始吃人肉、喝人血了。於是朝廷派遣武將平惟茂[187]前來討伐，經過一番苦戰後，用降魔寶劍將紅葉打倒了。

附帶一提，據說紅葉底下有許多女修行者跟隨著她，其中較有名的是一名叫做阿萬，體格壯碩力大無窮的女人。

Morax

摩拉克斯

這是假託是所羅門王所寫，但實為17世紀時魔法書之《雷蒙蓋頓》（Lemegeton，又名《The Lesser Key of Solomon》）的第一部〈哥耶提雅〉中記載的72隻惡魔之一。別名「※佛拉克斯」（Farax，フォラクス）「※佛萊伊」（Foraii，フォライー）。

他的外型是長了牡牛頭的人。一般認為他是從《舊約聖經》中〈利未記〉〈列王紀〉中記載的，亞捫人信仰的神摩洛（※Molech，或作Moloch）衍生而來的惡魔。

雖然原點是由邪神摩洛而來，但是《雷蒙蓋頓》中的摩拉克斯卻差的多了。他與斯托剌（Stolas）與單卡拉比（Decarabia）相同，可以讓人瞭解礦石與植物的秘密，授予人占星術的知識等等，能力上並不特別。據說也可以給予魔法師們供人差遣的精靈。

19世紀法國作家普朗西在他的《地獄辭典》中並非以摩拉克斯，而是以「摩洛」（Moloch）這個名字來介紹他。該書的插畫家將他畫成坐在王座上，中古風格的王（頭是牛頭），給人強烈的

■造反天使
■失樂園

■女妖・魔女
■日本

（→安達原的妖婆 Adachigahara-no-onibaba、宇
治橋姬 Uji-no-hashihime）

183 譯注：此一傳說也有改編成能樂（日本傳統戲劇）的戲碼，名
　　稱就叫做「紅葉狩」。只取材傳說的後半。故事大綱為武將平
　　維茂上山狩獵，遇到了美女紅葉，紅葉邀請他一起喝酒，結果
　　醉的不省人事的時候紅葉露出女妖本色，危急之際八幡菩薩出
　　現拯救，並授與維茂一把神劍，維茂藉著神劍的威力終於降服
　　女妖。
184 譯注：為日本本州東北部偏南的縣。
185 譯注：原本是印度民間信仰的神，隨佛教傳入日本，據說膜拜
　　他可得平安、富貴、勝利的恩惠。
186 譯注：日本平安朝中期的武將，為清和源氏的始祖。開創日本
　　鎌倉幕府的源賴朝即屬清和源氏。
187 原書是寫作平「惟」茂，不過日本史上真有其人，名字寫作平
　　「維」茂，或許是原書作者的筆誤也說不定。

■惡魔・所羅門的惡魔
■雷蒙蓋頓

印象。結果在這張插畫的影響下，摩洛到現代也
還是很有名。

摩莉甘

別名「茉莉格」（モリグ），她是塞爾特的戰爭女神，一有戰爭必定會出現在戰場上，用她的魔力爲戰局帶來種種不可思議的影響。

雖然有時她也會以女性的樣子上戰場，不過她也會變身成各種動物。如果是以女性的樣子出現的時候，據說是坐在兩頭鮮紅色的馬拉的馬車上，手裡拿著兩把槍，身上穿著鮮紅色的衣服與外套，而她的眼裡則閃耀著不祥的鮮紅光芒。

摩莉甘有三名侍女，名字分別是**瑪哈**（**Macha**）、涅芙（Navan）、**芭德布**（**Badb**），她

們合力讓戰場佈滿了霧，下起火雨，流起血的河川來。而她們的喊叫聲據說擁有讓戰士們狂暴化的魔力，聽到她們的叫聲，戰士們就會變得不畏死亡，心中充滿憤怒，奮力殺敵了。摩莉甘與她的三名侍女經常被視爲同一人。認爲這是「戰爭女神」此一神格的種種體現。

另外摩莉甘在亞瑟王傳說或克荷林[188]（Cu Chulainn）的故事等等英雄傳說中經常以誘惑英雄的魔女身份出場。在基督宗教傳入後則經常被認爲是會令王國滅亡的魔女，代表了基督教傳

莫特

這是迦南[189]（Canaan）的冥界之神，象徵著「死亡」與「荒蕪」。他是迦南的主神**巴力**（**Ba'al**）的敵人，他會將巴力打倒並且殺死他。

據說莫特所統治的冥土稱作「不祥」，而他的都城則叫做「毀滅」，王座的名稱則是「荒廢」。

巴力向莫特挑戰，但是莫特對巴力說，巴力最終將會被他所吞入進到冥界去吧。這是因爲代表豐饒的神巴力與代表荒蕪的神莫特以一年爲期的爭鬥下，最後荒蕪的時期終會到來的緣故。

在兩人的戰鬥下，最後巴力倒地死去。這時

巴力之妻阿那特埋葬了巴力。阿那特向莫特求情，希望他讓巴力從冥府歸來。但是莫特拒絕了，於是阿那特便以她的實力將丈夫救回。

她將莫特抓了起來，撕裂成兩半，以鐵鍬將他打飛，用火燒烤，用石臼將他磨成粉末，灑在原野上。

於是莫特就這樣死去，而巴力也因此復活了。

這可以說是代表了雨季與乾季輪替的神話。

天蛾人 [190]

這是與殺人小丑大約同時期，1960年代到1980年代之間在全美各地出現的怪生物。

根據目擊者的說法，特別是在外星飛行物體——也就是UFO大量目擊的地點特別容易發現天蛾人出現。此外也有聽說過天蛾人啃咬牛隻吸牠們的血，或者也有接到有人目擊他侵襲生理期中的女性的報告。因此現在也有研究家認爲牧牛一連串離奇死亡的事件（cattle-mutilation，意思就是牛隻肢體被切除）就是天蛾人所爲。

關於天蛾人的外表特徵，以一句話來形容的

話，就是「長了蛾頭的大猩猩」。目擊證言中或說他有手或說沒有手，或者說手與翅膀一體化等等，說法不一。但是天蛾頭與猩猩的身體則是共通的。

洛杉磯金門大橋（Golden gate bridge）爆破未遂事件的前幾天，也有人宣稱目擊到類似天蛾人的生物在橋邊徘徊。

天蛾人已經可以說是相當有名的都市傳說了。因爲我們身處現代所以自然而然地會聯想到UFO，但是如果是古代的話多半就會把他當成吸

戰爭女神
塞爾特

入前，巫術時代的面相。

188 譯注：光神魯夫的兒子。名字意思是「猛犬荷林」，自幼就勇
猛無比，擁有魔槍蓋伯格（Gaybolg）。

死亡與荒蕪
美索不達米亞

189 譯注：古代稱小亞細亞地中海沿岸及約旦河流域爲迦南，即今
日的巴勒斯坦（Palestine）。

都市惡魔傳說
美國

血鬼或惡魔的一種了吧。
（→黑衣人 **Men In Black, Black men**、**紐澤西惡魔**
New Jersey Devil）

190 譯注：好萊塢中也有據此題材拍成的電影，名字就是
「Mothman」，中譯「天蛾人」，由李察吉爾主演。

Mulciber
ムルキベル

瑪爾西巴 191

　　他是《失樂園》（1667年）中出場的造反天使（惡魔）之一。根據作者密爾頓的設定，他是希臘神話中火神、工匠神的赫發斯特斯[192]（Hephaestus），也就是羅馬神話的兀兒肯[193]（Vulcanus）的前身。並且說明《荷馬史詩》中提到他被宙斯從天上丟下來這一段其實就是暗示著他墮天的經過。瑪爾西巴這個名字其實就是赫發斯特斯的義大利文說法。

　　因為他是赫發斯特斯的前身，因此他是個很擅長鍛造工作的天使，同時也是個優秀的建築師。在墮入地獄之前他為天使們建造了許多高塔與壯麗的住處。而大逆不道的天使撒且在起兵造反時，他加入撒且陣營時似乎也為他們打造了許多兵器。但是或許是因為背離了神，原本瑪爾西巴作為天使時的優秀能力也逐漸衰退，並不見那些武器發揮出強大的威力。

　　墮天之後，瑪爾西巴與他的徒弟們靠著**瑪門**（Mammon）提供的黃金，為造反天使們在地獄築起了一座巨大的住處，稱作「萬魔殿」（→**撒且Satan**《失樂園》）

Muouderu
ムオーデル

姆歐迪爾

　　這是奧地利傳說中的幽靈軍隊。據說一到晚上就可以看見一大群的幽靈軍隊浮在空中數十公尺高飛馳通過十字路口。這時可以聽到可怕的喊聲與吼叫聲，甚至車輪的響聲（明明就是浮在空中居然還有車輪聲！！）。

　　這群稱作姆歐迪爾的幽靈軍團的最前面，有個騎白馬的男子吹著號角並且喊著：「讓開讓開！！不閃開的話就危險了！」只不過他所說的話人沒有辦法聽懂。

　　這批軍隊不只有步兵與騎兵，據說也有坐著火焰馬車或是黑色馬車的部隊。

　　如果不幸遇到了姆歐迪爾的話，如果附近有十字架就緊抱著十字架並且將眼睛緊閉起來。這樣的話軍隊就會直接通過不會加害，但是如果一旦睜開眼睛，據說就會因此而失明。

　　但是如果附近沒有十字架的話，那就立刻躺在地上並且雙手張開做出十字架的形狀來。這樣做的話頂多只會被驚嚇到而已，不會有性命的危險。但必須要注意的是作十字架必須要躺著，因為如果是站著的話，難保不會被軍隊拖著跑。

Murmur
ムルムル

姆爾姆爾

　　這是假託是所羅門王所寫，但其實為17世紀魔法書的《雷蒙蓋頓》（Lemegeton，又名《The Lesser Key of Solomon》）的第一部〈哥耶提雅〉中記載的72隻惡魔之一人。另外以模仿啟示文學《以諾書》所作的《偽以諾書》上面也有記載這個惡魔的名字。

　　他出現在召喚者面前時，乘坐在獅鷲之上，外型是個體面的公爵。以嘈雜的大聲講話，據說在墮天以前屬座天使的階級。

　　姆爾姆爾能給召喚者哲學的知識，但是他的能力中最受人注意的是降靈術。不管是哪個死者的靈魂都能呼叫來，讓他與生者交談。因此他與擁有相同能力的**加麥基**（Gamygyn）都很常被魔法師們召喚。

　　19世紀法國作家普朗西在他的《地獄辭典》中說他是坐在禿鷹上的大公爵兼伯爵。不過在能力上與《雷蒙蓋頓》或《偽以諾書》上記載的十分不同，說他是司掌「音樂的惡魔」。並且該書中很難得的，並沒有談到他在地獄掌管的軍團數。

造反天使
失樂園

191 譯注：關於這一個造反天使，桂冠出版的中文版《失樂園》中認爲他就是瑪門，瑪爾西巴是瑪門的別名。
192 譯注：文中根據的是志文出版社出版，赫米爾敦著的《希臘羅馬神話故事》的譯名，或譯作哈派特（志文出版社，舒維普《希臘羅馬神話與傳說》）、赫斐斯塔司（桂冠，《失樂園》）等。
193 譯注：文中根據的是志文出版社出版，赫米爾敦著的《希臘羅馬神話故事》的譯名，或譯作伍爾綱（桂冠，《失樂園》）。

幽靈軍團
奧地利

（→加魯海姆的惡魔 Demon〈Karuhaimu〉、戴拉·布蘭卡 Dera Buranka、樅樹中的惡魔 The demon in fir）

惡魔·所羅門的惡魔
雷蒙蓋頓·偽以諾書

Muruaduru · Nheyangaru
ムルアヅル・ンヘヤンガル

姆爾阿茲・恩黑陽家爾

這是住在西太平洋帛琉群島中恩黑陽家爾地方的惡神。

據說他會在人生火的時候出現，張開血盆大口，一口氣就吞下五個人。因此村人都害怕逃了出去，結果只有一個老婆婆來不及逃而留了下來。老婆婆沒辦法只好躲在流木的洞穴裡，在那裡生了兩個男孩。

小孩長大後問母親爲什麼村裡都沒人？老婆婆回答說大家都逃到叫做加薩坎的地方去了，一生火惡神就會跑出來，所以千萬不能生火。

好強的兩兄弟，聽到這些話就去收集了大量的薪柴將石頭丟進柴裡燒的滾燙。於是惡神立刻從海中衝了出來，兄弟倆立刻將火熱的石頭丟進他的嘴裡。他們總共在三個地方烤石頭，惡神來到第一個地方時他們就在第二個地方將石頭丟入火中準備，於是用完三個地方的石頭終於將惡神打倒了。

惡神痛苦萬分繞著珊瑚礁最後死去，據說那片珊瑚礁因此而圓圓地鼓起來了。

（→艾拉帝穆Eratemuu、布烈其Bururekki、姆

Muruadurukuuru
ムルアヅルクール

姆爾阿茲庫爾

這是西太平洋上的帛琉群島中，貝里琉島上叫做卡西亞斯的地方的惡神，是個食人者。而且這個惡神的嘴巴與一般人不同，竟然是縱著長的。

卡西亞斯的居民害怕他，因此逃到一個叫做米雲斯的地方，但是一個叫做伊莉莉絲的老婆婆來不及搭船而被留在那裡。老婆婆沒辦法，只好呆在叫做伊魯魯的洞穴裡。在那裡老婆婆生了兩位神明。哥哥叫做魯斯·貝得格爾（身上長了針的人），弟弟叫做賀雷亞爾·貝得格爾（身上長了

瘤的不死人）。

當他們十五歲的時候，兄弟倆問母親爲何要吃生肉而不吃熟肉？老婆婆回答如果生火會被惡神發現將他們吃掉所以只好生的。於是兄弟倆來到渡船口一邊唱歌一邊釣魚，果然姆爾阿茲庫爾立刻聞聲而至。哥哥自己衝進他的肚內，將他的肚子抓破，而弟弟則是在外面用石頭丟他，最後終於將惡神打倒了。

於是兄弟兩人從回來的村民那裡獲得移到阿·拜（公共房，一種共同式的住宅）壞掉的時

Myouchin
妙春（みようちん）

妙春

這是江戶時代的長篇傳奇小說《南總里見八犬傳[194]》中登場的妖狸。曾經餵乳給失去雙親的幼犬八房（玉梓轉世而成的狗）。

原本妙春與里見家絲毫沒有關係，但是因爲授乳給八房，結果也同時被八房中玉梓的怨念不斷的影響，獲得神通之力的同時，也被那股怨念所牽動。

妙春在八房成佛後，幻化成人形，自稱八百比丘尼[195]，來到里見家的濱路姬的面前。另外向濱路姬求親被拒的蕢田素藤則尊稱她爲天助尼

公。其後妙春慫恿蕢田素藤起兵造反。不過最後蕢田被犬江親兵衛趕出城外，這時妙春救了他，逃到山中躲藏起來。

後來《八犬傳》改編至各種媒體上時，經常將玉梓視爲眞正的元兇，是一切的罪魁。但是實際上在小說中八犬士們最後的敵人其實是妙春與蕢田素藤。

僅僅是因爲好心照顧了八房，結果使得一隻普通的狸貓變成故事中罪大惡極的妖魔，這恐怕只能用悲哀來形容了。

姆爾阿茲·恩黑陽家爾／姆爾阿茲庫爾／妙春

惡神
帛琉

爾阿茲庫爾 **Muruadurukuuru**）

惡神
帛琉

候可將那房子拆了當薪木使用的權利。因此現在
當地留有當村裡的阿·拜壞掉的時候，獨棟的房
子可以獲得薪木的習俗。
（→艾拉帝穆 **Eratemuu**、布烈其 **Bururekki**、姆
爾阿茲·恩黑陽家爾 **Muruaduru·Nheyangaru**）

M

怨靈·妖狸
日本

194 譯注：《南總里見八犬傳》，作者瀧澤馬琴（1767-1848）費了
　　28年才完成的長篇大作。主要內容在敘述安房里見氏的公主伏
　　姬受了妖犬八房的妖氣而生出八個孩子，分別代表仁、義、
　　禮、智、忠、孝、信、悌八種德行的八個勇士們的活躍故事。
　　全書充滿了賞善罰惡的思想，為江戶時期讀本文學的代表作之
　　一。
195 譯注：日本自古以來就有的傳說人物，原本是個普通的比丘尼
　　（尼姑），因為吃了人魚的肉而不老不死活了八百歲。

195

バビロンの大淫婦

巴比倫的大淫婦

巴比倫是美索不達米亞的古都。過去猶太族曾被抓來在這裡當奴隸過。對猶太人而言，巴比倫不只是個過渡浪費奢侈的都市，在道德上更是頹廢與邪惡的象徵。不僅是猶太教，基督宗教與伊斯蘭教都有這樣的概念。

因此在《新約聖經》的〈啓示錄〉（Revelation）中，約翰說在世界末日到來時，會有個「巴比倫的大淫婦」出現。這個美女身穿紫色與朱紅色的衣服，用金子、寶石、珍珠爲妝飾，手拿金杯，杯中盛滿可憎之物。她騎著一隻

朱紅色的獸，立於水上，獸長有七頭十角，身體上遍佈褻瀆神的名號。

如果從〈啓示錄〉的描寫來看，與其說這個女人是眞正的人類倒不如說她就是巴比倫這個都市本身，充滿了罪惡與誘惑的象徵。朱紅色的獸，他的頭是七個崇拜惡德背離眞神的王（或說羅馬皇帝），十個角則是十個僭主，而水當然就是眾多的人民與國家與語言的象徵。

後來的基督宗教僧侶經常用這個字詞來責罵自己討厭的城市（有時候也會用來罵女性）。

Naberius

ナベリウス

納貝流士

17世紀的魔法書籍《雷蒙蓋頓》（Lemegeton，又名《The Lesser Key of Solomon》）的第一部〈哥耶提雅（Goetia）〉中記載的72名惡魔其中之一。

他有數個別名，如「※舍惹布斯」（Cerebus，ケレブス）「※克雷狽如斯」（Kereberus，ケレベルス）等，不過從當中的「※舍惹狽如斯」（Cerberus，ケルベロス）這一個別名看來，這個惡魔的來源就很清楚了。這個惡魔應該是希臘神話中的地獄看門狗地獄犬（Cerberus）經過惡魔學

的學者附加了種種想像，最後變成了完全不同的惡魔。

依照傳說他長得像公雞，或者說是像烏鴉，不過受到其來源的影響，他也有三個頭。他會教導召喚者邏輯學或修辭學，給予人回復名譽或愛情的力量。

作家普朗西的書《地獄辭典》中將他寫作「舍惹狽如斯」這個名字，說他是地獄的侯爵，19個軍團的指揮者，並且是掌管美術的惡魔。該書的插畫家布爾頓將他畫成了穿著貴族服裝，有著

Naga

ナーガ

那迦

在亞利安人入侵以前，印度原住民所崇拜的蛇神。這個蛇神信仰後來也被納入佛教或印度教信仰中，但是或許因爲印度代表性的蛇爲有劇毒之眼鏡蛇，因此經常被說成是惡魔。

那迦（或譯蛇龍）乃支配地底世界之神。擁有七個眼鏡蛇的頭，額頭上有枚寶石閃耀光芒，那光照亮地底世界以及信仰牠的信者的黑暗。那迦因喝了神鳥迦樓陀[196]（Garuda）掉下的阿摩利陀（amurita），亦即蘇摩酒（soma），所以能長生不死。一般說來，蛇神信仰經常會與水有關，那

迦也不例外，擁有呼雲喚雨的魔力。

那迦在新宗教，也就是印度教與佛教中被當成惡魔。不過在佛教中最後牠皈依向佛，以八部眾之身份加入曼陀羅中。在印度教中，牠也在攪拌乳海的儀式中，吐出體內的毒素，身體得到淨化最後成爲神，後來變成皮帶纏在**濕婆（Siva或Shiva）**腰間，專門捕捉惡魔。

都市
基督宗教

（→撒旦 Satan〈中世紀歐洲〉）

惡魔・所羅門的惡魔
雷蒙蓋頓

三個狗頭的烏鴉。因為這張插畫，原本就已大大
不同於希臘神話的看門犬形象，更是變得毫不相
關。（→菲尼克斯 Phoenix）

惡龍
印度

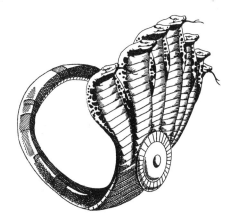

196 譯注：爲毗濕奴（Visnu 或 Vishnu）神的坐騎。

Namuci
ナムチ
那牟質

仙人迦叶波（Kasyapa）與妻子陀奴（Danu）生的※檀那婆（Danava，一種惡魔）之一。在另一本書《伐由往世書[197]》（Vayu Purana）中則說他是※毗婆羅吉提（Vipracitti）與※達伊提耶（Daitya，一種惡鬼）的公主※辛悉迦（Simhika）之間的兒子。

過去※因陀羅（Indra雷神）與檀那婆爭戰的時候殺了那牟質以外全部的檀那婆，但是卻被那牟質給抓到，於是因陀羅答應他一個條件才獲得自由。這個條件就是「不管是晚上或白天，不管用乾的還是濕的武器，都不能殺那牟質。」

後來那牟質還利用這個條件偷了因陀羅的不死神酒。

於是因陀羅向雙馬童[198]（Asvin）與娑羅世伐底女神（Sarasvati）[199]祈求，希望他們借給他力量。他們給因陀羅非濕也非乾的水泡做成之武器，其名字叫做金剛杵（Vajra雷電）[200]。

後來那牟質就被因陀羅用這個武器，在既不是白天也不是晚上的黃昏裡斬下頭顱而死。[201]
（→底提 Kotavi、伯利 Bali）

Nasu
ナス
納蘇

瑣羅亞斯德教的女惡魔。外型是蒼蠅，喜歡屍體，會散播傳染病。

瑣羅亞斯德教的惡魔傳說住在地下（或說是在北方盡頭）的地獄裡，地獄入口為一座巨山，山的名稱便叫「阿蘇拉的頭蓋骨」（直譯便是阿蘇拉的醜陋的頭），這裡經常會變成阿里曼（Ahrinman）與其眷屬的集會場所。納蘇就是從這個山的洞窟飛到人間的。

來到人間的納蘇會停留在有死亡與腐敗味道之處。一旦屍體無人看守，或只有一個人看守，她便會立刻從屍體的眼睛或耳朵的洞鑽入，然後散播傳染病。而且在世的時候越是有名望，如僧侶或戰士等等的屍體，其傳染的範圍越廣。

要有效防止這個女惡魔入侵屍體的方法是誦唱神聖的咒語，不然就飼養猛禽或狗。附帶一提，在瑣羅亞斯德教中，狗是十分受到尊敬的動物，不過到了回教就不見得如此。伊朗人在改信回教後，主人打狗的次數是否有增加我們不得而知，不過在文學作品中罵狗的次數增加了倒是真的。

Nelo Angelo
黑い天使（くろいてんし）
黑天使

義大利詩人但丁的敘事詩《神曲》（1307～21年作）當中登場，來自地獄的使者，又稱「黑色的智天使（Cherbini）」、或「惡天使」。在《神曲》第一部第24篇及27篇中載有其名。

不管是看守地獄下界「地帝城」城門的千人守衛、第18篇鞭打死者的惡鬼們、還是第21篇中的※馬納勃郎西（Malebranche）等，《神曲》〈地獄篇〉中雖有為數不少的惡魔居住其中，黑天使卻比這些獄吏們更高位。據諸多註釋家解釋，黑天使主要侍奉拘於地獄最下層的惡魔王※狄斯（Dis）。

如字面所述，黑天使全身闇黑，其翅可使其於地獄中自由來回。此外，黑天使亦被派遣至地面，其任務並非傳播惡種或誘人為惡，而是在惡人死亡之際，拘提其魂前往地獄判官冥羅司之前。主角但丁於地獄第8圈第8溝遇到基獨蒙勿得祿伯爵，此人因為參與教皇[202]陰謀之罪而被黑天使拘至地獄。

達伊提耶（Daitya 惡鬼）
印度

197 譯注：又稱《濕婆往世書（Siva Purana）》，以記述濕婆事蹟為
　　　主。
198 譯注：音譯「阿濕波」，為一對孿生兄弟神。
199 譯注：意譯「辯才天女」，婆羅門教、印度教文藝女神。
200 譯注：Vajra 又音譯「伐底羅」，為吠陀神話中因陀羅手中金剛
　　　杵，即雷電。
201 譯注：也有另一個版本說他被海浪的泡沫擊中結果就死了。

惡魔
伊朗

地獄使者
神曲

202 譯注：即教皇達尼發西第八。

New Jersey Devil
ニュージャージーデビル

紐澤西惡魔

據說這是實存於美國紐澤西州的生物。體長一公尺左右，臉部像馬一樣的長，長有形似袋鼠的粗大尾巴與蝙蝠一般的翅膀，用有蹄的雙腳步行移動。根據目擊者的說法，這個怪物是肉食性。

最初目擊到這怪物的時間是1730年代。後來在1840又再度傳出有目擊者，之後幾乎是每隔50年就會傳出目擊事件。到了1909年時，說親眼目睹過這個怪物或者見過他的足跡的人甚至達到了千人。根據某個可信度極低的傳說，這個怪物的誕生是有這以下的故事的。

1735年的某日，龍捲風來襲的時候，紐澤西的一群婦人由於無聊，便模仿著黑彌撒的儀式來玩，在儀式中某婦人懷中正在餵乳的嬰兒突然變身成這個惡魔，襲擊其他參加儀式的婦人及小孩，將屍骸亂啃一通之後，飛向龍捲風中消失了。

大部分的神秘學家以及一部份動物學者認為牠應該是一種UMA[203]。至少比起說牠是真正的惡魔還要有可能的多了。

Nikumbha
ニクンバ

尼空波

印度神話中叫做尼空波的惡魔有好幾個。

首先在敘事詩《羅摩衍那（Ramayana）》中，楞伽（※羅剎的都城）的魔王鳩姆婆迦哩納（**Kumbhakarna**）的兒子就叫做尼空波。這個尼空波是羅剎王羅波那（**Ravana**）的弟弟[204]，在羅摩（Rama）與羅波那的戰爭中，最後被神猴哈奴曼（Hanuman）所殺。

另一個則是在與羅摩衍那並稱的敘事詩《摩訶婆羅多（Mahabharata）》中登場。這個尼空波是信仰毗濕奴神（Visnu或Vishnu）的羅剎王缽羅訶羅陀[205]（Prahlada）的第三王子。

另外同樣在《摩訶婆羅多》中還有另外一個綁架了亞達瓦族（Yadavas）的公主婆奴摩提的惡魔也叫做尼空波。

甚至善陀普拉國的國王也叫做尼空波，只是這個尼空波並不是羅剎而是個**阿修羅（Asura或Ashura）**，他靠著苦行從婆羅門那裡獲得了除了毗濕奴神以外誰也殺不了的恩惠，而且他還擁有強大的力量，能夠變身成各種東西。但是因為不知道英雄黑天（Krsna）就是毗濕奴的化身，與他戰

9 children of Loviatar
ロヴィアタルの子供たち

羅薇塔的孩子們

羅薇塔（Loviatar）的孩子們，他們的名字分別是「疝氣」「橫隔膜炎」「肺病」「痛風」「發燒」「潰瘍」「瘟疫」「癬疥」「腫瘤」，全都是不可輕忽的疾病。

他們聽從母親的命令，前往英雄維那莫依寧的故鄉維諾拉，結果使得那裡的居民患了各種作夢都想不到的疾病，在難以言喻的痛苦中，一個接一個死去了。

維那莫依寧得知怪病的原因是羅薇塔的孩子們帶來的之後，將自己關進浴室裡，然後在蒸汽中向烏可神祈禱。說「啊啊，統御天上世界的烏可神啊，請您垂憐痛苦的維諾拉人民吧，請賜予您偉大的力量，灌注進這浴室中的蒸汽與熱水與藥裡吧，將邪惡的九個病魔趕回圖奧尼的國度，趕回東風的故鄉，趕回惡魔的洞穴裡吧！」

於是，維那莫依寧用這熱水清洗病人，讓他們做蒸汽浴，用藥草製成香油塗抹在他們身上，於是病人就這樣一個個痊癒了。

（→圖奧尼與圖奧奈達 Tuoni & Tuonetar）

都市惡魔傳說
美國

（→天蛾人Mothman）

203 譯注：尚未確定的神秘動物，Unidentified Mysterious Animal
的縮寫。

惡魔
印度

鬥的時候被殺了。

204 譯注：據《古代印度神話》：從系譜上看來尼空波似乎是羅波
那的姪子而不是弟弟（P835）。
205 譯注：參見伯利 Bali、希羅尼耶格西布 Hiranyakasipu。

疾病
芬蘭

太陽九姊妹・月亮十兄弟

布朗（Bulang）族居住在中國雲南省南部的山岳地帶，在他們的口傳故事中，這些災害神是創造神顧米亞（Gumiya）的敵人。

世界初始之時，月亮跟太陽同樣熊熊地燃燒著。它們想要破壞顧米亞創造出的美麗世界，因此同時現身攻擊。使得全世界宛如成了酷熱地獄，星辰也失去了光芒。魚的舌頭・鱷魚的頭・蛇的腳・青蛙尾巴都是在這時因為高溫而乾縮不見的。

憤怒的顧米亞想用強力弓箭將它們一一射落，但是還沒射完就已經氣力用盡，第18枝箭只有輕輕擦過月亮表面。但是月亮已經嚇得心驚膽戰，身體也完全冰冷下來。倖存的月亮跟太陽，因為畏懼顧米亞而躲了起來，世界馬上陷入了黑暗與寒冷之中。因此顧米亞就派動物們作說客，想要說服它倆現身。

太陽因為太過害怕顧米亞，遲遲不願出現，最後公雞跟它約定：「我會趁顧米亞不在的時候再叫你出來。」才使得太陽接受了大夥兒的要求。

寧圖

巴比倫神話中出場的母蛇，她是半人半蛇的女惡魔，頭上長角，左手抱著在她懷中吸奶的嬰兒。

歌詠寧圖模樣的詩中，有一首是如此說的，如下：

> 「從頭至腰
> 裸女肉身。
> 自腰到踵
> 可見蛇鱗。」

某次，一隻老鷹抓了這母蛇的兒子吃掉。母蛇大怒，向太陽神沙馬什（Shamash）控訴。神決定懲罰這老鷹，於是便命令母蛇躲在野牛屍體的內臟中。

老鷹看到野牛的屍體就下來準備要夾走，小鷹感到危險發出警告，老鷹卻完全沒有警覺。老鷹停在牛屍體上，察看了四周並沒有異狀，於是準備開始享受這一餐的時候，母蛇從內臟裡衝了出來，抓到了老鷹。老鷹向母蛇哀求原諒，但是

尼斯洛

《失樂園》中登場的造反天使（惡魔）。根據作者密爾頓的說法，他是《舊約聖經》〈列王紀〉中登場的亞述（Assyria）偶像神之前身[207]。

在這些背離神的造反天使當中，以異教神、偶像神為藍本的天使通常在反叛軍中都具有高位，尼斯洛也不例外。特別給他個「治權（權）天使之長」的地位。但是在第一卷介紹高位的造反天使卻沒有介紹到他的名字，直到第六卷時他才出現。撒旦在天國舉兵，唯一神派遣米迦勒（Michael）同加百列（Gabriel）與之交戰，結果

撒旦軍敗退。初戰敗退後，尼斯洛在軍事會議中認為天國軍比起原先預測的還要強大，如果沒有強大的武器恐怕很難獲勝。

尼斯洛這名字有「老鷹」的意義，因此他的造型也被設計成軍人的感覺，但是從初戰敗退後就顯露怯色來看，或許是個沒什麼氣魄的惡魔。
（→撒旦 Satan《失樂園》）

災害神
中國（布朗族）

因此世界就變得像今天這樣，由太陽和月亮普照大地。

母蛇
巴比倫

母蛇還是將他的翅膀拔掉丟到谷底，於是老鷹在谷底不能飛出來的狀況下就餓死了[206]。
（→舒茲Shutu）

206 譯注：國內星光出版社的《美索不達米雅神話故事》的故事稍
　　有不同，該書老鷹並沒有餓死，後來被翁埃塔納所救。

造反天使
失樂園

207 譯注：出自〈列王紀下〉19：37，原文作「一日在他的神尼
　　斯洛廟裡叩拜，他兒子亞得米勒和沙利色用刀殺了他，就逃到
　　亞拉臘地。他兒子以撒哈頓接續他作王。」

Niu-mowong

牛魔王（ぎゅうまおう）

牛魔王

《西遊記》（1570 年左右成書）中的妖魔。別名「*平天大聖」（Pingtian-tasheng,へいてんたいせい）。

孫悟空（Sun-wukong）修練仙術完後不久，在尚未於花果山自稱美猴王前曾至下界廝混度日，當時他與六魔頭義結金蘭，牛魔王便是七兄弟中的大哥。

平天大聖之名是當孫悟空自稱*齊天大聖（Qitian-tasheng）時仿效而成之名。其原形為巨大白牛。

當孫悟空成為唐三藏弟子，於取經之旅中擔任保鑣，牛魔王後來與他發生激戰。

起因為孫悟空與牛魔王之子**紅孩兒（Hung-haierh）**的紛爭。當時孫悟空降服紅孩兒後將他引渡與觀音菩薩，兩人因此結下樑子。之後孫悟空又與其妻羅剎女鐵扇公主發生糾紛。結果往日的結義兄弟就此完全為敵。而他亦不愧為孫悟空之結義兄長，實力與孫悟空不分軒輊。兩人之戰為《西遊記》中盤高潮。

然而孫悟空得天將之助後，終於擊敗牛魔

Nuliajuk

ヌリアジュク

努莉雅尤克

尼切里克族[208]傳說中出現的海獸之母。與依努依特[209]（Inuit）神話中的海之女神賽德娜（Sedna）非常的相似。

過去，每當要找新的狩獵地時，也就意味著要捨棄現在所居住之處。人們忙著將獸皮縫合做成小舟。但是人數太多，小舟的空位不夠。

努莉雅尤克是孤兒，原本同其他的少年一起搭同艘小舟，但是其他少年們將她推下海，努莉雅尤克用手緊抓著船緣想要爬回來，但是少年們用小刀將他的手指切斷，於是她便落海了。

隨著她的下沈，被切斷的手指一支支變成了海豹，而她也變成海的精靈，變成了所有海獸之母親，甚至連地上的生物也聽命於她。她在海底建造了與陸上毫無兩樣的房子，在恐怖精靈的包圍下過生活。現在努莉雅尤克正張大眼睛監視著人類是否有打破禁忌。一旦有人打破禁忌，不管是多麼的小，她都會將所有的動物隱藏起來。這樣一來人類只有靠薩滿巫師（Shaman）的力量才能夠再度看到動物了。

（→依皮屋普・因紐雅 Ipiup Inua、溫敵哥

Nyarlathotep

ニャルラトテップ

奈亞魯法特

在克蘇魯神話中，有名字的神幾乎全都是破壞神或邪神。而在這些神當中最接近「惡魔的概念」的，恐怕就是奈亞魯法特了。別名也叫做「無形之神」，從完全就是一副怪物妖魔的樣貌，到與人類別無兩樣的形貌，他都可以輕易的變形。

克蘇魯（Cthulhu）諸邪神中，很多神不是完全沒有知性，不然就是精神構造與人類截然不同。可是奈亞魯法特乃少數擁有「明確意志」「會用語言與人類溝通」「具有優秀知性」的神。雖然

擁有神般強大的破壞力，但是卻偏好誘人犯罪，欺騙人類，引導他們自己走向滅亡之路。例如說某部作品上說，這個神其實便是引誘人去開發核子武器的元兇。

他喜歡的一個型態是叫做「black-man」的黑皮膚人類造型。臉部模樣是白人的感覺，但是皮膚卻黑如檀木。這個姿態酷似基督宗教傳說中惡魔變身來引誘人類的造型，因此在有些作品當中也就直接說中古世紀傳說中的惡魔其實乃奈亞魯法特所化身。

▍怪物・魔王
▍中國

王，便將他交予觀世音菩薩。

▍海獸之母
▍愛斯基摩

Windigo、持鞭的精靈 The Thrashing Spirit with Bearded Seal for a Whip）

208 譯注：居住於加拿大愛得華王子島附近的愛斯基摩人。
209 譯注：愛斯基摩人的自稱。意思是「人」。

▍惡作劇神（Trickster）
▍克蘇魯神話

（→庫多古 Cthugha、奧陀 Ahtu）

Octriallach

オクトリアラッハ

奧克托力藍其

奧克托力藍其爲塞爾特神話中登場的年輕族長，率領巨人**弗摩爾（Fomor）**族，在與「達那神族」眾神之戰中十分活躍。其父爲弗摩爾女神托姆紐之子，亦即弗摩爾之王**英帝契（Indich）**。

當弗摩爾族與「達那神族」之戰越演越烈之際，弗摩爾族發現諸神的戰士不論倒下幾次，都會於不久後再度返回戰場。其實這是因爲只要將死者浸入醫療神迪安凱西特（Dianceht）的魔法之泉，便能傷癒復活之故。

於是奧克托力藍其帶領部下趁夜色掩護接近泉水。奧克托力藍其同其部下全部手拿自河底取出的大石，接著不停將岩石投入魔法之泉將泉水埋起。如此一來，諸神變得再也無法復活。

因爲這次掩埋的動作，魔法之泉所在處成了一個大土堆，大家將它叫做「奧克托力藍其的土堆」。

o-Iwa

お岩（おいわ）

阿岩

阿岩爲江戶時代（1600～1867）前鋒火槍隊同心[210]田宮又左衛門之女。21歲時罹患痘瘡（天花），雖留得一命卻變得臉上滿是傷疤、頭上混生白髮、彎腰駝背並瞎去一目。

後因父親染病，身爲獨生女的阿岩不得不招贅。而在同僚推薦下，遂招浪人伊右衛門爲婿。然而伊右衛門卻夥同前鋒火槍隊與力伊東喜兵衛欺騙阿岩家產，將她逐出家中。阿岩於驚慌失措後形貌變得有如女妖，就此消失無蹤。

阿岩失蹤14年後伊右衛門迎娶伊東喜兵衛之妾阿花，生下四名子女於田宮家中度日。不過阿岩的幽靈突然現身，於是小孩陸續死去，阿花也因身體欠佳逝世。之後伊右衛門因於執勤時受傷而流淌膿血，結果嗅到膿血氣味的老鼠蜂擁而至，將他的身體咬得七零八落。伊右衛門因此斃命。

如今，阿岩雖被祭祀於阿岩稻荷（今日之東京都新宿區四谷），卻拒受超渡；相傳只要拍攝「四谷怪談」的相關劇作她便會出現作祟。

（→阿菊o-Kiku、阿露o-Tsuyu、累Kasane、疱

o-Kiku

お菊（おきく）

阿菊

本爲盜賊向坂甚內之女，因父親被捕處刑而被收爲火付盜賊改[211]青山主膳的下女。

阿菊長大後出落得十分美麗，主膳欲納她爲妾而不住遊說。但因阿菊對身爲父親仇人的主膳懷恨在心故不願首肯。一日，阿菊打破了一枚青山家珍藏的盤子。早就對阿菊心懷不滿的正室打算爲此重責罰她。於是盤子之事馬上傳入主膳耳中，主膳愛之深而恨之切便切下了阿菊右手中指。之後阿菊投身庭中水井自盡。

此後，古井中每夜皆會傳出「一個、兩個…

…九個，還少一個」的悽涼聲音。這件事立刻傳遍江戶地區，主膳因此遭免職，青山家也家破人亡。

經年累月後，了譽上人爲了超渡阿菊造訪該宅。誦經21日後在阿菊數到「九個」的瞬間大喊：「十」，於是她總算升天。

同阿菊以及盤子數量不足的相關怪談可見於日本全國各地。又，有人說「菊」乃是「傳說」[212]之意；又一說她與巫女神菊理媛神（Kukurihime）有關。

弗摩爾
塞爾特

怨靈
日本

瘧神Housou-gami）

210 譯注：同心為日本下級治安人員之職稱；後段的「與力」亦為
　　治安人員職稱，階級較同心為高。

怨靈
日本

（→阿岩o-Iwa、阿露o-Tsuyu、累Kasane）

211 譯注：火付盜賊改為江戸幕府時巡守江戸一帶拘捕盜賊之官員
　　職稱。
212 譯注：日文中「菊」與「聞く」（傳說）同音。

大國主神

日本神話中代表性的*國津神（Kunitsu-kami，土著神之總稱）。

因後與**大物主神（Oomonononushi-no-mikoto）**混同而繼承大物主神的蛇神、禍祟神性質。同樣，之後亦與密宗傳入的大黑天（Mahākāla）發生融合，變得擁有兇神性質。但兩者並無宗教學上的緣由與類似性質；所以融合原因除同可唸爲「Dikoku」[213]一事外別無他故。

以下乃題外話：以**濕婆（Siva 或 Shiva）**神爲原形之大黑天，其象徵動物爲牛，與大物主的蛇（龍）屬對立關係。因此，若非是在各地風土習俗相差懸殊的日本，或許兩者便無融合之可能。

大國主神與大物主神的融合，應是朝廷勢力入主畿內[214]時，欲藉由融合當地神話以懷柔有力氏族；或有可能是於打倒某豪族後奪其神祇以圖確立支配權。

大國主神的負面形象幾乎皆是與他神融合而來。原初的大國主神乃是立國之神，爲大國之王，全然屬於善神。

大物主神

大國主神（Ookuninushi-no-mikoto おおくにぬしのみこと）的異名之一。

與大物主神的相關神話中，最有名的應屬大物主化身貴人，每夜偷偷造訪村邑望族之女的傳說。故事中對此覺得有異的少女雙親，命女兒在貴人衣袖上刺上絲線。於天亮後沿線尋去，卻走到了三諸山（三輪山）[215]，方才知道貴人乃三輪山之神。

同樣神話又有另一版本：少女對隱藏自己臉孔的貴人說希望能看看他的臉，而貴人回答道：

「黎明後我會進入箸盒中。」待天一亮少女打開箸盒一看，裡頭有條雪白長蛇。白蛇在看到少女震驚的樣子後便一面嘆氣一面回去山中了；少女對此悔恨不已遂用筷子刺入下陰自殺。

又，有一種說法說大物主本與大國主神乃不同神格；是因當朝廷勢力進入畿內後將畿內的神祇大物主神收編，才與大國主神同化了。

此外，正如其名所言他乃爲「物」[216]（魔物）之主，爲強力禍祟神。這點由即使使用延請已入神域的天皇協助的禱文，他亦能抗拒無視，不住

奧迦斯與黑帝斯 [217]

英國詩人密爾頓之敘事詩《失樂園》中登場的靈體。在除了唯一神所創造的天國、地獄、宇宙這些世界外，其餘領域乃由**混沌（Anarch）**所支配，奧迦斯與黑帝斯則臣屬於混沌。兩神居於混沌界（Chaos）中的混沌王宮內，而混沌界中滿是神用以創造世界的材料——原初混亂。

黑帝斯爲希臘神話中的冥府神；奧迦斯則爲羅馬神話中相當於黑帝斯之神。密爾頓將此二神視作不同存在令他們於《失樂園》中登場。在以基督宗教世界觀爲基礎的《失樂園》中，多將異

教神解釋爲是由造反天使而來，這些天使隨大逆不道的天使·撒旦叛亂，墮落後他們的形象便成爲異教神；然奧迦斯與黑帝斯卻非造反天使。（→**撒旦 Satan**《失樂園》）

混沌的王宮中有著希臘神話氣息，其中陰氣森森的樣子特別令人聯想起冥府陰間。與奧迦斯及黑帝斯同列的廷臣尚有**特摩高根（Demogorgon）**、「謠言」、「投機」、「騷擾」、「混亂」、「吵架」等神。特別是「投機」乃爲僅次於混沌的權力者；而奧迦斯與黑帝斯隨侍於混

立國之神
日本

蛇神
日本

作祟一事可得而知。

O

215 譯注：此山位於今日日本奈良縣。
216 譯注：「物」之一字於日文中會用於指稱神佛鬼魅等超自然存
　　 在或妖怪、怪物。

混沌的廷臣
失樂園

沌及其后「夜」的寶座旁。

217 譯注：本書中有關《失樂園》之項目泰半參造桂冠1994出版
　　 朱維之所譯之版本而成，然「Hades」一神於書中譯作「阿得
　　 斯」非本書選用之「黑帝斯」，特此說明。

Orcus
オルクス

奧迦斯

羅馬的地底（冥界）之神、死神。同時冥府本身亦稱作奧迦斯（Orcus）。被視同於希臘神話的黑帝斯（Hades）。本為源起自伊特拉里亞之神。

艾特拉里亞人的墳塋中，將奧迦斯繪作長有鬍鬚的猙獰巨人。另外，有時他會化身為一可怕戰士出現於地上，打倒勇敢的戰士或是追殺儒夫。

在義大利的迷信裡，奧迦斯也會以身具黑翼的惡魔此形象出現。

及至後世，轉而與冥界神地神（Dis Pater）混同，兩者同被作為冥府的代名詞。地神之名直到西元前249年才隨著西彼拉[218]的預言（負責傳遞阿波羅神諭之女神官的預言）開始流傳，在此之前地神的名字幾乎無人知曉。

地神之妻為普洛塞庇娜（Proserpina、Proserpine），因姓名與黑帝斯之妻珀耳塞福涅（Persephone）相近（亦可能是在古代時引用前者而成），令地神與黑帝斯為同一神祇之觀點更加強固。

Orias
オリアス

歐里亞斯

假稱古以色列王國所羅門王所作之17世紀魔法書《雷蒙蓋頓》（Lemegeton，又名《The Lesser Key of Solomon》），書中第一部分〈哥耶提雅〉所載的72名惡魔之一。

此惡魔以足跨巨馬的蛇尾獅子之姿現於人前，手持兩條毒蛇；此種外形在《雷蒙蓋頓》中乃屬稀鬆平常。相傳為司管占星術的惡魔之一，能讓想了解此道者輕易理解複雜的占星術。也傳說他能讓人類變為各種型態，會予人同敵人達成和解的能力；不過這些能力在《雷蒙蓋頓》的惡

魔中可謂比比皆是。

19世紀法國作家柯林·德·普朗西所著之《地獄辭典》中，他乃地獄大公爵，為30個軍團之指揮官。於該書中蛇尾不在歐里亞斯身上，改為他的馬匹所有。或許因外表與其他惡魔雷同處頗多之故，布爾頓並未於《地獄辭典》中繪製他的插畫。由於歐里亞斯並無肖像，能力外表亦不出奇，於是成了低知名度惡魔。

Orobas
オロバス

歐若博司

17世紀魔法書《雷蒙蓋頓》（Lemegeton，又名《The Lesser Key of Solomon》），書中第一部分〈哥耶提雅〉所載的72名惡魔之一。

據說以馬匹形象出現於召喚者面前。同其他《雷蒙蓋頓》的多位惡魔一樣，擁有過去、現在、未來的知識，可回答任何問題。相傳能給予召喚他的魔術師威嚴與人望。

《雷蒙蓋頓》系列的惡魔有不少讓人無法感受到他們的邪惡性質，歐若博司亦屬此類惡魔之一，令人感覺不出召喚他的危險。

19世紀法國作家柯林·德·普朗西所著《地獄辭典》中，言他乃地獄王族，為20個軍團之指揮官。擁有予人地位、軍功等名聲，或讓人看穿謊言得知真相的能力。能讓人與敵對者和解。並將與馬密切相關的歐若博司多加了人身此一特徵；插畫家M.L.布爾頓依照普朗西的說明，將歐若博司畫成人立馬匹。由於該幅肖像畫給人的印象強烈，結果歐若博司成了高知名度的惡魔。

死神
羅馬

（→奧迦斯與黑帝斯Orcus & Hades）

218 譯注：Sibylle 或作 Sibylla，指負責接受神諭加以紀錄的女
性。

惡魔‧所羅門的惡魔
雷蒙蓋頓

惡魔‧所羅門的惡魔
雷蒙蓋頓

O

Ose

オセ

歐賽

假稱古以色列王國所羅門王所作之17世紀魔法書《雷蒙蓋頓》（Lemegeton，又名《The Lesser Key of Solomon》），書中第一部分〈哥耶提雅〉所載的72名惡魔之一。此惡魔亦列載於仿啓示文學《以諾書》而成之《僞以諾書》的目錄中。

常被認爲與豹關係密切；據說乘豹而來，或是以豹形現身。大多認定他爲司掌變身與幻惑之力者，並特別擅長「僞裝爲人」一事。擁有隨意變化人類外形的魔力，並能令遭他變身之人對此渾然不覺。又傳說只要召喚者願意，他就可讓人

胡思亂想或是瘋狂錯亂。受到16世紀惡魔學家讓・維爾影響的19世紀法國作家柯林・德・普朗西，在著作《地獄辭典》中，以「*歐茲」（Oz，オズ）之名介紹他，說他乃是「地獄大議長」。同書中爲他增添了能解答人類神學與抽象疑問的能力。又有記載說歐茲頭戴冠冕，亦有說他一日僅能控制人類一小時的記述。

Osiris

オシリス

奧賽洛斯

英國詩人密爾頓之敘事詩《失樂園》中登場的造反天使（惡魔）。在第1卷內介紹參與撒旦叛亂之造反天使姓名的場景中，他與埃及神祇埃西絲（Isis）、奧魯斯（Horus）一同出現。（→撒旦 Satan《失樂園》）

許多埃及神祇擁有象徵該神的野獸，以野獸擬人化而成的神也不在少數。*奧賽洛斯之象徵爲公牛；埃西絲之象徵爲母牛；而奧魯斯以鷹或隼爲象徵。因埃及頻繁使用動物偶像作爲崇拜對象，故密爾頓在受基督宗教戒律支配的自家作品

《失樂園》中，把奧賽洛斯爲首之埃及諸神的動物形象，解釋爲那是他們參與大逆不道之天使・撒旦的叛亂後，變爲造反天使之後的模樣。

奧賽洛斯、埃西絲、奧魯斯三人似乎是爲了敘事詩傳統中的唱名橋段而準備的天使；故未出現於描繪撒旦叛亂的其他卷中，亦無定下天使的位階。之所以描寫他們，應是視作爲了說明參加撒旦叛亂的造反天使，在叛亂後轉而成爲誘眾人信仰邪教的邪神一事。

Otso

オトソ

奧德索

芬蘭敘事詩《卡勒瓦拉》（Kalevala）中出現的巨大魔熊。相傳牠生自月世界的大熊星座歐塔瓦肩上。

打算毀滅維那莫依寧（Vä¨inä¨mö¨inen）故鄉（維諾拉）的波約拉（Pohjola）女王路希（Louhi）將牠送入維諾拉中。

奧德索原本住在不見天日的森林深處，卻被路希抓住，並被放到維諾拉。而來到維諾拉的奧德索在曠野與牧場上唯我獨尊地走著，隨手殺害人類或家畜充作食物。

爲此大感頭痛的維那莫依寧去拜訪了魔法打鐵匠伊魯馬力寧，請他做了槍尖分爲三股的沉重長槍。

接著維那莫依寧口中唱到：「哎呀、腳上沾著蜂蜜覆有毛皮的奧德索啊，魔法伶人維那莫依寧來同你見面了。所以請收起牙齒與爪子！」並趁魔熊攸悠然望著他的時候把槍刺入牠喉嚨。奧德索就這樣當場斃命。

於是維那莫依寧把奧德索扛回城鎮，剝下熊皮，以鍋煮肉。奧德索便化成了殺熊慶典中的食

惡魔‧所羅門的惡魔
雷蒙蓋頓、偽以諾書

造反天使
失樂園

O

魔熊
芬蘭

物。

o-Tsuyu

お露（おつゆ）

阿露

日本怪談「牡丹燈籠」中的女幽靈。天文年間（1532～55年），京都的五條一帶住著一位名叫荻原新之丞的男子。中元節前夜，他於宅前讀經悼念亡妻時，一名年約20左右的美女帶著手持繪有牡丹之燈籠的女童經過。新之丞目送美女走過後，美女突然回頭請求到：「妾身爲月色所誘出門散步，能否請您送妾身歸宅？」於是新之丞便讓美女進入家中，同其飲酒，互通款曲。

美女在第二夜、第三夜依舊造訪新之丞家。如此過了20日後，鄰居老者對新之丞的舉動起了疑心，於夜中窺探新之丞處。於是發現新之丞正緊挨著猶如乾屍的女子，表情恍惚地同她耳鬢廝磨。翌日，聽了老人勸告的新之丞去寺廟後探尋女子所說的住家地址。然而該處並無住家，僅有吊著牡丹燈籠的墳塚。

於是新之丞聽從修驗者[219]的建言，貼護符於門，此後美女不再來訪。但新之丞相思難耐跑去墓前。於是週遭霎時間化爲一片漆黑，美女再度現身並殺害新之丞。

（→阿岩 o-Iwa、阿菊 o-Kiku、累 Kasane）

Ou

オー

奧

西伯利亞民間傳說中的惡魔。會授與年輕人化身動物之能力。

以前有一名窮人，在帶兒子出門去作工匠學徒時失足落入井中。此時出現了名叫奧的惡魔，惡魔說道：「把你兒子交給我。」父親便把兒子賣給惡魔自己回家。

兩個禮拜後，父親爲了領取賣兒子的錢而前往惡魔處。於是奧牽出三頭牛問父親：「哪個是你兒子？」父親在絞盡腦汁後總算成功猜中。

到了一個月後，奧換成拿出三隻鴿子；因爲這次父親也猜中了，惡魔只好把兒子與錢都還給他。

之後兒子對父親說：「我在惡魔那學會了各種法術。接下來我要變成獵犬，然後請把我帶去市場賣掉。」而兒子在被買走後就會變回原形跑回家。

接著兒子變成了馬，同時惡魔也再度出現。因爲惡魔知道那匹馬是人類所變，便將馬買了下來。

於是年輕人爲了逃跑不停變身，在他變爲玉

Óðinn〈Edda〉

オーディン

奧丁〈北歐神話〉

北歐神話主神。亞薩神族（Aesir）之王。

傳說中的形象多爲一獨眼陰森老人。擁有多重性格與諸多異名。屬於戰爭神與死神的性質極爲強烈。

巨人族乃諸神及人類之宿敵，而奧丁爲準備與巨人族的最後一戰，意欲將偉大王者與優秀戰士聚集至神界阿斯嘉特（Asgard）。奧丁以戰爭作爲挑選這些勇者的手段。

奧丁會干涉人界灑下紛爭的火種，並於戰爭開始後秘密協助每一個陣營，以激烈化、長期化戰爭。長於謀略的奧丁經常暗中活躍於戰場上，予人的感覺與其說是神明，不如說近似惡魔。奧丁此一神祇被認爲掌管北歐戰士的激烈鬥爭心、復仇心，以及瞬息萬變的戰爭運道。既是需要敬愛之神更是應當畏懼之神。

又，與奧丁關係密切的除了戰爭以外還有死亡。他能以肉身造訪冥界召喚死者靈魂命其說出秘密，是位帶有陰森氣息的神明。（→奧丁 Óðinn〈改宗後的北歐薩迦〉）

怨靈
日本

219 譯注：日系佛教支派修驗道之僧侶。

惡魔
西伯利亞

米粒時惡魔也化爲母雞。就在那一瞬間年輕人立刻變爲狐狸殺死母雞。

主神・戰爭與死亡之神
北歐

O

オーディン

奧丁 220 〈改宗後的北歐薩迦〉

10世紀後半，隨著基督宗教進入北歐影響力逐漸轉強，異教諸神的光榮便轉而式微。

北歐諸神在人們的想像中，也變成了畏首畏尾的弱小神靈，反映出現實世界的宗教轉變。特別是過去身為諸神之王的奧丁，更被說成是反抗基督光輝的惡魔。

相傳身為狂熱基督宗教信徒的10世紀末挪威王奧拉夫·特拉格瓦森（Olaf Tryggvesson）曾遭奧丁（或「形為奧丁之惡魔」）拜訪。曾有一名神秘老人造訪王宮，而他所述說的古代故事一度讓國王聽得恍惚出神。但最後國王依舊看穿老人的真面目，未吃下老人獻進的上等肉，把肉當作惡魔的贈品燒毀。

此外，據說奧力佛·特拉格瓦森的後繼者聖王奧拉夫二世（Olaf II，Olaf Haraldsson）亦曾受一名擅講古代故事的老人拜訪。國王專心傾聽老人講述之古老故事，但於不久後看出老人之真面目乃是奧丁，於是把祈禱書丟向他將其驅逐。

（→奧丁 Óðinn〈北歐神話〉）

魃（ばつ）

魃

魃的原名為「妭」。據說她是黃帝的女兒。

相傳蚩尤（Chihyu）與黃帝大戰時，蚩尤的陣營中有掌控風雨的「風伯」與「雨師」，使得黃帝這邊在戰鬥中費盡不利，於是黃帝命魃上場。魃體內充滿了光與熱，她一上場風雨立刻消失無形，黃帝陣營才得以獲勝。但是在戰事結束後，魃或許是因為神力用盡了，無論如何都無法跟隨父親升天，只好繼續留在人間。但因為魃所在之地會變得一片乾旱，但畢竟是對蚩尤爭戰的功勞者，又不能將她處刑。黃帝無計可施，只好將她軟禁在北方的係昆山上。

只是魃有時候還是會因為懷念人間而偷偷的下山回到中原，這時候就又會引起大旱災，這時人們就會挖通溝渠，清除河道，喊著「魃啊，請你回北方去吧！221」

（→乾旱之兆 The omen of drought）

パフアヌイアピタアイテライ

帕夫努愛阿皮塔愛特萊

他是波里尼西亞的海中惡魔，特別是大溪地人更是怕他。

波里尼西亞群島位於太平洋，對當地人民來說，海洋是賜予食物的生命之源，但同時也是可以輕易奪取船員生命的恐怖地方，因此波里尼西亞的傳說裡有許多海洋的惡魔。

帕夫努愛阿皮塔愛特萊就是這些海中惡魔的其中之一，他的名字的意思是「開創天空的偉大人物」，是個像神一般的名字。

他與他的眷屬躲在海底深處，伺機侵襲船員。

波里尼西亞還有其他海洋惡魔，例如「*普阿多塔西」（Puatutahi孑然獨立的珊瑚礁）「*阿西法多摩亞納」（海蛇）「*阿列馬塔洛洛亞」（大浪）「*阿列馬塔卜卜托」（小浪）等等。

（→裴蕾 Pele）

惡魔
北歐〈改宗後的北歐薩迦〉

220 譯注：或譯「歐丁」，英文為Odin。薩迦原文為「saga」，乃中世紀北歐故事的總稱。其中多是北歐的神話、英雄故事或傳說與歷史，以挪威冰島地區流傳的傳說為主。

災害神
中國

221 譯注：袁軻版所說稍有不同。據《中國神話傳說》，魃原居住於係昆山，在與蚩尤戰後無法回天庭時，黃帝不得已將她安置在赤水之北。

O
P

海中惡魔
波里尼西亞

Paimon（Paymon）
パイモン

派蒙

這是假託是所羅門王所寫，但其實為17世紀魔法書的《雷蒙蓋頓》（Lemegeton，又名《The Lesser Key of Solomon》）的第一部〈哥耶提雅〉中記載的72隻惡魔之一人。另外以模仿啟示文學《以諾書》所作的《偽以諾書》上面也有記載這個惡魔的名字。

他的特徵是騎著駱駝與宏亮的聲音。據說召喚他的人可以獲得名譽與藝術科學的知識。

根據《雷蒙蓋頓》上面的記載，他出現的時候騎在駱駝上，旁邊有侍衛隨行，聲音宏亮有如王者，而在《偽以諾書》中也描述說他騎著單峰駱駝出現，外型跟人類並無兩樣，頭戴王冠。因此他別名叫做西方的王者。

十九世紀的法國作家普朗西的《地獄辭典》中把他當成「*拜耶蒙」（Bayemon）「派蒙」兩隻惡魔來介紹。該書中「拜耶蒙」是地獄西方的王者，身邊有著眾多的下級惡魔。「派蒙」則說是騎著駱駝帶著王冠的地獄王者。據說他貌似女性，這樣一來就跟該書中也有介紹的**格莫瑞（Gomory）**非常的類似了。

Pairilas
パリカー

帕伊里卡

根據瑣羅亞斯德教的傳說，有一群叫做帕伊里卡的女惡魔，也有傳說說她們是女巫，她們的性質隨著時代不同而有所改變。

最初的時候，在流星上有叫帕伊里卡的女惡魔。瑣羅亞斯德教的惡魔通常不是住在地底不然就是住在北方的盡頭，不過她們例外，隨著流星從天上落到地上來，在流星落下的地點作惡。伊斯蘭教裡頭也有個類似的傳說，說是有群邪惡的*鎮尼（jinn）想要偷聽神的開會內容到底在講什麼，結果被天使射出的流星的碎片擊中掉落到大地來。

有多少顆流星就有多少位帕伊里卡，不過這些帕伊里卡之中特別有名的是叫做「杜茲雅魯雅」（意思是「凶年」），與去誘惑屠龍英雄「克南薩帝」的魔女「慕修」。

只是這些帕伊里卡隨著時代的演進，她們在神話中的地位也越來越低，最初說她們是惡魔，後來變成不知是人還是魔物變的魔女，最後淪落到變成人們用來罵女算命師或賣春女的話，這點跟歐洲的魔女的處境倒是蠻類似的。

Payokakamui
パヨカカムイ

帕幽卡卡姆依

他是愛奴族傳說中的瘟疫神。

愛奴族是典型的自然崇拜的民族，在他們的觀念裡頭，很少有神是邪惡的。

他們並不是認為神就絕對不會作害人的事，而是像是人類一樣，人偶爾也會對某人抱持著敵意，結果犯了罪，每個神都有可能做出壞事來。

帕幽卡卡姆依則算是少數的例外，他的存在就是要危害人類，不過那是他的任務，並不表示他打從心底就想要害人。

關於帕幽卡卡姆依有這麼個故事。有一戶人家住在愛奴族的村莊外圍，那一家的父親並不擅長打獵，所以家裡很貧窮，但是他很會講幽卡拉[222]（民間故事）。有一次，這個父親在講故事給孩子聽的時候，發現帕幽卡卡姆依在外頭。父親對他獻上祭品，當天晚上帕幽卡卡姆依來到他的夢裡，向他道謝，說他很喜歡他講的故事與祭品，並且傳授他如何迴避瘟疫的方法。

據說後來這位父親將方法告訴村長後，村長非常感謝，村裡因此得以免除瘟疫的威脅，村民快快樂樂的生活下去了。

■惡魔‧所羅門的惡魔
■雷蒙蓋頓‧偽以諾書

■女巫
■伊朗

（→阿里曼 Ahriman）

■瘟神
■愛奴族

（→夜刀神 Yato-no-kami）

222 譯注：愛奴族傳統的一種以韻文編成的口述文學。

Pazuzu

パズズ

帕祖祖

美索不達米亞與亞述的病魔，配偶也同樣是病魔，叫拉瑪什圖[223]（Lamashtu）。

他長著四根鳥的翅膀、腳爪狀似老鷹、頭與手是獅子、額上長角。據說他還有蠍子尾巴與蛇狀陰莖。只不過最有名的帕祖祖像（目前收藏在羅浮宮）上面並沒有蠍子尾。

他也是東南風的暴風神（美索不達米亞的東南方是波斯灣，從波斯灣吹來的風會帶來酷熱，他們相信這會害人得到高燒的症狀），他會隨著風一起散播疾病。因此蘇美人很怕他。

蘇美人為了保護自己不受帕祖祖的威脅，他們誦唱種種咒語，舉行驅魔儀式。

不過如果是要驅逐弱小的病魔，向帕祖祖祈禱反而能夠趕跑他們。

著名的美國恐怖電影「大法師（The Exorcist）」（1977）的第二集中將他描寫成蝗蟲的惡魔。

（→蒂雅瑪特 Tiamat）

Pele

ペレ

裴蕾

她是夏威夷的掌理火山的破壞女神。她擁有用岩漿將一切土地燒盡的力量。據說她原本是大溪地[224]（Tahiti）的女神，但是因為與姊夫通姦而被趕了出來。

某日，裴蕾的靈魂出竅，化身成為一個美麗的女性，來到附近的島嶼，在慶典中以草裙舞使當地的年輕酋長羅希奧迷上她。三天後，她對他說必須離開此地，並且答應酋長會派使者來見他。而裴蕾派出的使者是她忠誠的妹妹席依阿卡。

但是，羅希奧與席依阿卡在要去見裴蕾的路上，因為反對裴蕾與普通人類結婚的精靈的阻撓下，無法如期到達。這時裴蕾後悔起派自己美貌的妹妹擔任使者，並且懷疑兩人之間是否有什麼曖昧關係了。在嫉妒與妄想的驅使下，使火山爆發，岩漿燒毀了席依阿卡的朋友與她深愛的森林。

而羅希奧在冒險過程中也逐漸被席依阿卡給吸引，不過席依阿卡不願意背叛姊姊而拒絕了他。但是在他們回來後，見到燒毀的森林，席依

Phoenix

フェニックス

菲尼克斯

這是假託是所羅門王所寫，但實為17世紀時魔法書之《雷蒙蓋頓》（Lemegeton，又名《The Lesser Key of Solomon》）的第一部〈哥耶提雅〉中記載的72隻惡魔之一。

如同《雷蒙蓋頓》中72惡魔之一的**納貝流士**（Naberius）由希臘神話中的地獄犬舍惹狼如斯（Cerberus）而來的情形一樣，菲尼克斯則是阿拉伯神話中的不死鳥菲尼克斯，在傳承的過程中逐漸轉化而被視為惡魔。由於來源是不死鳥，因此他的外型經常被描述為美麗的鳥或者是小型的

鳥。

至於他的叫聲據說也非常美妙，或許是從這美妙叫聲而來的聯想，他的能力據說是能讓人在文藝或詩才上有所發揮。而原本阿拉伯神話中的不死鳥所擁有的不死性則在傳承過程中消失了。

作家普朗西的書《地獄辭典》中說他是地獄的大侯爵，統領20個軍團。該書中說明他的聲音像小孩子一般，但是如果召喚者要求他變身成人類的話，這時他的聲音就不堪入耳了。

病魔
美索不達米亞

223 譯注：兩河流域的阿卡德神話中的獅頭女魔，相傳來自地下
世界，降病厄於世人。

破壞女神
夏威夷

阿卡憤而選擇與羅希奧在一起。

極為憤怒的裴蕾用她的烈火要燒死這對戀
人，席依阿卡靠著魔力的保護而平安無事，並且
讓已經燒死的羅希奧復活，最後兩人一起回到了
羅希奧的故鄉。

224 譯注：南太平洋法屬社會群島（Society Islands）中的主要島
嶼，靠近南美洲。

惡魔・所羅門的惡魔
雷蒙蓋頓

Pifang

畢方（ひっぽう）

畢方

　　據說他是會引起火災的神鳥、怪鳥。

　　原本畢方這個名字是從形容燃燒竹子或木材的時候發出的聲音而來的。在古代如果有必要在山林裡過夜的話，人們會燒竹子讓竹子發出爆裂音來，其用意是要嚇走山林裡的一些精怪，讓他們不敢靠近。人們稱這個燃竹爲「燁烌」。畢方應該就是從這個詞變化而來的吧。

　　因此畢方被說成是火神，也是木神[225]。傳說中他是從木頭中生出來的也就是這個原因。

　　畢方外形似鶴，僅有一足（或說僅有一翅）。

　　體色爲青色夾雜紅色班點，喙啄爲白色，不食五穀，嘴裡經常叼著火團。每當畢方出現時，該地就會發生原因不明的大火災，由此可見畢方應是屬於火災之兆。

　　此外尚有異說[226]，據說黃帝在泰山召集諸鬼神時，負責拉他座車的是六條蛟龍，而畢方隨侍在車旁。從這一段記載看來，畢方可能也是負責守護黃帝座車的神鳥。

（→禍斗 Huotou、鬼車 Kueiche、鴦鳥 Tzuniao、鴻鳥 Channiao、鴸 Chu、大風

Prince of Kudara

百済の王子（くだらのおうじ）

百濟王子

　　又稱「吉備冠者」、「禍又溫羅」、「丑寅御前」。兩眼炯炯有神，亂髮如火焰燃燒般赤紅，身長一丈四尺（約四公尺）；頭有瘤、口吐火，能使變身等妖術。

　　據說，於第10代‧崇神天皇時（西元前97～30年）突然出現，四處爲惡使人民爲之困擾。朝廷派遣五十狹芹彥命組隊討伐。百濟王子投石攻擊隊伍之際，五十狹芹彥命同時放出兩箭射穿敵人的左眼，怪物隨即被捕。

　　百濟王子的首級雖被砍下示眾，卻不斷發出呻吟。五十狹芹彥命將首級埋在吉備津神社的御釜殿的釜[227]下，呻吟聲卻從未間斷，其聲還使得釜產生共鳴，之後持續了13年。

　　然而，有一天，百濟王子突然現身於五十狹芹彥命的夢中，並告知：「可將祭神之物於釜中焚燒，釜聲可告知吉凶。」五十狹芹彥命依照夢境指示，果然十分靈驗，將釜視爲珍寶。這也是現在日本吉備津神社流傳的鳴釜神事的起源。

Procel

プロケル

普羅喀爾

　　這是假託是所羅門王所寫，但實爲17世紀時魔法書之《雷蒙蓋頓》（Lemegeton，又名《The Lesser Key of Solomon》）的第一部〈哥耶提雅〉中記載的72隻惡魔之一。

　　別名「＊普喀爾」（Pucel プケル）。

　　在召喚者面前以天使的樣子出現。《雷蒙蓋頓》中除了他以外外型是天使的還有亞斯她錄（Astaroth）、因波斯（Ipos）、華劣克（Valac）等等。

　　不過外型是天使的惡魔幾乎坐在邪惡的生物背上，再不然就是身上長了特異的器官。但是普羅喀爾則是單純地以天使的樣子出現，這可以說是他的一大特徵。

　　也因此他絲毫沒有邪惡的氣氛，能給予召喚者全部的科學知識，特別是數學更是專門。

　　勉強能讓人想到他是惡魔的能力是他可以做出幻象，讓人以爲天候狀況惡化了。

徵兆
中國

Tafeng）

225 譯注：典出《山海經》〈西山經〉：「有鳥焉，其狀如鶴，一
   足，赤文青質而白喙，名曰：畢方，其鳴自叫也，見則其邑
   有訛火。」另外《淮南子》〈氾論〉：「山出梟陽，水生罔
   象，木生畢方，井生墳羊。」其注云：「木之精也，狀如
   鳥，青色，赤腳，一足，不食五穀。」
226 譯注：典出《韓非子》〈十過〉：「昔者黃帝合鬼神於西泰山
   之上，駕象車而六蛟龍，畢方並轄，蚩尤居前。」袁軻對這
   一段的解釋法不大相同，據他的說法，象車指的是大象拉的
   車，而蛟龍是車前護衛。

惡魔
日本

227 譯注：鐵製，形如飯鍋。

惡魔·所羅門的惡魔
雷蒙蓋頓

Purson

普爾森

這是假託是所羅門王所寫，但實為17世紀時魔法書之《雷蒙蓋頓》（Lemegeton，又名《The Lesser Key of Solomon》）的第一部〈哥耶提雅〉中記載的72隻惡魔之一。

出現在召喚者面前的是一個騎在熊背上的獅頭壯漢，而且手上還抓著一條蛇。《雷蒙蓋頓》中擁有獅子外型的惡魔相當多，除了普爾森以外還有**安洛先（Allocen）、瓦布拉（Vapula）、華利弗（Valefor）、歐里亞斯（Orias）、拜恩（Vine）、斯伯納克（Sabnak）**等等。特別是歐里亞斯與拜恩手裡也抓著蛇，特徵上與普爾森實在非常相近。

如果說普爾森外型上最大的特色大概就是騎著熊這點吧。而且不只是外型，他連能力在《雷蒙蓋頓》的惡魔中都不稀奇，據說會告訴召喚者寶物的埋藏場所，以及未來的秘密。

深受16世紀惡魔學者維爾影響的19世紀法國作家普朗西在他的《地獄辭典》中幫他附加了與音樂相關的能力，據說他會教人作曲與演奏樂器的能力。因此該書的插畫家布爾頓在肖像畫中讓

Pyotr I Alekseyevich

彼得大帝

俄羅斯皇帝，在位期間1682年～1725年。在他留學西歐回來後，便開始著手以強硬的手段改革俄國。捨棄莫斯科，在北極圈內無人的沼澤地中建立新城，並且干涉聖職者的任命權與教會資產的管理。在他的強硬的執政作風下開始有了這樣的流言：「彼得大帝其實就是聖經中預言的＊敵基督（Antichrist），他打算整倒教會。」

根據這個說法——現在位居皇位的並不是真正的彼得。真正的彼得在出國旅行的時候來到「烏鴉之國」時，為烏鴉國女王所騙，結果被他們用烤得火熱的平底鍋油煎，裝進桶子流放到海裡去了。而現在坐在皇位上的替身，其實是來自遙遠大海對岸國度的人。這個「該死猶太人」其實是邪神**巴力（Ba'al）**賜給雅各[228]（Jacob）之妻的孩子的子孫。他是個狼人，是女巫在石臼上抱卵孵化而成的孩子。

結果這一「彼得＝敵基督」的說法立刻快速蔓延，俄國東南部也因此動亂頻傳。歐洲史上被稱作「敵基督」的人物不少（例如**馬丁路德（Martin Luther）**、列寧），等，彼得算得上是這

Quachil Uttaus

時間的影子

於克蘇魯神話中登場的邪神之一。

因其可自由操縱時間，被歸類為時間神。其存在非常罕見，少有黑魔法書記載，現只見於《阿瑪斯誓約書》（The Testament of Athammaus）。

時間的影子身材彷若小型木乃伊（身高如小孩般大），肌膚佈滿皺紋，無眼鼻，只有無數網狀的紋路；手腳僵直，特別是如勾爪般的手，彷彿摸索些什麼似的向前突出。移動時腳不動，乘著從天空來的灰色光柱移動。

一但被時間的影子接觸，人類會瞬間老化或死亡，物體則是彷彿經過數百年般腐朽崩壞，不管什麼，最後都會變成一抔塵土。

相反地，其能力倒施時雖能給予信仰者永遠之生命，但此事十分少有。

（→奈亞魯法特 Nyalrathotep）

▌惡魔‧所羅門的惡魔
▌雷蒙蓋頓

他手裡拿著喇叭。

▌人類
▌俄羅斯

些人當中特別有名的一位。

228 譯注：這個雅各到底是哪個雅各？原書中並沒交代。

▌邪神
▌克蘇魯神話

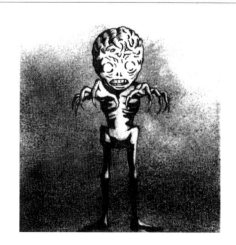

Raahon
ラーホン

拉宏

這是住在中國與緬甸的疆界附近的阿昌族傳說中，會將混亂與災害帶到世界上來的魔神。天的創造神遮帕痲爲了修補南方破掉的天空一時離開天地之間，這時風神與雷神密謀創出了拉宏。

拉宏看到這美麗的新天地，立刻想要破壞它。他做出第二個太陽，並且打破天空的帷幕，結果使得大地成了炎熱的地獄。而且他還將陸上的動物與海上的動物互換，讓樹木倒著生長等等，使得混亂的事態更加擴大。

遮帕痲之妻，也就是大地女神遮米痲差遣水

獺充當使者向遮帕痲告知此事。遮帕痲回來後憤怒地要與拉宏一決高下，但是因爲遮米痲不願意因爲兩人間的戰鬥而使得混亂加劇，因此遮帕痲裝成要向他求和的樣子接近他。於是以大地的統治權爲賭注，兩人比賽魔法的技術與作夢，最後都是由遮帕痲獲得勝利。

於是拉宏既然輸了比賽，便答應他的求和。結果在和睦的酒宴上，被遮帕痲給毒死了。

Raikou
雷公（らいこう）

雷公

這是住在中國西南方及越南、泰國、寮國等地的苗族傳說中的災害神。他引起大洪水，曾經一度毀滅了世界。

久遠久遠以前，暴風雨對人類造成巨大威脅的時候，有名勇敢的男子挺身而出，與席捲而來的雷雨相抗，最後終於抓到了雷公，將他關了起來，於是暴風雨也總算止息了。

關在籠子裡的雷公向那名男子的兒女哀求賜他一杯水，小孩子們聽話地拿水來，結果雷公因此而恢復了力量。他拔了一隻牙齒交給小孩，對

他們說：「將這根牙齒種在大地可以免除災禍。」說完便逃回天上去了。

男子聽完小孩們的話，猜想雷公必定會報復，於是便著手製造鐵船了。而另一方面，小孩子們聽從雷公的話，將牙齒埋在土中，結果一個晚上牙齒就長成了一顆大樹，上面結了一顆大葫蘆。鐵船才剛完成不久，狂風暴雨大作，洪水淹沒大地，水面甚至淹漫到了天際。男子駕著鐵船來到天界之門，向神控訴這件事情。神立刻將大水退去，但是男子的鐵船也因此從半空中掉下

Raksasa
ジャワ影絵芝居のラクササ

爪哇皮影戲的羅刹娑

爪哇皮影戲中最具人氣的戲碼爲「摩訶婆羅多」（Mahabarata），它乃以西元前10世紀左右的印度爲舞台的史詩。皮影戲螢幕上的西元前10世紀世界中，印度的※羅刹娑（Raksasa）與阿拉伯的《可蘭經》、荷蘭的大砲、日本的二輪車一同登場。而印度的羅刹在爪哇稱爲羅刹娑娑（ラクササ）。

人類喜歡白天，此族則喜好黑夜。大多具有圓滾滾的眼珠、血盆大口、突出嘴外的獠牙。能自由變化，身形逐漸變大（此時會將皮偶接近

光源使影子變大）。

他們隱居在人跡罕至的森林裡，或是群居於羅刹娑之國。和人類一樣有喜怒哀樂，也會戀愛。在爪哇皮影戲中，經常描寫美麗的羅刹女與人類勇士相戀之事。生下的小孩，和羅刹娑一樣具有看穿黑夜、在黑暗中奔跑的能力。

必瑪（Bima）之子加塔圖凱卡（在印度則是怖軍〈Bhima〉之子迦多鐸卡伽）也是其中一員。

（→阿修羅 Asura 或 Ashura、羅波那 Ravana）

魔神
中國（阿昌族）

災害神
中國（苗族）

來，他也因此摔死了。

　　而他的兩個小孩因為躲在大葫蘆裡而得以倖
免於難，後來就他們成了人類的始祖。

羅剎
印度尼西亞

Randa
ランダ

蘭達

　　印度尼西亞中印度教最興盛的地方是峇里島。

　　依照峇里島的風俗，一旦村裡有災厄發生時，爲了平息災厄，通常會在村裡的寺廟舉行舞蹈劇。而劇的內容通常是由「摩訶婆羅多」中選出一段來演。這名叫蘭達的魔女就是出自舞蹈劇的故事。有一次「摩訶婆羅多」的主角般度（Pandu）五王子中的最小的弟弟薩得瓦[229]被魔女蘭達抓住。在快要被活祭之前，聖獸巴隆（獅子）趕來相助，但是卻被同伴的猴子拖累，一直沒辦法趕到目的地。這個時候蘭達正在跟其他趕來救人的戰士們激烈交戰中。她張開她的大口，用她又圓又大的眼珠子一瞪，戰士們就一個個拿起自己的劍刺向自己的胸膛，結果通通受了重傷。就在這危急的時候，巴隆終於趕到了，於是激烈的戰鬥繼續下去。幾乎每一個舞台都是在戰鬥持續中沒有結果的狀況下閉幕的。甚至有時候還會爲了安撫邪惡的蘭達，結果局勢在蘭達稍微優勢的狀況下閉幕。

　　依據學者的說法，這齣戲是要告訴我們善與

Raum
ラウム

勞姆

　　這是17世紀魔法書之《雷蒙蓋頓》（Lemegeton，又名《The Lesser Key of Solomon》）的第一部〈哥耶提雅〉中記載的72隻惡魔之一。別名「*萊姆」（Raim ライム）。

　　據說他以黑鳥的樣子出現在召喚者的面前，這點與同屬《雷蒙蓋頓》惡魔的瑪帕斯（Malpas）相似。

　　雖然外表很單純，但是能力卻很多樣化。其他《雷蒙蓋頓》惡魔擁有的能力他多少都有一點。

　　例如說他能使男女之間生出愛情，使相互敵對的兩人和解。也擁有毀滅都市的能力，讓人的名聲與地位下降。只要召喚者想要，也能偷來黃金。擁有未來的知識，能告訴召喚者即將發生的事情。

　　作家普朗西（Collin de Plancy，1794～1881）的書《地獄辭典》（Dictionnaire Infernal）中說他是冥界的大伯爵，統領30個軍團，人類面前以烏鴉的樣子出現。而該書中將他的能力簡化，說他擁有破壞都市，予人高位的能力。

Ravana
ラーヴァナ

羅波那

　　他是印度長篇敘事詩《羅摩衍那》（Ramayana）中，住在楞迦（羅刹的都城）的魔王。有說法認爲他是羅刹，或說他是梵天的曾孫，也有人說他兩者都是。

　　他擁有10顆頭與20隻手，驍勇善戰。而且又誠心苦修，從梵天那裡獲得了可以許一個願望的承諾。於是羅波那祈求梵天能賜他一副「不管是神還是惡魔都殺不了的身體」。但是這個願望有個漏洞，因爲羅波那打從心底瞧不起人類，因此忘了在願望中加上「人類也殺不了」的條件。

　　有一次，他見到十車王（Dasaratha）的王子羅摩（Rama）之妻悉多（Sita），十分中意。於是當場就將她抓回楞迦島。王子極爲憤怒，在猴王哈奴曼（Hanuman）的幫助下，將楞迦包圍了起來。在長期的抗戰之後，王子與羅波那的單獨對決的時機終於到來。王子將羅波那的頭一顆顆砍下，但是又從後面長了回來。最後使用梵天賜予的箭射穿了他的心臟，總算殺死了魔王。

（→因陀羅耆特Indrajit、維毗沙納Vibhisana、迦羅尼彌Kalanemi、鳩姆婆迦哩納

魔女
印度尼西亞

惡會一直持續地並存於世間。
（→爪哇皮影戲的羅剎娑 Raksasa）

229 譯注：即印度神話中的偕天（Sahadeva），因善觀天相，故
　　名。

惡魔・所羅門的惡魔
雷蒙蓋頓

羅剎娑
印度

Kumbhakarna、首哩薄那迦 Surpanakha）

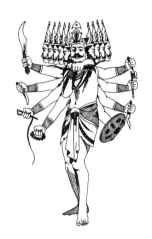

Resheph

レシエフ

利悉

他是埃及神中少有的完全人形的神。原本是愛琴海中的塞普勒斯島上的神，為閃族系中的阿摩利人所信奉。之後對他的信仰擴張到埃及、迦太基（Carthage）、西班牙等地。在這些新擴張的地方，視他作戰爭之神，或是能夠實現願望的神來崇拜。而希臘人甚至認為他就是英雄赫丘力（Hercules）。

但是對阿摩利人來說，利悉其實是地獄或地底之神，是戰爭之神，同時也是雷雨、風暴與災害之神。據說他名字的意思是「光」、「火」、「燃燒」等意思。

《舊約聖經》中，利悉也經常出現。在聖經中利悉被認為是墮落的惡魔。認為他是迦南的神墮落之後變成的惡魔。而且擁有散播疾病與死亡的恐怖力量。《摩西五書》之一的〈申命記〉將他描寫成瘟疫之神。而「利悉之子」也被認為是有翅膀的惡魔。

（→塞特 Seth）

Rimmon

リンモン

臨門

這是英國詩人密爾頓的敘事詩《失樂園》（1667）中登場的造反天使（惡魔）。在《失樂園》第一卷中一一介紹的造反者大半是《舊約聖經》〈列王紀〉裡提到的異教神·偶像神，而臨門也不例外。

臨門是敘利亞的神，據說他是司掌暴雨的神。密爾頓說〈列王紀〉中的記述便是造反天使臨門墮落後的事績。異教神臨門本在大馬士革神殿中受敘利亞人祭拜。而紀元前9世紀的敘利亞將軍乃縵（Naaman）離棄他，轉為信仰唯一神；

但紀元前8世紀的猶太王亞哈斯（Ahaz）卻改為信仰臨門，將本國祭壇變為大馬士革的模樣。

不過《失樂園》第一卷中介紹的多位造反天使到了第5章、第6章描寫撒旦（Satan）們反攻的時候幾乎都沒有再提到了。第一卷中臨門也是只有提到他的名字，而原本的位階或性格則是完全沒有說明。

（→撒旦 Satan《失樂園》）

Ronobe

ロノベ

羅諾比

這是假託是所羅門王所寫，但實為17世紀時魔法書之《雷蒙蓋頓》（（Lemegeton，又名《The Lesser Key of Solomon》）的第一部〈哥耶提雅〉中記載的72隻惡魔之一。別名「*羅諾威」（Ronove，ロノウェ）、「*羅奈威」（Roneve，ロネヴェ）。是地獄的侯爵，或說是伯爵。

關於他在召喚者面前的姿態，由於有種種的解釋，並無定說。據說擁有讓敵對者心生好感、讓朋友間的情誼更堅定的能力，能授予人外語的能力，對魔法用語的知識也很清楚，並且可以賜

給召喚者忠實的僕人。

19世紀法國作家普朗西在他的《地獄辭典》中介紹了「*隆威」（Romwe）這個惡魔，相信所指就是羅諾比。

隆威是地獄的侯爵兼伯爵，能力是能給予人語言的知識與讓人獲得眾人的好感，與羅諾比相同。該書中說隆威的外型像怪物，這與16世紀學者雷吉那勒德·史高特對羅諾比的說明：「外型近似魔物」這點也相近。

另外，《地獄辭典》說他是地獄19個步兵團

災害之神
埃及

造反天使
失樂園

惡魔・所羅門的惡魔
雷蒙蓋頓

的指揮官。

R

Rubicante
ルビカンテ

路比岡德

這是在義大利詩人但丁的敘事詩—《神曲》（1307～21年創作）這部作品中登場的惡魔。神曲三部作中的第一部〈地獄篇〉中第21篇與22篇中描述到的地獄第8圈第5溝的獄吏，專門懲罰生前貪污或詐欺的死者的惡魔集團「※馬納勃郎西（Malebranche）」12惡魔中的一人。名字的意思是「氣的滿臉通紅」。

馬納勃郎西的隊長馬納果達（Malacoda）對這些部下下達命令的時候，他是最後一個點到名的，而且還特別加了「呆子路比岡德」的外號，

似乎在這班惡魔中十分地被看不起。

馬納勃郎西的任務是監視瀝青（天然柏油）池中的罪人，只要有人露出頭來就立刻將他釣上來撕裂他的肉，好好地懲罰一番。在但丁一行人來參觀的時候，恰好有一罪人「那伐拉人強波洛」浮出來的時候，格拉非岡（Graffiacane）立刻將他釣了上來，這時大家都帶著嘲弄的口氣喊著「路比岡德啊，用你的鉤子劃他的肉吧！」看來他應該也是個飽受同伴欺負的可悲惡魔。

Ryoumensukuna
両面宿儺（りょうめんすくな）

兩面宿儺

這是仁德天皇（第16代）的時代割據飛驒地方（崎阜縣[230]北部）地方英雄。雖然他的造反最後還是被朝廷所鎮壓，但是即使到了現代，他仍然受到當地民眾的愛戴。

針對兩面宿儺的真面目為何有各種說法，現在尚未確定，但是根據當中的一個記錄來看，他被描述成二個人背對背融合的樣子，臉兩個，手二隻，腳雖然黏在一起所以只有兩條，但是據說前後都能彎曲。

如果往比較合理的方向思考的話，應該是有

兩個同等級的首領存在。如果是血緣上非常接近的兩個人（例如說雙胞胎之類的），那麼上面所描述的那種奇特相貌或許也能說得通。

雖然是少數派，但是也有人認為其實兩面宿儺真的就像傳說中描寫的一樣，認為他們真的是連體嬰。但是考慮到古代社會歧視畸形兒這點，實在很難相信連體嬰能夠當上地方的首領並且到現在還一直受到敬愛。另外記錄上他是戰場上的指揮官，同時也是非常優秀的戰士，因此連體嬰的說法恐怕是難以成立的。

Sabnak
サブナク

斯伯納克

據稱為古以色列王國國王所羅門所著，現於17世紀的魔法書《雷蒙蓋頓》Lemegeton，又名《The Lesser Key of Solomon》）書中第一部分〈哥耶提雅〉中所載72名惡魔之一。擁有眾多別名如「※斯伯諾克（Sabnock）」、「※斯伯拉克（Sabnack）」、「※薩爾馬克（Salmac）」等。

以騎乘白馬、或青白色的馬的獅頭戰士姿態出現於召喚者前。《雷蒙蓋頓》當中，有許多惡魔形似獅子，斯伯納克即為其一。同為《雷蒙蓋頓》的惡魔拜恩（Vine），與斯伯納克彷彿成雙似

的十分類似，兩人都精通築城術。也能給予召喚者軍事方面的力量。

他特別與傷害有關，能使敵方的傷口難以癒合，而我方不管受什麼傷都可痊癒。

19世紀法國作家柯林‧德‧普朗西所著《地獄辭典》中敘述，斯伯納克是地獄的大侯爵，50軍團的指揮官，並明確介紹他是城塞的惡魔。此外，普朗西替斯伯納克增添一項能力，就是把人變成石頭。

惡魔‧地獄的魔鬼
神曲

造反者
日本

（→惡路王 Akuroou、夜刀神 Yato-no-kami）

230 譯注：位於日本本州中部的縣名。

惡魔‧所羅門的惡魔
雷蒙蓋頓

Saleos

塞列歐斯

　　據稱爲古以色列王國國王所羅門所著，現於17世紀的魔法書《雷蒙蓋頓》（Lemegeton，又名《The Lesser Key of Solomon》）書中第一部分〈哥耶提雅〉中所載72名惡魔之一。別名「※札列歐斯」（Zaleos ザレオス）。

　　以嚴肅戰士的姿態現身於召喚者前。與同錄爲《雷蒙蓋頓》惡魔之一，**阿加雷斯（Agares）**同樣騎著鱷魚。鱷魚也是塞列歐斯的特徵之一。一反嚴肅猙獰的戰士形象，與戰鬥、軍事毫無關連，而是與愛情有密切關係的惡魔。具有讓男女愛情萌芽的能力。

　　19世紀法國作家柯林・德・普朗西所著《地獄辭典》（Dictionnaire Infernal，1818年初版）中，記載一位出典不明的惡魔「※齊博斯」（Zaebos），也是騎著鱷魚的戰士。

　　由於繪製《地獄辭典》的插畫家，M. L.布爾頓所繪之肖像，齊博斯的知名度因而提升。但是此圖卻常被介紹成阿加雷斯的肖像，《地獄辭典》中的齊博斯可能是塞列歐斯的別名，兩者的名稱可能相互混亂了。

Sambara

商波羅

　　阿修羅（Asura 或 Ashura）之王，其勢力甚至凌駕於眾神。

　　在眾神與阿修羅戰爭之際，作爲領導人領兵作戰，最後被**濕婆（Siva 或 Shiva）**所殺。

　　然而，古代印度婆羅門教聖典《梨俱吠陀》（Rig Veda）中，商波羅並非阿修羅，而是掌管100多個都市的達絲尤（惡魔）之王。

　　印度神話當中，還有一位商波羅。這位也是阿修羅，**希羅尼亞克夏（Hiranyaksa）**之子（然而，希羅尼亞克夏卻是達伊提耶〈惡鬼〉，恐怕神話也已經混亂了）。

　　本文所提的商波羅有許多兄弟，分別爲沙恭尼、陀毗穆哩陀、商俱、阿濕波等。雖然長於魔法，卻被英雄神黑天（Krsna）之子明光（Pradyumna）所殺。

Santsu-wu

三足烏

　　日之精，又或傳爲駕日車者。

　　中國古代相信太陽裡住著一隻三足烏。因爲太陽施恩於人，三足烏便被視爲瑞鳥。瑞鳥三足烏，傳說主要是侍奉西王母（Hsiwang-mu）。

　　但是，施恩過多適足以害之。

　　在古代，三足烏有十隻，輪流飛向天空。然而，在堯在位時，卻不知爲何十隻同時升空。可想而知，地上成了灼熱地獄，人民受到生靈塗炭之苦。

　　因此，堯命神射手・后羿，射下三足烏，大地又回復了原來的面貌。

　　一說，那時后羿箭桶中有十隻箭，因爲射得太過神準，這樣下去就會把十隻都射下，堯如此想著，便將其中一箭取走。使得其中一隻安然無恙，現在還留在天上。

▌惡魔‧所羅門的惡魔
▌雷蒙蓋頓

▌阿修羅
▌印度

▌日精
▌中國

Satan〈Middle Ages〉
サタン
撒旦〈中世紀歐洲〉

　　撒旦在歐洲中古時代，具有龐大非凡的力量。

　　因爲基督宗教捲土重來，被封印了一千年的撒旦，以※敵基督（Antichristos）的姿態再現。在主張光與善神、闇與惡神二元對立的基督宗教中，更是肯定其存在。

　　爲了一心一意投入使人墮落的工作，撒旦支使眾多的惡魔，並加入女巫及咒術師。

　　歷經中古世紀宗教改革的祭司及牧師，更將惡魔的恐怖深鐫人心。強調魔王將引導人類走向邪惡、背叛上帝的道路上。其手段不外給予財富、奢侈、肉慾等等。如此一來，人類的靈魂便會走向地獄。而惡魔攫取人心的方法就是憑依、定契約。

　　在聖經中並無與惡魔定契約的描述，恐怕是神學家模仿人與神定契約的概念而衍生出的。

　　魔王也可變成人的姿態，一身黑裝束、身材高大的黑人。使得邪惡與黑色產生更緊密的聯繫。

（→撒旦Satan《新約聖經》）

Satan《New Testament》
サタン
撒旦《新約聖經》

　　《新約聖經》中的撒旦和舊約中的撒旦立場不同。撒旦是要被神攻擊毀滅的存在，新約中的撒旦卻是條龍。

　　也就是，他並不是奉神之命引誘人類爲惡，而是自己到處作惡。

　　「那撒在路旁的，就是人聽了道，撒旦立刻來，把撒在他心裡的道奪了去。」[231]

　　正如其上所述，撒旦可使神講的道無效。

　　但是，撒旦不過是在神掌上跳舞的小丑。天使從天降下，綑綁了撒旦一千年。之後好不容易才解放，向神提出挑戰。此時，

　　「他們上來遍滿了全地，圍住聖徒的營與蒙愛的城，就有火從天降下，燒滅了他們。那迷惑他們的魔鬼被扔在硫磺的火湖裡。」[232]

（→紅龍The Red Dragon、撒旦Satan《舊約聖經》）

Satan《Old Testament》
サタン
撒旦《舊約聖經》

　　撒旦一字本意爲「敵對者」（Adversary）的普通名詞。而實際上用於《舊約聖經》中的撒旦，大多指「敵人」。

　　稍後，撒旦以神的僕人天使的姿態出現，引誘人類爲惡加以試練。《舊約聖經》《約伯記》中寫到：「有一天，上帝的眾子來侍立在耶和華面前，撒旦也來在其中。耶和華問撒旦說：

　　「你從哪裡來？」

　　撒旦回答：「我從地上走來走去，往返而來。」[233]

　　也就是說，在《舊約聖經》中的撒旦其任務就是試驗、誘惑人類。然而，卻也熱心過度，做得太超過了。

　　「大祭司約書亞站在耶和華的使者面前；撒旦也站在約書亞的右邊，與他作對。耶和華向撒旦說：『撒旦哪，耶和華責備你！』……」[234]

（→阿撒瀉勒Azazel〈希伯來〉、撒旦Satan《新約聖經》）

■ 魔王
■ 基督宗教

■ 墮落天使
■ 基督宗教

231 譯注：取自〈馬可福音〉第四章第15節。
232 譯注：出自〈啓示錄〉第二十章第9、10節。

S

■ 神僕
■ 希伯來

233 譯注：取自〈約伯記〉第一章第六、七節。
234 譯注：取自〈撒迦利亞書〉第三章第一、二節。

Satan 《Paradise Lost》
サタン

撒旦《失樂園》

英國詩人密爾頓所著敘事詩《失樂園》（1667年）中登場，造反天使的首領。因爲上帝欲將世界的統治權轉讓給他的另一分身——神子（後來基督宗教的耶穌）之時，引起撒旦的嫉妒與不滿，率眾起而造反。撒旦是上帝所造之中，唯一自發性產生邪念之人，故被視爲萬惡的根源，和因誘惑而墮落的人類相異，絕對無法救贖。而※路西法（Lucifer）一名，《失樂園》解釋爲榮光及光輝之意。身爲天使時的名字應該是另一個。只是叛亂之後，他原本的名字被抹煞，只以撒旦

（背叛者）稱之。曾經是高位天使，位階不詳。只知他擁有天國北方廣大的領土。影響力足以喚動三分之一的天使軍，加入叛亂。徹底敗給神子後，自願成爲墮落、幽閉之地——地獄的支配者。

（→混沌 Anarch）

Satan〈Siberia〉
サタン

撒旦〈西伯利亞〉

撒旦原屬猶太・基督宗教的產物，但也擴張到世界各地，發展爲地方獨自的惡魔。

東西伯利亞鄂溫克族235（evengki）的撒旦即是其中之一（受到希臘正教的影響）。

根據原本神話，撒旦爲惡神，乃是創造神的兄長。

有一次，神用石土捏成人形，並說「變成強悍的人類」，便放在木板上等乾燥。之後，便去做其他工作，留下狗看守塑像。

正當此時，撒旦來了，並對狗說：

「你現在裸體，我來幫你看守，我這邊有些衣服，你拿去穿吧！」

狗就將人類交由撒旦看守，撒旦就唾了一口口水在人像上。到了夜晚，神一回來，狗就對神說：「撒旦給了我這身衣服。」

「你有拜託撒旦什麼事嗎？」神問。

「幫我看守人像。」

「誰的？」

「就是你做的那些。」

聽到回答，神馬上哭了出來。

Satan the Demiurge
魔王サタン

魔王撒旦

永井豪的漫畫《惡魔人》中最後的敵人。

魔王撒旦改名作飛鳥了（Asuka Ryo），成爲主角不動明（Fudo akira）的好朋友，並且幫助不動明成爲惡魔人。但是連飛鳥自己也不知道他其實就是魔王撒旦（正確地說，應該是刻意忘掉了）。但是當惡魔族開始正式展開侵略時，飛鳥發現惡魔族的戰略居然都完全被自己猜中。他感到懷疑，於是對自己進行反向催眠，終於恢復記憶，得知自己原來就是魔王撒旦。

故事中撒旦的稱號雖然叫做魔王，也就是惡

魔族的王，但是實際上是他創造出惡魔族的，對惡魔來說他就像是父親、像是神明一般。他比王還要偉大的多，可以說就是惡魔族所信仰的神。

最後魔王撒旦與「陷入永劫的休眠」的不動明（也就是惡魔人）一起迎向最後的破曉。

（→惡魔王賽農 Zenon the Demon-lord、勇者安蒙 Amon the Brave）

■ 造反天使首領
■ 失樂園

■ 惡魔
■ 西伯利亞

因爲撒旦的唾液，那些人都死了。
（→克雷梅特 Keremet、撒旦 Satan《新約聖經》）

235 譯注：鄂溫克族人主要聚居在內蒙古自治區呼倫貝爾盟鄂溫
克自治旗和周圍幾個旗、黑龍江省訥河縣等地。使用鄂溫克
語，屬阿爾泰語系滿通古斯語族通古斯語支。沒有自己的文
字，牧區通用蒙古文，農業區和靠山區通用漢文。過去，鄂
溫克族人多信仰薩滿教，牧民同時信仰喇嘛教。

■ 魔王・創造主
■ 日本

Sawara-shinnou
早良親王（さわらしんのう）

早良親王

　　光仁天皇（700～781年）的第二皇子。在其兄桓武天皇（781～806年）即將即位之時，還俗恢復成皇太子。然而，早良親王的親信・大伴家持並不想這麼急遷都長岡京，便與桓武產生衝突，此外，又加上桓武天皇的親信・藤原種繼被暗殺的事實浮上檯面，桓武便以暗殺主謀者的名義拘禁親王於長岡京的乙訓寺。主張自己無辜的親王，以絕食政策抗議這項裁決。然而，天皇並無理會，決定將親王流放至淡路（兵庫縣淡路島）。親王在前往淡路的途中衰弱而死，卻仍不允許回京，屍體埋於淡路。

　　此後，天皇周邊的人相繼而死，天皇自己也臥病在床。天皇派兵前往守墓卻仍無效果，瘟疫、水災接踵而至，最後決定遷都至平安京（794年）。然而，親王的怨靈仍在平安京中作祟，為此，桓武天皇決定追諡早良親王為「崇道天皇」，並將葬於淡路的遺骨遷至大和國（奈良縣）的八島陵。使暗殺藤原種繼的相關大臣恢復地位，這才平息了怨靈的憤怒。

（→菅原道真 Michizane Sugawara、崇德上皇

Scarmiglione
スカルミリオーネ

司加密林

　　義大利詩人但丁所作敘事詩《神曲》（1307～21年著）中登場的惡魔。出現於《神曲》三部作第一部〈地獄篇〉第21篇中，是**馬納果達（Malacoda）**的手下。是被稱為「*馬納勃郎西（Malebranche）＝惡爪」的地獄獄吏之一。其名意為「有毒者」。與其伙伴相同具有黑色的身軀、尖銳的爪牙、以及蝙蝠的翅膀。

　　在〈地獄篇〉中身份卑微的惡魔，並無說明其來源，連是否為墮落天使也不清楚。此類惡魔（＝鬼）陸續於〈地獄篇〉第18篇、第21篇、以及第22篇中登場。其中，第18篇登場的惡魔使用鞭子、第21、22篇的惡魔則使用鉤子凌虐罪人、死者。牠們除了監視犯人，更代神刑罰。由此點觀之，地獄的功能不過是遵循神的意旨。

　　司加密林更是將馬納勃郎西門低劣的品格表現得淋漓盡致，連對並非亡者絕不可以處罰的主角但丁，都說出：「我打他的臀部好嗎？」此類低俗不堪的言語。

Seere
セーレ

系爾

　　這是記載於17世紀的魔法書《雷蒙蓋頓》（Lemegeton，又名《The Lesser Key of Solomon》）的第一部〈哥耶提雅〉中，72位惡魔的其中一位。

　　人們只知道系爾會以長髮男性的姿態現身在召喚者的面前，並騎著有翼的飛馬，除此之外，幾乎沒有留下任何文字記載。關於他的能力，僅知的也只有他能在短短一瞬間移動到任何地方，如此這般抽象的敘述。

　　眾所周知，19世紀法國作家柯林・德・普朗西的著作《地獄辭典（Dictionnaire Infernal）》，由畫家 M・L・布爾頓繪製了許多惡魔的肖像。這本著作由於插畫的強烈印象而廣為一般大眾接受，但同時也歪曲了歷史上傳統的惡魔型態，並就此定型於人們的記憶中。

　　此外，並非惡魔學者出身的普朗西有許多出處不詳的記述，而布爾頓按照不明記述完成的插圖，則讓一些無足輕重或是出處不明的惡魔聲名大噪。

　　系爾雖然是歷史悠久的《雷蒙蓋頓》中的惡

怨靈
日本

Sutoku-joukou、平將門**Masakado Taria**）

惡魔・地獄的魔鬼
神曲

惡魔・所羅門的惡魔
雷蒙蓋頓

魔，但是由於沒被收入《地獄辭典》，因此可說是
知名度不高的惡魔之一。

Sekar

ソカリス

塞凱爾

　　此神爲鷹首人身的男性，但有時也被描繪成普通人類的外型。頭上長著牡羊角，羊角之上帶著錐形冠。

　　塞凱爾是喪葬之神，同時也是冥府（庫多尼亞）之神，因此塞凱爾與＊奧賽洛斯（Osiris）經常被視爲同一個神。他的執掌是保護亡者，而且他還能執行使逝世國王潔淨的「開口」儀式，使國王重新恢復感官知覺。

　　塞凱爾是很古老的神，因此他的父母不詳。原本塞凱爾是沒有伴侶的，但是後來出現了塞凱爾的女性型態-塞赫梅特（Sakhmet）。此外，在新王國（西元前1567～1085年）之後，則是以奧賽洛斯之妹奈芙蒂斯（Nephthys）爲妻。

　　塞克爾的信仰中心爲孟斐斯（Memphis）城中的亡者之城（Necropolis，「墓地」之意），該地也叫拉－薩塔烏（Ro-Setau）。因此塞克爾又被稱爲「拉－薩塔烏的主人」。有時也與孟斐斯的工匠之神普塔赫（Ptah）結合。

　　在冥界塞克爾的領域中，有＊奈特卜哈烏（Nehebkau）[236]虎視眈眈，狼吞虎嚥地將被判有罪

Seth

セト

塞特

　　在西元前3000年左右時，塞特的形態是有著細長的腳、長而寬的耳朵、短而直豎的尾巴、宛如騾子一般模樣的神祇。然而後來卻演變成豺頭人身，或是不知名的獸頭加上人身的神祇。

　　塞特出生時，是由母親的腰部衝出，而出生的日子正好是閏日（2月29日）的第二天，因爲這是不吉的日子，因此塞特也被視爲守護神。

　　塞特殺死兄長＊奧賽洛斯（Osiris），掌握了埃及的霸權，也因此與奧賽洛斯之子奧魯斯（Horus）徹底決裂。最後，塞特敗在奧爾斯的手下。

　　塞特將外國國王置於自己的支配之下，因此異民族入侵埃及可以說是塞特引起的。由這一點看來，塞特可以說是埃及的背叛者。

　　然而，對橫跨沙漠的商隊及沙漠居民來說，塞特卻是保護他們的神祇。此外，保護太陽神拉（Ra）不受大蛇阿波非斯（Apophis）傷害的也是站在太陽船船首的塞特。

　　一般認爲塞特等於是希臘的泰風（Typhon）[237]，有時也被認爲等同於迦南（Canaan＝Hebraios，希臘文的希伯來）的**巴力（Ba'al）**或

Seven demons

七つの惡靈

七惡靈

　　地底之王埃阿（Ea）所居住的大海之下，住著七惡靈（一譯七靈）。

　　他們是暴風雨的惡靈、火的惡靈、破壞的惡靈等等，不靠神的力量絕無可能鎭服他們。

　　他們的樣子也都是恐怖猛獸，如張開血盆大口的魔龍、抓小孩吃掉的豹、可怕的大蛇等等。他們既無性別，亦無兒女，憐憫同情等一切感情都沒有。

　　他們通常會附身於豬、山羊、馬、獅子、朱鷺、大烏鴉、老鷹等動物身上。

　　有首詩在歌詠他們，內容如下：

「不管牆多高，不管圍牆多廣
　他們如洪水一樣越牆而來
　從這家到那家，四處飛行
　不管何種窗戶都抵擋不了他們侵入
　不管什麼門栓皆抗拒不了他們行進
　他們如蛇一樣自窗戶鑽進
　他們像風一般從門縫吹入
　將妻子從丈夫懷抱中搶走

┃ 喪葬神
┃ 埃及

的人的靈魂吃掉。它所在之處是沙漠不毛之地，
上有洞窟。

（→**塞特 Seth**）

236 譯注：爲冥府的女神。

┃ 秩序的破壞者
┃ 埃及

是埃及的**利悉（Reshep）**。

（→**奧賽洛斯 Osiris《失樂園》**）

237 譯注：泰風：1.希臘神話中擁有一百個蛇頭，會噴火的怪物，
亦稱作 Typhoeus。蓋美拉（Chimera）、地獄犬（Cerberus）、
海德拉（Hydra）等怪物之父。2.埃及神話中塞特（Seth）的
希臘語名。

S

┃ 惡靈
┃ 巴比倫

　將我們從家庭中驅趕出去」

（→**烏圖庫 Utukku**）

Shaitan

イスラム教の悪魔

伊斯蘭教的惡魔

因伊斯蘭教乃受猶太教、基督宗教影響之宗教，故伊斯蘭教文化圈中有著與猶太、基督宗教文化之惡魔相似的惡魔群。他們受名為**易卜劣廝**（**Iblis**）的頭目率領，違抗神明，造行一切罪惡。

其中最擅長的惡行為散佈傳染病以及誘人行惡。為了在人間活動，他們會化成與人類相同的外表。據說只要看到他們的原形一眼，便會嚇得縮成一團。他們在黃昏時與黎明前活動最頻繁，相傳報曉的公雞啼聲對他們而言便如神的聖名一樣可怕。

惡魔中有男有女，和人類一樣每一位都有自己的名字。例如惡魔王易卜劣廝的副官之一就叫「札拉布爾」（Zalambur），易卜劣廝的女兒則叫「拜札克」。然而雖然知道他們的名字，但他們的來歷卻無定論。有人說他們是邪惡的＊鎮尼（Jinn，惡靈）；有人說是由天使墮落而成的。

又，在阿拉伯話中一般都以「＊色但」（Saitan）稱呼惡魔。乃是撒旦（Satan）的訛誤。
（→**撒旦 Satan**《新約聖經》）

Shambleau

シャンブロウ

宇宙魔女

美國女性作家 C. L. 摩爾（Catherine Lucille Moore, 1911~1987 年）的太空冒險《諾斯威斯特・史密斯》（*Northwest Smith*）系列中登場的外星生物。在宇宙開拓時代，地球人流浪者諾斯威斯特・史密斯在火星殖民市裡目擊當地居民追逐一位女子，並喊著「宇宙魔女！宇宙魔女！」此景，讓人想起古時地球的魔女狩獵。因為地球人所特有的同情弱者之心，史密斯幫助藏匿那位女性。

女子有一張褐色的臉龐、衣服般的鮮紅皮膚、以及野貓般靈活的眼睛。即使再怎麼向她推薦火星上的奶油色運河蘋果，她也不吃。問她從哪裡來，都只以模稜兩可的話語回答：「遙遠的過去。」隱藏在頭巾下的頭髮，和身體一樣鮮紅，像蛇一樣蠢蠢欲動。一到夜晚，就會將史密斯的身體纏住，讓他動彈不得。

史密斯的同伴金星人雅洛魯，用光線槍將他由恐怖的快樂中救出。雅洛魯說，地球古代的吸血鬼或美杜莎等惡魔傳說，追本溯源都是由和宇宙魔女相關的記憶所生。

Sha-wuching

沙悟淨（さごじょう）

沙悟淨

於明代的神怪小說《西遊記》（約 1570 年成書）中登場，又稱「沙和尚」。

原本身居天界大軍武將——捲簾將軍此一要職。卻在蟠桃會上（→**西王母 Hsiwang-mu**），將寶物琉璃杯不小心給打破，因其罪而流放凡間。

在凡間，沙悟淨住在流沙河，捕食過往行人為生。然而，與觀世音菩薩一會面，卻改變了他的一生。

觀世音菩薩受釋迦如來之命，尋找前往天竺（印度）取經的僧侶及跟隨者。便將路上遇到沙悟淨，選為跟隨者之一。

沙悟淨希望任務完成後能再次回歸天界，就成為唐三藏的弟子。

至於沙和尚之名，則是行事作風具有僧侶風範的唐三藏幫他取的別稱，有別於法號。

之後，經過數十年艱辛的求經之旅，成功地完成任務。沙悟淨的功績被天界認可，受封為金身羅漢再次回到天界。

惡魔
伊斯蘭教

外星生物
美國

（→天蛾人 Mothman）

S

惡神、怪物、武神
中國

Shax

シャクス

沙克斯

據稱爲古以色列王國國王所羅門所著，現於17世紀的魔法書《雷蒙蓋頓》（Lemegeton，又名《The Lesser Key of Solomon》）書中第一部分〈哥耶提雅〉中所載72名惡魔之一。別名「*沙恋」（Shaz，シャズ）、「*恰克斯」（Chax，チャクス）、或是「*夏克斯」（Shass，シャックス）。

沙克斯強調會以鳥之姿態出現於召喚者面前的，被16世紀學者雷吉那勒德認爲是以鸖鳥姿態出現的惡魔。

沙克斯彷彿就是使役魔一般，供召喚者使喚。除了告知黃金隱藏之地，更可奪去與召喚者爲敵的人的聲音、視力、及聽力，或是奪取對方的財物。乍看之下，沙克斯好像十分忠實，實際上卻是滿嘴謊言、又時常背叛的惡魔。

受到16世紀惡魔學家讓‧維爾的影響，19世紀法國作家柯林‧德‧普朗西所著《地獄辭典》中，以「*史寇克司」（Scox）之名、地獄的大公爵、30軍團的指揮官等身份介紹此位惡魔，並也加上盜馬的新能力。插畫家 M. L.布爾頓則以盜取馬匹的鸖鳥描繪史寇克司此惡魔。

Shihchi-niangniang

石記娘娘（せっきにゃんにゃん）

石記娘娘

石記娘娘是中國古代的法力高強的妖魔之一。

她在明朝神怪小說《封神演義》中，是以名爲「石磯娘娘」的女道士之姿登場。

在哪吒太子年紀尚幼之時，偶然發現傳家之寶的弓箭，便拿起來戲耍試射，沒想到竟意外射死了石磯娘娘的弟子，惹得石磯大怒，企圖追捕哪吒，但是反而被哪吒之師－太乙眞人所殺。

如果只看這段敘述，可能會認爲石磯娘娘簡直是不分青皁白地遭到殺害。但是我們可以檢視一下這段插曲的可能來源－《三教搜神大全》中的描述：「（哪吒）不意時上帝壇，手搭如來弓箭，射死石磯娘娘之子，而石磯興兵。帥取父壇降魔杵西戰而戮之。父以石磯爲諸魔之領袖，怒其殺之以惹諸魔兵也。」[238]

由此可知，事實上哪吒原本就是擔任玉皇先鋒的大羅神仙，也就是征討下界魔王的降魔神之一。討伐石記娘娘其實正是哪吒的分內之職。

（→鄔文化 Wu-wenhua）

Shiiruto

シールト

西魯多

在西伯利亞西魯多是引起疾病的惡魔。

潛入村中新遷住戶家中，一入夜就會製造聲響、四處散播疾病，使居民困擾。

民眾爲了避掉災禍，紛紛在住家周圍立柱。如此一來，就可防止西魯多前來搗亂，恢復住家安寧。

然而一有災禍，村民就會與巫女老嫗商量，向柱子獻上蠟燭。一旦發現柱子上有發光處，其他人就會另立新柱。

曾遭西魯多借住過的屋主，因爲害怕西魯多會再回來，仍保留柱子完好。

不久後，村民不止獻祭蠟燭給西魯多，也在森林中獻上活祭品。

從事此種行爲的人，女性比男性還多。女性的生活，多半受到迷信所左右。其中還有瞞著丈夫向西魯多獻上蠟燭、或是向**克雷梅特**（Keremet）獻上活祭品的女人。

■惡魔・所羅門的惡魔
■雷蒙蓋頓

■妖魔
■中國

238 譯注：《三教源流搜神大全》卷六。

■惡魔
■西伯利亞

Shueimu-niangniang

水母娘娘（すいぼにゃんにゃん）

水母娘娘

水神或水怪。

其爲水怪，則爲中國帶來大洪水。

水母娘娘挑水一擔行道上，想使中國南方化爲水鄉澤國。而兩桶所盛之水，其量至五湖四海。

張果老聽聞此事，急忙騎驢前去。因爲驅驢甚急，請求飲水，以舒畜牲長途跋涉之困。

水母娘娘答應要求，讓驢喝水。神驢伸嘴一飲，竟飲盡兩桶所盛五湖四海之水，但餘些許。計畫泡湯的水母娘娘，憤而將桶中餘水盡傾之於地，立刻捲起滔天狂瀾，使數十萬生靈悉葬水底。

張果老一怒，以鐵鍊鎖之。

也有人說，這個傳說與無支祁（Wuchihchi）的傳說相互混亂。

（→共工 Kungkung、洪水之兆 The omen of flood）

Shuten-douji

酒吞童子（しゅてんどうじ）

酒吞童子

平安朝時代，盤據京都西北大江山眾鬼的首領。經常下山掠奪鄉里的錢財食物及女人。被源賴光、藤原保昌、以及賴光的四天王[239]等日本中世[240]物語的英雄降服。當中過程十分有趣。賴光假扮成山伏[241]，接受酒吞童子手下的招待，參加酒宴。當眾鬼醉得不省人事、四周一片寂靜的時候，賴光一行人潛入酒吞童子的寢室裡。此時，露出原形的酒吞童子和眾多女性身體交纏，賴光趁隙砍下酒吞童子的首級，頭飛了出去緊咬著賴光的兜甲，渡邊綱及坂田金時刺向頭的兩眼，讓他一命嗚呼。

傳說，酒吞童子原是被扔在大江山的棄兒。從「被棄的童子」（sute-douji）流傳變成「酒吞童子」（shuten-douji）。也有其他傳說說是寺廟的小僧。小僧是寺廟撿來的棄嬰，並不是正式出家的人。因爲不想出家，而從寺廟逃走，至今仍保持「童子」之姿。

（→茨木童子 Ibaraki-douji、八俁遠呂智 Yamata-no-worochi）

Shutu

シューツ

舒茲

在古巴比倫中，風是惡魔造成的。地處沙漠地帶的古巴比倫，相當懼怕帶來沙暴或熱氣的風。

然而，風魔們卻是天空之神阿奴（Anu）的手下。有時會吹起恐怖的風暴，但只要神一命令也會吹起帶來雨的風。埃阿（Ea）的兒子艾達帕（Adapa）曾經一度拔光舒茲的羽毛。

有次艾達帕出海釣魚，所乘之船因舒茲所吹的大風而翻覆。艾達帕一怒之下發誓向舒茲報仇，舒茲卻鼓著一身醜陋身體上的羽毛，邊飛邊高聲怪笑。結果，艾達帕飛向舒茲，拔下牠的一身羽毛，讓牠再也不能飛。

然而，無論阿奴神再怎麼呼喚卻遲遲不見舒茲蹤影，於是前去調查其原因。

受到召喚的艾達帕遵守父神艾阿的吩咐，不碰阿奴神手上的食物，終於逃過一劫。

（→茲 Zu、西南風的惡魔 The demon of southwest wind）

水神・水怪
中國

鬼
日本

239 原注：即爲渡邊綱、坂田金（公）時、碓冰貞光、卜部季武。
240 譯注：日本中世時期爲，12世紀鎌倉幕府成立到16世紀末室
　　町幕府滅亡期間。
241 譯注：在山中修練的僧侶，或是披袈裟、負笈、手持金剛杖
　　的修行僧。

風之惡魔
巴比倫

Sin

〈罪〉（つみ）

〈罪惡〉

出現在《失樂園》中的異形女妖。她是從違逆唯一神及神子的天使撒旦（Satan）的左半身裡誕生，誕身時全副武裝。她的誕生讓我們懷疑，密爾頓是不是以希臘神話中雅典娜（Athena）的誕生為靈感，同時夏娃（Eva）從亞當（Adam）肋骨誕生的故事，也很可能是希臘神話的諧擬（parody）。撒旦之下的天使畏懼此種異常的出生方式，將她視為不吉的徵兆，並把她取名為「罪惡」，這就是她名字的由來。

〈罪惡〉跟撒旦非常相似，容貌極美，因此造反天使們很快就喜歡上她，而特別愛她的正是身為父親的撒旦自己。不久之後，造反失敗的撒旦被天國放逐，〈罪惡〉也跟撒旦一起墜入地獄。跟撒旦之間生下〈死〉這孩子的〈罪惡〉，又跟〈死〉有了小孩。懷孕與生產的痛苦，讓她的下半身變成了蛇。

唯一神將地獄之門的鑰匙託付給〈罪惡〉，由此可見〈罪惡〉並不是背叛唯一神的造反天使。但是〈罪惡〉終究違背了唯一神的意旨，為撒旦開啟了地獄之門。

Sitala

シータラー

濕陀羅

古孟加拉地區[242]（Bengal）的天花女神。能使人患病或痊癒，乾旱或降雨的能力。病人皮膚上因天花或麻疹所起疹子，是因為她用「珍珠」來裝飾信徒，所以不需要過於恐懼，大抵都會馬上痊癒。只要村人聚集一起祭拜，就會平息女神的憤怒，使得一個個疱瘡凹陷痊癒、天降甘霖。

有關濕陀羅女神的姿態各地不同，在某個村落神似迦梨女神（Kali），在另一村則是騎驢馬、背揹掃帚和竹耙、皮膚黝黑的大嬸。具有「首陀羅（outcast，棄民）女之身，婆羅門（祭司）女之首」。具有患病或痊癒，乾旱或降雨能力的土地神，在印度也有，稱為「濕陀羅蒂法」、「瑪里亞曼」、「撒里亞曼」、「悉修達」、「歇泰」等女神非常多。而村內進行祭拜土地神的儀式時，通常是跨越各宗教，回教徒、基督徒來參加也是十分普通之事。

（→疫病之兆 The omen of plague、疱瘡神 Housou-gami）

Siva 或 Shiva

シヴァ

濕婆

印度教的至高神之一，與毗濕奴、大梵天（或梵天）齊名。原本為暴風神樓陀羅（Rudra），是司掌破壞之神。將一切徹底毀滅，然後重生。

濕婆有許多別稱，當中，強調濕婆最恐怖一面的名字是「*跋伊羅婆」（Bhirava，バイラヴァ）。有一天，大梵天與濕婆爭論，誰是宇宙的創造者，兩人互不相讓。終於，濕婆被激怒，全身被憤怒所包裹著。眾神瞧見濕婆這個模樣，稱他為跋伊羅婆（恐怖的殺戮者）。濕婆一怒之下，砍下梵天五首之一。成為現在梵天四顆頭顱的模樣。

其他的別稱還有，象徵濕婆是世界終焉「毀滅萬物者」的「*訶羅」（Hara，ハラ）、司掌死亡時刻的「*伽羅」（Kala，カーラ）；將埋在墓地死者的屍體燒成灰，塗在身上並「帶有一串顱骨者」的「*迦婆羅摩林」（Mundamaaraa，ムンダマーラー）；「惡魔之王」的「*菩提商波羅」（Buuteeshuvara，ブーテーシュヴァラ）等眾多恐怖的別稱。

（→迦梨女神 Kali）

撒旦之女・地獄守門人
失樂園

（→撒旦Saran《失樂園》）

天花女神
印度

242 原注：印度次大陸東北部，包括今日的印度、西孟加拉州、
孟加拉共和國。

S

破壞神
印度

Sobek
セベク

索貝克

一般認爲索貝克身具鱷魚之姿，或是擁有鱷魚頭的男性神。其母爲奈特（Neith）女神，其父爲賽奴伊神，另外也有文獻顯示其母爲雌神牛（Meythyer）。

索貝克很早就與太陽神拉（Ra）結合，以索貝克＝拉的型態受人膜拜。此時的索貝克被視爲光之神，同時也是豐饒之神。

然而，畢竟它擁有鱷魚外觀，因此也是恐怖之神。以陰險、貪心的狩獵動物－鱷魚作爲象徵的索貝克，經常被描述成極惡的反派。時至今日，仍有「鱷魚上的奧魯斯（Horus）」或是「奧魯斯的石柱」之類的圖流傳下來。

不過鱷魚的老成與勇猛、執著、冷不防發動攻擊等特質，也是一位王者所應具備的優點。因此索貝克也被視爲王者的守護神。

此外，對埃及人來說，住在水濱的生物擁有帶來好運的神秘力量。因此，人們認爲索貝克也有支配洪水的力量（埃及的洪水會帶來肥沃的土壤，與農業息息相關）。

（→塞特Seth）

Spring-heel Jack
バネ足ジャック

彈簧腿傑克

同樣產生於倫敦，比有名的**開膛手傑克**（**Jack the Ripper**）的時代早了約十數年，有另一個傑克存在。跟開膛手一樣也是史實事件，但是這個傑克更加神秘，令人難以置信。

這個俗稱彈簧腿傑克的男子的眞面目到底是誰至今未明，根據部份證人的說法，他通常身穿銀色的服裝造訪單身女性的房間，自稱是消防員（或說是警員），一旦進去房間後，馬上用噴火燒傷或者用小刀砍傷對方然後立刻逃跑，有次剛好有個警員來得及趕到兇案現場，只看到他以驚人的跳躍力快速逃去，如其名所示，他的腳上似乎裝了彈簧一般。據目擊者所言，他連高數公尺的圍牆都能夠一舉跳過。

維多利亞時代末期（19世紀後半），在這個彈簧腿傑克出現之後還陸陸續續的發生許多恐怖連續殺人事件（恐怕都是些以殺人取樂，給人帶來恐怖爲樂的人）。這或許是自古以來幽靈故事繁多的英國的特有狀況也說不定。

（→殺人小丑Killer Crown）

Stolas
ストラス

斯托剌

據稱爲古以色列王國國王所羅門所著，現於17世紀的魔法書《雷蒙蓋頓》（Lemegeton，又名《The Lesser Key of Solomon》）書中第一部分〈哥耶提雅〉中所載72名惡魔之一。

以烏鴉的姿態出現在召喚者面前。仿若博物學家，感覺不出任何邪惡氣息的惡魔。教導召喚者藥草、礦物等的醫學效用，或是授與占星術等相關知識。

受到16世紀惡魔學家讓·維爾的影響，19世紀法國作家柯林·德·普朗西所著《地獄辭典》中，描述斯托剌的姿態爲梟。與同書介紹的**西迪**（**Sytry**）相同，也曾以人類的姿態現身。以人類的姿態現身時，會將植物的性質、寶石的價值等相關知識傳授給人類。身爲地獄王族的一員，統領76軍團。惡魔學相關知識闕如的《地獄辭典》插畫家M. L.布爾頓，將斯托剌描繪成頭戴皇冠、雙腳細長的角鴉。結果，因爲這幅肖像使得斯托剌成爲知名度高的惡魔。

恐怖之神
埃及

都市惡魔傳說
英國

惡魔・所羅門的惡魔
雷蒙蓋頓

S

253

蘇姆婆

蘇姆婆和※尼蘇姆婆（Nisumba）是**阿修羅**（**Asura或Ashura**）中的一對兄弟。其名皆意為「殺戮者」，兄弟倆非常地富有、擁有地上所有的財富。

有一次，蘇姆婆的部下旃陀及※穆恩陀瞧見一位女性在喀濟思河中沐浴，向蘇姆婆進言，將這位美若天仙的女子迎為妻子。

蘇姆婆向女子求婚，女子說只要打敗我，我就答應做你的妻子。而女子的真正身份卻是**濕婆**（**Siva或Shiva**）的妻子**突迦**（**Durga**）。

兩人的戰鬥一開始，突伽就以**迦梨女神**（**Kali**）的姿態為始，幻化成各種型態與蘇姆婆戰鬥，成功殺了尼蘇姆婆。

突伽雖然強，卻怎麼也勝不了蘇姆婆，於是向印度教的三主神梵天（Brahma）、濕婆（Siva或Shiva）、※因陀羅（Indra）求助，最後終於獲勝。

如此一來，眾神終於成功殺了實力既強又富裕的阿修羅兄弟。

孫悟空

《西遊記》（約西元1570年左右成書）主角。另有「※孫行者」（Sun-Ascetic そんぎょうじゃ）、「※齊天大聖」（Qitian-tasheng せいてんたいせい）等別名。最後修成正果，成為鬥戰勝佛。

在花果山山頂有一仙石，自開天闢地以來，不斷吸收天地靈氣、日月精華，最後孕育而出的生命便是孫悟空。

起初孫悟空是雄霸花果山的猴王，之後拜入須菩提祖師門下學習仙術。學成之後返回花果山重登王位。

後來由於陽壽已盡，跟隨黑白無常來到地府之後，反而大鬧閻羅殿（地府的宮殿），還拿大筆，將生死簿上所有同伴的名字全部抹去。

天庭不但沒有處罰這隻石猴，反而賜牠官職，意圖籠絡，但是孫悟空後來大鬧天界，棄官回到花果山，惹出一場大亂。孫悟空與天庭派來的武將哪吒二郎神交手數回，始終不分勝負，由此可見孫悟空的身手不凡。不過最後孫悟空還是被釋迦如來佛給收服，壓於五行山之下。成為玄奘法師（唐三藏）的弟子，則又是500年之後的

首哩薄那迦

楞伽（※羅剎之都）魔王**羅波那**（**Ravana**）之妹，為一**羅剎女**（**Raksasi**）。其名意為「爪如扇子般的女人」。

首哩薄那迦住在般遮婆提之森。羅摩（拘薩羅國的王子）被阿逾陀城國王十車王（Dasaratha）放逐後，來到此地。首哩薄那迦向羅摩求愛，但羅摩以已有愛妻悉多之理由，拒絕了她，並將她介紹給弟弟羅什曼那。

然而，受到羅什曼那嘲笑，自尊受傷的首哩薄那迦欲將悉多一口吞下，卻被羅什曼那割掉耳鼻。

首哩薄那迦逃回兄長羅波那之處後，向其兄進言，說悉多有多麼美麗，叫兄長從羅摩之手中奪走悉多。

羅波那信了首哩薄那迦之言，駕著黃金車飛去，擄走了悉多。開啟了羅摩和羅波那兩人間的大戰。

仔細深思，其中最壞的應該是首哩薄那迦。

| 阿修羅
| 印度

| 叛神‧破壞神‧降魔神
| 中國

另一個故事了。

　　由孫悟空的單純與殘酷看來，應該可算是童子神的一種。此外牠又以小說主角的身份，得到人們喜愛，之後也被視爲降魔神，受人祭祀。

（→沙悟淨 Sha-wuching、豬悟能 Chu-wuneng）

| 羅刹女
| 印度

Surtr

スルト

史爾特爾

與眾神敵對的炎之巨人們的國家，穆斯貝爾海姆（Muspellheim）之王。穆斯貝爾海姆位在諸神國度之南。

史爾特爾手持炎之劍，與華納（Valhalla）神族的豐穰神夫雷（Frey）敵對。此炎劍可放出光芒、使其周圍地面龜裂噴出火焰。甚至只要靠近史爾特爾，岩石就會崩落、人們也會丟失性命。

而夫雷曾有一把能夠自行殺敵的寶劍，當夫雷擁有此劍時史爾特爾敵不過他。但是夫雷爲了用這把寶劍向世界上最美的女巨人凱兒特（Gerda）

求婚，把劍交給了家臣斯基尼爾（Skirnir）。

因此，史爾特爾在世界的終焉，拉庫那克（Ragnarok，諸神的黃昏）之役中用才能用自己的炎劍成勁殺死夫雷。率領炎之巨人燒毀連結眾神之國與大地之間的虹橋。再用火包圍地球，使世界變成灼熱的煉獄。所有生物俱死，古老的世界於是迎向終焉。

（→奧丁Óðnn〈北歐神話〉）

Susanowo-no-mikoto

須佐之男命（すさのをのみこと）

須佐之男命

日本神話中最強的荒事神[243]（荒人神[244]）、英雄神、以及支配大海的神。

須佐之男命在高天原（眾神的居所）中，是極爲特異、不馴的存在。除了破壞田地、織布小屋、使天照大神躲在天之石屋內種種作爲外，還說些像是想見已入黃泉的母親伊邪那美命（Izanami-no-mikoto）之類的任性話使眾人困擾。

經過數次搗亂破壞後，須佐之男命被高天原的眾神放逐。然而在這之後，正是此位神明奇妙

之處。被貶下凡間的須佐之男命，性格丕變，與身處高天原時的他完全不同，化作英雄神。有時是根之國（冥界）的主人，給予大國主神（Ookuninushi-no-mikoto）試煉。這種變化迅速的性格，依本居宣長（江戶中期的國學家）的說法是，須佐之男命之所以爲惡，是附在伊邪那岐神上的黃泉之穢沒有完全拔除的緣故。

所謂英雄神，不論東西，不都是蠻橫不講理的嗎？如此一來，在高天原的須佐之男命行爲粗暴也不足爲奇了。

Sutoku-joukou

崇德上皇（すとくじょうこう）

崇德上皇

鳥羽天皇（1107～1123年在位）與中宮璋子之子。事實上，卻是祖父白河院（1072～1086在位）和璋子之子。

保安4年（1123年）鳥羽天皇強迫白河院退位，傳位於崇德天皇（1123～1141在位）。大治4年（1129年）白河院駕崩，鳥羽上皇迫崇德退位，使其同父異母弟近衛天皇（1141～1155在位）即位。之後，鳥羽院駕崩，遺言中吩咐禁止崇德弔喪。此事激怒崇德，掀起了保元之亂（1156年）。崇德以罪人的身份流放到讚岐（日本香川

縣），結束了他46歲的生涯。在流放期間，爲了替來生祈求冥福而書寫的大乘經中，用自己的血寫下「願爲日本之大魔，爲帝戮民，爲民弒帝！」之詛咒。最後，雖然他還活著，形貌卻漸漸變成天狗。

接下來，二條天皇（1158～1165年在位）病死之後所產生的天地異變或戰亂，被認爲是崇德怨靈的怨念所致，治承元年（1177年）時馬上追諡他爲「崇德院」。然而，至今仍不滅其怨念，昭和39年（1965年）舉行崇德死後800年祭之時，

衆神之敵
北歐

破壞神‧英雄神‧海神‧冥神
日本

243 譯注：具有非凡力量、勇猛果敢之武神。
244 譯注：隨時現身，展現神威的神。或是化成人之姿，現身凡
　　間的神明。

禍祟神‧魔王
日本

位於白峰陵山腳下的小學，被一把不明火燒毀。

S

Sytry (Sitri)

シュトリ

西迪

　　據稱爲古以色列王國國王所羅門所著，現於17世紀的魔法書《雷蒙蓋頓》（Lemegeton，又名《The Lesser Key of Solomon》）書中第一部分〈哥耶提雅〉中所載72名惡魔之一。以啓示文學《以諾書》爲模倣的《僞以諾書》的目錄中亦載其名。別名「*畢特魯」（Bitru ビトリ）。

　　以擁有各種野生動物的頭，以及有翼人身的姿態出現在召喚者面前。《僞以諾書》中描述，西迪豹頭人身，具有獅鷲的翅膀。是掌管情慾的惡魔，在召喚者的面前可喚出任何女性，並使其裸身。

　　受到16世紀惡魔學家讓‧維爾的影響，19世紀法國作家柯林‧德‧普朗西所著《地獄辭典》中，以「西迪」之名刊於其上。書中描述西迪有兩種姿態，分別爲擁有獅鷲翅膀的豹，以及俊美的人。西迪是地獄皇族的一員，亦是70軍團的指揮官。《地獄辭典》中也介紹爲與情慾、熱情有關的惡魔。但是，西迪的能力並非使女性裸身，而是暴露其秘密。

Tae

大鶚（たいがく）

大鶚[245]

　　兆的一種，相傳會帶來戰亂。

　　大鶚原本是名爲「欽鴀」[246]的神明，它與燭陰（Chuyin）之子‧鼓共謀，殺害了名爲葆江的神。

　　在中國，統領所有神明的是天帝。天帝是沒有擬人化性格的命運之神－「天」的具像化表現，並非指特定的神明，而是指一種地位。依時代不同，有不同的神登上天帝之位，但是上述事件起於何時，以及當時在位的天帝爲誰等等，均不可考。

　　無論如何，當時的天帝獲知這件事之後，大爲震怒，便將兩者處以重刑。

　　至於欽鴀爲何要殺了葆江，詳細的經緯已不可考。但是，對於自己受到的責罰，欽鴀似乎極爲怨懟。因爲欽鴀死後轉生成了一隻大鶚。

　　大鶚外型如鷲，羽毛有黑色斑點。白頭，赤喙，鳥爪如虎，鳴聲似鴨。

　　相傳只要有這種鳥出現的地方，不久之後必定會有慘烈的兵燹之災。

Tafeng

大風（たいふう）

大風

　　中國古代的怪神。如名所示，大風的職掌是司風、並是一位會引起狂風的災害神。

　　也有人認爲大風的眞面目是協助蚩尤叛亂的「風伯」。當蚩尤與帝王神黃帝作戰之際，風伯偕同「雨師」，聚雲颳風，掩護蚩尤麾下的魑魅魍魎作戰。

　　另有一說指出，大風指的是大鳳，狂風是由大鳳鼓翅而引發的。

　　無論如何，大風就是個颳起狂風、侵害人民的惡神。

　　因此著名神射手‧后羿奉黃帝之命，出發討伐大風。后羿結繩於箭上，不偏不倚地射到大風，並趁機將牠捉住帶回京城。

　　在漢族統治中原期間，不斷發生重大的戰爭。據推測，其中最大的一次戰役便是與假託蚩尤之名的南方部族會戰。

　　失敗之後仍然持續作戰的部族，以怪物的型態存留於神話‧傳說之中，並因此在史頁上留下了記載，這樣來解讀應該不會錯的吧。

　　（→暴風之兆 The omen of big wind、鬼車

惡魔・所羅門的惡魔
雷蒙蓋頓

兆
中國

（→鵃Hsun、兵亂之兆 The omen of war）

245 譯注：鶚為猛禽的一種，外型如鷹，足趾中間有膜，背黑褐色，腹部白色，捕食魚類，又稱「魚鷹」。
246 譯注：《山海經》〈西山經〉：「又西北四百二十里曰鍾山，其子曰鼓，其狀如人面而龍身，是與欽鴀殺葆江于昆侖之陽，帝乃戮之鍾山之東曰瑤崖。欽鴀化為大鶚，其狀如鵰而黑文白首，赤喙而虎爪，其音如晨鵠，見則有大兵。鼓亦化為鳥，其狀如鴟，赤足而直喙，黃文而白首，其音如鵠，見則其邑大旱。」。

風神・怪鳥
中國

Kueiche鳶鳥・鵁鳥 Tzuniao & Channiao、鵂
Chu、畢方Pifang）

Takemiladuchi-no-mikoto

武甕槌神（たけみかづちのみこと）

武甕槌神

也就是近畿朝廷官編的《記紀》神話中的[*]建御雷之男神（Takemikazuchi-no-mikoto）。原本是常陸（今日本茨城縣）的「大氏」[248]一族所祭祀的鹿島大神，後來因為逐漸崛起的藤原氏、中臣氏成為春日大社的氏子[249]，因此硬是把他改寫成藤原家系的祭神。可能是因為太過牽強，因此在《記紀》中，可以看見武甕槌神與建御雷之男神有時以各自獨立的型態出現，有時似乎又是同一神的混亂情況。

本來的武甕槌神是鎮壓地靈、守護氏子不受蕃神（指外國人信仰的神或是由國外傳入的神）侵害、以及掌管航行安全等，也就是說他既是防塞神[250]又是海神。總之，在成為藤原氏及中臣氏的氏神之前，他一直都是個「叛逆神」。

此外，自從變成建御雷之男神後，他擁有的雷神、也就是戰神的神格特質也益加明顯。日本神話中的雷神通常都是蛇神，除了建御雷之男神、[*]國津神‧武甕槌神都看得出蛇神的特質。為什麼這麼說呢？因為建御雷之男神同時也是劍神，而配劍的劍尖正是蛇鱗的形狀。

Takeminakata-no-mikoto

建御名方神（たけみなかたのみこと）

建御名方神

雖然他被視為**大國主神**（Ookuninushi-no-mikoto）的兒子之一，但其實是完全不同體系的神。

根據《先代舊事本紀》，在讓國[251]時，建御名方神跟派為先鋒的[*]建御雷之男神（Takemikazuchi-no-mikoto）及天津主神不同，反對讓國之事，他主動挑釁卻敗走到了諏訪湖，並立誓從此不再離開後，才沒有被趕盡殺絕。

但是，在《日本書記》中，卻完全沒有提及建御名方神之名，由此可知他是後來才被人插入讓國神話裡的神。

在此背景之中，既是信濃國造[252]（長野縣的地方官吏及豪族），且擔任諏訪大社下社之大祝[253]的金刺氏則在暗地裡活躍。金刺氏跟大氏出身相同，與負責編纂《古事記》的高官安萬侶同族。或許是安萬侶感受到族人的期待，因此將諏訪地方的大神建御名方神當成重神之一插入了讓國神話之中。不僅如此，還抬舉他成為勢力最大的[*]國津神（Kunitsu-kami）‧大國主的次男。

之後，建御名方神變成了禍祟神－**御社具持**

Tamaazusa

玉梓（たまあずさ）

玉梓

《南總里見八犬傳》中出現的妖女。玉梓的怨念正是故事的開端。

玉梓受到安房的平郡與長狹郡（今千葉縣鴨川市）的領主‧神余光弘的寵愛。她一方面想取代沈溺在自己美色中的光弘，插手干預政事，同時又是奸臣‧山下定包的情婦。光弘死後，由於山下定包弄權，政風敗壞，因此受到里見義實等人的討伐。對於被捕的玉梓，里見義實雖然說要「放過她」，但是因為金碗八郎孝吉的反對，最終還是被處以極刑。那時玉梓留下了「讓你的子孫在三代之內墜入畜生道」的詛咒。

後來成為安房二郡領主的里見義實，與鄰國作戰失敗時，對著玉梓轉世的愛犬‧八房說：「要是有人能取下敵軍將領的首級，就將女兒許配給他」。沒想到八房真的銜來了敵軍大將的首級。里見義實只好將女兒伏姬嫁給八房。想要阻止此事的金碗大輔孝德卻不小心誤射，使八房跟伏姬雙雙身亡。得到誦經供奉的八房順利成佛，但是伏姬跟八房之間還未成形的8個小孩，卻變成8顆珠子，從伏姬體內飛散四方。

戰神・塞神[247]
日本

（→天香香背男神Amanokagaseo-no-mikoto、大國主神Ookuninushi-no-mikoto）

247 譯注：塞神的讀音為「さえのかみ（sa-e-no-ka-mi）」，是為了防止惡靈入侵，而在村莊邊境、坡頂、盆路等處設置神社加以祭祀的神。也是旅途安全的守護神。除此之外，還被視為生殖之神、結線之神等等。屬於道祖神的一種。也可唸為「さいのかみ（sa-i-no-ka-mi）」。

248 譯注：此處的「氏」指的是「姓氏」，因此「大氏」就是指姓「大」的人。

249 譯注：氏神指的是一族的祖神，氏子便是祖神的子孫。

250 譯注：日文的「防塞」指的是預防敵人的意思，也有守護之意。

惡神・禍崇神
日本

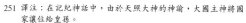
神（Mishaguji-gami），可說是本末倒置了。

251 譯注：在記紀神話中，由於天照大神的神諭，大國主神將國家讓位給皇孫。

252 譯注：日文發音為「kuni-no-miyakko」，字面意義是「國之御奴」。是日本古代世襲的地方官。通常領有一郡，在大化革新之後多成為郡司。

253 譯注：大祝（ou-hofuri）：把人當作神來祭拜。

怨靈
日本

（→妙春Myouchin）

Tamamo-no-mae

玉藻前（たまものまえ）

玉藻前

　　這是在印度稱爲「※華陽夫人」，在中國則稱「※妲己」的金毛白面九尾狐。

　　根據御伽草子《玉藻前》，來到日本的這隻妖狐，化身傾國傾城的絕世美女玉藻前，成功贏得鳥羽院（也有人說是近衛院）的寵愛。但是幾乎在此同時，鳥羽院患了重病，日益消瘦衰弱。當時的治療方式，首先便是加持祈禱，但是鳥羽院毫無起色。在委請安倍晴明的後代－陰陽頭・安倍泰成占卜之後，才得知在下野國那須野處，棲息著一隻已有800歲、二尾、長達七尺的大狐，

就是牠威脅到鳥羽院的性命。爲了降妖除魔舉行了泰山府君祭後，玉藻前就因爲忍受不了而逃走。這隻妖狐雖然逃進了巢穴，但還是被三浦介及上總介給射殺了。

　　然而，由於牠曾在三國間散佈災害，使得牠的怨念變成了殺生石（長滿青苔的大石）的模樣，即使死後也不停作祟擾亂人間。不過，在偶然路過的源翁和尚慎重供養後，終於超渡了玉藻前。[254]

（→**五通神 Wutung-shen**）

Tansheng

担生（たんせい）

担生

　　可以掀起水患的大蛇之名。

　　有位書生捕到了一條小蛇，他基於好玩的心態留下飼養，小蛇越長越大，但是這個書生仍然擔著這條蛇行動，因此得了「担生」這個名字。

　　隨著歲月更迭，這條蛇越長越大，想擔也擔不動了。於是書生便將這條蛇帶到河南的大沼澤裡放生。

　　過了40年之後，這條蛇長的更加巨大，只要有人想經過沼地，大蛇便會現身把人給吃了。

　　後來，當年的那位書生來到此地，雖然他已

經上了年紀，卻不聽當地人的勸告硬要行經沼澤，果然被大蛇襲擊。書生覺得大蛇眼熟，脫口叫出「担生」之名，大蛇便垂下頭離開了。

　　縣衙的人聽聞這件事後大爲玄奇，於是就將老書生抓來，準備處死。老書生在牢中長吁短嘆，結果當晚一整個縣突然沈陷，成了湖底。只有關著老書生的牢房安然無事。

（→**共工 Kungkung**、**洪水之兆 The omen of flood**）

Taochueh

檮杌（とうごつ）

檮杌

　　兇暴惡獸。也叫做「※難訓」（Nanhsun）或「※傲狼」（Aohen）。「難訓」乃桀傲不訓難以教誨之意，傳說中檮杌的性格正是如此。

　　人面虎身，全身長滿細毛，嘴有豬牙後有長尾，常於荒野中任意作亂，但誰也制止不了他。天帝顓頊有許多不肖子，其中一人特別惡劣，無論如何教誨都不聽從，任意行惡，於是天下人便將他稱作檮杌[255]；亦有另一說法，顓頊的兒子本身就是檮杌。

　　顓頊還有另一個不肖子，名爲「窮鬼」，他雖

然非什麼惡神，但卻是個怪人，明明身爲天帝之子，卻特意衣著破爛四處流浪，最終餓死在路旁。

　　這個窮鬼不太受中國民眾歡迎，看來應頗類似日本也有的窮神。

（→**饕餮 Taotieh**、**窮神 Binbou-gami**〈日本〉）

妖狐
日本

254 朱注：漫畫《魔力小馬》中的大反派白面者就是緣起於此神
　　話。

怪物
中國

惡神・怪物
中國

T

255 譯注：出自《左傳》，原文作「顓頊，有不才子，不可教訓，
　　不知話言，告之則頑，舍之則囂，傲很明德，失亂天常，天
　　下之民，謂之檮杌。」

263

饕餮（とうてつ）

饕餮

　　饕餮一般認爲乃貪欲之化身、象徵，爲古代中國的惡神。饕餮爲生於中國南方之多毛人，生具豬頭。本性極爲貪婪，與豬頭相稱，喜歡囤積錢財但一毛不拔，搶食他人收穫的穀物過活。而且奪來的也絕不分給別人。據說他害怕強者，不敢靠近成群的人，專挑獨行之人搶劫。

　　因此他與**窮奇（Chiungchi）、檮杌（Taochueh）**、渾敦等惡神一般，爲天下人所畏懼。

　　人們對他的害怕，具體的可從饕餮紋之使用看出來。人們爲了驅魔避惡，於鼎面鑄上他的模樣。但不知爲何僅有頭部沒有身體，某文獻如此說明：「之所以有頭無身是因吃人時未吞下，結果害到自己身體了。[256]」

　　不過，根據另一個說法，饕餮紋其實乃根據**蚩尤（Chihyu）**所做，若此說法屬實，那饕餮其實應爲蚩尤別名。

ターラカー

陀羅迦

　　*達伊提耶（Datiya，惡鬼）之女。也有人說她是惡魔孫陀（Sunda）之女，或是*夜叉須吉圖（Suketu）之女。

　　她觸怒了著名的投山仙人（Agastya）[257]因此被變爲*羅刹女（Raksasi）。之後她便住在恆河（Ganges）流域的森林中，並橫加劫掠鄰近地區，使人民不得安寧。

　　住在附近的聖仙一眾友仙人（Vishuamitra）[258]便命令羅摩旃陀羅（Ramacandra，印度神話的英雄一羅摩（Rama）的別名）去收服陀羅迦。雖然陀羅迦是惡鬼，但是羅摩並不願意殺女人，只想將陀羅迦的能力廢去，於是羅摩砍下了陀羅迦的雙手手腕，羅摩的弟弟什曼那（Lakshmana）則將她的耳、鼻割了下來（此段的情節跟**首哩薄那迦（Surpanakha）**的神話雷同）。

　　但是陀羅迦卻運起妖術，揚起碎石雨攻擊他們，因此羅摩最後還是將陀羅迦給射殺了。

太歲（たいさい）

太歲

　　太歲是星宿之名，也就是我們今天所說的木星。木星每12年會運行天空一週，因此在中國占星術中具有特別的意義。

　　太歲被視爲地上之君（＝皇帝）的表徵，在天上，則是象徵天帝的星宿。關於這一點，西洋占星術將這顆星宿稱爲朱彼得（Jupiter）（＝希臘神話中的天神宙斯（Zeus）），東西方有志一同的巧合，非常耐人尋味。

　　不過，太歲既然是象徵皇帝的星宿，便有可能遭到邪祟侵害。對中國的欽天監官員來說，必須特別注意當年太歲的方位。要是在太歲所處的方位上貿然進行破土、營建等工程，就會招致極大的災禍。

　　在民間，太歲則是凶神的代表，也就是說太歲是最爲人恐懼的神明。

　　比如在《西遊記》之中，**孫悟空（Sunwukong）**被敵對的妖怪評爲「太歲」，也就是說太歲甚至可以用來比喻「引發重大災厄的禍首」。

　　對於太歲，人們的態度應該是「敬而遠之」吧。

■ 惡神
■ 中國

256 譯注：出自《呂氏春秋》〈先識〉：「周鼎鑄饕餮，有首龍
　　身，食人未嚥，害及其身，以言報更也。」另外袁軻所著
　　《中國神話傳說》有不同的解釋，有興趣者可自行參考。

■ 達伊提耶（Datiya，惡鬼）
■ 印度

257 譯注：音譯爲「阿迦斯提耶」。
258 譯注：眾友仙人是古印度神話傳說中著名的仙人，相傳他出
　　身刹帝利，經過嚴峻的苦行，躋身於婆羅門種姓之列，並成
　　爲七大仙人之一。

■ 凶神・禍祟神
■ 中國

（→渾沌 Huentuen、八將神 Hasshou-jin）

T

Tawiscara
タウィスカラ

塔威史卡拉

出現在休倫印地安人（Huron Indan）及莫霍克印地安人（Mohawk Indian）等，居住於美國五大湖附近的印地安傳說中的惡靈。

伊歐史凱哈（Ioskeha）與塔威史卡拉是月亮的雙胞胎孫子。但這兩人總是互不相讓。當塔威史卡拉只有摘下野薔薇時，伊歐史凱哈則是用公鹿角武裝自己，並得到了勝利。而塔威史卡拉只不過偷了打火石便遭到驅趕。

塔威史卡拉對此忿忿不平，因此更是藉著犯下種種惡行表示反抗。

例如偷走太陽、製造人面獸、要青蛙將人類不可或缺的乾淨之水給吸乾等等，跟身為創造者的雙胞胎兄弟不同，塔威史卡拉製造嚴重的破壞以示報復。

他從湖中的島架起一座石橋，讓吃人獸藉此渡水而至。這頭吃人獸會帶來食糧缺乏的寒冬。狗兒與畫眉鳥合力騙過了塔威史卡拉，暗地裡把橋給弄不見了，這樣一來，冬之獸就不能上岸，也沒辦法吃人了。

據說塔威史卡拉也是偉大的魔術師，會在半

Tenaga&ashinaga
手長足長（てながあしなが）

手長腳長

相關故事廣泛流傳於日本東北地方全境。手長的妖怪叫手長，腳長的妖怪叫腳長，它們通常是兩隻一起行動。

根據流傳在山形縣庄內地方的傳說，手長腳長住在山形與秋田縣境上的鳥海山。它們會瞄準日本海上航行的船隻，由山頂丟下岩石進行攻擊。人民為此煩惱不已的時候，手長腳長被武士模樣的大物忌神給擊垮了。相傳他們作戰時，鳥海山爆發，落入海中的山頂據說就是現在的飛島。

福島縣的傳說則是盤梯山上住著叫做手長腳長的妖怪。它們生性暴虐，時常騷擾鄉里，經過一位恰巧來到此地的法師祈禱之後，手長腳長的手腳漸漸變短，個性也變得溫馴。後來才知道那位法師正是弘法大師空海。也就是說這故事是空海行腳傳說之一。

在山形縣流傳的傳說是典型的天津神（由高天原降臨人間的眾神之總稱）收服地方豪族的平定神話。由大物忌神討伐完手長腳長後，便入祀鳥海山的大物忌神社來看，其實這等於是由叛逆

Tezcatlipoca
テスカトリポカ

泰茲卡特利波卡

泰茲卡特利波卡是阿茲特克人崇拜的神祇中最強的神。

他既是惡作劇神（Trickster），也會賜福給人類，另一方面，他也會造成混亂與渾沌。阿茲特克人極為敬畏地稱他為「魔王」、「統領我們的男神」。

他是由創造之神歐曼帝歐多魯（Ometeotl）所生，是世界初創時照亮整個世界的太陽。另有一種說法是身為太陽的，乃是頻繁出現在神話中的泰茲卡特利波卡之兄，但是詳情如何並不清

楚。

這個名字的意思是「煙霧鏡」。與大地怪物爭鬥時，泰茲卡特利波卡的左腳被吃，於是他便用黑曜石來代替失去的左腳，這就是他名字的由來。在描繪他的姿態時，一般都習慣以黑曜石來點綴左腳及後腦杓。「朦朧」意指黑曜石的光芒，也暗示出他千變萬化的特質。

泰茲卡特利波卡經常和羽蛇神魁札爾科亞特爾（Quetzalcoatl）作對，但這對世界的形成是不可或缺的。如果沒有了混沌，世界就會一片沈

惡靈
美洲原住民

夜舉行神事，使得自己百病不侵。
（→魔靈 Brushman）

惡神
日本

神手中奪回支配權。
（→土蜘蛛 Tsuchigumo）

惡作劇神・混沌神
阿茲特克

寂，失去所有活力。
（→依茲拉科里烏基 Itzlacoliuhque、特拉索爾泰
奧特爾 Tlazolteotl）

T

Thammuz

タンムズ

塔模斯

於密爾頓所作敘事詩《失樂園》（1667年）中登場的造反天使（惡魔）。又稱「塔姆斯（Thamuz）」。據密爾頓描述，他是腓尼基（Phoenicia）男神的前身。腓尼基的青年神塔模斯受到女神伊西塔（Ishtar）的愛慕，但在狩獵時卻被喪命於豬牙之下。等於是希臘神話中的阿多尼斯（Adonis）。

敘利亞（Syria）人在夏至之後會舉行追悼塔模斯的祭典，而這個祭典在《舊約聖經》《以西結書（Ezekiel）》中遭到嚴重的批判，所以密爾頓才

會把異教神塔模斯的名字放入造反天使的名單之中吧。塔模斯與女神伊西塔的愛情故事常被用來鼓動少女的春情，並在唯一神的神殿附近進行淫亂的行為。

在《失樂園》第1卷中，列出了跟隨大逆天使撒旦（Satan）而由天國墮落的造反天使名單，其中雖然提及塔模斯之名，但是如同這一捲中提到的多位造反天使一般，描寫撒旦大亂天國的第6卷中，並未看見塔模斯的身影。塔模斯應該是為了密爾頓為了符合敘事詩——唱名的傳統而準

The deity of forest

森の神

森林神

他是西伯利亞的森林精靈。也被叫做森林神，或是森林惡魔。長有七顆頭。

某男子養了兩頭狗，分別叫做「熊」與「狼」。有天他對他妹妹說：「在我回來之前，你不能洗頭髮，也不能掃地。」而妹妹回答說：「那，你把狗留下來吧，因為客人快到了。」

男子將狗留下來自行離開後，妹妹卻忘了約定，開始掃起地，梳起頭髮來了，她將狗的耳朵塞起來，結果這時七顆頭的森林神出現，抱住了妹妹。

之後森林神跟隨男子。男子逃到落葉松的樹上，於是森林神開始砍這棵樹。

這時兔子來到樹下，對森林神說：「我來幫你砍，你休息吧。」但是森林神睡著之後樹木比未砍之前更粗壯了。之後母狐狸與河獺也對森林神說一樣的話，樹木卻因此越來越粗。

並且麻雀與烏鴉還去叫男子的狗來幫忙。麻雀的叫聲太小聲，狗的耳朵被塞住所以沒聽到，等到烏鴉來的時候狗才發現，連忙咬斷鎖鍊，趕到主人身邊。森林神被狗咬住的時候，男子用斧

The deity of poverty〈Siberia〉

貧乏神（びんぼうがみ）

窮神〈西伯利亞〉

窮神並非只存在於日本的傳說裡而已，西伯利亞的民間故事裡也有窮神。只是西伯利亞的窮神跟日本的窮神不太相同。（→窮神 Binbougami〈日本〉）

某個窮農夫有個美麗的女兒，地主迷上了他的女兒，於是向農夫要求讓他跟他女兒結婚。但是不管是農夫還是女兒都不喜歡這個地主所以拒絕了。結果地主生氣，不斷騷擾這戶農家，農夫迫不得已只好搬家到外地。

結果在要搬家的時候，突然，一個美麗的女

性出現在壁爐旁啜泣著。

農夫罵說：「妳這惡魔，妳出現有什麼企圖？」那女性說「我是窮神，你要搬家的話也請你帶我走。」

農夫聽了心生一計，叫她把手伸進樹幹的縫隙中，結果她的手卡在樹幹上，農夫喊著「我再也不會回到這鬼地方了！」逃掉了。

農夫一家人因為擺脫了窮神，結果在新的村中裡變成最有錢的人。

而那個地主後來看到了這個手卡在樹上的美

造反天使
失樂園

備的造反天使吧。
（→**撒旦 Satan**《失樂園》）

森林的精靈
西伯利亞

頭將他的頭擊碎了。
（→**撒旦 Satan**〈西伯利亞〉）

窮神
西伯利亞

人，又再度墜入愛河與她結婚了，最後聽說是全
部的財產都失去，變的一文不名。

T

The demon in fir
樅の木の悪魔

樅樹中的惡魔

這是16世紀時著名鍊金術士兼醫師的帕拉塞爾蘇斯[259]（Paracelsus）年輕時的故事。

他在森林裡散步的時候，忽然聽到有人喊他的名字。原來是一個惡魔被關在樅樹裡，希望他能放他出來。

於是他說只要惡魔給他能治百病的藥與可以將任何東西變成黃金的溶液就放他出來。他將上面刻有十字架的木拴拔起，一隻小蜘蛛從裡面爬了出來後，變成了一個長臉的惡魔。

惡魔說要向關他的人復仇，於是帕拉塞爾蘇斯對他說：「他既然能將你變成小蜘蛛，可見他的實力很強，恐怕你是贏不了的吧！」，惡魔回答：「變蜘蛛有什麼了不起，這種程度我也會！」於是自己變成了蜘蛛，爬進洞裡給帕拉塞爾蘇斯看。

帕拉塞爾蘇斯見狀立刻將拴子重新拴上，並且在拴子上再度劃上十字架，讓惡魔沒辦法出來。於是他就這樣從惡魔手中騙到了萬能藥與能作出黃金的液體了。

惡魔再也不可能從裡面出來了。因為為了防

The demon of southwest wind
南西風の悪魔

西南風的惡魔

巴比倫人相信風是惡魔吹出來的。對於位在沙漠地帶的巴比倫而言，風是會帶來沙風暴與熱氣的恐怖之物。

在這些風的惡魔裡，最恐怖的即為西南風的惡魔了。

此惡魔有著沒有眼瞼骨碌碌的眼睛、寬廣扁平的鼻子、令人畏懼的血盆大口、尖銳突出的獠牙、高突顴骨、粗濃眉毛、彎曲且低的額頭。從這樣的外表描述來看，或許是對中亞游牧民族的一種諷刺亦有可能。

這個惡魔一旦吹起風來，便會帶來嚴重的大風暴，夾帶著洪水，無數的人都會因此而犧牲。

除了他之外，風的惡魔當中還有南風的惡魔「舒茲」（Shutu）。此外，雖然不算風的惡魔，不過「茲」（Zu）也因為在夏天時會在阿拉伯沙漠捲起沙風暴而聞名。

（→禺彊Yuchiang、大風Tafeng）

The King in Yellow
黄衣の王（きごろものおう）

黃衣之王

克蘇魯神話邪神哈斯特（Haster）的化身之一。

乍看下外形為一身披襤褸黃布，臉帶青白面具之人。然而身高為常人之兩倍；面具下並無臉孔只有偽足。身上的碎布其實亦為偽足。這些偽足能隨意伸縮纏捲獵物以吸取其精神力。

在以鮮豔黃色書皮裝訂的古劇本《黃衣之王》中，有關於這位奇特邪神的詳盡記載。

閱讀該劇本者往往會因書中的極致殘酷美學而崩潰，或是因此得到幾近瘋狂的藝術靈感。

《黃衣之王》內蓋有「黃印」。此印本身藏有魔力，只消有人望見此印一眼，潛意識便受影響而做惡夢。藉著如此，讓犧牲者精神衰落，最後將其逼至發瘋。

█ 惡魔
█ 奧地利

止雪崩，這片森林的樹是禁止砍伐的。

259 譯注：生卒年1493-1541年。瑞士的醫學家兼化學家。爲今日
化學療法的鼻祖。

█ 風之惡魔
█ 巴比倫

█ 邪神
█ 克蘇魯神話

T

The old demon in 《Ivan the Fool》
《イワンの馬鹿》の悪魔の親方

《傻子伊凡》的老魔

　　《傻子伊凡》爲俄國作家托爾斯泰（1828～1910）所作童話。在此故事中出場的老魔厭惡人們感情融洽，爲了讓三名兄弟彼此不合派出了三隻小惡魔。小惡魔們使用了各式各樣的法力讓大哥二哥的生活陷入困境，但卻對老么傻子伊凡束手無策。當小惡魔們被伊凡消滅後，老魔便親自動手開始破壞三兄弟的生活。老魔不愧爲老魔，他與小惡魔們不同，未動用法力光憑三吋不爛之舌便讓身爲軍人的大哥魯莽發動戰爭，又變身爲商人二哥的競爭對手讓對方破了產。身爲屬害惡魔的他似乎無須倚仗法術。

　　因他能變身爲人類的模樣，所以他是用氣派將軍與商人的模樣前往大哥二哥家。然而當他前去拜訪伊凡時，卻未作好事先準備。因爲伊凡傻就傻在他決定只有工作到手上長繭的人才能吃飯。而老魔變成的商人因爲手上留著修長指甲，所以落得無飯可吃。

（→俄羅斯的惡魔 Demon〈Russia〉）

The omen of big wind
大風の兆（おおかぜのきざし）

暴風之兆

　　各式各樣的天災中，應屬暴風與洪水最能讓人切身感受自然力的強大。特別是在中國，因南方海上形成的颱風時常造成重大損害，故對暴風倍感畏懼。（→大風 Tafeng）

　　相傳蚩尤（Chihyu）興兵造反挑戰皇帝時，風神「風伯」曾加入蚩尤陣營令黃帝陷入苦戰。而這則故事應可說是古中國人恐懼暴風的象徵。

　　此處介紹的能引發暴風之惡神，便是由此種恐懼心具體化而成。

　　「※山獋」（Shanhuei）乃人面犬身之怪物，疾走如風。見人則笑，善投物。相傳此獸現則天下大風。（見圖）

　　「※聞獜」（Wenlin）其形似豬，身有黃毛，白頭白尾。聞獜一現天下則起大風，爲害甚烈。

The omen of drought
旱魃の兆（かんばつのきざし）

乾旱之兆

　　對以農業爲產業根本的文化圈而言，乾旱與洪水同爲可怕的自然災害。

　　眾所皆知，中國的魃（Pa）乃帶來乾旱的神明。只要知道旱魃[260]一字是由此神之名而來，應當便可想像出古人對她有多感害怕。

　　下面介紹的怪物雖未如魃一般爲人深懼，卻也因身爲旱象徵兆而遭人嫌忌。

　　南方火山一帶有名「※顒」（Yung）之鳥，人面四目。

　　名「※蜚鼠」（Tzushu）之鳥其形似雞體覆鼠毛（見圖）。

　　東方之河中有「※鯈鱅」（Tiaoyung）體形似蛇，有魚鰭，出入有光。

　　「※薄魚」（Paoyu）如鯉而一目亦居於東方之河。

　　「※獙獙」（Pipi）此怪物則爲有翼之狐。

　　相傳上述怪物所現之處定有大旱。

惡魔
俄羅斯

徵兆
中國

徵兆
中國

T

260 譯注：「旱魃」一字於日文中乃指旱災，並非如中文一樣是
    指旱神。

273

The omen of flood
洪水の兆（こうずいのきざし）
洪水之兆

在中國，有相當多的惡神可引起洪水。

洪水，對依大河畔發展的文明而言是宿命。因此對洪水產生的恐懼自然而然地轉變成，引起洪水的諸多惡神的想像。

重要的水神會再另列條目，於別章介紹。在此，特將洪水發生的前兆，民眾恐怖厭惡的各項徵兆一一介紹。

「*軨軨」（Lingling）[261]，其狀似牛，全身披有虎紋。

「*合窳」（Keyu）[262]，人面豬身的怪物，黃身赤尾，聲如幼子，食人。此兆一現，天下必起洪水。

「*長右」（Changyu）[263]，形似長臂猿，有四耳，其聲似人呻吟。（參照圖片）

「*夫諸」（Fuchu）[264]，形似白鹿有四角。

這些徵兆一現，該地或是地方上都會作大水。

（→共工 Kungkung、蛟 Chiao、江君大神 Chiangshen-tachun、水母娘娘 Shueimu-niangniang、錢塘龍王 Chientang-lungwong、洞

The omen of man-made calamity
人災の兆（じんさいのきざし）
人禍之兆

中國自古代便確立皇帝獨裁制，是支配者權力極端擴張的國家。

皇帝大興土木，驅使人民服其勞役。其中，有的勞役真有所需，有的卻僅止於誇耀皇威、毫無用途。然而，不管哪一項賦役，對人民來說都是一項災難。

「*猾褢」[265]（Huahuai）形似人，背有豬鬣。只要一出現在縣內，人民就要服繇役，緊接著就會發生叛亂。

「*貍力」[266]（Lili）狀似豚，有距[267]，聲似狗鳴。地方見其姿，則當地多興土木。

此外，當權者身邊惡人橫行，對人民則為大害。這些惡人為了滿足自己的慾望，驅使當權者搾取人民血汗。

「*峳峳[268]」（Yuyu）形似馬而羊目，牛尾而四角。此獸一出，則多狡客（狡詐之人），地方大亂。（見圖）

（→兵亂之兆 The omen of war）

The omen of panic
恐慌の兆（きょうこうのきざし）
恐慌之兆

我們現在或許難以想像，但古代社會中都市或村落的居民常為雞毛蒜皮之事陷入恐慌。

古代社會治安不如現代，情報來源亦不足，只消少許謠言偽報便會令一城鎮發生慌亂。

有鳥名「*酸與」（Suanyu）。雖為鳥然其形如蛇，四翼六目三足。酸與之名源自此鳥的不祥啼聲，此鳥所現之都城必然大為恐慌。

「*朱獳」（Chuju）其形似狐而有魚鰭。因以吼叫時呼喊自己名字，故名稱乃由其聲而來。此獸現處該地定陷於惶恐。（見圖）

名「*雍和」（Yunghe）之獸乃特異生物，形似猿而黃身赤目，最奇之處為口有赤喙。此物一現該州該國定生大恐慌。

（→疫病之兆 The omen of plague、暴風之兆 The omen of big wind、乾旱之兆 The omen of drought、洪水之兆 The omen of flood、人禍之兆 The omen of man-made calamity、兵亂之兆 The omen of war）

徵兆
中國

庭神君 Tungting-shenchun 、妒婦津神 Tufuchin-shen、無支祁 Wuchihchi）

261 譯注：出自《山海經》〈東次二經〉：「空桑之山，…有獸
焉，其狀似牛而虎紋，其音如欽吟，其名軨軨，其鳴自叫，
見則天下大水。」
262 譯注：出自《山海經》〈東次四經〉：「剡山有獸焉，其狀如
麃而人面，黃身而赤尾，其名曰合窳，其音如嬰兒。是獸
也，食人，亦食虫蛇，見則天下大水。」
263 譯注：出自《山海經》〈南次二經〉：「長右之山，無草木，
為水。有獸焉，狀似禺而四耳，其名長右，其音如吟，見則
郡縣大水。」
264 譯注：出自《山海經》〈中次二經〉：「敖岸之山…有獸焉，
其狀如白鹿而四角，名曰夫諸，見則其邑大水。」

徵兆
中國

265 譯注：《山海經》〈南次二經〉：「又東三百四十里曰兕光之
山，其陽多玉，其陰多金。有獸焉，其狀如人而彘鬣，穴居
而冬蟄，其名曰猾裹，其音如斲木，見則縣有大繇。」
266 譯注：《山海經》〈南次二經〉：「柜山有獸焉…，其狀如
豚，有距，其音如狗吠，其名曰貍力，見則其縣多土功。」
267 譯注：類雞爪後方，位置稍高突起之一爪。
268 譯注：《山海經》〈東山經〉：「又南五百里，曰磕山，南
臨磕水，東望湖澤，有獸焉，其狀如馬，而羊目、四角、牛
尾，其音如狗，其名曰峳峳。見則其國多狡客。」

徵兆
中國

The omen of plague

疫病の兆（えきびょうのきざし）

疫病之兆

即使是在醫學發達的今日，傳染病依舊十分令人畏懼。對僅擁有未成熟醫術與藥學的古代人而言則更是如此。無論是哪個文化圈，瘟神一類的神祇皆深受敬畏。

下面介紹的，便是被視作疫病流行前兆，深受人們畏懼的諸多怪物。

東方泰山有「*蜚」（Fei），其狀如牛，白首蛇尾而一目。行水則竭；行草則死（見圖）。

首陽山週邊可見「*跂踵」（Chichung），乃似梟之鳥，豬尾獨腳。

又，東方有鳥名「*絜鉤」（Chiehkou），似鴨而鼠尾。

又有名「*猼」（Li），狀如赤色針鼠，居於荊山不易得見。

據說若見上述怪物，該地將有疫病盛行。
（→禺彊 Yuchiang、疱瘡神 Housou-gami）

The omen of war

兵乱の兆（へいらんのきざし）

兵亂之兆

人禍有時遠比天災更為慘重，而人禍之最可以說就是戰爭了。農民被徵調去當士兵，結果田地因而荒蕪，而在兵荒馬亂中家破人亡的悲劇又不斷上演。因此兵亂可以說是人民最痛恨的災害了。而會招來這兵亂的怪物自然更是為人所忌恨。

據說有一怪物名叫「*朱厭」（Chuyen），其模樣似猴，白手朱足。只要此獸一出現，就會給當地帶來戰爭。

據說有一獸名喚「*㹄狼」（Shihlang），其外表像狐狸，長有長耳白尾，一旦這隻怪物出現就表示大戰爭就要發生了。

有種鳥叫做「*鳧徯」（Fushi），外型像雞但臉似人，會發駭人鳴聲，這隻怪鳥一旦出現，就表示即將天下大亂。

四川北部有座岷山，在岷山的某座山峰裡，有個叫做熊穴的洞穴，據說裡面住了「*神人」（Shenjen），這個洞穴夏天會開放，到了冬天則緊閉，但是如果那年的冬天也開放的話，該年必會有戰禍。

The Red Dragon

赤き電

紅龍

龍此種怪物，不可思議地在世界各地的神話傳說中均有出現。然而其個性各國不同。中國龍泰半善良者居多；地中海沿岸之龍大多邪惡。

其中最具決定性的惡龍，乃是《新約聖經》〈啟示錄〉中登場的「紅龍」。

此龍於末日時自天上出現，迷惑普天下。七頭十角；七頭上戴著七個冠冕。牠的尾巴拖拉著天上星辰的三分之一摔在地上。不久天上發生爭戰，龍及其使者，同天使長米迦勒（Michael）及其使者發生戰鬥。但龍為天使所敗，摔落地上，在地上引起災禍，從口中吐出河。由於牠的體積龐然碩大，口能吐河並不為奇。此龍乃惡魔之首*路西法（Lucifer），亦即撒旦。[269]（→撒旦 Satan《新約聖經》）

此後，西歐基督宗教圈中的龍，特別是紅龍，都固定為邪惡角色。世界第一款角色扮演遊戲「龍與地下城」（Dungeon & Dragon）中出現了許多顏色的龍，紅龍自然而然地擔任了混亂邪惡陣營的龍族最強者。

徵兆
中國

徵兆
中國

（→**人禍之兆**The omen of man-made calamity、大
鶚Tae）

惡魔王
基督宗教

269 譯注：可參照《新約聖經》〈啓示錄〉第12章。

The Thrashing Spirit with Bearded Seal for a Whip
鞭擊ちの精靈（むちうちのせいれい）

持鞭的精靈

這是愛斯基摩人中伊果里克族傳說中的可怕精靈。據說他手持海豹以之爲鞭來鞭殺人類。不過現在他因爲已經失去鞭子，所以已經不會有人死在他的鞭下。

有一次大人們去慶典中跳舞了，家裡只剩下小孩。小孩子們不小心將油燈點燃，結果油燈冒起了煙，而持鞭精靈也隨著煙出現在小孩子面前。小孩們立刻逃到家中各處躲藏起來，但是除了躲在乾燥台上的小孩以外全部都被他殺了。

大人們回來看到這副景象非常悲傷，發誓一定要報仇。於是第二天大家裝作一副什麼事都沒發生過一般照常舉行慶典，但是一部份的大人躲藏在小孩們遊玩的秘密場所中，其中一名男子拿著油燈與滾燙的油脂躲在乾燥台上等待。結果這天持鞭精靈果然又出現了。一出來眾人立刻就將滾燙的油倒在他身上，而躲在其他地方的大人們衝了出來，將他的海豹殺掉了。精靈嚇得連忙逃出去，大人們雖然也立刻追了出去，但是還是讓他給逃掉了。只是精靈失去鞭子之後，人們舉辦慶典跳舞時再也不會出現了。

The three little demons in 《Ivan the Fool》
《イワンの馬鹿》の三匹の小惡魔

《傻子伊凡》的三匹小惡魔

《傻子伊凡》中，三匹小惡魔奉老魔之命前去破壞三兄弟的生活。因他們的法力相當高強，輕而易舉地就讓軍人長兄變得魯莽衝動，商人二哥變得貪心愛財。接著再讓長兄的火藥全部被水泡濕，替敵軍以乾草變出千軍萬馬；又把二哥的貴重商品在一夜間化爲馬糞。

然而因爲老么農夫伊凡毫無慾望，所以找不到機會下手。收拾掉兩位兄長的兩名小惡魔也前來幫助自己同伴。一匹小惡魔鑽入土中，壓住伊凡耕田的鋤頭讓它無法動彈，可是小惡魔最後還是被伊凡拉了出來。於是惡魔給了伊凡三條治腹痛的樹根好讓伊凡放過他。然後伊凡對他說「你走吧，願上帝與你同在」。

這句話對惡魔乃是致命的。惡魔馬上消失土中，只留下一個小洞。剩下的兩匹惡魔不久後也遭到同樣下場。

（→《傻子伊凡》的老魔、俄羅斯的惡魔Demon 〈Russia〉）

Tiamat
ティアマト

蒂雅瑪特

蒂雅瑪特是生下世上第一個男人阿普蘇（Apsu），以及所有事物（包括諸神）的造物之母。蒂雅亞瑪特的意思是「苦水」，阿普蘇的意思是「甘露」。

但是蒂雅瑪特也生下了「混沌」，它的存在甚至威脅到諸神天界的存亡。因此風神馬杜克（Marduk）就挺身向蒂雅瑪特挑戰。

馬杜克帶著弓箭、石棍、閃電、網子和風，與蒂雅瑪特對峙。蒂雅瑪特張嘴想要把馬杜克吃掉的時候，馬杜克送出「惡風」，讓蒂雅瑪特的嘴合不起來。蒂雅瑪特的肚子被風灌得膨了起來，嘴也被迫張得大大的。馬杜克拉弓一射，弓箭射破了蒂雅瑪特的肚子，穿透內臟，刺破心臟，蒂雅瑪特就這麼死了。

馬杜克踩碎蒂雅瑪特的頭，用石棒敲破她的頭骨，甚至還將她的身軀撕成兩半。撕開後的半個身體往上一丟就成了天空。天空就是蒂雅瑪特的半個身體。

（→莫特Mot）

邪惡精靈
愛斯基摩

（→依皮屋普·因紐雅 Ipiup Inua、溫敵哥
Windigo、努莉雅尤克 Nuliajuk）

惡魔
俄羅斯

眾神之母
美索不達米亞

Tiehshan-kungchu

铁扇公主（てっせんこうしゅ）

鐵扇公主

出現在《西遊記》（成書於西元1570年左右）中的妖怪。在日本則是以「羅刹女」（らせつにょ）之名爲人所知。

鐵扇公主是翠雲山芭蕉洞的女主人。但是她最活躍的舞台怎麼看都還是火焰山吧[270]。這是一處廣達八百里見方，晝夜冒著熊熊火焰的地方，只有鐵扇公主的芭蕉扇才能把火給搧熄。

火焰山是往西方的必經之路，因此三藏一行人非得突破這個關口才行。然而鐵扇公主卻一口回絕了登門求借芭蕉扇的孫悟空（Sun-wukong）。

其實鐵扇公主是悟空的結拜義兄牛魔王（Niu-mowong）的妻子。那她爲什麼會將悟空視爲眼中釘呢？原來是因爲她的兒子紅孩兒（Hung-haierh）曾跟悟空爭鬥，最後卻敗在悟空手下。

這次的衝突由於牛魔王的涉入而更加激烈，最後演變成一場連天兵天將都被捲入的大戰。結果因爲牛魔王被擒，鐵扇公主也只好投降，搧熄火燄山的烈焰。

Titan

ティターン

泰坦神族

泰坦神族指的是希臘神話中烏拉諾斯（Uranos）跟蓋亞（Gaia、Ge）的所生的小孩，以及第三代的部分子孫。他們是宙斯（Zeus）成爲眾神之王前，支配整個世界的古老神衹。

主神爲克洛諾斯（Kronos、Cronos），另有俄刻阿諾斯（Okeanos、Oceanus）、伊阿佩托斯（Iapetos、Iapetus）、許佩里翁（Hyperion）等男神，以及瑞亞（Rhe(i)a）、忒修斯（Tethys）、忒彌斯（Themis）等女神。

此外，在上述男神女神的後代中，普羅米修斯（Prometheus）和厄庇米修斯（Epimetheus）、阿特拉斯（Atlas）等神衹也都算是泰坦神族。

相反的，即使同樣是烏拉諾斯與蓋亞的小孩，像庫克洛佩斯（Kyklops、Cyclopes、Cyclops）[271]或赫克頓蓋爾（Hekatoncheir、Hecatoncheir）[272]般的巨人，卻不屬於泰坦神族。當然，以宙斯爲首的新世代諸神，也都不是泰坦神。泰坦神族在與宙斯等新神的戰鬥中敗北，被丟入了塔耳塔羅斯（Tartaros、Tartarus）的黑暗

Tlahuixcalpantecuhtli

テラウィスカルパンテクートリ

特拉威斯卡爾潘泰庫特利

他是古代墨西哥人畏懼的破壞神。名字之意爲「清晨之主」，代表清晨時的明星─金星。他既會給人類帶來災害，也是名破壞神。經常被形容成以燃燒旺盛的火光爲武器的男性。

當時的人們認爲金星發出的光芒有害，因此非常害怕金星出現。且人們也相信疾病與飢荒、戰敗等不幸皆是他所帶來。

他原本是個有能之神，有則神話描寫了他挑戰太陽神，結果最後敗北的故事。在過去，太陽神托納提烏（Tonatiuh）誕生時，太陽神宣稱如果不獻上活人祭拜他的話，他便不放光芒，特拉威斯卡爾潘泰庫特利聽到這話很生氣，於是就拿起他自誇的武器─光之槍（帶來災厄的光芒）丟向他，結果沒想到托納提烏沒事，反而特拉威斯卡爾潘泰庫特利被他反擊的光箭射穿頭部，結果變成了石頭與冰冷之神依茲拉科里烏基（Itzlacoliuhque）。這也便是爲何清晨氣溫較低之故。

（→泰茲卡特利波卡 Tezcatlipoca）

妖怪
中國

　　之後，鐵扇公主皈依了佛法，從此她的名號就永留於經文之中。

270 原注：位於吐魯番（新疆維吾爾族自治區）東部之山。

上古神祇
希臘

中。不過，其中如普羅米修斯等站在宙斯這一方的神，或是像俄刻阿諾斯這樣保持中立的神，在宙斯成為世界之王後，仍然可以與諸神平起平坐。

　　泰坦神族雖然不是惡魔，不過也算是諸神的敵對者，因此把他們收錄於本書中。
（→**愛奧尼諸神Ionian**）

271 譯注：Cyclops：額頭上長著一隻眼睛的獨眼巨人，又稱車輪眼巨人。
272 譯注：Hecatoncheir：有著五十個頭，一百隻手的巨人。

破壞神
阿茲特克

T

Tlazolteotl

トラソルテオトル

特拉索爾泰奧特爾[273]

中美的納瓦族人（以屬於阿茲特克語系中的納瓦特爾語（le Nahuatl）為母語，現今墨西哥最大的印地安人集團）信仰中的愛之女神及玉米女神。瓦茲特克族（阿茲特克人的後裔）也叫她「棉的女王」。在阿茲特克神話中也是古老的大地女神，一般認為她是玉米女神們的母親。

但特拉索爾泰奧特爾這個名字乃「不潔的女神」之意[274]。阿茲特克的神話中她被認為是「隱藏在所有不潔行為背後之力量」，也是身居想要贖罪的信者與全能神泰茲卡特利波卡（Tezcatlipoca）之間的牽線人。

特別與性的罪惡關係密切。在阿茲特克的湖上都市特諾奇蒂特蘭（Tenochtitlan）[275]中有個為提高戰士忠誠心而設的娼妓組織。從各都市一般家庭而來的女孩子們皈依特拉索爾泰奧特爾，接受娼妓教育，然後被送到各地兵營。之後當交合結束，這些女孩子們的責任已經終了，她就將她們抓起來，把她們的嘴巴塗黑，在儀式中殺掉。

Tokebi

トケビ

獨腳鬼[276]

韓國傳說中的鬼神，類似日本傳說中的鬼[277]。不過並不像日本的鬼那樣兇惡，雖然是會惡作劇，但是並不至於殺害人畜。也因此他受韓國人民喜愛，在壁畫、獸頭瓦、門板、把手等上面，常可以見到用他的圖案來裝飾。

這些獨腳鬼之上有個領袖人物，名叫鼻荊。

新羅第二十五代國王－真智王（在位時間576～579），有次看上了某平民美女，但是那美女已經嫁人，拒絕了國王的求愛。之後，國王死後過了三年，美女的丈夫也死了。丈夫死了十天後，

國王以生前的姿態出現了，對她說：「我依約前來見妳了。」女人雖然害怕，但接受了國王。王在地上世界停留了七天，那段期間女人懷孕了。然後月圓之夜時天地鳴動，女人生了一個男嬰，取名叫鼻荊。

鼻荊十五歲時便任當時國王的執事，不過一到晚上就會出外與群鬼遊玩，有時驅鬼架橋，如有不聽從的獨腳鬼就會捉起來殺掉。據說直到現在，獨腳鬼一聽到鼻荊這個名字就會害怕。

（→布爾咯 Buruke）

Tokoyo-no-kami

常世神（とこよのかみ）

常世神

皇極天皇時代（在位期間642-645）時，富士川周邊突然出現了常世神。

這尊常世神事實上乃毛毛蟲。但並非有著毛毛蟲外型的神，而是本身即是毛毛蟲。

據說只要祭拜棲息於富士川河岸周邊的某種特定毛毛蟲，便可由貧變富、令病者痊癒、老者還童，甚至還能不老不死。此民間宗教到底是從誰開始，依照現存紀錄已不得而知，不過當時似乎十分興盛。只是最後被視為邪教而遭禁。

從這個常世神信仰中我們可以看見中國神仙

道蠱術之影響。蠱術指的便是藉由飼養特殊蟲類（有些種類甚至會養在自己身上），可以使自己達到榮華富貴或不老不死的秘術。

蠱術隨著道教的傳入一同來到日本，後來與陰陽道並禁咒道結合在一起成為巫蠱之術，其後又流入民間，成為民間信仰之一，或許常世神信仰即是如此形成的。

另外，所謂的常世事實上乃神道教用語，意指死後的魂魄前往之國度。因此從這點來看多半應該也受過神道教的影響。

不潔女神
阿茲特克

273 譯注：或譯「特拉佐蒂奧托」。
274 譯注：此外也有「吃糞者」「吞盡不潔者」的意思。
275 譯注：或譯作台諾切提提藍，位於特斯科科（Texococo）湖
　　上，是阿茲特克帝國的統治中心。

妖怪
韓國

276 譯注：或譯作獨鬼比。網路遊戲「仙境傳說」中也有這之怪
　　物，譯作「土人」。
277 譯注：音Oni，日本受到佛教思想影響下產生的妖怪，與我國
　　一般所謂的「鬼」不同，具有實體，頭有角，身穿虎皮衣，
　　近似夜叉、羅剎之類的妖怪。

邪神
日本

（→摩多羅神Matara-jin）

T

Tsaochih

鑿齒（さくし）

鑿齒

中國古代的怪神。居於中國南方的沼澤地帶的怪物。一說是巨人。

因長齒如鑿，貫通頷下而得名。手持盾與矛，說其為巨人之姿，也能通之。

鑿齒食人，黃帝[278]下詔神射手后羿，命其前往討伐。戰況十分激烈，鑿齒雖全力應戰，后羿從西追至崑崙山捕而殺之。

后羿有許多驅退怪物的事蹟，而這是最初的例子。

鑿齒被描寫成南方異民族神話的姿態。黃帝支配著象徵漢民族的中原，與週邊部族展開了數次大戰。其中龐大的戰爭便是假托為蚩尤（Chihyu）的南方部族。

敗戰後仍持續力戰到底的各部族，以怪物的姿態留名於神話、傳說中，而鑿齒的由來，恐怕也是相同的。

（→猰貐Iayu、脩蛇Hsiushe、大風Tafeng）

Tsathoggua

ツアトゥグア

札特瓜

也被稱為「佐特瓜」（Zhothaqquah，ゾタクア）、「索達瓜伊」（Sodagui，ソダグイ）。棲息在恩該（N'Kai）的黑色河口處，以「無形的嬰靈」為食。

牠的外型很像覆著毛皮、肥胖而擬人化的癩蝦蟆，還有一雙像蝙蝠般的大耳。不管是睡著或清醒，眼睛總像快睡著一樣半閉著。

當牠肚子餓的時候，不管是人類、其他生物、或是無形的嬰靈，可說來者不拒。不過，如果牠肚子不餓，就沒有那麼危險，有時牠還會一時興起，教導熱心的信徒咒語或知識。

因此，牠是克蘇魯（Cthulhu）神話的邪神中，極少數不那麼邪惡或充滿破壞性的妖怪，但是在遠古時的失落大陸（Hyperborea，Lost Worlds）上，信仰札特瓜的宗教莫名地被視為邪教，遭到諸多迫害，但是信仰克蘇魯（Cthulhu）與依格（Yig）的宗教卻能為人民接受。

（→奈亞魯法特Nyalrathotep）

Tsuchigumo

土蜘蛛（つちぐも）

土蜘蛛

別名「※八握脛」（Yatsukahagi，やつかはぎ）。根據《肥前風土記》，當天皇移駕（西元72年）到志氏島（平戶）時，海中有島，從島上升起了煙霧，訪查之後才發現小近島住著名為大耳、大近島住著名為垂耳的土蜘蛛。當官兵想要捕捉並殺死他們時，大耳們趴伏於地，頻頻哀求：「從今而後必然定期朝貢天皇」，並獻上各式海產懇請原諒。

這故事中出現的土蜘蛛當然是人。土蜘蛛是蔑稱，指涉沒有順服於天皇的土著豪族。

然而，隨著歲月流逝，土蜘蛛漸漸轉化成妖怪。原本人們對蜘蛛就有種妖怪或怪物的感覺，因此這樣的移轉非常順暢無礙。約在14世紀時寫成的《土蜘蛛草子》中，就如書名所示，出現了蜘蛛模樣的怪物，後來被源賴光和渡邊綱給制伏。

此外，這也讓我們聯想起東北地方的原住民所信仰的手腳細長之神，信仰這種神的居民，應該就是這個妖怪的原形。

（→惡路王 Akuroou、手長腳長 Tenaga &

怪物
中國

278 譯注：此處疑有誤。據《淮南子》〈本經訓〉：「堯之時…猰
貐、鑿齒、九嬰、大風、封豨、修蛇皆爲民害。堯乃使羿誅
鑿齒於疇華之野。」

邪神
克蘇魯神話

妖魔
日本

Asinaga）

史馬蘭格

流傳在巴布亞新幾內亞的拉包爾（Rabaul）附近的馬丘皮特島（Matupiy Island）上的惡靈。

很久很久以前，馬丘皮特島上沒有火山，而是一片平地。有一對叫做塔布布魯跟蓋歐庫的夫婦住在今天的火山一帶。他們想要開闢新的田地，但是因爲地上長了一棵很大的無花果樹，所以他們就放火把樹燒了。

然而那棵樹正是史馬蘭格的住所。

憤怒的史馬蘭格就把樹原來生長的地點變成很大的岩丘，把夫婦兩人騙到岩丘中。

塔布布魯也稍微懂得一點魔法，所以並不怎麼在乎史馬蘭格的法術。即使如此，兩方還是起了激烈的衝突。最後，隨著一聲爆炸巨響，岩石、泥土、燃燒的無花果樹枝等等，都從山丘頂上噴了出來。這就是馬丘皮特島火山的由來。

史馬蘭格在爆發時迅速地逃了出來，但夫婦兩人走避不及，在村人們救出前就死了。只不過在挖掘夫婦兩人遺體的時候，發現了許多蛋。從此之後，人們到山丘上就可以撿到鳥蛋。

（→馬薩萊 Masarai）

圖

圖這個字有「對立」、「攻擊」的意思，他是個戰神。他與塔涅（Tane）、坦加羅阿（Tangaroa）、龍戈（Rongo）、哈烏米亞（Haumea）、塔烏希里都是由創世神朗吉（Rangi）與帕帕（Papa）所生。

這些小孩們，生活在父母兩人相擁的狹小空間中，感覺不舒服，於是想讓父母分離。塔烏希里反對如此做，而圖則甚至主張將父母殺了。結果最後天的朗吉與地的帕帕分離，廣大的空間也於是出現。但塔烏希里對兄弟們拆散父母的行爲感到憤怒，於是攻擊其他兄弟與他們的子孫。只有圖起來與他對抗，並且最後打敗了他。但圖很生氣其他兄弟在他們戰鬥時都不出手幫忙，於是做了陷阱來捕捉森林之神塔涅的鳥，做了漁網來捕捉海洋之神坦加羅阿的魚，拉扯植物之神龍戈與哈烏米亞的子孫的頭髮，讓他們在太陽底下活活曬死。

於是，圖就這樣將他所有兄弟的子孫都吃光了。因此人們稱他「好戰的圖」「吃人的圖」「沒人緣的圖」，深深的害怕他。

妒婦津神

妒婦津爲一地名。所謂「津」指的是渡口，不過前面會加了個「妒婦」是有典故的。

晉朝時，有個人名叫劉伯玉，其妻名爲「段氏」。段氏善妒，於是劉伯玉便經常故意在他面前吟詠讚美美麗水神的詩，然後說「如果能夠娶到這樣的女性爲妻人生了無遺憾。」來激她。於是段氏最後忍無可忍，投河自殺了。

接著段氏死後七天，出現在劉伯玉的夢裡說：「你一直嚮往著娶水神爲妻，如你所願，現在我已變成水神了。」之後據說劉伯玉再也不敢渡河。

而且從那之後，如果有女性要渡過段氏自殺的那條河時，一定要將頭髮弄亂，衣服弄髒之後才能過河，因爲美麗的女性如要過河，善妒的段氏會突然掀起大浪。不過若是醜女渡河什麼也不會發生，因此當時的人便有這樣的傳言「欲尋美女到渡口，女近渡口知美醜。」

（→共工 Kungkung、洪水之兆 The omen of flood）

惡靈
巴布亞新幾內亞

戰神
波里尼西亞

　　附帶一提，圖在夏威夷則是樵夫的守護神。
（→瑪圖克 Matuku）

水神
中國

T

Tungting-shenchun

洞庭神君（どうていしんくん）

洞庭神君

洞庭湖水神。洞庭湖爲中國第二大的淡水湖，過去曾被稱做「八百里的洞庭」，可見其廣大程度。

神君原名「柳毅」，本是名文弱書生，但恰巧見到洞庭龍女遭難，出手相救，因而締結緣分，最後與龍女結婚升天成神，接著繼龍王之後當上了洞庭湖神[279]。

但柳毅原本只是個書生，容貌優麗，難以威服眾水怪。故白日就戴上畸形鬼面，晚上方將鬼面拿下睡覺。只是戴久之後已成習慣，經常忘記取下。最後終於面具與臉合而爲一，再也拿不下來。

傳說乘船往來於洞庭湖的人不可亂言妄語、不可以手指亂指、不可四處張望。因洞庭神君可能會誤解成在講他的壞話，在指著他的臉嘲笑，在偷看他的臉，憤而用大水覆舟。

（→共工 Kungkung、江君大神 Chiangshen-tachun、洪水之兆 The omen of flood、錢塘龍王 Chientang-lungwong、無支祁 Wuchihchi）

Tuoni&Tuonetar

トゥオニとトゥオネタル

圖奧尼與圖奧奈達

他們是於芬蘭敘事詩《卡勒瓦拉[280]》（Kalevala）中登場的冥府之王與女王。人死後會到他們統治的國度─圖奧奈拉（Tuonela）去。國境有漆黑無比的河流，河面上有極其雪白的天鵝。一旦越過黑河就是死者的國度圖奧奈拉。

圖奧奈拉的啤酒中，放了青蛙、蛇、以及一些不明的噁心東西，那裡的床墊乃以滾燙岩石製成，棉被則用蛆蟲織成。英雄維納莫伊寧（Vainamoinen）活著來到這個死亡國度，雖然冥府之王未接見他，但女王倒是很客氣的招待他，圖奧奈達恭敬的取出啤酒來，對他說：「你一旦踏進這裡，便再也不能夠離開了。」

圖奧尼與圖奧奈達生了一個兒子與爲數眾多的女兒。兒子的手指彎曲似鉤，在河上架了長達千丈的竹簀[281]，讓不管是多麼英勇的戰士一旦來到死人國便回不去。女兒們皆爲生病與痛苦的女神，但是只有一個女兒很善良，經常站在河岸警告還未死之人不要過來。

（→路希 Louhi）

Tzuniao & Channiao

鴆鳥・鵒鳥（じちょう・せんちょう）

鴆鳥・鵒鳥

象徵亡國之兆的怪鳥。

在中國古代，許多怪物都被當成一種兆，而被厭惡（或是尊崇）。其中，象徵大凶之兆的便是這隻怪鳥。

鴆鳥青羽、鵒鳥黃羽，依其羽色又稱「青鴆、黃鵒」。此外，鴆鳥爲人面鳥身。而鵒鳥無相關資料，只能想像其貌，但恐怕也不是普通的鳥，可能也是人面鳥身。

這些鳥又稱「※應禍」，聽起來名聲響亮。但也正如其名，一見此鳥，必招禍患。

這兩隻鳥經常一起行動，牠們曾停留的國家不用說，光是看見牠們飛過天空就足以使國家滅亡。因此，被人民公認爲凶兆。

（→鬼車 Kueiche、鵒 Chu、大風 Tafeng、畢方 Pifang）

水神
中國

279 譯注：出自唐代的傳奇小說《柳毅傳》。李朝威作。敘洞庭龍
女遭夫家虐待，爲書生柳毅所救，終成夫妻的故事。情節曲
折離奇，文筆優美，敘事生動，描寫細膩，在當時流傳甚
廣，頗受推崇。

冥府之王與女王
芬蘭

280 譯注：這是芬蘭的民族史詩，蘭羅特（Elias Lannrot）根據古
芬蘭民謠等彙編而成。卡勒瓦拉是故事中主要角色的居住
地，也就是指芬蘭。
281 譯注：竹貴：用竹條、蘆葦等編織成的席狀物，捕魚用的器
具。

徵兆
中國

Uhlume

ウールム

烏戮穆

　　美國作家塔妮絲・李的小說《平坦地球系列》中登場的妖魔王之一。

　　世界尚爲一片平地浮於渾沌之海時，天上地下海中各有神祇存在。天上衆神造出人類後將人置於陸地；海中諸君王則與人類無干；地底妖魔的諸王則以作弄人類、令人不幸爲樂。

　　妖魔王之一的烏戮穆別名「死之王」。他的外表高大削瘦肌膚黝黑，看來彷彿是由黑暗雕鑿而成的人形。只有頭髮蓬鬆雪白，身上衣服一片潔白。

　　在無德無行者居多的魔界要員中，唯有他一人方正不阿。徘徊戰場回收死者。在無藥可救的重傷者求水時給予毒藥，讓對方安樂死。

　　當烏戮穆爲戰場或病房中的人們帶來死亡之際，將死之人可看見其身影。但周遭之人僅會覺得彷彿有「寒冷暮風」吹過，甚至有時連那股風亦感受不到。偶爾，與將死者關係深厚的女性們也能看見他的身影。

（→亞祖蘭 Azhrarn、凱希梅特 Keshmet、強茲 Chuz）

Uji-no-hashihime

宇治の橋姫（うじのはしひめ）

宇治橋姫

　　嵯峨天皇（在位809～823年）時代，某公卿之女因忌妒欲狂，向貴船[282]之神發願，願化爲妖怪以便咒殺自己所妒之男女。神明對她降諭：「若欲化身成妖，於宇治川浸水21日可成。」於是少女以長髮結爲五角，臉上妝紅體塗硃砂接著走入河中。就此化身爲宇治橋姫。

　　一日，渡邊綱走過一條戻橋後，一名美女請他護送自己到五條一帶。這名美女即是宇治橋姫，她本欲抓走渡邊綱，卻反被砍斷手腕。之後，宇治橋姫在與渡邊綱及坂田金時對峙時因心

　　生懼意而逃，立誓若自己能得人供養便不再爲害。而橋姫神社即是於此時爲鎮撫她而建的神社。

　　有所謂的「橋姫」是橋樑守護神，原是建橋時獻祭的人柱[283]（活祭品）一說。又有一說言宇治橋姫乃是由人柱化成水神，再由水神精魄轉生爲人。

　　此外，說宇治橋姫的形象乃是丑時參拜[284]之原形的說法亦頗值得玩味。

（→安達原的妖婆 Adachigahara-no-onibaba、酒

Ullikummi

ウルリクムミ

烏利庫梅

　　古中東胡里特民族神話中與衆神爲敵之巨人。

　　胡里特人的神話中，衆神之王的位置乃是輪替擔任。身爲前代神王的泰舒卜之父庫瑪爾比（Kumarbi）圖謀不軌，欲消滅暴風雨神泰舒卜（Teshubi）奪回王位。於是庫瑪爾比與海神之女結婚生下名爲烏利庫梅之巨人。

　　烏利庫梅是以閃綠岩所造之巨人，當他被放到烏貝盧里（Ubelluri，類似希臘神話阿特拉斯之巨人）的右肩上後開始迅速成長。

　　而暴風雨神雖決心與烏利庫梅戰鬥，但閃電暴雨都對巨人無效，泰舒卜只得讓位出逃。之後泰舒卜對埃阿神（Ea）訴苦，埃阿神便前往烏貝盧里處。烏貝盧里則對埃阿說了：

　　「當他們將天地置於我身上時我毫無感覺；當他們前來以青銅鋸分割拉遠天地時我也毫無感覺。如今，有某個東西在我右肩讓我痛苦，我卻不知道那是哪個神明。」

　　於是埃阿在巨人右肩發現烏利庫梅的腳，就以分割宇宙的青銅鋸鋸斷他的腳，奪走了巨人的

妖魔之王
美國

女妖
日本

吞童子Shuten-douji、紅葉Momiji）

282 譯注：Kihune，一地名於現今日本京都。
283 譯注：日本進行架橋、築堤、建城等困難工事時爲祈求建築
　　順遂，會將活人埋於土裡或水中作爲獻牲。
284 譯注：日本傳說中，當心懷妒恨的女性欲咒殺某人時可於丑
　　時（約凌晨2點）參拜神社，頭上置點燃蠟燭，以鐵鏈鐵釘將
　　代表憎恨者的稻草人釘於樹上。依法施行七日即可殺害對
　　方。

巨人
胡里特人

力量。

Ura

ウラ

尤拉

在巴比倫神話中並未嚴密區分神祇與惡魔。神明也會帶有惡魔的性質。

尤拉便屬這種神明之一。乃是生者之敵，疫病的惡魔。

巴比倫人相信只要信仰尤拉便不會有疾病纏身，因此熱中於信仰他。

然而，尤拉有一次卻打算消滅這世界上的所有生命。絲毫不顧人們虔誠信仰自己。

而震驚的人們對尤拉祈求得更加熱誠。於是尤拉終於被感動，對人們說道：

「那麼就饒恕稱揚我名之人、以及讚頌我是威勇無比之偉大存在的人吧。」

Ushitora-no-konjin

艮の金神（うしとらのこんじん）

艮之金神

主要受大本教[285]等大正時代（1912～1926）以後成立之新興宗教祭祀的神祇。

依據大本教教理，此神即國常立神（Kunitokotati-no-kami，原初神，乃是宇宙創造者。然而，於創造出宇宙後遭其他神祇封印於世界的艮方。

所謂的「艮」乃丑寅方位（東北），亦即所謂的「鬼門」（不吉方位）。而「世界的艮方」便是日本。

被封印的艮之金神，為江戶時代（1600～1867）末期的日本國學學者所發堀後，於大正時代成為大本教所宣托的神祇。

又，因此神也為與方位相關之神祇。若冒犯此神所在的方位，他便會降下名為「金神七殺」的災禍。此禍不僅針對犯禁本人，尚會牽連七名親人；而若親人不足七名，甚至會以鄰人充數，怨念偏執深沉。

這種方位神性質，與其說是來自大本教中「艮之金神＝國常立神」的神道教神格，不如說是由身為陰陽道根源的道教思想而來較為恰當。

Utukku

ウツック

烏圖庫

巴比倫的邪惡精靈。

此類精靈本是死者的靈魂埃提姆（Edimmu）。卻因死時未行葬禮的怨恨，而帶給生者痛苦以作為復仇。重新進行葬禮（基什庫）後即可讓他們不再作祟。

但其中有更值得恐懼與不可怠慢烏圖庫。烏圖庫們來自更下層的地底世界阿拉利，是由埃阿神（Ea）咬牙時產生的邪惡精靈。時而散佈疫病於世；時而於人心中注入邪念；時而令家人間產生不合；時而殺害羊群。他們被喻為「將光明之日化為黑暗的風」。

並無鎮壓烏圖庫的方法。在極欲逃離他們的魔掌時，可拜託阿希普（退魔師）。阿希普會吟唱下面的咒文驅逐烏圖庫：

「邪惡的存在啊、轉身離開！
汝之住所乃為廢墟
偉大之主埃阿，為我送行
上主、以我口誦咒
上主、依循聖裁
大鍋賜於我手」

疫病惡魔
巴比倫

禍祟神‧創造神
日本

285 譯注：日本神道宗教之一，源起自19世紀末。

邪惡精靈
巴比倫

U

Valac

ウァラク

華劣克

假稱古以色列王國所羅門王所作之17世紀魔法書《雷蒙蓋頓》（Lemegeton，又名《The Lesser Key of Solomon》），書中第一部分〈哥耶提雅〉所載的72名惡魔之一。並列載於仿啓示文學《以諾書》而成之《僞以諾書》一書的目錄中。

為擁有天使外型的惡魔之一，相傳現於人前時形象為騎乘雙頭龍的有翼少年。能支配爬蟲類，他所騎之雙頭龍即被認爲是此種力量的象徵。又傳說他能告知召喚者財寶所在之處。

受16世紀惡魔學家讓‧維爾影響的19世紀法國作家柯林‧德‧普朗西，在著作《地獄辭典》中以「*沃劣克」（Volac ヴォラック）之名介紹他。記載他精曉天中行星之位，並能告訴人蛇類的秘密巢穴。該書替他添加了「地獄大議長」與30個軍團之指揮官的地位。《地獄辭典》的畫家M.L.布爾頓將華劣克畫爲可愛少年，爲該幅肖像畫增添了奇妙氣氛，乍看之下不令人認爲他是惡魔。

Valefor

ウァレフォル

華利弗

假稱古以色列王國所羅門王所作之17世紀魔法書《雷蒙蓋頓》（Lemegeton，又名《The Lesser Key of Solomon》），書中第一部分〈哥耶提雅〉所載72惡魔之一。也出現於仿啓示文學《以諾書》而成之《僞以諾書》的目錄中。別名「*瑪列法爾」（Malephar，マレファル）。

《雷蒙蓋頓》系列的惡魔有許多以獅子爲形，華利弗也爲其中之一。相傳現身人前時爲一獅子，有時亦以數種動物交混的形象出現。16世紀英國學者雷吉那勒德‧史高特（Reginald Scot，1538？～1599）所著，被認爲是參考了古版《雷蒙蓋頓》而成的《妖術的揭發》（Discoverie of Witchcraft）一書中，介紹了69位惡魔；書中說華利弗乃與盜賊有關的惡魔。

《地獄辭典》以「*華拉法」（Valafar，ヴァラファール）之名紀錄他，描述他的外形爲獅頭鵝腳兔尾；所述外型與該書所載的*因悖思（Ipes，**因波斯Ipos**）相差無幾。此外，傳說他與**安托士（Andras）**及*沃劣克（Volac，**華劣克Valac**）相同，擁有天使外型。爲地獄中的大公爵，能予人

Vanth

ヴァント

范絲

根據居於古義大利地區的伊特拉里亞人（擁有比羅馬更古文化之民族，因後爲羅馬共和國併吞，族中許多神祇亦被納入羅馬神殿中）傳說，范絲爲居於地底的女惡魔。

范絲多被描繪爲身具羽翼，手持蛇、火把、鑰匙之模樣。

在義大利西部的沃爾泰拉（Volterra，古代伊特拉里亞人的城市位居此處）挖掘出的雪花石膏壺上，繪有范絲之像，並在她的翅膀上畫有巨大眼睛。

據說這是爲了象徵惡魔不論身在何處皆對全人類虎視眈眈之故。

范絲的職責乃是帶來死亡訊息，或是對瀕死者施以致命一擊令其死亡。

（→**凱隆Charun**）

惡魔・所羅門的惡魔
雷蒙蓋頓、偽以諾書

惡魔・所羅門的惡魔
雷蒙蓋頓、偽以諾書

才能及膽量。

女惡魔
伊特拉里亞（Etruria）

Vapula

瓦布拉

假稱古以色列王國所羅門王所作之17世紀魔法書《雷蒙蓋頓》（Lemegeton，又名《The Lesser Key of Solomon》），書中第一部分〈哥耶提雅〉所載72名惡魔之一。能增強魔法師的哲學與技巧。

據說現身型態爲背有獅鷲（Griffon）翅膀的獅子。外型爲獅的原因，被認爲乃是在仿諷雄獅。雄獅形像曾於《舊約聖經》預言者以西結（Ezekiel）的幻覺中出現，並成爲四福音紀錄者之一的聖馬可的象徵。

19世紀法國作家柯林・德・普朗西的著作《地獄辭典》裡，把瓦布拉視作能增進人對哲學之理解力的惡魔。還多了比《雷蒙蓋頓》更近代化的解釋——說他爲能增進機械相關技術的惡魔。儘管外型有明確記載可循，插畫家M.L.布爾頓卻未附上肖像畫，因此在近世成爲低知名度惡魔。向來承襲維爾說法的普朗西，將瓦布拉記爲地獄大公爵，乃36個軍團之指揮官。

（→撒共 Zagan）

Vassago

ウァサゴ

瓦沙克

17世紀魔法書《雷蒙蓋頓》（Lemegeton，又名《The Lesser Key of Solomon》），書中第一部分〈哥耶提雅〉所載的72名惡魔之一。此群惡魔數量的「72」乃是將12星宮中每宮再細劃爲6區而得。似乎是從欲訂立象徵全方位支配者的想法而來。因此72惡魔中亦有如瓦沙克這般僅有姓名而幾無性格特徵的惡魔。並無瓦沙克在惡魔的世界中身居爵位的記述；也無外表的描述。據說通曉過去現在未來之事，會被尋求智慧之人召喚。

19世紀法國作家柯林・德・普朗西所著之《地獄辭典》內，紀錄了許多被認爲是引用自《雷蒙蓋頓》的惡魔。並有數位惡魔因畫家M.L.布爾頓的手繪木版肖像畫成了一般人耳熟能詳的名惡魔。不過，或許是因普朗西對無爵位、外表記述的瓦沙克不感興趣，該書中並無瓦沙克一項。

Vatapi

ヴァータービ

伐陀毗

※羅刹娑（Raksasa，※羅刹）之一。※毗婆羅吉提（Vipracitti）與※辛悉迦（Simhika）之子。伊婆羅（Ilvala）之兄。欲謀害名爲投山仙人（Agastya）之聖仙（rishi）[286]但反爲他吞噬。

伐陀毗有次變身公羊僞裝作祭祀的供品。許多婆羅門（祭司）吃下了他的肉。而伊婆羅一呼喊伐陀毗之名時他便破開婆羅門的肚腸飛出。

伐陀毗食髓知味，於是意圖以相同手法殺害著名聖仙投山仙人。

然而投山仙人知道了他的企圖，在吃下公羊肉的瞬間馬上將他消化，伐陀毗的計畫就此失敗。無論伊婆羅如何呼叫兄長的名字，已被消化的伐陀毗都未出現。結果連伊婆羅也被投山仙人的視線所殺。

於古代敘事詩《摩訶婆羅多》（Mahabarata）中，伐陀毗以人類身分出現。內中記載他乃南印度原住民的國王，欲與胞弟伊婆羅殺害投山仙人但卻失敗。

（→羅波那 Ravana）

惡魔・所羅門的惡魔
雷蒙蓋頓

惡魔・所羅門的惡魔
雷蒙蓋頓

羅刹娑（羅刹）
印度

286 譯注：或譯「仙人」，於印度神話中他們屬智者、先知一類，
　　為神聖人物有強大法力。

Vepar
ウェパル

威沛

　偽稱古以色列王國所羅門王所作之17世紀魔法書《雷蒙蓋頓》（Lemegeton，又名《The Lesser Key of Solomon》），書中第一部分〈哥耶提雅〉所載的72名惡魔之一。別名「*賽沛」（Separ，セパル）

　威沛被認爲是與海事關係密切之惡魔，以人魚形象出現於召喚者面前。此種與水的關聯性乃是威沛所獨有，於其他71位惡魔中，再無同海水關聯如此之深的惡魔。相傳他在海上帶來暴風雨，沉沒船隻溺斃人類；據說也能造出船隻的幻影。《雷蒙蓋頓》中記載的威沛徽章即形似船舶。

　16世紀英國學者雷吉那勒德・史高特所著之《妖術的揭發》中，把威沛記作讓人類傷口化膿致死的惡魔。受16世紀惡魔學家讓・維爾影響的19世紀法國作家柯林・德・普朗西，在著作《地獄辭典》裡說他乃地獄的有力公爵，29個軍團的指揮官。雖是頗具特性的惡魔，但該書的插畫家M.L.布爾頓並未繪製威沛的肖像。

Vibhisana
ヴィビーシャナ

維毗沙納

　楞伽（*羅刹之都）的*羅刹娑（Raksasa，即羅刹）之王——羅波那（**Ravana**）的弟弟。

　維毗沙納在羅波那的教導下不斷苦行，結果梵天神（Brahma）爲此降賜恩惠於他。然而該項恩惠卻是讓他變得「無論何時皆不作出無益之舉；永遠方正不偏」。

　因此，當兄長羅波那王強奪拘薩羅國王子羅摩（Rama）之妻悉多（Sita）時，維毗沙納便非難兄長的不義之舉。要求將悉多歸還羅摩。

　在國王對這要求勃然大怒後，維毗沙納便捨棄自己的兄長，帶領另外四名羅刹渡海，加入羅摩的軍隊中與王兄交戰。

　維毗沙納幫助羅摩渡海前往楞伽（楞伽相當於今日的斯里蘭卡）。因爲這椿功勞，當羅波那敗北後維毗沙納得羅摩之助即位爲楞伽王。

Vii
ヴィイ

威

　俄國作家果戈里（Nikolai V.Gogol，1809～53年）之小說《女妖》（*Vii*）中登場之妖怪。一名神學院學生因一些原因而落得要在一所教堂內與女巫屍體渡過三晚的下場。每當一入夜屍體便會爬起要捕捉這名學生，但因學生在身邊畫下了圓圈（結界），所以屍體似乎看不到他。而在第三夜中，屍體一唸出咒文，無數怪異野獸便飛入教堂。然而群獸也看不到學生的身影。此時屍體說道：「找威來！把威請來！」

　於是一個矮胖壯碩的身影隨著厚重腳步聲出現。威渾身是土；手腳曲扭猶如樹根。有著長而厚重的眼瞼垂至地面。威站到學生的正前方後，對妖怪們說：「提起我的眼瞼」。當威與學生四目相交時，威大叫：「在這裡！」並伸出鋼鐵的手指指向學生。學生則被嚇死氣絕倒地。

　雖然威只是果戈里的虛構，但在斯拉夫自古以來的傳說中，身具邪眼（evil eye）者會有特長眉毛、睫毛、與眼瞼。
（→果戈里的惡魔Demon〈Gogol'〉、聖卡西亞Kas'yn）

惡魔‧所羅門的惡魔
雷蒙蓋頓

羅刹娑（羅刹）
印度

妖怪
俄羅斯

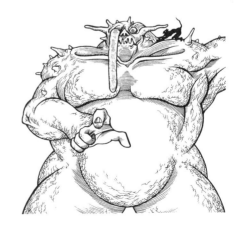

Vine

ウィネ

拜恩

假稱古以色列王國所羅門王所作之17世紀魔法書《雷蒙蓋頓》（Lemegeton，又名《The Lesser Key of Solomon》），書中第一部分〈哥耶提雅〉所載的72名惡魔之一。

騎乘黑馬，並與《雷蒙蓋頓》此古書目錄中所載的多名惡魔一樣，以獅子形象現於人前。又，據說與安杜馬利烏士（Andromalius）同樣手持毒蛇。此惡魔擁有挑唆戰亂的強大力量，能建出守衛用的堅塔，或興捲暴風破壞城牆。通曉世上一切秘密；相傳他所擁有的獨特能力，是能告訴召喚自己的魔法師其他魔法師隱藏的眞名。

受16世紀惡魔學家讓‧維爾影響的19世紀法國作家柯林‧德‧普朗西，在作品《地獄辭典》裡，說他是地獄伯爵，統領19個軍團。該書中記述的拜恩能建造住家並且令河川水位上升。或許是因爲他的外型太過平凡無奇，《地獄辭典》的插畫家M.L.布爾頓未替拜恩繪製肖像畫。

Virupaksa

ヴィルーパークシャ

毗盧跋迦娑

名爲毗盧跋迦娑的惡魔有數人之多。

其中最有名的一位，是守護西方的「＊夜乞叉」（Yaksa）。於佛教中被稱作「廣目天」，居於須彌山第4層，以淨天眼觀望世界，專職守護西方。

接著，＊那羅伽（Naraka，阿修羅之一）的隨從中亦有一名爲毗盧跋迦娑的阿修羅。

此外，迦葉波（Kasyapa，生主[287]之首，有21名妻子，爲眾神、動物、人類、魔族之父）與妻子之一的陀奴（Danu）生下了33名惡名昭彰的＊檀那婆（Danavas，惡魔）。其中一名即叫毗盧跋迦娑。

又，爲楞伽（＊羅刹之都）王羅波那（Ravana）所率領，與羅摩（Rama，拘薩羅國王子）交戰的一位＊羅刹娑（Raksasa，羅刹）也名叫毗盧跋迦娑。

Vivian

ヴィヴィアン

薇薇安

在英國的亞瑟王（King Arthur）傳說中，出現過數名擁有神奇法力的妖精。薇薇安可爲她們的代表，亦被稱作「妮穆」（Nimue，ニムエ）「妮妮安」（Niniane，ニニアン）。這些妖精被稱爲「湖中仙女」，會幫助亞瑟王率領的眾英雄；或加以誘惑；或陷他們於險境。甚至還出現一種說法，說故事內的數個名字皆指同一妖精，只是於傳說口承時變化了。

她們因贈與亞瑟王傳說中的寶劍王者之劍（Excalibur）而廣爲人知；並擔任在亞瑟王瀕死之際接引他至妖精國亞佛隆（Avalon）的任務。然而，另一方面薇薇安卻引誘身爲亞瑟王謀士的梅林（Merlin），並同魔女摩根（Morgan）一同爲宮廷帶來災禍。

薇薇安得到梅林教授魔法後，巧妙地將愛慕她的梅林騙出宮廷，以從梅林口中問出的魔法將他永遠困住，使亞瑟王從此以後再也無法獲得梅林的建言。許多人將此事與塞爾特由異教信仰轉爲基督宗教一事共同討論。又，將亞瑟王首席騎士藍斯洛（Launcelot）扶養成人的亦爲湖中仙

惡魔‧所羅門的惡魔
雷蒙蓋頓

各式各樣
印度

287 譯注：Prajapati，印度神話中對諸多創造神的一種稱謂。數量
及神祇之名皆不一定。

湖中仙女
塞爾特

女。
（→**摩莉甘 Morrigan**）

Vritra

ヴリトラ

弗栗多

　　古代印度的強悍魔怪。照婆羅門教聖典《梨俱吠陀》（Rig Veda）所載，他乃是阻塞河川帶來乾旱的邪惡大蛇，或說是龍。被身為雷神的最高神※因陀羅（Indra）以伐折羅（Vajra，金剛杵）擲之，這才擊退他。

　　然而在後世敘事詩《摩訶羅婆多》（Mahabarata）中，弗栗多卻非是蛇而是人形神明。有一婆羅門其子嗣無故遭因陀羅所殺（祭司），當此婆羅門獻上活祭品後，弗栗多便自祭壇火焰中飛出與因陀羅相博。因兩神爭戰不休而使世界一片荒蕪。在眾神前去調解時，弗栗多說道：「縱使我停手不戰他也定不肯罷休。所以因陀羅必須發誓不論是白天或黑夜，都不以石頭木頭或金屬殺害我」。

　　於是因陀羅發了如他所說的誓；之後因陀羅於黃昏時，以毗濕奴（Visnu或Vishnu）入海所生之水沫投擲弗栗多，對他加以偷襲。結果大神因陀羅為此感到羞愧而躲了起來。

　　由於天上的王座因此虛懸，故眾神延請地上賢王納夫夏（Nahusha）即位為王。納夫夏雖造就

Vual

ウアル

化勒

　　假稱古以色列王國所羅門王所作之17世紀魔法書《雷蒙蓋頓》（Lemegeton，又名《The Lesser Key of Solomon》），書中第一部分〈哥耶提雅〉所載的72名惡魔之一。亦載於仿啟示文學《以諾書》而成的《偽以諾書》的目錄裡。擁有「埃及惡靈」的異名。

　　關於此惡魔的外表，有他乘坐駱駝出現以及使用駱駝形象現身兩種說法。據載，當他以人形外貌現身時口操埃及語。擁有過去與未來之知識；能令召喚者獲得心儀女性的愛慕。

　　受16世紀惡魔學家讓‧維爾影響的19世紀法國作家柯林‧德‧普朗西，在作品《地獄辭典》裡以「※瓦爾」（Wall ワル）之名介紹他，並增添了他曾為能天使的過去歷史，以及身為36個軍團之指揮官的地位。《地獄辭典》的插畫家M.L.布爾頓使用了在某種意義上可謂平凡無奇的詮釋：直接把化勒繪為人立駱駝。結果反而令此幅畫顯得特異不群，成了令人印象深刻之物。

Vucub Caquix

ヴクヴ‧カキシュ

維科布‧卡庫伊科斯

　　於世界剛被造出不久時，反抗眾神意欲統治世界的男神。名字的意思是「七鸚鵡」，泰半被描繪為一隻巨大怪鳥。

　　他是比被神造出的人類更早出現的存在。聲稱自己「是太陽、是光芒、是月亮」，假裝自己是至高的存在。

　　由於維科布‧卡庫伊科斯的傲慢，孿生子英雄神胡那普（Hunapu）與喀巴倫格（Xbalanque）前去討伐；但反為他所敗，胡那普的左腕也為他所奪。而好不容易逃得一命的兩位孿生神，最後探聽出維科布‧卡庫伊科斯力量的秘密乃是在於牙齒。

　　於是兩位孿生神偽裝為醫生，前往因在先前一戰中負傷而為牙痛所苦的維科布‧卡庫伊科斯處。粗心大意的維科布‧卡庫伊科斯就這樣被他們拔去牙齒裝上玉米，結果力量全失。接著被剜去雙眼。因他失去了力量來源，就此衰弱而死。對「眾神敵對者」而言可謂是不光彩的死法。

（→阿‧普切 Ah Puch）

▌蛇或龍或神
▌印度

了一番盛世，卻在不久後墮落腐化，於是變成了
一尾大蛇被放逐治地上。取代弗栗多成了邪惡大
蛇。

▌惡魔・所羅門的惡魔
▌雷蒙蓋頓、偽以諾書

▌眾神敵對者
▌瑪雅

Warutahanga
ワルタハンガ

瓦達漢加

　　瓦達漢加（「非常長」的意思）是普通女人生下的蛇女。她的母親隱瞞丈夫將她養大。後來又生了第二個孩子，於是自己與丈夫到田裡工作時，就把第二個孩子交給瓦達漢加照顧。不久丈夫開始感到有問題，於是偷偷地回家察看狀況，結果看到蛇女唱著搖籃曲在照顧他的小孩。

　　丈夫感到害怕，於是當場將蛇女大卸八塊。但是連續下了八天雨，蛇女的身體接了回來，又再度復原了。

　　瓦達漢加此後就出外旅行，但由於對人類有憎恨心，結果開始吃起人來了。於是又被人砍成八段煮成食物，除了一個女人與小孩以外，在場的全部都吃了這道荣，吃剩的骨頭丟在一旁，結果這些骨頭再度連結起來，下了八天的雨，肉又長了回來。

　　瓦達漢加掀起八道巨浪侵襲村莊，將村子毀滅掉。但是只救了沒有吃蛇肉的女人與小孩，給他們芋頭與椰子之後就離開了。

　　人們雖然害怕瓦達漢加高聳而邪惡的外型及她那細長且尖銳的牙齒，不過聽說後來她找到她

Whaitari
ウハイタリ

威塔莉

　　波里尼西亞神話中的天界女神。威塔莉乃「雷」之意。此女神以人肉為食。

　　某次她聽聞地上有一名叫凱丹卡達（Kaitangata，意爲食人者）的男子，便心生愛慕想與之結婚。於是前往人界殺了一名奴隸取出心臟贈與凱丹卡達。結果那名男子立時怒火中燒，說道：

　　「我並不要那種東西。我被稱爲『食人者』乃是因爲勇敢過人，我並不吃人！」

　　而女神雖然因此灰心喪氣，但依舊與男子結婚生下數名兒女。

　　然而，威塔莉在這之後並未停止吃人，最後連丈夫的親人也遭到吃食。凱丹卡達對此卻絲毫不知，還把親人的骨頭製成魚勾出門釣魚。在讓女神吃下釣回的魚後，女神因天譴而眼盲。女神爲此厭惡居於人界而返回天上。

　　其後她的盲目被孫子塔烏哈其（Tawhaki）治癒。

（→瑪圖克Matuku）

Windigo
ウェンディゴ

溫敵哥

　　溫敵哥爲愛斯基摩人最爲恐懼的寒氣精靈。只要溫敵哥一來訪，便意謂著有人身染疾病，會發寒打顫發高燒死去。

　　以前曾有一位少女罹患胸病。治療師塔克・愛格說從少女胸口會發出患病狐狸在雪地表面踏出窸窣的聲音。於是獵人們出發去尋找那匹狐狸。

　　然而獵人們卻無法抓到那匹狐狸，反而因雪上的反射光而瞎了。這些全是溫敵哥所做的好事。

　　治療師在知道這些事後爲了幫助獵人以魔法來到現場，挖了一個注有滾燙獸脂的洞讓溫敵哥跌落其中。溫敵哥便因心臟溶化而死。

　　於是狐狸與少女一起康復，隨著狐狸的痊癒，少女胸膛的聲音也漸漸變小。

　　克蘇魯神話中的溫敵哥（Windigo），也是以此愛斯基摩神話爲原形所創作而成。

（→依皮屋普・因紐雅Ipiup Inua、努莉雅尤克Nuliajuk、持鞭的精靈The Thrashing Spirit with Bearded Seal for a Whip）

蛇女
美拉尼西亞

的歸屬，成了那塊土地的守護神。

食人女神
波里尼西亞

寒氣精靈
愛斯基摩

W

Wuchihchi

無支祁（むしき）

無支祁

也寫作「＊巫支祁」（Wuchihchi，ふしき）。牠是淮河的神，具有引起洪水，操控妖怪的能力。據說大禹在中國各地治水的時候，牠想要妨礙他。

無支祁的外型像隻猴子，額頭很高，鼻上滿是皺紋。體黑首白且可以自由伸縮，眼睛金光閃閃，牙齒雪白似雪。

對河川與沼澤非常地瞭解，擅長應對，而且動作敏捷且擁有怪力。

大禹命令他的大臣庚辰去捕捉無支祁。無支祁呼喚精怪來抵抗，但終究不敵還是被抓了。牠被帶到禹的面前，禹在牠脖子上扣上鎖鍊，鼻子上掛上環扣，上面掛了一個金鐘，將牠關在淮水之北，龜山的山腳下，讓牠再也不能擾亂治水。於是禹才得以安心治水。

其後，南北朝時代時（5-6世紀）的記載中，據說在龜山的山腳下的深淵裡，發現了類似猿猴的怪物。這隻怪物身上鎖了鎖鍊，要拉牠上來需要幾十個年輕人與幾頭牛的力量才拉得動，恐怕這隻怪物就是無支祁了吧。

Wutung-shen

五通神（ごつうしん）

五通神

令中國南方爲之恐懼的淫神。

據稱某時代，中國流傳著「南有五通、猶北之有狐也」。南方的五通神就和北方的狐一樣四處作祟。特別是家有美麗的女性，必定會遭到侵害。然而，和狐狸不同，五通神並無方法可驅逐，人民因此更爲恐懼、厭惡。

明代晚期，有位姓萬的書生，偶然間得知自己借宿的民家遭到五通神騷擾，當晚便埋伏謀刺，順利除去三通，使得其中一通身負重傷。

不久後，金龍大王的女兒受到往來男子的請託，假扮侍女撕裂最後一通。

自此，五通之害已除。上述逸話皆記載於《聊齋誌異》（1766年）中。

原本，五通神稱爲「五顯神」，爲東嶽泰山神之五子，降至凡間。然而，爲何後來轉變成南方的淫神，其中緣由不甚清楚。可能是傳說流傳時，性格突變所致。

（→玉藻前 Tamamo-no-mae）

Wu-wenhua

鄔文化（うぶんか）

鄔文化

明代（1368～1644）神魔小說《封神演義》中出現的巨人。

《封神演義》此小說是將古代實在的商（殷）王朝爲周所滅之史實故事化，並融合了仙界紛爭而成。與同樣潤色史實而成的歷史小說《三國演義》相較，因主角爲仙人妖怪，故爲幻想色彩較濃的作品。

於以周爲首的諸侯聯軍伐商末期時，商朝因武將不足進行招募，鄔文化往而應之。被配屬到袁洪旗下攔阻周軍前進。

他除身體巨大並擁有與體格相應之怪力外，並無法力或神力。然而，或許對古人而言光是敵人出奇高大，便已能讓人心生畏懼，與在怪獸電影中見慣巨大怪物相搏的現代人有所不同。

鄔文化與袁洪一同對周軍軍營發動夜襲，造成25萬人以上的死傷並殺害將士34人。不過後來中了周營道士楊戩之計，被誘入谷中以火燒殺。

（→石記娘娘 Shihchi-nianigniang）

水神‧怪物
中國

（→共工 Kungkung、江君大神 Chiangshen-
tachun、洪水之兆 The omen of flood、錢塘龍王
Chientang-lungwang、洞庭神君 Tungting-
shenchun）

淫神‧惡神
中國

巨人
中國

W

ヤージャージュとマージャージュ

雅朱者與馬朱者

　　《新約聖經》的〈啓示錄〉中曾提到叫做「歌革」（Gog）與「瑪各」（Magog）的東西。在世界末日之時，惡魔出來迷惑地上四方的列國，就是「歌革和瑪各」，叫他們聚集爭戰。這「歌革和瑪各」到底是什麼無法確定，因而有種種的說法來解釋；有國家、惡魔的集團、巨人族，巨人兄弟、或者說歌革瑪各是一個巨人等更種說法。

　　伊斯蘭教的經典《可蘭經》便採了此兩者是巨人族的說法，記有如下之事。

　　久遠以前，希臘有個國王叫做亞歷山大[288]

（Alexander the Great，356B.C.-323B.C.），他是虔誠的伊斯蘭教徒，因此神賜給他地上的統治權，他因此得以征服地上無數的國家。而且也得以行遍世界東西南北，看到種種不可思議的事物。

　　北方的盡頭有兩座很高很高的山脈聳立著。北國人民說叫做雅朱者與馬朱者的巨人族要跨過這兩座山來此作亂。因此亞歷山大王將融化的銅與鐵注入山谷間，做成了巨大的城牆。在末日之前，這座城牆保護了人類的安全，但是一但世界末日來臨時，雅朱者與馬朱者就會由那裡湧進

夜行さん（やぎょうさん）

夜行者

　　這是德島縣傳說中的怪異神。

　　以前當地人將節分（立春的前一天）晚上叫做夜行日，特別禁止晚上出門。因爲據說那一天晚上是魑魅魍魎活動的日子。

　　如果在夜行日的晚上出遊的話，會遇到騎著無頭馬的夜行者。如果遇到了，就會立刻被夜行者抓住丟飛出去，被無頭馬踢死。

　　有的地方的傳說是只有無頭馬會出現，也有的地方是說只有馬頭會出現在路上浮行。不管怎樣，禁止夜出這點是各地共通的。

　　原本所謂的夜行指的是祭禮的時候將神明的神體移到外面的意思。這個儀式是在深夜舉行，而除了儀式的執行人員以外則必須要謹慎地待在家裡不得外出。

　　而夜行者則可以說就是對於這些破壞禁忌、玷污了神聖儀式的懲罰的具體表現。

（→菅原道眞 Michizane Sugawara、平將門 Masakado Taira）

閻魔（やま）

閻魔

　　原本是印度的死神，後來隨著時代演進，變成了地獄之王，在佛教中則成了屬於天部的神。傳到中國翻譯作「閻魔[289]」，再傳到日本時則唸作「enma」。

　　據說閻魔是日神遍照者[290]（Vivasvat）與技術之神陀濕多（Tvastar）之女娑羅尼尤（Saranyu）之間所生的雙胞胎，其妹叫做閻蜜。這兩人是最早的人類，爲了幫後來的人類開路，他們在這世上旅行，最後來到了死者之國。於是也立下了人類由生到死人生歷程。閻魔爲了往後的人類著

想，於是自己當上死國的國王。死國原本是像天國一般充滿幸福的土地，但是因爲統治這樣的天國的神增加了，因此閻魔所統治的國度也逐漸變化成地獄了。閻魔負責審理世間人的罪惡與管理人類壽命的命運之書，也就是俗稱的「生死簿」。一旦有人的壽命到了盡頭，他就會乘著水牛來到他面前，手持長矛與繩圈，將死者套住拖往地獄去。

（→惡魔王 Dis,Dite,Luccifero）

■ 巨人族
■ 伊斯蘭教

來。

（→易卜劣廝 Iblis）

288 譯注：此故事出自《可蘭經》18：83-110。《可蘭經》中原
作左勒蓋爾奈英（Dhual Quarnain），名字意思是「雙角人」。
其所指到底是誰並無定說，但比較普遍的說法是說他指的就
是亞歷山大大帝，本書中所採的就是這個說法。

■ 禍祟神
■ 日本

■ 地獄之王
■ 印度

289 譯注：中國俗稱閻羅王，不過不敢肯定是否剛傳入時稱作閻
魔。根據《古代印度神話》寫作閻摩。
290 譯注：音譯毗婆濕婆陀。吠陀神話體系中的日神，同時也是
雙馬童（Asvin，音譯「阿濕波」，為一對孿生兄弟神）的父
親。

Yamata-no-worochi

八俣遠呂智（やまたのをろち）

八俣遠呂智

他與須佐之男命（Susanowo-no-mikoto）之間的死鬥，可說是日本傳說故事上最大的動作劇。恐怕他是日本傳說中最兇惡的蛇神‧邪神了吧。他是擁有八顆頭與深紅發亮的眼睛的巨蛇。名字也可寫作「※八岐大蛇」（Yamata-no-worochi，やまたのをろち）。

住在出雲‧肥川附近的足名椎‧手名椎夫婦有七個女兒，但是八俣遠呂智要夫婦每年要獻上一個女兒當祭品，於是到了今年終於輪到最後一個女兒也就是櫛名田比賣要當祭品了。就在這個時候，恰好被高天原（神的世界）流放到人間的須佐之男命來到此地。靠著他的計謀讓八俣遠呂智喝的爛醉，於是終於被須佐之男命所斬殺了。之後他在八俣遠呂智的尾巴中得到了神器草那藝之太刀（也就是一般通稱的草薙劍、天叢雲劍）。

這個神話的背景被認爲是崇拜天津神的大和民族與肥川一帶的鐵器文化的原住民之間的爭戰。肥川就是緋川，緋色指的是鐵砂的顏色。而神話中從蛇的尾巴得到劍可以說就是個證據。

值得一提的是，另外也有傳說認爲，其實八

Yamu

ヤム

亞姆

這是迦南神話中，巴力（Ba'al）的敵人─「海的王子，海流的支配者。」

亞姆在主神埃爾召開的神明會議上威脅眾神，要他們獻出貢品來，並且讓巴力神當他的奴隸，眾神們都卑賤地答應了，只有巴力左手拿起武器，右手拿著小刀與亞姆交戰。

後來巴力從諸神的工匠「熟練且知覺敏銳者」手中獲得雷電「追蹤者」這項武器來與亞姆作戰，但是亞姆十分頑強，沒辦法輕易地打倒，於是巴力又再度向亞姆丟出另一道雷電「流放者」，「流放者」擊中亞姆的眉間，頑強地亞姆也終於敗北了。

這一段戰鬥的情形在一首詩中有所描述，如下：

「將他碎屍萬段吧，強大的巴力啊
將他碎屍萬段吧，《乘雲者》啊
《海王子》現在已經是我們的俘虜了啊！
《海流的支配者》現在已經確確實實地是
我們的俘虜了啊！」

Yasaburou-baba

弥三郎婆（やさぶろうばば）

彌三郎婆

新潟縣[291]中部祭祀彌彥山的家系中，有一族以鍛造爲神職。該族的族長代代稱作「彌三郎」，負責管理鍛造用的神火。因此這一家的女性被稱作「彌三郎之妻」或「彌三郎之母」，據說她們擁有特別強大的靈力。

另外新潟縣南浦原郡葛卷村的傳說中，有個叫做彌三郎的用網狩獵的獵人。有一次彌三郎被狼群侵襲，爬上樹等候狼群離開，可是狼群不斷試著要爬上去一直不肯放棄。這時彌三郎婆出現，從黑雲中伸出她的手要抓住彌三郎。彌三郎拿起柴刀將手砍下，結果彌三郎婆與狼瞬間都消失了。彌三郎拿著砍下的手回到家後，在他家等候的老婆婆搶走手逃掉了。

關於操縱狼的老婦人日本全國都有類似的傳說。而且打退老婆婆的人不是叫做「彌三郎」就是「妙太郎」。有的說法是狼本來是山神，而像彌三郎婆這種的山中老妖原本是山神的祭司變成的。也就是說，這樣的傳說是從神職者與山神之間的交流的故事爲基礎發展的。

（→天邪鬼 Amanojyaku）

■ 蛇神・邪神
■ 日本

俣遠呂智並沒有死亡，帶著殘破的身軀逃出後成
爲依吹山的山神，後來與當地的地主之女生下一
子，那個孩子就是後來的 **酒吞童子（Syuten-douji）**。可見反抗朝廷的思想事實上一直根深蒂
固的存在著。

■ 海王子
■ 迦南

　「海」被殺死，這代表著原本無法駕馭的水因
而得以掌控，成爲可以使用的水資源的意思。

■ 女妖・魔女
■ 日本

291 譯注：日本的一縣，位置在日本本州島上的東北方靠日本海
　　側。

Yato-no-kami

夜刀神（やとのかみ）

夜刀神

　　他是有角的蛇神。而且與其說是單一的神，不如說是一群的神。

　　在《常陸國風土記》行方郡的段落中，提到繼體天皇（在位507年?-531年?）時代，箭括氏麻多智於常陸國（茨城縣）的谷間的一片沼澤開墾營造新田時，夜刀神成群結隊來襲，妨礙開墾。箭括氏麻多智砍殺了眾多的夜刀神，但是因為害怕他們作祟，因此自己建了神社來祭拜。

　　後來孝德天皇（在位645年-654年）的時代，壬生連麻呂在這塊土地上開墾時，夜刀神又再度出現。於是壬生連麻呂命令手下「就算他們是神，違背皇上旨意者殺無赦。」再度將夜刀神擊退了。

　　從這些故事可以發現，所謂的夜刀神正是住在朝廷尚未平定的土地上的「化外之神」──換句話說，也就是常陸國的原住民。

　　夜刀神的「夜刀（音yato）」與愛奴族語中的代表「沼澤」意思的「yati」這個字相通。因此夜刀神其實就是「住在沼澤的神」。

（→惡路王 Akuroou、武甕槌神 Takemikaduchi-

Y'golonac

イゴールナク

伊果魯納克

　　伊果魯納克乃惡行與敗德之神。但儘管如此，他卻非親自為之，而是喜愛讓崇拜者施行惡事、於世上散佈讓精神墮落的方法。

　　伊果魯納克的原形貌似身體巨大肥胖的裸男，然而項上無頭，肌膚發出白熱光芒。且兩掌上張著血盆大口。於進行惡行時，只要呼喊或說出伊果魯納克之名他便會現身。大多數的場合中，他在選擇犧牲者時會選擇讀過《葛拉奇啟示錄》等黑魔法書，對伊果魯納克有一定認識之人。伊果魯納克也對誘騙人類閱讀《葛拉奇啟示錄》一事十分擅長。（→葛拉奇 Glaaki）

　　有邪惡資質之人一但與伊果魯納克接觸後，伊果魯納克會對他加以誘惑，令其更加罪惡墮落。而當對方完全淪入邪惡時，便附至那名人類身上將他吸收。藉著如此，伊果魯納克能夠自由變為該名人類的外表或是原形。

Yig

イグ

依格

　　司掌克蘇魯神話諸蛇的神祇。於美洲中西部平原、姆大陸（Mu）、古・揚（K'n・yan）[292]等地受崇拜。據說也是阿茲特克蛇神魁札爾科亞特爾（Quetzalcoatl）的原形。除人類外亦受克蘇魯神話中的蛇人崇祀。

　　外型被描述為蛇頭人身遍體鱗片的壯碩男子。正如「眾蛇之父」的別名所示，他能自由召喚控制蛇類。

　　對於敬重蛇者溫和寬厚，甚至會授與蛇毒的知識、與蛇對話之能力；對迫害蛇的存在冷酷無情，有時會將其變為蛇。又，在群蛇飢餓的秋季他會變為粗暴災神。

　　由現代人的觀念會由蛇神的外表認為他是邪神。但自古以來許多民族將蛇視作再生與生命力的象徵（有人認為如此的主因之一是蛇會脫皮），甚至將蛇作為此類魔力的象徵。單單只將依格視作邪神，可謂是現代人的傲慢。

■蛇神・禍祟神
■日本

no-mikoto、手長腳長 Tenaga & Ashinaga、兩面
宿儺 Ryoumensukuna）

■邪神
■克蘇魯神話

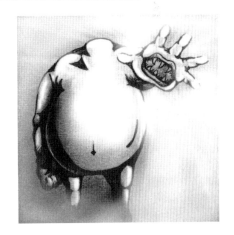

■蛇王
■克蘇魯神話

292 譯注：此爲克蘇魯神話創作者 H・P・洛夫克萊夫特所著作品
　　中的地底世界。

Yuchiang

禺彊（ぐうきょう）

禺彊

既是海神也是風神，也是傳播疾病的瘟神。禺彊亦作「禺強」、「禺京」，是帝王神‧黃帝之孫[293]。

居北海之海神禺彊，其身與手足似魚，乘雙頭龍。身與手足似魚，應是指披有濕鱗。

風神禺彊，字玄冥，傳爲古代帝王‧顓頊的部下。人面鳥身、耳飾兩蛇、腳踏兩蛇。傳說與海神禺彊相同，支配北方。

海神能兼風神的傳說是基於《莊子》[294]：「化鯤爲鵬」，而鯤指的就是鯨魚。

然而，風神禺彊卻也是乘風散播疫病的瘟神，所到之處皆爲之傷，自古爲人所厭忌。文獻將他與「伯強」同一，視爲瘟神。並將北西之風稱爲厲風（疫病之風），人皆懼之。

（→疫病之兆 The omen of plague、疱瘡神 Housou-gami）

Zagan

サガン

撒共

據稱爲古以色列王國國王所羅門所著，現於17世紀的魔法書《雷蒙蓋頓》（Lemegeton，又名《The Lesser Key of Solomon》）書中第一部分〈哥耶提雅〉中所載72名惡魔之一。別名「*撒共姆」（Zagam ザガム）。

和同爲《雷蒙蓋頓》惡魔之一瓦布拉（Vapula）非常類似。撒共和瓦布拉一樣擁有獅鷲（Griffon）的翅膀，以四福音書[295]作者之一的路加之象徵——牛的姿態出現（瓦布拉則是採用四福音書作者馬可的象徵——獅子的姿態。）

與聖經的情節作爲發想十分吻合，撒共能將水變成酒，再將酒變成血，且精通於煉金術。根據16世紀學者雷吉那勒德的著作，他的能力還要加上能將愚者變成賢人一項。

19世紀法國作家柯林‧德‧普朗西所著《地獄辭典》中以「撒共姆」之名介紹此位惡魔，並增添他是地獄君王、議長、30軍團的指揮官等描述。雖然其肖似牛的姿態十分具有個性，但畫家M. L.布爾頓（M. L. Breton）卻無繪其肖像，因此撒共姆知名度不高。

Zenon the Demon-lord

惡魔王ゼノン

惡魔王賽農

永井豪漫畫《惡魔人》中登場的惡魔族之王。

初次登場時令自身身影浮現於全世界上空，出場方式極其震撼。此一表現手法因效果頗具衝擊性，爲諸多作品仿效。

此時，擁有勇者安蒙（Amon the Brave）記憶的主角不動明（＝惡魔人），在面對惡魔王賽農的影象時，即使是惡魔族中力量數一數二的勇者安蒙，也自承對惡魔賽農心懷恐懼。

然而，登場時雖然聲勢驚人，惡魔王賽農卻毫無任作爲便被惡魔人打倒。這完全是爲了他背後尚有魔王撒旦（Satan the Demiurge）存在之故。或許，自魔王撒旦的存在被暗示出來的時點起，賽農便由最終大魔王、敵方頭目轉而降格爲通往最終敵人的台階之一。

他最後在《惡魔人》中的位置，與其說是惡魔族的支配者，不如說是惡魔族的直接指揮官。他之所以在惡魔族與惡魔人軍團的衝突中被打倒，或許也是爲此緣故。

海神・風神・瘟神
中國

293 譯注：語出《山海經》〈大荒東經〉：「黃帝生禺虢，禺虢生禺京，禺京處北海，禺虢處東海，視爲海神。」
294 譯注：語出《莊子》〈逍遙游篇〉。其原文爲：「北冥有魚，其名爲鯤。鯤之大，不知幾千里也。化而爲鳥，其名爲鵬，鵬之背，不知幾千里也。怒而飛，其翼若垂天之雲。是鳥也，海運則將徒于南冥。南冥者，天池也。」此處的鯤鵬藍本非典出《莊子》，而是來自於古代神話中兼北海海神和風神於一體的禺彊。

惡魔・所羅門的惡魔
雷蒙蓋頓

295 譯注：福音書有四篇：〈馬太福音〉、〈馬可福音〉、〈路加福音〉和〈約翰福音〉。被教會認爲是耶穌的門徒或門徒的門徒寫的，實際作者無從得知。一世紀末和二世紀初，基督徒掀起了假托耶穌的門徒匿名寫福音書的熱潮，這四篇不過是其中的一部分而已，其他的還有〈彼得福音〉、〈馬利亞福音〉、〈腓力彼福音〉、〈多馬福音〉等等，只不過這些福音被教會認爲是僞經，不收入新約。

惡魔族之王
日本

Y

Z

315

Zepar

ゼパル

桀派

　　這是記載於17世紀的魔法書《雷蒙蓋頓》（Lemegeton，又名《The Lesser Key of Solomon》）的第一部〈哥耶提雅〉中，72位惡魔的其中一位。

　　桀派會以士兵的姿態現身在召喚者的眼前。與同屬於《雷蒙蓋頓》書中之惡魔的塞列歐斯（Saleos）或西迪（Sytry）一般，桀派也是與男女之愛、熱情、情慾等有關的惡魔，只要得到命令，不論是什麼樣的女性，他都有辦法把人帶到召喚者面前，還能讓女性的心熊熊燃起對於男人

的愛意。桀派還有一種奇詭的能力，就是能令女性不孕。

　　19世紀法國作家柯林‧德‧普朗西所著的《地獄辭典》中，曾指出桀派（Zepar）說不定是威沛（Vepar）的別名，但是一般認為普朗西應該把桀派跟威沛的別名「*賽沛」（Separ）搞混了。

　　《地獄辭典》也述及桀派與人類的情慾有關，並附加說明他是地獄的大公爵，且是29個軍團的指揮官。或許是由於外型沒有特出之處，本書的插畫家Ｍ‧Ｌ‧布爾頓並未畫出桀派的肖像畫，

Zipakna

シパクナー

辛巴克那

　　眾神的敵對者維科布‧卡庫伊科斯（Vucub Caquix）的長男。具有「造山者」的稱號。事實上是位力大無窮的怪物，只為了好玩，就在一夜之中造好了一座山脈。

　　他的父親維科布‧卡庫伊科斯被雙生英雄胡那普（Hunapu）與喀巴倫格（Xbalanque）打敗後，憤怒的辛巴那克肆虐各處。

　　有一次，四百位戰士建造屋子時，辛巴那克突然現身，狀似輕鬆搬運木材，藉以誇示力量。戰士們將他視為惡人，設計除掉辛巴那克。然

而，卻被辛巴那克識破計策，假裝死亡。粗心大意的戰士們舉行宴會，每個人都醉得東倒西歪。邪惡的怪物立刻將屋子扔在戰士們的頭上，將他們殺了。

　　然而，他卻面臨和父親相同的命運。胡那普與喀巴倫格用計將他誘進土石鬆軟的谷底再引發山崩，辛巴那克遭活埋而死。

Zu

ズー

茲

　　在美索不達米雅神話中，篡奪眾神王權的怪鳥。茲獅頭鳥身，為掌管暴風之神。

　　茲為了成為眾神之王，從大神恩利爾（Enlil）手中奪取天命書板「天機表」（Tupsimati）。

　　天機表上記載著一切律法，原本是眾神的母親蒂雅瑪特（Tiamat）送給夫婿*金古（Kingu）的結婚禮物。之後，馬爾杜克（Marduk）殺了金古奪走天機表，再由現在的大神恩利爾所繼承。

　　茲之所以盜走天機表，是因為只要誰將天機表配戴在胸前，誰就是世界最高的支配者的這項

規定。

　　眾神失去天機表，每個人都嚇得狼狽不堪。沒有一人願意與茲一戰。此時，恩利爾的兒子，戰爭之神尼努爾塔（Ninurta）站出來尋找茲之所在處。茲的巢穴就在傳說之山‧聖峰之上。

　　茲與尼努爾塔一戰戰敗後，失去了天機表。

（→舒茲 Shutu、西南風的惡魔 The demon of southwest wind）

惡魔・所羅門的惡魔
雷蒙蓋頓

也使他成爲今日知名度不高的惡魔。

怪物之子
馬雅

暴風之鳥
蘇美

一神教

希伯來 (猶太教)

Asmodaios **阿斯摩代歐斯** アスモダイオス	伊朗神話中的**艾什瑪（Aēšma）**被猶太教吸收而成的惡魔。在拉比的文獻中稱他爲「惡靈之首」。
Asmodeus **阿斯摩丢斯** アスモデウス	即古代伊朗惡魔「※阿斯摩代歐斯」（Asmodaios），經希伯來人傳播到歐洲。在拉比的文獻中稱他爲「惡靈之首」。（**→阿斯摩丢斯〈阿斯瑪代〉Asmodeus〈Asmada〉**）
Azazel <Hebrew> **阿撒瀉勒〈希伯來〉**† アザゼル	希伯來惡魔。於《舊約聖經》〈利未記〉中亦有登場。性格不明，與「惡魔」此字一樣同被作爲一般名詞使用。（**→阿撒瀉勒Azazel《失樂園》**）
Ba'al **巴力**† バアル	腓尼基神的巴力最初是只用來表示一個特定的神的名詞。但是後來這個名詞開始等同一般名詞中的「神」，之後就出現了無數的「巴力‧～」了。
Beelzebub <Hebrew> **別西卜〈希伯來〉**† ベルゼブブ	《舊約聖經》和拉比的文獻中出現的「蒼蠅王」，他被視爲引起疾病的惡魔。（**→別西卜Beelzebub《失樂園》、別西卜Beelzebub〈M.L.布爾頓〉**）
Behemoth **貝西獏斯巨獸**† ベヘモス	牠是舊約聖經中提到的怪物。看起來樣子很嚇人，但並不是什麼邪惡的怪物。
Belial<Hebrew> **彼列〈希伯來〉**† ベリアル	在《舊約聖經》或《死海古卷》中提到的神明敵對者。（**→彼列Bilial《失樂園》、彼列Belial《雷蒙蓋頓》**（Lemegeton））
Leviathan **利維坦**† レヴィアタン	這是希伯來神話中，受到**蒂雅瑪特（Tiamat）**影響下產生的蛇怪，名字的意思是「盤繞起來的東西」。發音除了「利維坦」以外，也可念作「利拜雅桑」或「利未雅坦」（Liwyathan）、「隆卡」（Lotan）。
Lilith **莉莉絲**† リリス	她是與亞當同時從土裡造出來的第一個女人，亞當的第一個妻子。莉莉絲與亞當生了很多惡魔，後來她不願聽從亞當的命令因此離開他到紅海去。
Mazzikin **瑪列肯** マジキン	猶太教經典《猶太法典》或《塔木德經》（Talmud）中登場之邪靈。
Molech «Old Testament» **摩洛《舊約聖經》** モレク	《舊約聖經》〈利未記〉〈列王紀〉中所載亞捫人（約旦河東岸之民族）的偶像神。（**→※摩洛Molech《失樂園》，摩洛Moloch**）
Rahab **拉哈伯** ラハブ	《舊約聖經》中出現的怪物，被神打倒。

Samiel 撒彌爾 サミエル	即*撒末爾（Sammael、Samael）。
Sammael、Samael 撒末爾 サマエル	猶太密教喀巴拉（Kabbala）經典《光輝之書》中出現之墮落天使，被視作「夜晚的恐怖」，在《舊約聖經》偽經《以賽亞昇天記》內被當作惡魔的指導人。然而在聖經的主要文獻中並未登場。
Satan «Old Testament» 撒旦《舊約聖經》† サタン	《舊約聖經》中的撒旦。本是意指「敵對者」（Adversary）的普通名詞。稍後，撒旦以神的僕人天使的姿態出現，引誘人類爲惡加以試練。（→撒旦 Satan《新約聖經》）
Yamu 亞姆† ヤム	迦南神話中，巴力（Ba'al）的敵人，「海的王子，海流的支配者」。

基督宗教

Antichristos 敵基督 反キリスト	《新約聖經》與後期猶太教啓示思想中的概念、用語。在世界末日前出現的僞基督。（→撒旦 Satan〈中世紀歐洲〉、彼得大帝 Pyotor I Alekseyevich、馬丁路德 Martin Luther）
Baphomet 巴弗滅† バフォメット	今日最爲人所熟知的羊頭惡魔。他名字的來源據說是由基督宗教的敵人穆罕默德（Mohammed，又作 Mahomet）而來。
Lucifer 路西法 ルシフェル	基督宗教中的叛亂天使、墮落天使之名，也叫做路西佛、路西非爾。其名爲「金星」之意。被當作是撒旦的同義語。（→撒旦 Satan《新約聖經》）
Martin Luther 馬丁路德† マルティン・ルター	他是德國的宗教改革者（1483-1546 年）。被認爲是後來一連串新教運動的始祖。因反對羅馬教會，因此經常被他的教敵們罵做是「*敵基督」（Antichrist）、「惡魔」。
*參照欄外 巴比倫的大淫婦† バビロン大淫婦	《新約聖經》的〈啓示錄〉中於世界末日時出現的女性。巴比倫是美索不達米亞的古城，被當作頹廢與邪惡的象徵。
Satan <Middle Ages> 撒旦〈中世紀歐洲〉† サタン	歐洲中古世紀時代的魔王。自基督宗教的二元對立論中所生。
Satan «New Testament» 撒旦《新約聖經》† サタン	《新約聖經》的撒旦並不是奉神之命引誘人類爲惡，而是自己到處作惡。撒旦是要被神攻擊毀滅的存在。（→紅龍 The Red Dragon、撒旦 Satan〈中世紀歐洲〉）
The Red Dragon 紅龍† 赤き竜	《新約聖經》〈啓示錄〉中登場的龍。此龍乃惡魔之首*路西法（Lucifer），亦即撒旦。（→撒旦 Satan《新約聖經》）

* Mystery Babylon The Great The Mother of Prostitutes and of The Abominations of The Earth

魔法書（Grimore）

Abigor
亞必戈
アビゴル

《雷蒙蓋頓》（Lemegeton）72 名惡魔之一，**埃力格（Eligor）**的別稱。是《地獄辭典》中埃力格之名。

Agares
阿加雷斯†
アガレス

《雷蒙蓋頓》（Lemegeton）中所載 72 名惡魔之一。騎乘鱷魚現身，授與人類語言相關知識，並司掌地震。別名「※阿加洛斯」（Agaros）。

Agaros
阿加洛斯
アガロス

《雷蒙蓋頓》（Lemegeton）中所載 72 名惡魔之一，**阿加雷斯（Agares）**的別名。

Aini
艾尼†
アイニ

《雷蒙蓋頓》（Lemegeton）中所載 72 名惡魔之一。有蛇、貓、人三頭，騎跨毒蛇而現。

Allocer
安力瑟
アッロケル

《雷蒙蓋頓》（Lemegeton）72 名惡魔之一，**安洛先（Allocen）**的別稱。

Allocen
安洛先†
アロケン

《雷蒙蓋頓》（Lemegeton）72 名惡魔之一，爲地獄之侯爵。擁有「※安洛瑟」（Alocer）「※安力瑟」（Allocer）「※安林恩」（Alloien）等別名。

Alloien
安林恩
アロイエン

《雷蒙蓋頓》（Lemegeton）72 名惡魔之一，**安洛先（Allocen）**的別名之一。

Alocer
安洛瑟
アロケル

《雷蒙蓋頓》（Lemegeton）72 名惡魔之一，**安洛先（Allocen）**的別名之一。此外，他在《地獄辭典》中名爲安洛先。

Amaimon
亞邁蒙†
アマイモン

仿啓示文學《以諾書》所作之《僞以諾書》的目錄中記載之惡魔，亦被稱作「※亞邁依蒙」（Amoymon）「※邁蒙」（Maimon）「※梅蒙」（Maymon）等名。（→**瑪門 Mammon**）

Ambuscias
安布西亞斯
アムプスキアス

《雷蒙蓋頓》（Lemegeton）72 名惡魔之一，**安度西亞斯（Amduscias）**之別名。

Amduscias
安度西亞斯†
アムドゥスキアス

《雷蒙蓋頓》（Lemegeton）72 名惡魔之一，被認爲是音樂家性格的惡魔，爲地獄大公爵。別名「※安布西亞斯」（Ambuscias）。

Amon
亞蒙†
アモン

《雷蒙蓋頓》（Lemegeton）72 名惡魔之一，授予召喚者未來與過去的知識，以及情愛之秘。爲地獄之侯爵。

Amoymon
亞邁依蒙
アマイモン

亞邁蒙（Amaimon）的別名之一。

Amy 亞米† アミー	《雷蒙蓋頓》（Lemegeton）72名惡魔之一，司掌占星術，能予人交換人類生命力的法術。
Andras 安托士† アンドラス	《雷蒙蓋頓》（Lemegeton）72名惡魔之一，爲地獄之侯爵。《地獄辭典》中，以地獄大公爵之身分介紹安托士。
Andrealphus 安德雷斐斯† アンドレアルフス	《雷蒙蓋頓》（Lemegeton）72名惡魔之一，爲地獄之侯爵。能授與召喚者代數與幾何的秘密。
Andromalius 安杜馬利烏士† アンドロマリウス	《雷蒙蓋頓》（Lemegeton）72名惡魔之一，爲地獄之公爵。與竊盜關係密切，擁有取回被竊之物、察明小偷眞面目之力。
Ashtart 阿斯塔特 アシュタルト	《雷蒙蓋頓》（Lemegeton）中所載72名惡魔之一，**亞斯她錄**（**Astaroth**）的別名。
Ashtarte 亞斯他特 アスタルテ	《雷蒙蓋頓》（Lemegeton）中所載72名惡魔之一，**亞斯她錄**（**Astaroth**）的別名之一。
Asmodai 阿斯摩代 アシュマダイ	《雷蒙蓋頓》（Lemegeton）中所載72名惡魔之一，**阿斯摩丟斯**（**Asmodeus**）的異名。《僞以諾書》的惡魔目錄中也載有其名。
Asmodeus 阿斯摩丟斯† アスモデウス	源自於猶太神話的著名惡魔，於《托比書》中登場。以「※阿斯瑪代」之別號記載於《雷蒙蓋頓》（Lemegeton）及《僞以諾書》惡魔目錄中。
Astaroth 亞斯她錄† アスタロト	《雷蒙蓋頓》（Lemegeton）中所載72名惡魔之一，其造型取自古巴比倫王國豐饒女神伊西塔（Ishtar）的傳說與諸多解釋，是位十分有名的惡魔。《僞以諾書》的惡魔目錄中也載有其名，擁有許多別稱。
Ayperos 埃沛歐斯 アイペオス	《雷蒙蓋頓》（Lemegeton）中所載72名惡魔之一。是惡魔**因波斯**（**Ipos**）的別名之一。
Ayporos 埃波羅斯 アイポロル	《雷蒙蓋頓》（Lemegeton）中所載72名惡魔之一。是惡魔**因波斯**（**Ipos**）另一別名。
Baal 巴力† バール	《雷蒙蓋頓》（Lemegeton）72名惡魔之一，《僞以諾書》的惡魔目錄中亦載有其名。以腓尼基人崇拜的太陽神**巴力**（**Ba'al**）爲藍本。
Bael 巴耶力 バエル	《雷蒙蓋頓》（Lemegeton）72名惡魔之一，**巴力**（**Ba'al**）的別名。被描述成惡魔當中最有力的一人，據說以腓尼基人崇拜的太陽神巴力爲藍本。
Balam 巴拉姆† バラム	《雷蒙蓋頓》（Lemegeton）72名惡魔之一，《僞以諾書》的惡魔目錄中亦載有其名。給予召喚者過去與未來的知識。別名「※巴蘭」（Balan）。

Balan 巴蘭 バラン	《雷蒙蓋頓》（Lemegeton）72 名惡魔之一，**巴拉姆（Balam）**的別稱。此外，《地獄辭典》中名為巴拉姆。
Barbas 巴巴斯 バルバス	《雷蒙蓋頓》（Lemegeton）72 名惡魔之一，**瑪巴斯（Marbas）**的別稱。此外，《地獄辭典》中名為瑪巴斯。
Barbason 巴百松 バルバスン	曾在莎士比亞作品當中出現作為惡魔之名。《雷蒙蓋頓》（Lemegeton）72 名惡魔之一，**瑪巴斯（Marbas）**的別稱。
Barbatos 巴巴妥司† バルバトス	《雷蒙蓋頓》（Lemegeton）72 名惡魔之一，《偽以諾書》的惡魔目錄中亦載有其名。相傳為墮落的力天使。
Bathin 巴欽† バティン	《雷蒙蓋頓》（Lemegeton）72 名惡魔之一，《偽以諾書》的惡魔目錄中亦載有其名。是路西法（Lucifer，※路西勿羅 Luccifero）之親信，貴為地獄大公。擁有許多別稱。
Batym 巴提姆 バティム	《雷蒙蓋頓》（Lemegeton）72 名惡魔之一，**巴欽（Bathin）**的別稱之一。《偽以諾書》的惡魔目錄中亦載有其名。
Bayemon 拜耶蒙 バイエモン	《雷蒙蓋頓》（Lemegeton）72 名惡魔之一，**派蒙（Paimon）**的別名。《偽以諾書》的惡魔目錄中亦載有其名。
Beal 比亞珥 ベアル	《雷蒙蓋頓》（Lemegeton）72 名惡魔之一，**比利土（Berith）**的別名之一。《偽以諾書》的惡魔目錄中亦載有其名。
Beelzebub <M. L. Breton> 別西卜〈M.L.布爾頓〉† ベルゼブブ	畫家 M.L.布爾頓所繪的「蒼蠅王」別西卜。（→巴力 Ba'al、別西卜 Beelzebub〈希伯來〉）
Beleth 貝雷特† ベレト	《雷蒙蓋頓》（Lemegeton）72 名惡魔之一，討厭被人召喚，被召喚時總是一幅生氣的模樣。《偽以諾書》的惡魔目錄中亦載有其名。
Belieth 表雷特 ビュレト	《雷蒙蓋頓》（Lemegeton）72 名惡魔之一，**貝雷特（Beleth）**的別稱之一。《偽以諾書》的惡魔目錄中亦載有其名。
Belial《Lemegeton》 彼列《雷蒙蓋頓》† ベリアル	《雷蒙蓋頓》（Lemegeton）72 名惡魔之一，《偽以諾書》的惡魔目錄中亦載有其名。希伯來文意為「無價值」、「無賴」，後來演變成惡魔的名字。（→彼列 Belial《失樂園》、彼列 Belial〈希伯來〉）
Berith 比利土† ベリト	《雷蒙蓋頓》（Lemegeton）72 名惡魔之一，《偽以諾書》的惡魔目錄中亦載有其名。與紅色有很深的關連。擁有許多別名。
Bifrons 比夫龍† ビフロンス	《雷蒙蓋頓》（Lemegeton）72 名惡魔之一，《偽以諾書》的惡魔目錄中亦載有其名。擁有伯爵稱號的惡魔。

Bileth 比雷斯 ビレス	《雷蒙蓋頓》（Lemegeton）72 名惡魔之一，**貝雷特（Beleth）**的別稱之一。《僞以諾書》的惡魔目錄中亦載有其名。
Bitru 畢特魯 ビトリ	《雷蒙蓋頓》（Lemegeton）72 名惡魔之一，**西迪（Sytry）**的別稱。《僞以諾書》的惡魔目錄中亦載有其名。
Bofry 伯菲 ボフィ	《雷蒙蓋頓》（Lemegeton）72 名惡魔之一，**比利士（Berith）**的別名之一。《僞以諾書》的惡魔目錄中亦載有其名。
Bolfri 伯夫萊 ボルフライ	《雷蒙蓋頓》（Lemegeton）72 名惡魔之一，**比利士（Berith）**的別名之一。《僞以諾書》的惡魔目錄中亦載有其名。
Botis 波提斯† ボティス	《雷蒙蓋頓》（Lemegeton）72 名惡魔之一，常被認爲是高位的惡魔，一般說來他是地獄的總裁，最低也還是個伯爵。《僞以諾書》的惡魔目錄中亦載有其名。
Buer 布耶爾† ブエル	《雷蒙蓋頓》（Lemegeton）72 名惡魔之一，《僞以諾書》的惡魔目錄中亦載有其名。擁有伯爵稱號的惡魔。與海星有關。
Bune 布涅† ブネ	《雷蒙蓋頓》（Lemegeton）72 名惡魔之一，《僞以諾書》的惡魔目錄中亦載有其名。與死亡的關係很深，據說他知道能致人於死的咒語。
Byleth 比雷特 ビレト	《雷蒙蓋頓》（Lemegeton）72 名惡魔之一，**貝雷特（Beleth）**的別稱之一。《僞以諾書》的惡魔目錄中亦載有其名。此外，《地獄辭典》中名爲貝雷特。
Caacrinolas 卡喀里諾拉斯 カークリノラース	《雷蒙蓋頓》（Lemegeton）72 名惡魔之一，**格剌希亞拉波斯（Glasyalabolas）**的別名之一。《僞以諾書》的惡魔目錄中亦載有其名。此外，《地獄辭典》中名爲格剌希亞拉波斯。
Caarucrinolaas 卡厄喀里諾拉斯 カールクリノーラス	《雷蒙蓋頓》（Lemegeton）72 名惡魔之一，**格剌希亞拉波斯（Glasyalabolas）**的別名之一。《僞以諾書》的惡魔目錄中亦載有其名。
Caim 蓋因† カイム	《雷蒙蓋頓》（Lemegeton）72 名惡魔之一，相傳爲墮落的能天使。《僞以諾書》的目錄中亦載有其名。據說會授與召喚者一切動物與人類言語。
Camuel 卡穆爾† カムエル	仿啓示文學《以諾書》而成的《僞以諾書》目錄中記載之惡魔。爲東方之首長，比起惡魔，反而較似天使性質的靈體（鬼神）。
Caspiel 加斯伯祿† カスピエル	仿啓示文學《以諾書》而成的《僞以諾書》目錄中記載之惡魔。不太像是惡魔，反倒是靈體（鬼神）的色彩較濃。
Cassimolar 卡西莫拉爾 カシモラル	《雷蒙蓋頓》（Lemegeton）72 名惡魔之一，**格剌希亞拉波斯（Glasyalabolas）**的別名之一。《僞以諾書》的惡魔目錄中亦載有其名。

Cerberus（Cerbere） **猞拜羅斯（猞拜羅）** ケルベロス	《雷蒙蓋頓》（Lemegeton）72名惡魔之一，**納貝流士（Naberius）**的別名之一。此外，《地獄辭典》中名爲納貝流士。
Cerebus **塞貝羅斯** ケレブス	《雷蒙蓋頓》（Lemegeton）72名惡魔之一，**納貝流士（Naberius）**的別名之一。
Chax **恰克斯** チャクス	《雷蒙蓋頓》（Lemegeton）72名惡魔之一，**沙克斯（SHAX）**的別名之一。
Chomiel **可彌爾†** コミエル	啓示文學《以諾書》的模仿作《僞以諾書》的目錄中有記載其名。侍奉北之君王戴蒙瑞（Demoriel），爲大候爵。
Cimeries **錫蒙力†** キメリエス	《雷蒙蓋頓》（Lemegeton）72名惡魔之一，《僞以諾書》的惡魔目錄中亦載有其名。爲「地獄之侯爵」。
Dantalian **但他林†** ダンタリアン	《雷蒙蓋頓》（Lemegeton）72名惡魔之一，身份是惡魔公爵。能力爲傳授召喚者神秘的知識，或是隱藏在別人心中的祕密知識。
Decarabia **單卡拉比†** デカラビア	《雷蒙蓋頓》（Lemegeton）72名惡魔之一，以五芒星形此等極爲抽象的型態出現在召喚者面前。
Diriel **迪里艾爾†** ディリエル	仿照啓示文學《以諾書》寫成的《僞以諾書》目錄中列有其名。侍奉北之君王戴蒙瑞（Demoriel），身份爲公爵。
Eligor **埃力格** エリゴル	《雷蒙蓋頓》（Lemegeton）72名惡魔之一，以騎士之姿現於召喚者前，許多惡魔學者認爲，同樣以騎士姿態出現的「※亞必戈」（Abigor）是埃力格的別名。
Farax **佛拉克斯** フォラクス	《雷蒙蓋頓》（Lemegeton）72名惡魔之一，**摩拉克斯（Morax）**的別稱之一。
Flauros **佛勞洛斯†** フラウロス	《雷蒙蓋頓》（Lemegeton）72名惡魔之一，外型爲豹。通常被召喚來與其他魔法師召喚出的惡魔相抗。（→歐賽Ose）
Focalor **佛卡洛†** フォカロル	《雷蒙蓋頓》（Lemegeton）72名惡魔之一，《僞以諾書》的惡魔目錄中亦載有其名。別名「※佛爾卡洛」（Forcalor）。（→威沛**Vepar**）
Foraii **佛萊伊** フォライー	《雷蒙蓋頓》（Lemegeton）72名惡魔之一，**摩拉克斯（Morax）**的別稱之一。
Foras **佛拉斯†** フォラス	《雷蒙蓋頓》（Lemegeton）72名惡魔之一，以普通人的姿態現身。別名「※佛卡斯」（Forcas）。（→**斯托剌Stolas**）

Forcalor 佛爾卡洛 フォルカロル	《雷蒙蓋頓》（Lemegeton）72名惡魔之一，**佛卡洛（Foucalor）**的別名。《僞以諾書》的惡魔目錄中亦載有其名。
Forcas 佛卡斯 フォルカス	《雷蒙蓋頓》（Lemegeton）72名惡魔之一，**佛拉斯（Foras）**的別名。此外，《地獄辭典》中名爲佛拉斯。
Forneus 佛鈕司† フォルネウス	《雷蒙蓋頓》（Lemegeton）72名惡魔之一，可授予召喚者藝術、科學與語言學的知識。
Furcas 弗爾卡斯† フルカス	《雷蒙蓋頓》（Lemegeton）72名惡魔之一，《僞以諾書》的惡魔目錄中亦載有其名。性格殘忍，卻非常博學。
Furfur 弗爾弗爾† フルフル	《雷蒙蓋頓》（Lemegeton）72名惡魔之一。外型爲長有燃燒蛇尾與巨大翅膀的鹿，能夠呼喚閃電。
Gaap 慨布† ガープ	《雷蒙蓋頓》（Lemegeton）72名惡魔之一，相傳爲墮落的能天使。《僞以諾書》的惡魔目錄中亦載有其名，別名「※戈布」（Goap）、「※塔布」（Tap）。
Gamigin 加米基 ガミギン	《雷蒙蓋頓》（Lemegeton）72名惡魔之一，**加麥基（Gamygyn）**的別名之一。《僞以諾書》的惡魔目錄中亦載有其名。
Gamygyn 加麥基† ガミュギュン	《雷蒙蓋頓》（Lemegeton）72名惡魔之一，能爲召喚者呼喚亡靈。《僞以諾書》的惡魔目錄中亦載有其名。別名「※加米基」（Gamigin）。
Glasha 古拉夏 グラシャ	《雷蒙蓋頓》（Lemegeton）72名惡魔之一，**格剌希亞拉波斯（Glasyalabolas）**的別名之一。《僞以諾書》的惡魔目錄中亦載有其名。
Glasyalabolas 格剌希亞拉波斯† グラシャラボラス	《雷蒙蓋頓》（Lemegeton）72名惡魔之一，《僞以諾書》的惡魔目錄中亦載有其名。以擁有巨大翅膀的犬之姿態出現在召喚者面前。擁有許多別稱。
Goap 戈布 ゴアプ	《雷蒙蓋頓》（Lemegeton）72名惡魔之一，**慨布（Gaap）**的別名之一。《僞以諾書》的惡魔目錄中亦載有其名。
Gomory 格莫瑞† グモリ	《雷蒙蓋頓》（Lemegeton）72名惡魔當中，唯一以女性姿態出現的惡魔。召喚者會爲了得到女性的愛而召喚她。
Gulakya‧labolas 古拉奇亞‧拉波剌 グラキヤ‧ラボラス	《雷蒙蓋頓》（Lemegeton）72名惡魔之一，**格剌希亞拉波斯（Glasyalabolas）**的別名之一。《僞以諾書》的惡魔目錄中亦載有其名。
Gusayn 哥賽因 グサイン	《雷蒙蓋頓》（Lemegeton）72名惡魔之一，**古辛（Gusion）**的別名之一。

Gusion **古辛** † グシオン	《雷蒙蓋頓》（Lemegeton）72名惡魔之一，能將對魔術師抱持敵意之人，轉成善意。又名「*哥賽因」（Gusayn）、或「*哥所因」（Gusoyn）。
Gusoyn **哥所因** グソイン	《雷蒙蓋頓》（Lemegeton）72名惡魔之一，**古辛（Gusion）**的別名之一。
Haagenti **海艮地** ハーゲンティ	《雷蒙蓋頓》（Lemegeton）72名惡魔之一，**哈艮地（Hagenti）**的別稱之一。此外，《地獄辭典》中名爲哈艮地。
Haborym **哈拜利** ハボリュム	《雷蒙蓋頓》（Lemegeton）72名惡魔之一，**艾尼（Aini）**於《地獄辭典》之名。司掌火災之地獄公爵，指揮惡魔軍團第26團。
Hagenit **哈格尼特** ハゲニト	《雷蒙蓋頓》（Lemegeton）72名惡魔之一，**哈艮地（Hagenti）**的別稱之一。
Hagenti **哈艮地** † ハゲンティ	《雷蒙蓋頓》（Lemegeton）72名惡魔之一，將水變酒，酒變水，也能將普通的金屬變成黃金。擁有許多別名。（→撒共 **Zagan**）
Halpas **哈帕斯** † ハルパス	《雷蒙蓋頓》（Lemegeton）72名惡魔之一，以鴿子的樣子出現在召喚者的面前，個性十分好戰，與戰爭之間有很深的關連性。別名是「*哈法斯（Halphas）」。
Halphas **哈法斯** ハルファス	《雷蒙蓋頓》（Lemegeton）72名惡魔之一，**哈帕斯（Halpas）**的別稱。此外，《地獄辭典》中亦名爲哈帕斯。
Ipes **因悖思** イペス	《雷蒙蓋頓》（Lemegeton）72名惡魔之一，**因波斯（Ipos）**的別名之一。此外，《地獄辭典》中名爲因波斯。
Ipos **因波斯** † イポス	《雷蒙蓋頓》（Lemegeton）72名惡魔之一，擁有未來的知識，會被欲知曉此類事物之人召喚而來。擁有許多別稱。
Kereberus **凱魯貝洛斯** ケレベルス	《雷蒙蓋頓》（Lemegeton）72名惡魔之一，**納貝流士（Naberius）**的別名之一。
Lerajie **勒萊耶** † レライエ	《雷蒙蓋頓》（Lemegeton）72名惡魔之一。手持弓箭，身穿綠色的獵裝現身。似乎是與戰爭有關的惡魔。
Maimon **邁蒙** マイモン	仿照啓示文學《以諾書》寫成的《僞以諾書》目錄中列有其名。是**亞邁蒙（Amaimon）**的別名之一。
Malephar **瑪列法爾** マレファル	《雷蒙蓋頓》（Lemegeton）72名惡魔之一，**華利弗（Valefor）**的別名其一。《僞以諾書》的惡魔目錄中亦載有其名。此外，《地獄辭典》中名爲華利弗。

Malpas 瑪帕斯[†] マルパス	《雷蒙蓋頓》（Lemegeton）72名惡魔之一，擁有建設營造的能力。一般說他是所羅門王營造都市時曾經擔任建築師幫忙的惡魔。
Malphas 瑪法斯 マルファス	《雷蒙蓋頓》（Lemegeton）72名惡魔之一，**瑪帕斯（Malpas）**的別名。此外，《地獄辭典》中名為瑪帕斯。
Marbas 瑪巴斯[†] マルバス	《雷蒙蓋頓》（Lemegeton）72名惡魔之一，沒什麼個性的惡魔。因莎士比亞作品中出現的惡魔援引其人，知名度急速竄升。
Marchosias 馬可西亞斯[†] マルコシアス	《雷蒙蓋頓》（Lemegeton）72名惡魔之一，其姿態為有翼狼，嘴能吐火。《偽以諾書》的惡魔目錄中列有其名。
Marthim 馬爾欽姆 マルティム	《雷蒙蓋頓》（Lemegeton）72名惡魔之一，巴欽（Bathin）的別稱之一。《偽以諾書》的惡魔目錄中亦載有其名。此外，《地獄辭典》中名為巴欽。
Mathym 瑪提姆 マティム	《雷蒙蓋頓》（Lemegeton）72名惡魔之一，巴欽（Bathin）的別稱之一。《偽以諾書》的惡魔目錄中亦載有其名。
Maymon 梅蒙 メイモン	仿啓示文學《以諾書》所作《偽以諾書》的目錄中記載之惡魔，亞邁蒙（Amaimon）的別名之一。
Morax 摩拉克斯[†] モラクス	《雷蒙蓋頓》（Lemegeton）72名惡魔之一，擁有礦石、藥草、占星術等知識。據說也可給予魔法師供人差遣的精靈。（→**摩洛 Moloch**）
Murmur 姆爾姆爾[†] ムルムル	《雷蒙蓋頓》（Lemegeton）72名惡魔之一，《偽以諾書》的惡魔目錄中亦載有其名。據說在墮落前位列座天使。
Naberius 納貝流士[†] ナベリウス	《雷蒙蓋頓》（Lemegeton）72名惡魔之一，教導召喚者邏輯學或修辭學，給予人回復名譽或愛情的力量。具有許多別稱。
Orias 歐里亞斯[†] オリアス	《雷蒙蓋頓》（Lemegeton）72名惡魔之一，司管占星術的惡魔，讓想了解此道者輕易理解繁複的占星術。
Orobas 歐若博司[†] オロバス	《雷蒙蓋頓》（Lemegeton）72名惡魔之一，能給予召喚他的魔術師威嚴與人望。
Ose 歐賽[†] オセ	《雷蒙蓋頓》（Lemegeton）72名惡魔之一，《偽以諾書》的惡魔目錄中亦載有其名。常被認為與豹關係密切。
Oz 歐茲 オズ	《雷蒙蓋頓》（Lemegeton）72名惡魔之一，**歐賽（Ose）**的別稱。《偽以諾書》的惡魔目錄中亦載有其名。此外，《地獄辭典》中名為歐賽。

Paimon (Paymon) **派蒙**† パイモン	《雷蒙蓋頓》（Lemegeton）72 名惡魔之一，《僞以諾書》的惡魔目錄中亦載有其名。給予名譽以及藝術、科學的知識。
Phoenix **菲尼克斯**† フェニックス	《雷蒙蓋頓》（Lemegeton）72 名惡魔之一，其名源自阿拉伯神話中的不死鳥菲尼克斯，在傳承的過程中逐漸轉化而被視爲惡魔。**（→納貝流士 Naberius）**
Procel **普羅喀爾**† プロケル	《雷蒙蓋頓》（Lemegeton）72 名惡魔之一，以天使的姿態現身。別名「※普喀爾」（Pucel）。**（→亞斯她錄 Astaroth、因波斯 Ipos、華劣克 Valac）**
Pucel **普喀爾** プケル	《雷蒙蓋頓》（Lemegeton）72 名惡魔之一，**普羅喀爾（Procel）**的別名。
Purson **普爾森**† プルソン	《雷蒙蓋頓》（Lemegeton）72 名惡魔之一。其姿態爲手抓蛇、跨騎熊背上的獅頭壯漢。
Raim **萊姆** ライム	《雷蒙蓋頓》（Lemegeton）72 名惡魔之一，**勞姆（Raum）**的別名。
Raum **勞姆**† ラウム	《雷蒙蓋頓》（Lemegeton）72 名惡魔之一。能力非常多樣化，其他《雷蒙蓋頓》（Lemegeton）惡魔擁有的能力他多少都有一點。別名「※萊姆」（Raim）。
Romwe **隆威** ロンウェ	《地獄辭典》中記載的惡魔，爲地獄 19 步兵團的指揮官。被認爲是《雷蒙蓋頓》（Lemegeton）72 名惡魔之一，**羅諾比（Ronobe）**此人。
Roneve **羅奈威** ロネヴェ	《雷蒙蓋頓》（Lemegeton）72 名惡魔之一，**羅諾比（Ronobe）**的別名之一。
Ronobe **羅諾比**† ロノベ	《雷蒙蓋頓》（Lemegeton）72 名惡魔之一，地獄的侯爵兼伯爵，擁有許多別稱。
Ronove **羅諾威** ロノウェ	《雷蒙蓋頓》（Lemegeton）72 名惡魔之一，**羅諾比（Ronobe）**的別名之一。
Sabnack **斯伯拉克** サブラク	《雷蒙蓋頓》（Lemegeton）72 名惡魔之一，**斯伯納克（Sabnak）**的別名之一。
Sabnak **斯伯納克**† サブナク	《雷蒙蓋頓》（Lemegeton）72 名惡魔之一，精通築城術。也能給予召喚者軍事方面的力量。擁有許多別名。**（→拜恩 Vine）**
Sabnock **斯伯諾克** サブナッケ	《雷蒙蓋頓》（Lemegeton）72 名惡魔之一，**斯伯納克（Sabnak）**的別名之一。

Saleos 塞列歐斯† サレオス	《雷蒙蓋頓》（Lemegeton）72名惡魔之一，具有讓男女愛情萌芽的能力。別名「※塞羅司」（Sallos）。（→阿加雷斯Agares、※齊博斯Zaebos）
Salmac 薩爾馬克 サルマク	《雷蒙蓋頓》（Lemegeton）72名惡魔之一，**斯伯納克（Sabnak）** 的別名之一。
Scox 史寇克司 スコクス	《雷蒙蓋頓》（Lemegeton）72名惡魔之一，**沙克斯（Shax）** 的別名之一。此外，《地獄辭典》中名爲沙克斯。
Seere 系爾† セーレ	《雷蒙蓋頓》（Lemegeton）72名惡魔之一，以騎著有翼飛馬，長髮男性的姿態現身在召喚者的面前。
Separ 賽沛 セパル	《雷蒙蓋頓》（Lemegeton）72名惡魔之一，**威沛（Vepar）** 的別名。
Shass 夏克斯 シャックス	《雷蒙蓋頓》（Lemegeton）72名惡魔之一，**沙克斯（Shax）** 的別名之一。
Shax 沙克斯† シャクス	《雷蒙蓋頓》（Lemegeton）72名惡魔之一。如使魔、魔僕般供召喚者驅使，實際上卻是滿嘴謊言、又時常背叛的惡魔。擁有許多別稱。
Shaz 沙恣 スコックス	《雷蒙蓋頓》（Lemegeton）72名惡魔之一，**沙克斯（Shax）** 的別名。
Stolas 斯托剌† ストラス	《雷蒙蓋頓》（Lemegeton）72名惡魔之一，教導召喚者藥草、礦石的醫學效用，或是授與占星術等相關知識。（→西迪Sytry）
Sytry (Sitri) 西迪† シュトリ	《雷蒙蓋頓》（Lemegeton）72名惡魔之一。掌管情慾、熱情。《僞以諾書》的惡魔目錄中亦載有其名。別名「※畢特魯」（Bitru）。
Tap 塔布 タプ	《雷蒙蓋頓》（Lemegeton）72名惡魔之一，**愾布（Gaap）** 的別名之一。《僞以諾書》的惡魔目錄中亦載有其名。此外，《地獄辭典》中名爲愾布。
Valac 華劣克† ウァラク	《雷蒙蓋頓》（Lemegeton）72名惡魔之一，《僞以諾書》的惡魔目錄中亦記載其名。擁有天使外型，能支配爬蟲類。
Valafar 華拉法 ヴァラファール	《雷蒙蓋頓》（Lemegeton）72名惡魔之一，**華利弗（Valefor）** 的別名其一。《僞以諾書》的惡魔目錄中亦載有其名。此外，《地獄辭典》中名爲華利弗。
Valefor 華利弗† ウァレフォル	《雷蒙蓋頓》（Lemegeton）72名惡魔之一，《僞以諾書》的惡魔目錄中亦載有其名。別名「※瑪列法爾」（Malephar）、「※華拉法」（Valafar）。

Vapula **瓦布拉**[†] ウァプラ	《雷蒙蓋頓》（Lemegeton）72名惡魔之一，出自於聖經情節的想像。能增強魔法師的哲學與技術。（→**撒共 Zagan**）
Vassago **瓦沙克**[†] ウァサゴ	《雷蒙蓋頓》（Lemegeton）72名惡魔之一，渴求知識之人能召喚此魔。僅有姓名，性格特徵不詳。
Vepar **威沛**[†] ウェパル	《雷蒙蓋頓》（Lemegeton）72名惡魔之一，與海事關係密切之惡魔，以人魚形象出現於召喚者面前。別名「[※]賽沛」（Separ）。
Vine **拜恩**[†] ウィネ	《雷蒙蓋頓》（Lemegeton）72名惡魔之一，通曉世上一切秘密。擁有能力爲告訴召喚自己的魔法師其他魔法師隱藏的眞名。
Volac **沃劣克** ヴォラック	《雷蒙蓋頓》（Lemegeton）72名惡魔之一，**華劣克（Valac）**的別稱。《僞以諾書》的惡魔目錄中亦載有其名。此外，《地獄辭典》中名爲華劣克。
Vual **化勒**[†] ウァル	《雷蒙蓋頓》（Lemegeton）72名惡魔之一，《僞以諾書》的惡魔目錄中亦載有其名。擁有「埃及惡靈」的異名，別名「[※]瓦爾」（Wall）。
Wall **瓦爾** ワル	《雷蒙蓋頓》（Lemegeton）72名惡魔之一，**化勒（Vual）**的別名。《僞以諾書》的惡魔目錄中亦載有其名。此外，《地獄辭典》中名爲化勒。
Zaebos **齊博斯** ザエボス	記載於《地獄辭典》中，出處不明的惡魔。（→**阿加雷斯 Agares**、**塞列歐斯 Saleos**）
Zagam **撒共姆** ザガム	《雷蒙蓋頓》（Lemegeton）72名惡魔之一，**撒共（Zagan）**的別名。此外，《地獄辭典》中名爲撒共。
Zagan **撒共**[†] ザガン	《雷蒙蓋頓》（Lemegeton）72名惡魔之一，由聖經情節想像而來。別名「[※]撒共姆」（Zagam）。（→**瓦布拉 Vapula**）
Zaleos **札列歐斯** ザレオス	《雷蒙蓋頓》（Lemegeton）72名惡魔之一，**塞列歐斯（Saleos）**的別名。
Zepar **桀派**[†] ゼパル	《雷蒙蓋頓》（Lemegeton）72名惡魔之一，與男女之愛、熱情、情慾等有關的惡魔。（→**塞列歐斯 Saleos**、**西迪 Sytry**）

《神曲》

Alichino 亞利幾諾† アリキーノ	於地獄第8圈第5溝懲罰生前貪污和詐欺的亡靈的12名魔鬼集團「※馬納勃郎西」（Malebranche）之一員。名字爲「誘惑者」之意。
Barbaricca 巴巴利卻† バルバリッチャ	於地獄第8圈第5溝的獄吏——「※馬納勃郎西」（Malebranche）之一員。他名字的意思是「充滿惡意者」。
Cagnazzo 加惹索† カニャッツォ	於地獄第8圈第5溝懲罰生前貪污和詐欺的亡靈的12名魔鬼集團「※馬納勃郎西」（Malebranche）之一員。名字意爲「嘮叨者」。
Caitiff Choir Of Angels 卑鄙的天使† 卑しき天使	失去光輝的眾天使。地獄的使者。也被叫做「騎牆派天使」。
Calcabrina 加卡比那† カルカブリーナ	於地獄第8圈第5溝懲罰生前貪污和詐欺的亡靈的12名魔鬼集團「※馬納勃郎西」（Malebranche）之一員。其名意爲「嘲笑恩寵者」。
Ciriatto 西里阿多† チリアット	被稱爲「※馬納勃郎西（Malebrache）」的地獄獄卒之一。又有「獠牙豬」的別名。
Dis, Dite, Luccifero 地獄王† 惡魔大王	碩大無朋的惡魔之王。相當於基督宗教中的撒旦，《神曲》中將其等視同於別西卜（Beelzebub）。又名「※狄斯」（Dis）、「※地帝」（Dite）、「※路西勿羅」（Luccifero）。（→撒旦 Satan〈中世紀歐洲〉、別西卜 Beelzebub〈希伯來〉）
Dis 狄斯 ディス	身體巨大的惡魔之王——**地獄王**（**Dis,Dite,Luccifero**）。
Dite 地帝 ディーテ	身體巨大的惡魔之王——**地獄王**（**Dis,Dite,Luccifero**）。
Draghignazzo 達其惹索† ドラギニャッツォ	於地獄第8圈第5溝的獄吏。12名魔鬼所組集團「※馬納勃郎西」（Malebranche）之一員。他的名字有「殘忍的龍」或「墮落的龍」之含意。
Farfarello 發發累羅† ファルファレルロ	於地獄第8圈第5溝的獄吏，12名魔鬼所組集團「※馬納勃郎西」（Malebranche）之一員。名字的意思是「中傷他人者」「愛說人壞話者」。
Grafficane 格拉非岡† グラッフィアカーネ	於地獄第8圈第5溝懲罰生前貪污和詐欺的亡靈的12名魔鬼集團「馬納勃郎西」（Malebranche）之一員。名字之意爲「似犬者」。
Libicocco 利比谷谷† リビコッコ	地獄第8圈第五溝的獄吏，「※馬納勃郎西（Malebranche）」中的一員。名字的意思是「壞心眼傢伙」或者是「暴躁易怒」。

Lucifero 路西勿羅 ルチフェロ	身體巨大的惡魔之王——**地獄王**（Dis,Dite,Luccifero）。
Malacoda 馬納果達† マラコーダ	「※馬納勃郎西」（Malebranche）的首領。馬納果達這名字是義大利文，意思是「惡尾」。於《神曲》三部作中的第一部「地獄篇」的第21篇登場。
Malebranche 馬納勃郎西 マレブランケ	懲罰生前貪污和詐欺的亡靈的12名魔鬼所組之集團。爲「地獄篇」第21篇所描述之地獄第8圈第5溝的獄吏。其名爲「惡爪」之意。
Nelo Angelo 黑天使† 黒い天使	來自地獄的使者，又稱「黑色的智天使（Cherbini）」、或「惡天使」。
Rubicante 路比岡德† ルビカンテ	地獄第8圈第5溝獄吏「※馬納勃郎西（Malebranche）」之一員。名字的意思是「氣得滿臉通紅者」。
Scarmiglione 司加密林† スカルミリオーネ	是被稱爲「※馬納勃郎西（Malebranche）」的地獄獄吏之一。其名意爲「有毒者」。

《失樂園》

Abdiel 亞必迭† アプディエル	天使。撒旦一黨中唯一未參與反叛唯一神者。他的名字乃「神僕」之意。爲熾天使。
Adramelec (Adrammelech) 亞得米勒† アデランメレク	造反天使（惡魔）。他被設爲《舊約聖經》〈列王紀〉中出現的西法瓦音人神祇之前身。
Anarch 混沌† 混沌王（こんとんおう）	老邁靈魂。支配著上帝用來創造宇宙的混沌。混沌雖不遵從上帝，但也無力反抗。
Ariel 亞利† アリエル	造反天使（惡魔）。在描述大逆不道之天使，撒旦於天國進行叛亂的第6卷中登場。（→**撒旦 Satan**《失樂園》）
Ashtaroth 亞斯她錄† アスタルテ	《失樂園》中登場的造反天使中的一個集團。亞斯她錄表「女神們」之意。單數型爲亞斯托勒（Astoreth）。（→巴林與亞斯她錄 Baalim&Ashtaroth）
Asmadai 阿斯瑪代† アスマダイ	造反天使（惡魔）。在第6卷中，他以指揮官身分登場，與造反天使**亞得米勒**（Adremelec）一同指揮造反天軍的兩翼。

Asmodeus «Paradise Lost» 阿斯摩丟斯《失樂園》 アスモデウス	即造反天使（惡魔）**阿斯瑪代（Asmadai）**。於聖經外典《托比傳》（Tobit）中曾出現過，密爾頓把這名墮落天使當作是《托比傳》中同名惡魔的前身。
Azazel «Paradise Lost» 阿撒瀉勒《失樂園》† アザゼル	造反天使（惡魔）。智天使（Cherubim）。 相貌堂堂高大頎長之天使，擔任爲撒旦掌旗之榮譽職務。
Baalim 巴林† バーリム	造反天使中的一個集團。巴林是「主人們」的意思，指的是一群男神。這個字的單數型是 Baal。
Beelzebub «Paradise Lost» 別西卜《失樂園》† ベルゼブブ	造反天使（惡魔）。撒旦的親信同時也是最要好的朋友，也是有如他的分身一般的最忠實部下。被認爲是智天使，但書中未替他定下階級。（→**撒旦 Satan**《失樂園》、**別西卜 Beelzebub**〈希伯來〉）
Belial «Paradise Lost» 彼列《失樂園》† ベリアル	造反天使（惡魔）。他被描寫得猶如是造反天使之長——撒旦的小型版。（→**撒旦 Satan**《失樂園》、**彼列 Belial**〈希伯來〉、**彼列 Belial**《雷蒙蓋頓》（Lemegeton））
Chemosh 基抹† ケモシ	造反天使（惡魔）。據說是他是舊約聖經〈列王紀〉所記之異教偶像神基抹的前身。（→**摩洛 Moloch**）
Dagon 大袞† ダゴン	造反天使（惡魔）。被解釋爲非利士人（Philistine）所崇拜之異教神的前身。
Death «Paradise Lost» 〈死〉《失樂園》† 〈死〉（し）	異形存在。爲造反天使撒旦與其女〈罪惡〉（Sin）所生。武器爲蠍子鞭及百發百中的鏢槍。（→**撒旦 Satan**《失樂園》）
Demogorgon 特摩高根† デモゴルゴン	靈體。混沌界（chaos）支配者**混沌（Anarch）**的臣子。次於**奧迦斯與黑帝斯（Orcus & Hades）**的第三廷臣。
Hades 黑帝斯† ハデス	靈體。臣屬於**混沌（Anarch）**。黑帝斯原爲羅馬神話中之冥神。（→**奧迦斯與黑帝斯 Orcus & Hades**）
Ionian 愛奧尼諸神† イオニアの神々	一群造反天使（惡魔）。被解釋爲是希臘神話內**泰坦神族（Titan）**的前身。在《失樂園》中說他們是假冒神之名的惡魔集團。
Mammon 瑪門† マンモン	造反天使（惡魔）。由密爾頓將《新約聖經》〈馬太福音〉中代表「財利」的「瑪門」此一名詞擬人化而成。
Molech «Paradise Lost» 摩洛《失樂園》 モレク	造反天使（惡魔）。**摩洛（Moloch）**的另一種拼法
Moloch 摩洛† モロク	造反天使（惡魔）。名字之意是「王」，有時也被稱作「持杖的王者摩洛」。作者密爾頓特別凸顯了他主戰派軍人的性格。

Mulciber **瑪爾西巴**† ムルキベル	造反天使（惡魔）。擅長鍛造工作的天使，同時也是個優秀的建築師。瑪爾西巴這個名字其實是赫發斯特斯（Hephaestus）的義大利文說法。
Nisloch **尼斯洛**† ニスロク	造反天使（惡魔）。舊約聖經〈列王紀〉中登場的亞述（Assyria）偶像神之前身。「治權（權）天使之長」。
Orcus **奧迦斯**† オルクス	靈體。臣屬於**混沌（Anarch）**。奧迦斯原為羅馬神話中相當於※黑帝斯（Hades）之冥神。（**→奧迦斯與黑帝斯 Orcus & Hades**）
Osiris **奧賽洛斯**† オシリス	造反天使（惡魔）。在第 1 卷內他與埃及神祇埃西絲（Isis）、奧魯斯（Horus）一同出現，自成一群。
Rimmon **臨門**† リンモン	造反天使（惡魔）。是司掌暴雨的敘利亞異教神臨門之前身。
Satan «Paradise Lost» **撒旦《失樂園》**† サタン	造反天使的首領。徹底敗給神子後，自願成為墮落、幽閉之地——地獄的支配者。
Sin **〈罪惡〉**† 〈罪〉（つみ）	異形女妖。地獄守門人。她從違逆唯一神及神子的天使撒旦（Satan）的左半身裡誕生，誕生時全副武裝。
Thammuz **塔模斯**† タンムズ	造反天使（惡魔）。又稱「塔姆斯（Thamuz）」。據密爾頓描述，他是腓尼基（Phoenicia）男神的前身。

《浮士德》

Mephistopheles **梅菲斯特**† メフィストフェレス	德國詩人、作家歌德的著作《浮士德》中登場之惡魔。

伊斯蘭教

Baizaku **拜札克**† バイザク	伊斯蘭教惡魔王**易卜劣廝（Iblis）**的女兒。 （**→紅龍 The Red Dragon、撒旦 Satan《新約聖經》**）

Djinn **一千零一夜的巨靈（Djinn）們**† 千一夜物語のジンたち	《一千零一夜》（*Arabian Nights*）中登場的邪靈。※巨靈（Jinn）本是阿拉伯原生的妖怪，邪惡巨靈與惡魔的形象相混淆一齊使用。
Harut **哈魯特**† ハールート	雙人組墮落天使之一，在伊斯蘭教聖典《可蘭經》中說他們住在喪德之都巴比倫裡，教導人類與惡魔妖術。（→**哈魯特與馬魯特 Harut wa Marut**）
Iblis **易卜劣廝**† イブリース	伊斯蘭教中的惡魔王、墮落天使。相當於基督宗教中的「※路西法」（Lucifer）。（→**伊斯蘭教的惡魔 Shaitan**）
Madjadj **馬朱者**† マージャージュ	《新約聖經》〈啟示錄〉內提到的「歌革」與「瑪各」中的「瑪各」。《可蘭經》中採用他是巨人族的說法。（→**雅朱者與馬朱者 Yadjadj wa Madjadj**）
Marut **馬魯特**† マールート	雙人組墮落天使之一，在伊斯蘭教聖典《可蘭經》中說他們住在喪德之都巴比倫裡，教導人類與惡魔妖術。（→**哈魯特與馬魯特 Harut wa Marut**）
Shaitan **伊斯蘭教的惡魔**† イスラム教の惡魔	受名為**易卜劣廝**（Iblis）的頭目率領，違抗神明造行一切罪惡的惡魔。 （→**拜札克 Baizaku**）
Yadjadj **雅朱者**† ヤージャージュ	《新約聖經》〈啟示錄〉內提到的「歌革」與「瑪各」中的「歌革」。《可蘭經》中採用他是巨人族的說法。（→**雅朱者與馬朱者 Yadjadj wa Madjadj**）

多神教

中東

Aésma **艾什瑪**[†] アエーシュマ	伊朗的惡魔，其名字意思是「憤怒的惡魔」。
Agas **阿嘉斯** アガシュ	伊朗神話中的病魔。名字意思是「邪眼」。
Ahriman **阿里曼**[†] アーリマン	這是瑣羅亞斯德教的惡神。其下以※六大惡魔爲首，領有無數的惡魔，行無數的惡事。
Aka Mana **阿卡瑪納** アカ・マナフ	直譯是「惡意」。被他所掌控的人將會失去分辨正邪善惡的能力。爲※六大惡魔之一。
Angru Mainyu **安格拉・曼紐**[†] アンラ・マンユ	原本是瑣羅亞斯德教中爲這個世界帶來死亡的破壞精靈，後來演變成**阿里曼（Ahriman）**。
Apaosha **阿帕奧沙**[†] アパオシャ	瑣羅亞斯德教中帶來旱災的惡魔。
Arimanius **阿里瑪紐司** アリマニウス	**阿里曼（Ahriman）**眾多的別名之一。根據羅馬時代的思想家普盧塔克的說法，他相當於希臘神話中的陰間之神黑帝斯（Hades），據說是波斯博士（Magi）們祈求保佑的黑暗神。
Asagu **雅撒格** アサグ	這是蘇美神話中的惡魔，據說能使井水乾涸，大地溢滿毒氣。但原本是病魔，在阿卡德（Akkad）稱作「雅撒庫」（Asakku）。
Asakku **雅撒庫** アサク	阿卡德（Akkad）地方的病魔。相當於蘇美（Sumer）的「※雅撒格」（Asagu）
Asto Vidatu **阿斯圖・維達特**[†] アストー・ウィーザートゥ	瑣羅亞斯德教中的死之惡魔。因爲對一切人類死亡乃避無可避之物，故阿斯圖・維達特被視爲強悍無比的惡魔。
Asto Vidatu **阿斯圖・維達茲** アスト・ヴィダーツ	波斯的死神。名字意思「粉碎肉體者」。最初只是個小惡魔，但是後來演變成無人逃出其掌握的死神。中古世紀波斯的某些文獻中，甚至說他是惡魔的統領。（→**阿斯圖・維達特 Asto Vidatu**）
Ays **艾司** アイス	這名字在亞美尼亞（Armenia）語言中代表著風的意思，但有時也表示躲在風中會使人瘋狂的惡靈。

Azi Dahaka **阿日・達哈卡**† アジ・ダハーカ	印度—雅利安人（Indo-Aryan）傳說中的三頭龍。據說是伊朗王國的篡位者。
Bushasp **布沙斯普**† ブーシュヤンスター	這是瑣羅亞斯德教的惡魔。為長了一雙非常長手的女惡魔。會對人吐出催眠的氣息，讓人變成懶惰者。
Dimme **狄梅** ディメ	蘇美（Sumer）的女惡魔。司掌產褥熱（puerperal fever）與嬰兒的疾病。相當於阿卡德神話中的「※拉瑪什」（Lamastu）。
Diwe **迪威** ディーウェ	伊朗民間故事中的食人怪。長了數種動物的頭，頭上還有長角。
Djall **加爾** ジャール	這是阿拉伯語中代表「惡魔」的字。相當於拉丁文中的「diabolos」（惡魔）。
Dreqi **得瑞其** ドレキ	阿拉伯語中代表「惡魔」的字。相當於拉丁文中的「draco」（童），與其說是惡魔，更近似於邪龍。
Drug **德拉格** ドゥルジ	這原本是印度《吠陀經》（Veda）中的惡魔，後來傳入伊朗神話。為「虛偽的惡魔」。據說住在黑暗的洞穴裡。
Drujs **得魯吉** ドゥルジ	※六大惡魔之一。代表「虛偽」。後來這個名字成為女惡魔的總稱。
Edimmu **埃提姆**† エディムム	巴比倫神話中，住在地獄阿普斯（Apsu）與地上之間的國度「有去無回的國度」的死者靈魂。
Ereshkigal **埃蕾什基伽兒**† エレシュキガル	蘇美神話中，在流過大地的甜水底下，有塊滿是乾燥砂塵的土地，名叫「有去無回的土地」（庫爾・努・吉，kur-nu-gi-a），埃蕾什基伽兒乃支配該處的「死之女主人」。
Erra **埃拉** エラ	這是巴比倫的瘟神。會給人帶來瘟疫等種種不幸。
Etemmu **耶提姆** エテム	巴比倫的死靈。四處遊蕩傷人。
Galla **伽拉** ガラ	蘇美的地底惡魔。蘇美植物神杜姆茲（Dumuzi）之所以死亡並被送入地府，全是由於伽拉之故。阿卡德語叫「※伽盧」（Gallu）。
Gallu **伽盧** ガル	阿卡德（Akkad）的地下惡魔，相當於蘇美（Sumer）的伽拉（Galla）。

Ganaagu Meinougu **迦那格・梅納格** ガナーグ・メーノーグ	直譯就是「破壞靈」。這是惡神**阿里曼**（**Ahriman**）的別名之一。
Gandarewa **剛德瑞瓦** ガンダレヴァ	瑣羅亞斯德教的經典《阿維斯陀》（*Avesta*）中的水魔。據說會吞掉一切善的事物。
Illuyankas **伊盧延卡**† イルルヤンカシュ	這是西台的惡龍或是蛇惡魔。
Indra **因陀羅** インドラ	某一時期曾是印度神話中的主神，而在瑣羅亞斯德教中則是惡魔的名字，據說是※六大惡魔之一。
Jahi **賈西**† ジェー	瑣羅亞斯德教的女惡魔。古稱「賈希」，意為惡女。
Jarri **桀利** ジャリ	西台人（Hittite）的疾病與瘟疫之神。一旦流行瘟疫，人們就會設法要安撫桀利。桀利另外還有一「弓之王」的外號，據說他會幫助眾王作戰。
Jinn **巨靈** ジン	阿拉伯的火焰精靈。不過同時他們也是隨著熱風帶來疾病的惡魔。
Kingu **金古** キング	他是**蒂雅瑪特**（**Tiamat**）底下的司令官。眾神殺了金古，從他的血創出了人類。
Kunda **昆達** クンダ	酩酊大醉的惡魔。住在地獄的入口，還沒喝靈酒呼瑪就已經醉醺醺的了。
Lamassu **拉瑪蘇** ラマッス	巴比倫神話中的人頭牛身的惡魔。長有翅膀，為宮殿的守護者。
Lamastu[1] **拉瑪什** ラマツ	阿卡德的女惡魔。司掌產褥熱（puerperal fever）與嬰兒的疾病。在畫中，她長著巨大的乳房，餵乳給狗與豬，手裡拿著螺貝與梳子。 1 譯註：一作「拉瑪什圖」（Lamashtu）。
Mikal **米卡爾** ミカール	據說原是塞普勒斯島上的神。為腓尼基的瘟疫與黑死病的神。
Mot **莫特**† モト	這是迦南的冥界之神，象徵著「死」與「荒蕪」。為迦南主神**巴力**（**Ba'al**）的敵人。
Mulla **謬拉** ミュルラ	巴比倫神話中牡牛外型的惡魔。

338

Namtar 那姆塔 ナムタル	美索不達米亞的病魔。某部書說他像是「在黑暗中行走的黑死病」。
Naonhaithya 農哈夏 ノーンハスヤ	原本是印度神祇那沙提耶（Nasatya）。在瑣羅亞斯德教中是惡魔。或說是※六大惡魔之一。
Nasu 納蘇† ナス	瑣羅亞斯德教的女惡魔，外型是蒼蠅，愛棲息在屍體上，會散播傳染病。
Nintu 寧圖† ニンツ	巴比倫神話中的母蛇。為一半人半蛇的女惡魔，頭有角左手抱著正在吸奶的嬰孩。
Pairilas 帕伊里卡 パリカー	這是瑣羅亞斯德教傳說中的女惡魔，或說是巫婆。
Pazuzu 帕祖祖† パズズ	這是美索不達米亞與亞述神話中的病魔。其配偶為同是病魔的**拉瑪什圖**（Lamashtu）。
Rabartu 拉巴圖 ラバルツ	巴比倫神話中的女惡魔，會在山林或沼澤徬徨漫步。為了防止她偷走小孩、欺負小孩，因此巴比倫人在小孩子身上掛上護身符以保平安。
Rabisu 拉比蘇 ラビツ	這是美索不達米亞使人作惡夢的夢魔。
Rila 里拉 リラ	就是「※里魯」（Rilu）。
Rilu 里魯 リル	巴比倫神話中的惡魔。外型為一少女，會誘惑男性，一但目標的男子愛上了她，就會把該男子永遠地藏在深山裡。也叫做「※里拉」（Rila）。
Saitan 色但 シャイターン	也就是阿拉伯的撒旦。但是在伊斯蘭文化圈中，色但只是代表一般惡魔的普通名詞，並不特指撒旦本身。（→**撒旦 Satan**〈中世紀歐洲〉）
Saruwa 薩魯瓦 サワル	※六大惡魔之一。代表著無秩序。據說他在世界滅亡的時候會被灼熱的融鐵所滅。
Sebettu 色貝圖 セベツ	阿卡德語中對惡魔（Demon）的總稱。色貝圖有善有惡。當中有七個色貝圖特別邪惡的據說是天空之神「安」（An）的子孫。[2] 2 楊注：原書有錯。Sebettu，Sebitti是阿卡德語中「七」的意思。色貝圖是七個戰士，他們是天空之神「安努」（Anu）的子孫，在埃拉神（Erra）的帶領下降行瘟疫，所以被視為惡魔。
Seven demons 七惡靈† 	這是巴比倫神話中，住在地底之王埃阿（Ea）所居住的大海之下的七惡靈。

Shedu 舍都 シェズ	巴比倫神話中的惡魔，外型爲一頭牡牛。喜好暴力與破壞。爲神殿的守護者。
Shutu 舒茲 シューツ	在古巴比倫中，風是惡魔造成的。據說南風就是由名爲舒茲的有翼惡魔吹出來的。
Six demons 六大惡魔 六大惡魔（ろくだいあくま）	瑣羅亞斯德教說，這個世上有六大天使與六大惡魔。不過到底是哪六個惡魔則未有定說。（→※阿卡瑪納 Aka Mana、※因陀羅 Indra、※薩里夏 Zairisha、※薩魯瓦 Saruwa、※陶威 Taurvi、※塔洛馬蒂、※得魯吉、※農哈夏 Naonhaithya）
Taroumati 塔洛馬蒂 タローマティ	※六大惡魔之一。名字意思是「背教」的女惡魔。潛伏在人心之中。
Taurvi 陶威 タルウィ	意思是「熱」。爲※六大惡魔之一。他使植物枯乾，生育毒草。
The Demon of the South-West Wind 西南風的惡魔† 南西風の惡魔	巴比倫人認爲風是惡魔吹出來的，而西南風惡魔是他們最害怕的。
Tiamat 蒂雅瑪特† ティアマト	美索不達米亞神話中一切事物（包含眾神）的偉大母親。
Udu 烏毒 ウドゥ	古代美索不達米亞的惡魔。阿卡德語作烏圖庫（Utukku）。據說世上一切邪惡都是烏毒所爲。
Ullikummi 烏利庫梅† ウルリクムミ	古代小亞細亞東胡里特人的神話中，與神敵對的巨人。
Ura 尤拉† ウラ	巴比倫神話中活人之敵，病魔。
Utukku 烏圖庫† ウツック	此類精靈本是死者的靈魂埃提姆（Edimmu）。卻因死時未行葬禮的怨恨，而帶給生者痛苦以作爲復仇。
Zairisha 薩里夏 ザリチュ	意思是「飢渴」。※六大惡魔之一。他使植物枯乾，生育毒草。
Zu 茲† ズー	在美索不達米雅神話中，篡奪眾神王權的怪鳥。祖獅頭鳥身，爲掌管暴風之神。

非洲

Aigamuxa
艾伽母哈
アイガムハ

南非科伊科伊族的神話中的食人怪。眼睛長在腳指甲上面，所以要看東西時必須用手將腳舉高。

Death
死†
死（し）

東非烏干達（Uganda）神話中的怪物。躲在地底，伺機殺人。據說小孩子見到「死」的時候會因爲他太過可怕而大聲地叫出來。

Hai Uri
海‧烏里
ハイ‧ウリ

南非科伊科伊族的神話中的怪物。只有一隻手一隻腳，身體也只有一半。但是會以驚人的速度追著人跑，甚至能一跳就跳上灌木之上。

Kholomodumo
柯羅莫度莫
コロモジモ

南非索特族的怪物。從時間最初開始就時已經存在，他吃了所有的人類，只有一名老婆婆倖免於難。老婆婆生了一對雙胞胎，雙胞胎殺了怪物，將肚內的人救了出來。

Reza
雷札
レザ

非洲依拉族的災厄之神。他躲在所有人的背後，不管是誰都不可能逃離雷札的掌握。

Yansan
耶修
エシュ

西非約爾巴族的精靈。負責在神憤怒的時候降災予人。

埃及

Akephalos
阿克法洛斯
アケファロス

名字意思是「無頭者」，爲古埃及的惡魔。據說是遭斬首者變成的死靈。

Amemait
阿米瑪特
アムマイト

在埃及的地下世界中吞食有罪亡靈的女惡魔，頭爲雌鱷、上半身爲獅、下半身爲河馬。就是**阿米特（Ammit）**。

Ammit
阿米特†
アミト

鱷頭女惡魔。也被叫做「※阿米馬特」（Amemait）。因其職務之故被稱爲「吞噬亡靈者」。

Ammit
阿姆米特
アム‧ムト

在埃及的地下世界中，吞食罪人靈魂的女魔。長了母鱷魚的頭、獅子的上半身，以及河馬的下半身。阿姆米特爲**阿米特（Ammit）**的另一種念法。

Anubis
阿努比斯†
アヌビス

豺狼頭人身的喪葬神。有時亦被描繪成一隻狗。

Apophis 阿波非斯† アポピス	由水元素土元素構成的黑暗之蛇。身上顏色爲黃與黑。亦被以「駭人者」「危險者」「反叛者」「不可招來者」等名稱之。
Babi 巴比† パビ	這是在《埃及亡靈書》（*The Book of the Dead*）中提到的邪神，或說是黑暗的惡魔。外型是一隻陰莖勃起的猩猩。
Bafo 巴弗 バフォ	埃及邪神**巴比**（**Babi**）在希臘的魔法書中的名字。
Nehebkau 奈赫卜考 ネヘプカウ	埃及的地下世界中折磨死者的惡魔。爲一長了人的手腳的蛇。
Osiris 奧賽洛斯 オシリス	埃及死與復活之神，陰間的統治者。原本是穀物之神，與王權的理念結合後成爲埃及人來世思想的中心。
Resheph 利悉 レシェフ	原本是腓尼基的雷電與瘟疫之神。名字的意思同時代表了「火焰」與「瘟疫」。被認爲與希臘神話中的阿波羅神爲同一神。在埃及神話中他是一長有蹬羚（gazelle）頭部的神。
Sekar 塞凱爾† ソカリス	埃及的喪葬之神，同時也是地下世界之神。爲一隼頭男身神，但有時也被描繪爲完全人形。
Seth 塞特† セト	埃及的秩序破壞者。殺死其兄長※奧賽洛斯（Osiris），與奧賽洛斯之子荷魯斯（Horus）對立，最終敗北。
Sobek 索貝克† セベク	埃及的恐怖之神。其形爲一鱷魚，或說爲一鱷頭男身之神。鱷魚代表著陰險與貪婪的獵食者。

希臘・羅馬

Aello 阿耶羅 アエロ	這是**鳥身女妖**（**Harpuia**）其中之一，名字的意思是「奔馳的風」。
Alekto 阿勒克托 アレクト	爲希臘**復仇女神**（**Erinys**）之一。意思是「無休無止者」。
Aloadai、Aloeidai、Aloadae（法文：Aloades） 阿洛伊代† アロアデス	乃是指稱海神波賽頓的兩個兒子「※俄托斯」（Otos）與「※厄菲阿爾忒斯」（Ephialtes）。

Echidna 艾奇德娜† エキドナ	希臘神話中上半身是美女，下半身是蛇的怪物。艾奇德娜這名字的意思就是「蛇」。生下許多知名的怪物，如三頭獸蓋美拉（Chimera）、地獄犬（Cerberus）、水蛇海德拉（Hydra）、犬怪俄耳托斯（Orthrus）等。
Ephialtes 厄菲阿爾忒斯 エピアルテース	阿洛伊代（Aloadai、Aloeidai、Aloadae（法文：Aloades））之一，曾向赫拉（Hera）求愛。
Erinyes 厄里倪厄斯 エリニュエス	希臘復仇女神（Erinys）的複數型。
Erinys 復仇女神† エリニュス	希臘神話中的復仇三女神。相當於羅馬神話中的復仇女神※（Furiae）。為※阿勒克托（Alekto）、※麥格拉（Megaira）、※提西福涅（Tisiphone）三人構成，也用複數形「※厄里倪厄斯」（Erinyes）稱之。
Eumenides 歐美妮德斯 エウメニデス	意思是「充滿善意的人們」。單數型則是「歐美妮斯」（Eumenis）。也就是指復仇女神（Erinys）。
Furiae 復仇女神 フリアイ	羅馬的復仇女神。這是復仇女神（Erinys）的羅馬拼法。
Harpuia 鳥身女妖† ハルピュイア	一般認為她們是有翅膀的女性，或者是女首鳥身。名字的意思是「掠奪東西的女人」，由於鳥身女妖不只一隻，因此通常以複數型的「※Harpuiai」（鳥身女妖）來表示。
Harpuiai 鳥身女妖 ハルピュイアイ	這是鳥身女妖（Harpuia）的複數型，鳥身女妖的數量不止只有一隻。一般說是三人，不過也有其他說法說是只有兩人，或說是共有四人。
Kelaino 克萊諾 ケライノー	這是鳥身女妖（Harpuia）其中之一，名字意思是「黑女人」。
Ker 橫死之神† ケール	希臘的橫死之神。音譯克爾。其名擁有「斬斷」、「破壞」等意味。據希臘詩人赫西奧德（Hesiod）的說法，為帶來死亡惡運的女神。
Keres 克蕾絲 ケレス	橫死之神（Ker）的複數型。
Lamia 拉彌亞† ラミア	這是希臘神話中的怪物。會獵食小孩。
Lemures 雷姆雷斯 レムレス	死者之靈，據說會在5月9日與11日、13日拜訪各家各戶對人作祟。
Libitina 利比蒂娜 リビティーナ	羅馬神話中司死亡與葬禮之女神。似乎是伊特拉里亞人（Etruria，義大利中西部古國名）的起源之神。

Megaira 麥格拉 メガイラ	希臘神話中**復仇女神**（Erinys）之一。意思是「懷恨者」。
Okypete 奧克琵特 オーキュペテー	這是**鳥身女妖**（Harpuia）其中之一，名字意思是「飛得快的女人」。
Orcus 奧迦斯 † オルクス	羅馬的地底（冥界）之神、死神。同時冥府本身亦稱作奧迦斯（Orcus）。（→**奧迦斯與黑帝斯 Orcus & Hades**）
Otos 俄托斯 オートス	**阿洛伊代**（Aloadai、Aloeidai、Aloadae（法文：Aloades））之一，曾向阿蒂蜜絲（Artemis）求愛。
Podarge 波達格 ポダルゲー	**鳥身女妖**（Harpuia）之一，名字意思是「快腳女」。
Semnai Theai 賽姆妮西 セムナイ・テアイ	意思是「嚴峻的女神們」，即是**復仇女神**（Erinys）。
Tisiphone 提西福涅 ティシポネ	希臘神話中**復仇女神**（Erinys）之一。意思是「血仇復仇者」。
Titan 泰坦神族 † ティターン	泰坦神族指的是希臘神話中烏拉諾斯（Uranos）跟蓋亞（Gaia）的所生的小孩，以及第三代的部分子孫。他們是宙斯（Zeus）成為眾神之王前，支配整個世界的古老神祇。

塞爾特（Celt）

Badb 芭德布 † バーヴ	這是塞爾特的戰爭女神。別名是「黑烏鴉」或是「冠鴉」。（→**茉莉甘 Morrigan、瑪哈 Macha**）
Balor 巴羅爾 † バロール	這是塞爾特神話中巨人**弗摩爾**（Fomor）族之王、惡神。擁有魔眼。
Bres 布雷斯 † ブレシュ	塞爾特神話中「達那神族」與巨人**弗摩爾**（Fomor）族人之間的混血兒。曾經當上神族之王，但是因背叛了神族而遭流放。
Fomor 弗摩爾 † フォモール	塞爾特島族的神話中，「達那神族」的敵人。（→**英帝契 Indich、奧克托力藍其 Octriallach、巴羅爾 Balor、布雷斯 Bres**）

Indich **英帝契**† インジッヒ	愛爾蘭島巨人族——**弗摩爾（Fomor）**族之王，與「達那神族」交戰的魔神。
Macha **瑪哈**† マッハ	愛爾蘭的塞爾特神話中的戰爭女神。名字意思是「憤怒」。（→**茉莉甘 Morrigan**、**芭德布 Badb**）
Morrigan **茉莉甘**† モリガン	別名「茉莉格」，塞爾特的戰爭女神。在後世的傳說中，其形象逐漸轉變為引誘英雄墮落，讓王國毀滅的魔女。（→**瑪哈 Macha**、**芭德布 Badb**）
Octriallach **奧克托力藍其**† オクトリアラッハ	奧克托力藍其為塞爾特神話中登場的年輕族長。**弗摩爾（Fomor）**之王**英帝契（Indich）**之子。
Vivian **薇薇安**† ヴィヴィアン	在英國的亞瑟王（King Arthur）傳說中，出現過數名擁有神奇法力的妖精。薇薇安可為她們的代表。因贈與亞瑟王傳說中的寶劍王者之劍（Excalibur）而廣為人知。亦被稱作「妮穆」（Nimue）「妮妮安」（Niniane）。

北歐

Alp（朱註：又稱 Alb、Alf） **妖精** アルプ	相當於歐洲傳說中的妖精（elf）。在基督教傳入北歐後，妖精也被視為惡魔的一種。據說他們會使人得病。
Fenrisulfr **芬里爾狼**† フェンリル狼	他是北歐神話中造成眾神毀滅的元兇。他的父親是擅長使奸計的邪神**洛基（Loki）**。「帶來不幸的三兄妹」中的長子。（→**撒旦 Satan**〈中世紀歐洲〉）
Garm **加爾姆** ガルム	北歐神話中，以其嚎叫聲宣告世界末日（Ragnarok）來臨的魔犬。
Jormungand **約爾孟甘德**† ヨルムンガンド	他為一怪物，是北歐神話中造成眾神毀滅的原因之一。他的父親是擅長使奸計的邪神**洛基（Loki）**。為「帶來不幸的三兄妹」中的次子。也叫做「米德加爾德（Midgard）之蛇」。
Loki **洛基**† ロキ	他是北歐神話中的神，出身於諸神之敵的巨人族。因為受了基督教的影響，他的形象逐漸轉變為像是撒旦（Satan）一般，變為萬惡根源的擬人化。（→**撒旦 Satan**〈中世紀歐洲〉）
Óðinn <Edda> **奧丁〈北歐神話〉**† オーディン	北歐神話主神。亞薩神族（Aesir）之王。雖然也是智慧之神、詩藝之神。但其戰爭之神與死神的性質亦非常明顯。（→**奧丁 Óðinn**〈改宗後的北歐史詩〉）
Óðinn <Saga> **奧丁〈改宗後的北歐史詩〉**† オーディン	原本是北歐神話中身為諸神之王的奧丁，在基督教傳入後被說成是反抗基督光輝的惡魔。（→**奧丁 Óðinn**〈北歐神話〉）

Surtr **史爾特爾**[†] スルト	與眾神敵對的炎之巨人們的國家，穆斯貝爾海姆（Muspellheim）之王。

東歐‧斯拉夫

Alardi **阿剌爾迪** アラルディ	俄國高加索山脈區的奧賽族人傳說中的惡靈，據說會帶來天花。不過他也有女性守護者之一面。在當地民謠中歌頌他爲「生有羽毛者」。
Baba Yaga **芭芭雅嘎**[†] ババ・ヤガー	她是俄國童話中的老巫婆。又譯作雅加婆婆。
Besu **貝斯** ベス	**俄羅斯的惡魔**（Demon〈Russia〉）的別名之一。
Bolla **波拉** ボラ	阿爾巴尼亞民間故事中的蛇形惡魔。歷時12年後會化爲**庫希多拉**（Kulshedra）。
Boruta **布爾塔** ボルータ	住在波蘭威吉茲城堡中的惡魔。會化爲梟懲罰暴虐的小貴族。
Bullar **布剌** ブラ	就是※波拉 Bolla，在阿爾巴尼亞南部波拉被叫做布剌。
Chert **秋爾特** チョールト	**俄羅斯的惡魔**（Demon〈Russia〉）的別名之一。
Dabog **達勃各** ダボグ	東正教中以此字稱呼俄羅斯神話中的神祇與惡魔。
Demon <Gogol'> **果戈里的惡魔**[†] ゴーゴリの惡魔	俄國作家果戈里作品中登場的惡魔。遵循傳統**俄羅斯的惡魔**（Demon〈Russia〉）形象，好賭博，經常整夜遊玩。
Demon <Lermontov> **萊蒙托夫的惡魔**[†] レールモントフの惡魔	這是俄國作家萊蒙托夫（Mikhail Yur'evich Lermontov）的長篇詩《惡魔》中描述的墮天使。
Demon <Russia> **俄羅斯的惡魔**[†] ロシアの惡魔	俄文中稱惡魔爲「※秋爾特」「※貝斯」「※加否」等。他們最喜歡酒與煙草、唱歌與跳舞、牌戲與猜謎，經常徹夜地玩耍。

Diabel	波蘭的民間故事或口傳文學中與惡魔相關的非常多。他們基本上
波蘭的惡魔†	與其他基督宗教國度中述說的惡魔一樣，不過多了點人情味，十
ポーランドの悪魔	分紳士且充滿正義感。

Diyaavoru	**俄羅斯的惡魔（Demon〈Russia〉）的別名之一。**
加否	
ヂヤーヴォル	

Fene	匈牙利的惡魔。會突然出現叫道：「弗涅要吃掉你了！」在匈牙
弗涅	利的某些地方則會把妖精叫做弗涅。
フェネ	

Giltine	立陶宛的死亡女神。身著白衣出現於病患家中，會勒絞病患使其
奇爾汀	窒息。
ギルティネ	

Guta	匈牙利民間故事中登場之妖精。代表事物的醜陋面。
顧他	
グタ	

Hapun	根據烏克蘭地方基督教信徒的傳統信仰，猶太惡魔哈普會於「贖
惡魔哈普†	罪日」（Yom Kippur）自猶太教會中帶走一個人。
惡魔ハプン	

Heros	色雷斯（Thrace）地方之神祇。爲騎馬而來，征服怪物的神。
赫洛士	又，他也是廣爲人知的死神，在喪禮時立起的柱子上會刻有他的
ヘロス	形象作爲裝飾。

Kashchey	俄國民間故事中的惡魔。**不死的科西切（Koshcei）**的別名。
卡西切	
カシチェイ	

Kas'yn	2月29日的聖者。在俄羅斯和烏克蘭流傳一個傳說：「聖卡西亞
聖卡西亞†	是恐怖的聖人，只要被她雙目凝視就會遭受災難。」（→**聖露西**
聖カシヤン	**Lucie**）

Koshchei	俄國民間故事中的不可思議人物。也叫做「※卡西切」。
不死的科西切†	
不死身のコシチェイ	

Kukuth	阿爾巴尼亞廣爲人知的疾病女惡魔。被認爲是帶來黑死病者。深
庫庫絲	爲人們所懼。
ククト	

Kulshedra	阿爾巴尼亞（巴爾幹半島的南西部）民間故事裡登場的惡魔，或
庫希多拉†	是其同一類。
クルセドラ	

Ljubi	阿爾巴尼亞民間故事中出現的女惡魔。擁有肥美的蔬菜園。能夠
璐茉比	帶來旱災，此時若不以處女作爲活祭品旱災便不會停止。
リュビ	

Lucie	捷克或斯洛伐克所信仰的聖女。據說如果有小孩子不聽父母的
聖露西†	話，就會把他們帶到不知名的場所。（→**聖卡西亞 Kas'yn**）
聖ルツィエ	

Lucifer \<Poland\> **波蘭的路西法**† ポーランドのルツィフェル	他是波蘭的惡魔王路西法。他將收買人魂、嚴懲罪人的任務交給自己的部下，而自己則專心負責惡魔之間的仲裁與調停。
Mahr **馬爾** マール	斯拉夫民間故事中擁有魔力的精怪。與妖精（elf）相仿。在捷克與南斯拉夫認爲馬爾是人類的怨靈。另外也被傳說是一種吸血鬼。
Orphidon **奧爾菲頓** オルフィドン	**波蘭的惡魔（Diabel）**。心地善良的惡魔，一直在地獄裡彈著吉他。
Pyotr I Alekseyevich **彼得大帝**† ピョートル大帝	俄羅斯皇帝，在位期間1682年～1725年。因爲以強硬作風進行改革，因此招來反對的聲浪（當然教會的相關者也非常反對他），因而被稱作「※敵基督（Antichrist）」。
Rokita **洛奇塔** ロキータ	住在波蘭的喀爾巴阡山（Carpathian Mountains）裡的惡魔。誠實守信會拔去作僞證者的舌頭。
Sabina **莎比娜** サビナ	波蘭的女惡魔。因她輕浮毛躁把地獄弄得一團混亂故被送到地上，於是換成地上變爲一片混亂。
Sarkany **薩坎尼** サルカニー	天候惡魔。有七個頭顱，或說九個。居於地下，手持軍刀與晨星。會乘坐雷雲於空中飛行，能一眼將人變爲石頭。
The little demon of flame **火焰小惡魔** 火の小惡魔	**波蘭的惡魔（Diabel）**。身形矮小但擅長打架，不管是地獄裡的那個惡魔都自嘆不如。
The old demon in «Ivan the Fool» **《傻子伊凡》的老魔**† 《イワンの馬鹿》の惡魔の親方	俄國作家托爾斯泰（1828～1910）所作童話《傻子伊凡》中的老魔。（→《傻子伊凡》的三匹小惡魔）
The three little demons in «Ivan the Fool» **《傻子伊凡》的三匹小惡魔**† 《イワンの馬鹿》の三匹の小惡魔	俄國作家托爾斯泰（1828～1910）所作童話《傻子伊凡》中的三匹小惡魔。（→《傻子伊凡》的老魔）
Velnias **維尼厄斯** ヴェルニアス	立陶宛地方的魔王。此字是由表示死者的「維立尼斯」一字而來。
Velu mate **薇璐瑪特** ヴェル・マーテ	拉脫維亞的死者女王。其名意爲「死者母親」。身批雪白羊皮，在葬禮時接收死者。別名「卡布瑪特」（Kapu mate）。
Vii **威**† ヴィイ	俄國作家果戈里（Nikolai V.Gogol，1809～53年）之小說《女妖》（Vii）中登場之妖怪。
Vodnik **渥地溺客** ヴォドニック	斯拉夫民間傳說中出現的水中惡魔。乃由未領洗的溺斃孩童所變成。會將人誘入水中使其溺斃。要安撫他們時必須獻上活祭品。在波蘭說是要獻上雞隻。

芬蘭

Hiisi **席西**† ヒイシ	這是《卡勒瓦拉》（*Kalevala*）中的魔神。如果只限於人類世界的話，一切的邪惡都可以叫做「席西的～」。（→圖奧尼與圖奧奈達 **Tuoni & Tuonetar**）
Kalevanpojat **卡勒瓦波吉特** カレワンポヤト	名字之意爲「卡勒瓦拉之子」。爲巨人，會把肥沃土地變爲滿是石礫的不毛荒地，將森林化爲沼澤。
Kalma **卡爾瑪** カルマ	死神、墓地支配者。他的名字是芬蘭語中「屍臭」之意。
Kippu Tytto **奇普泰托** キップ・トュッテョ	冥府神圖奧尼的女兒之一，疾病女神。（→圖奧尼與圖奧奈達 **Tuoni & Tuonetar**）
Louhi **路希**† ロウヒ	她是芬蘭敘事詩《卡勒瓦拉》（*Kalevala*）中最了不起的英雄維那莫依寧（Vainamoinen）的敵人，是統御北國波約拉（Pohjola）的女王。
Loviatar **羅薇塔**† ロヴィアタル	她是冥府之王圖奧尼的女兒中最壞心、最醜陋的一個。被認爲是種種邪惡的元兇。（→圖奧尼與圖奧奈達 **Tuoni & Tuonetar**、**羅薇塔的孩子** [9] **Children of Loviatar**）
9 children of Loviatar **羅薇塔的孩子**† ロヴィアタルの子供たち	這是羅薇塔（Lovitar）的孩子們。全部都是不可小看的疾病。聽命於母親去侵襲英雄維那莫依寧（Vainamoinen）的故鄉維諾拉。
Otso **奧德索**† オトソ	敘事詩《卡勒瓦拉》（*Kalevala*）中出現的巨大魔熊。
Surma **蘇爾瑪** スルマ	潛藏於※卡爾瑪（Kalma）住處前的怪物，厄運的化身。會咬住經過的人，將其吞噬。
The Bloodstained Son of Tuoni **圖奧尼的血腥兒子** トォオニの血まれの息子	他是冥府之神圖奧尼的兒子。爲了不讓人逃離陰間，因此用鎖鍊將竹簣連起來架在河上。（→圖奧尼與圖奧奈達 **Tuoni & Tuonetar**）
Tuonetar **圖奧奈達**† トゥオネタル	敘事詩《卡勒瓦拉》（*Kalevala*）中登場的冥府女王。（→圖奧尼與圖奧奈達 **Tuoni & Tuonetar**）
Tuoni **圖奧尼**† トゥオニ	敘事詩《卡勒瓦拉》（*Kalevala*）中登場的冥府之王。（→圖奧尼與圖奧奈達 **Tuoni & Tuonetar**）
Tursas **圖爾撒斯** トゥルサス	害人水精。外表爲恐怖怪物，會從海底跑到草地上縱火。

Vetehinen	害人水精。住在大浪底部或海底黑泥的深處。
威特辛恩	
ヴェテヒネン	

西伯利亞

Erlik	西伯利亞神話中的惡靈,為最初之人類亦為死者之王。
埃利刻 †	
エルリク	

Karau	西伯利亞東北部科里亞克族(Koryaks)傳說中的惡鬼。
卡拉厄 †	
カラウ	

Keremet	西伯利亞的邪惡天使。
克雷梅特 †	
ケレメット	

Ou	西伯利亞民間傳說中的惡魔。會授與年輕人化身動物之能力。
奧 †	
オー	

Satan <Siberia>	東西伯利亞鄂溫克族(Evengki)的撒旦。受到希臘東正教的影
撒旦〈西伯利亞〉†	響,與原本的神話多少有點變質。(→撒旦 Satan《新約聖經》)。
サタン	

Shiiruto	在西伯利亞的帶來疾病之惡魔。
西魯多 †	
シールト	

The deity of forest	他是西伯利亞的森林精靈。也被叫做森林神,或是森林惡魔。
森林神 †	
森の神	

The deity of poverty〈Siberia〉	這是西伯利亞的窮神,與日本的窮神不太一樣。
窮神〈西伯利亞〉†	
貧乏神	

歐洲諸神話

Befana	北義大利隆冬時節的女惡魔。她雖會給人帶來禮物,但卻也會突
貝法娜	然變成危險的惡魔。
ペファナ	

Beira 貝拉† ベーラ	蘇格蘭傳說中的眾神之母，同時也是冬之女神。

Beng 班 ベン	吉普賽人以此字稱呼惡魔。班時常找神明較量力量，但也經常敗北。班住在森林中，會在入夜後離開森林行惡。

Bilwis 比威斯† ビルウィス	比威斯原本是德國南部巴伐利亞（Bavaria）地方與奧地利一帶的民間故事。是一種自然精靈，但是到了中古世紀末期開始被視為惡魔妖怪的一種。

Charontes 凱隆茲 カロンテス	伊特拉里亞的一群死之惡魔。被描述為手持鐵鎚的形象。其名為**凱隆（Charun）**的源由。

Charun 凱隆† カルン	根據居於古義大利地區的伊特拉里亞人傳說，凱隆為居於地底的男惡魔。（→范絲 Vanth）

Culsu 考絲 クルス	伊特拉里亞的女惡魔。手持火把、剪刀立於地底入口處。相傳會以手中剪刀剪斷生命線。

Demon <Karuhaimu> 加魯海姆的惡魔† カルハイムの惡魔	奧地利的民間故事中，被工匠欺騙，作了白工的惡魔。

Dera Buranka 戴拉・布蘭卡† デラ・ブランカ	奧地利的口傳文學中登場的惡魔化身。身著黑天鵝絨的衣服，頭上戴著插有大紅羽毛的尖帽。

Drud 杜姬德 ドルード	於德國南部和奧地利廣為人知的惡魔；會誘人入睡再對人施以邪惡魔法。一般認為若要從杜姬德手中保護自己，最好是佩帶五芒星的護身符。

Druden 杜爾登 ドルーデン	※杜姬德（Drud）的複數形。

Erge 厄基 エルゲ	在西班牙、巴斯克地方的民間故事中奪人性命之惡靈。

Green Lady 綠魔女† グリーンレディ	屬於冬之女神貝拉（Beira）子孫的魔女。

Grendel 格蘭戴爾† グレンデル	敘事詩《貝奧武夫》（Beowulf）裡登場的怪物名稱。個性殘暴冷酷，經常徘徊在國境、荒野、沼地以及城堡周圍，是個令人感到毛骨悚然的怪物。

Herensugue 赫瑞蘇格 エレンスゲ	西班牙、巴斯克的地方說中出現的邪惡精靈，外形為蛇。或說他有七個頭，能於空中飛翔。

Incubus **男夜魔**† インクプス	惡夢的精靈,在拉丁語中有「騎在上方者」之意。女性外表的※女夜魔(Succubus),在到了中世紀時被認為是女性版男夜魔。
Inguma **英格馬** イングマ	西班牙、巴斯克地方的精靈,會進入人類家中勒人脖子。
Muouderu **姆歐迪爾**† ムオーデル	這是奧地利傳說中的幽靈軍隊。據說一到晚上就可以看見一大群的幽靈軍隊浮在空中數十公尺處高飛馳過十字路口。
Pilwiz **皮威斯** ピルウィズ	這是**比威斯**(**Bilwis**)在德國中部的叫法。
Puck **帕克** パック	在德國或斯堪的那維亞半島會使用這個字指稱和哥布林(Goblin)相同的妖精;但在英國則是把愛惡作劇的精靈叫做帕克。
Strigae **斯忒律基** ストリガイ	羅馬的似鳥惡魔,會擄掠孩童。一說他是由老嫗所化。
Succubus **女夜魔** サクブス	惡夢精靈**男夜魔**(**Incubus**)的女性版。
The demon in fir **樅樹中的惡魔**† 樅の木の惡魔(もみのきのあくま)	這是奧地利的惡魔,被鍊金術士帕拉塞爾蘇斯(Paracelsus)關在樅樹裡。
Torto **圖爾托** トルト	西班牙、巴斯克地方的民間傳說中出現的恐怖惡靈。獨眼,會誘拐年輕男女,之後再將他們的手腳撕下,貪婪地吃掉。
Tuchulcha **圖丘查** ツクルカ	伊特拉里亞的地下惡魔。頭部與**凱隆**(**Charun**)相仿,但手臂為一群蛇。
Vanth **范絲**† ヴァント	根據居於古義大利地區的伊特拉里亞人傳說,范絲為居於地底的女惡魔。
Yambe Akka **亞皮艾嘉** ヤンベ・アッカ	拉布蘭人(Lapland)神話中登場的「死者老嫗」。在地下的亡靈國度中照料亡者。

印度

Aghasura 或 Aghashura
阿迦修羅 †
アガースラ

阿迦修羅乃名爲「阿迦」的**阿修羅（Asura 或 Ashura）**之意，據說他乃惡王庚斯（Kansa）手下將領。

Aghora
阿哥拉
アゴーラ

此爲**濕婆（Siva 或 Shiva）**的別名，意思是「無足畏懼者」。這是希望他收斂他破壞與殺戮的能力之名。

Ahi
阿悉
アヒ

此名意思是「蛇」。爲旱魔**弗栗多（Vritra）**之別名。冬天的擬人化。

Aksa
阿克刹
アクシャ

楞伽（※羅刹之都）的魔王**拉瓦那（Ravana）**的長子。爲猴王哈奴曼所殺。

Alaksmi
阿羅乞什密 †
アラクシュミー

與司掌福德的女神羅乞什密（Laksmi，即吉祥天）相對的女神，爲羅乞什密之姐（不吉祥天），形象爲一騎驢醜陋老太婆。

Alambusa
阿羅母毗娑
アラムブシャ

※羅刹娑（Raksasa，※羅刹）之一。在婆羅多（Bharata）之戰中加入俱盧族陣營。在第一天時爲迦多鐸卡伽（Ghatotkacha）所敗。

Alayudha
阿拉優達
アラーユダ

※羅刹娑（Raksasa，※羅刹）之一。他是在婆羅多（Bharata）之戰中選擇俱盧族陣營的婆迦修羅的兄弟。爲迦多鐸卡伽（Ghatotkacha）所敗。

Andhaka
安陀加 †
アンダカ

印度的暗黑神**濕婆（Siva 或 Shiva）**神之子。在一片黑暗中隨著如雷巨響安陀加（黑暗）誕生於世。

Arbuda
阿普陀
アルブダ

婆羅門聖典《梨俱吠陀》中，與※**因陀羅（Indra）**對抗的邪蛇。與**弗栗多（Vritra）**同族。

Andhaka
安陀加 †
アンダカ

印度的暗黑神。**濕婆（Siva 或 Shiva）**神之子。在一片黑暗中隨著如雷巨響安陀加（黑暗）誕生於世。

Asura 或 Ashura
阿修羅 †
アスラ

印度神話中的魔族，眾神之敵。佛教中漢字寫爲※阿修羅（Asyura）。阿修羅乃是總稱擁有變身能力與法力的神格。在瑣羅亞斯德教中阿修羅乃是善神。

Baka
拔迦
バカ

爲一高強的※羅刹娑（Raksasa，※羅刹），侵襲村莊要村民獻出貢品與人肉。後來被怖軍〈Bhima〉所殺。

Bali
伯利 †
バリ

他是以善良著稱的※達伊提耶（daitya）之王。※毗樓遮那（Virocana）的兒子，缽羅訶羅陀（Pralahda）的孫子。

Bana **波諾**† ニクムビラー	他是※達伊提耶（Daitya）王伯利（**Bali**）的長男。擁有1000隻手臂，是破壞神**濕婆**（**Siva 或 Shiva**）之友，同時也是全能神毗濕奴（Visnu 或 Vishnu）的敵人。
Bhirava **跋伊羅婆** バイラヴァ	**濕婆**（**Siva 或 Shiva**）神眾多稱號之一，強調其最恐怖的一面。意思是恐怖的殺戮者。
Bhuta **浮陀** ブータ	聚集在墳墓的幽鬼。為四天王底下的八部鬼眾之一。（→※毗舍遮 Pisaca）
Brahmaraksasa **婆羅門羅刹**† バラモン鬼	印度神話中有一種叫做※羅刹婆（Raksasa，※羅刹）的妖怪種族。在這些羅刹之中有一種叫做婆羅門羅刹的特殊羅刹，如他們的名字所示，他們的前世是個婆羅門。
Buuteeshuvara **菩提商波羅** ブーテーシュヴァラ	**濕婆神**（**Siva 或 Shiva**）眾多的別名之一。意思是「惡魔之王」。
Carvaka **查伐伽** チャールヴァーカ	難敵（Duryodhana）的好友，為一※羅刹婆（Raksasa，※羅刹）之一。為了幫朋友報仇，他變身成為一婆羅門（Brahman）接近堅戰王（Yudhisthira），但被識破而身亡。
Daitya **達伊提耶** ダーナヴァ	巨人族。與眾神對抗的惡魔。在歷史上象徵著南印的原住民。（→伯利 Bali）
Danava **檀那婆** ヴィルーパークシャ	迦葉波（Kasyapa，生主之首，有21名妻子，為眾神、動物、人類、魔族之父）與妻子之一的陀奴生下的33個惡名昭彰的惡魔。
Dara kadavara **陀羅・卡達伐羅** ダラ・カダワラ	印度辛哈羅族（Singhalese）的象之女神。陀羅是牙的意思。在佛教的影響下，她的形象轉變為會帶來疾病與衰運的惡神（而且連性別也轉變成男性神），人們舉行戴面具跳舞的儀式來驅散他。
Dasa **達沙**† ダーサ	又稱「※達濕由（Dasyu）」。達沙婆羅門教經典《黎俱吠陀》中的眾神的敵人，也就是惡魔。達沙是「黑」的意思。
Dasyu **達濕由** ダスユ	達沙（Dasa）的別名。眾神與人類的敵人，一邪惡種族。
Dhenuka **達奴卡** デーヌカ	體型龐大的※羅刹婆（Rashasa），有著驢子的外貌。
Durga **突迦** ドゥルガー	突迦乃**濕婆**（**Siva 或 Shiva**）之妻「提毗」（Devi）眾多別名的其中一個，此名字原本是一個欲打倒諸神征服世界的惡魔之名。
Dusana **毒刹那** ドゥーシャナ	楞伽（Lanka，※羅刹之都）的魔王拉瓦那（Ravana）底下的將軍。為羅刹之一。與羅摩（Rama）交戰被殺而亡。

Dvivida 荼毗維陀 ドヴィヴィダ	外型爲一巨猿，是一**阿修羅（Asura 或 Ashura）**。因爲其友**那羅伽**（**Naraka**）爲神所殺而懷恨在心，因此阻撓聖仙的修行，或者擾亂農田的收穫。結果被巴拉德瓦（Balarama）所殺。
Ekacakra 耶迦凱卡那 エカチャクラ	仙人迦葉波（Kasyapa）與妻子陀奴（Danu）生的*檀那婆（Danava，一種惡魔）。
Gada 伽陀 ガダ	毗濕奴神（Visnu 或 Vishnu）所殺之惡魔。技藝之神維娑瓦迦摩（Viswa-karman）以其骨製爲棍棒獻與毗濕奴。
Ganapati 伽那婆提 ガナパティ	**伽尼薩（Ganesa）**之別名。原本是印度原住民之災厄神與瘟神。
Ganesa † 伽尼薩 † ガネーシャ	本爲印度原住民的災厄神、瘟神。在佛教中又被叫做「*大聖歡喜天」或「*歡喜天」。別名「*伽那婆提」（Ganapati）。
Ganesa 歡喜天 歡喜天（かんぎてん）	**伽尼薩（Ganesa）**在佛教中的名字。
Ganesa 大聖歡喜天 聖天（しょうてん）	**伽尼薩（Ganesa）**在佛教中的名字。
Gopatirsabha 迦帕提娑婆 ゴーパティリシャバ	黑天（Krsna）所殺之惡魔。也是**濕婆（Siva 或 Shiva）**的別名。
Ganesa 訶耶羯哩婆 ハヤグリーヴァ	名字意思是「長有馬頸者」。爲一*達伊提耶（Daitya，惡鬼）偷取婆羅摩（Brahma）口中滑落的《吠陀》（Veda）。
Hara 訶羅 ハラ	**濕婆（Siva 或 Shiva）**的眾多稱號之一。意思是於世界的終焉時之「毀滅萬物者」。
Hariti 鬼母 † 訶梨帝母（かりていも）	在日本以「鬼子母神」之名而廣爲人知的神格。在原本的印度神話中被稱爲「訶利底」，儘管訶利底的孩子如此眾多，但她卻是會擾取他人孩童而食的鬼魔。
Hayagriva 迦剌 カラ	**拉瓦那（Ravana）**之弟。率兵攻打羅摩（Rama），第一次率 14 名*羅刹娑（Raksasa，*羅刹），第二次率 1 萬 4 千名羅刹娑；但皆盡失敗。
Hariti 鬼母 † 訶梨帝母（かりていも）	在日本以「鬼子母神」之名而廣爲人知的神格。在原本的印度神話中被稱爲「訶利底」，儘管訶利底的孩子如此眾多，但她卻是會擾取他人孩童而食的鬼魔。
Hiranyakasipu 希羅尼耶格西布 † ヒラニヤカシプ	爲一*達伊提耶（Daitya），名字意思是「金衣人」。爲**希羅尼亞克夏（Hiranyaksa）**的兄弟。

Hiranyaksa **希羅尼亞克夏**† ヒラニヤークシャ	印度教經典之一《伐由往世書（Vayu Purana）》中描寫到的※達伊提耶（daitiya，一種惡魔），名字的意思是「金眼人」（也有別的說法說他是**阿修羅（Asura 或 Ashura）**而不是達伊提耶）。
Indra **因陀羅** インドラ	某一時期曾是印度神話中的主神，而在瑣羅亞斯德教中則是惡魔的名字，據說是※六大惡魔之一。
Indrajit **因陀羅耆特**† インドラジット	印度的妖魔。楞伽（Lanka※羅刹之都）魔王**拉瓦那（Ravana）**之子。別名「※彌迦那陀」（Megha-nada）。因陀羅耆特一字乃「戰勝※因陀羅（Indra）者」之意。
Jambha **吉婆** ジャムバ	與※因陀羅（Indra）戰鬥而失敗被殺的惡魔。因陀羅因此功績而被叫做「吉婆毗底」（Jambha-bhedin）。
Jara **賈拉**† ジャラー	身形巨大的※羅刹女（Raksasi）。在家中掛上賈拉的圖畫並予以祭拜，可防止其他惡鬼出沒家中。
Kabandha **迦槃陀**† カバンダ	居於丹達卡森林中的※羅刹娑（Raksasa※羅刹）。體大如山而無頭，腹中生有大口內有齒無數。胸生雙目兩臂極長。
Kaitabha **吉陀婆**† カイタバ	毗濕奴神（Visnu 或 Vishnu）於劫末沉睡不起時，從他耳中生出的惡魔。爲一**阿修羅（Asura 或 Ashura）**，又說是※達伊提耶（Daitya）或※壇那婆（Danavas）。
Kala **伽羅** カーラ	此名意思是「時間」，爲死神**閻魔（Yama）**之別名。
Kala **伽羅** カーラ	濕婆神眾多別名之一。表示司掌死亡的「時刻」。
Kalanemi **迦羅尼彌**† カーラネーミ	楞伽（※羅刹之都）※羅刹娑（Raksasa，※羅刹）王**拉瓦那（Ravana）**的伯父。
Kali **迦梨女神**† カーリー	爲**濕婆神（Siva 或 Shiva）**之妻的最高女神「提毗」（Devi）擁有諸多別名，迦梨女神即爲別名之一。提毗又被稱爲「黑地母神」，迦梨女神則表現出她的性格中最可怕的部份。（→**突迦 Durga**）
Khara **迦刺** カラ	**拉瓦那（Ravana）**之弟。率兵攻打羅摩（Rama），第一次率14名※羅刹娑（Raksasa，※羅刹），第二次率1萬4千名羅刹娑；但皆盡失敗。
Kirmira **科密羅** キリミーラ	一巨大※羅刹娑（Raksasa，※羅刹）之名。因妨礙般度（Pandu）的五王子而被五王子之一的怖軍（Bhima）所殺。
Kotavi **底提**† コータヴィー	是眾※達伊提耶的守護女神。爲達伊提那王子波諾（**Bana**）之母，其名意爲「裸女」。

Ksanadacara
迦娑那陀切羅
クシャナダーチャラ

惡靈。其名爲「夜中蠢動者」之意。

Kumbhakarna
鳩姆婆迦哩納 †
クムバカルナ

楞伽（※羅刹之都）的羅刹王拉瓦那（**Ravana**）的弟弟。是※羅刹（Raksasa）毗濕羅婆（Visravas）與妻子※羅刹女（Raksasi）吉私尼（keśinī）之子。

Kuvalayapida
庫瓦羅葉毗陀
クヴァラヤーピーダ

形爲巨大象隻的惡魔。爲摩圖羅的惡王庚斯（Kansa）所飼養。想踏死英雄黑天（Krsna）卻反遭其所殺。

Mada
摩陀 †
マダ

吉耶婆那（Chyavana）仙人藉由苦修所生出的**阿修羅（Asura 或 Ashura）**。其意思是「酩酊大醉者」。

Mandodari
曼度陀哩
マンドーダリー

阿修羅（Asura 或 Ashura）的建築師瑪耶之女。與魔王拉瓦那生下**因陀羅耆特（Indrajit）**。

Manibhadra
瑪尼鉢陀羅
マニバドラ

財神俱毗羅（Kubera）的兄弟。爲一※夜乞叉（Yaksa）。

Mara
《雜阿含經》的惡魔 †
《サンユッタ・ニカーヤ》の惡魔

於初期佛典經常登場之惡魔（**魔羅 Mara**），妨礙釋迦牟尼修行但終究失敗。

Mara
魔羅 †
マーラ

這是佛教中妨害悉達多（Gautama Siddhartha）修行的惡魔。

Mari
摩哩
マーリ

印度南部原住民達羅毗荼族（Dravida）的女神。當地視之爲天花的女神，深深畏戒她。但其他地方則信奉她爲雨之女神。

Maya
瑪耶
マヤ

阿修羅（Asura 或 Ashura）世界的建築師。**拉瓦那（Ravana）**之妻曼度陀哩（Mandodari）之父。爲了人類建設了般度（Pandavas）之城。

Megha-nada
彌迦那陀
メーガナーダ

也就是**因陀羅耆特（Indrajit）**，「彌迦那陀」的意思是「雷鳴」。

Muka
穆伽
ムーカ

※烏普孫陀（Upasunda）之子，爲※檀那婆（Danava，惡魔）。原本想殺了般度第三王子阿周那（Arjuna），卻反被**濕婆（Siva 或 Shiva）**所殺。

Munda
穆恩陀
ムンダ

爲突迦（Durga）所殺之惡魔。意思是「禿頭者」。

Mundamaaraa
迦婆羅摩林
ムンダマーラー

這是**濕婆（Siva 或 Shiva）**眾多別名之一。住在墳地以骨灰塗抹在身上，名字意思是「帶有一串顱骨者」。

Mura **穆羅** ムラ	擁有五個頭的※達伊提耶（Daitya），其下有7000個兒子。最後為黑天（Krsna）所殺。
Naga **那迦**† ナーガ	在亞利安人入侵以前，印度原住民所崇拜的蛇神。
Namuci **那牟質**† ナムチ	※檀那婆（Danava，一種惡魔）之一。
Naraka **那羅伽** ナラカ	印度教聖典《伐由往世書》（*Vayu Purana*）中登場的**阿修羅**（**Asura 或 Ashura**），為**希羅尼亞克夏**（**Hiranyaksa**）之子。
Nikasa **尼迦娑** ニカシャー	**拉瓦那**（**Ravana**）之母，為※羅剎女（Raksasi）。不過另有一說拉瓦那之母為※普蘇婆提迦達（Puspotkata）。
Nikumbha **尼空波**† ニクムバ	敘事詩《羅摩衍那》（*Ramayana*）中，楞伽（※羅剎的都城）的魔**王鳩姆婆迦哩納**（**Kumbhakarna**）的兒子就叫做尼空波，他是※羅剎娑（Raksasa，※羅剎）。羅剎王**拉瓦那**（**Ravana**）的弟弟。
Nikumbha **尼空波**† ニクムバ	在與《羅摩衍那》並稱的敘事詩《摩訶婆羅多》（*Mahabharata*）中登場。他是信仰毗濕奴神（Visnu 或 Vishnu）的羅剎王鉢羅訶羅陀（Prahlada）的第三王子。
Nikumbha **尼空波**† ニクムバ	在《摩訶婆羅多》中綁架了亞達瓦族（Yadavas）的公主婆奴摩提的惡魔。
Nikumbhila **尼昆毗羅** ニクムビラー	楞伽（Lanka，※羅剎之都）的※羅剎娑（Raksasa，※羅剎）守護女神。據說是以人肉來祭拜此女神。
Nisumbha **尼蘇姆婆** ニシュムバ	蘇姆婆之兄弟。其名意為「殺戮者」。
Nivatakavaca **槃伽遮那** パンチャジャナ	外型為貝殼的惡魔。毗濕奴神（Visnu 或 Vishnu）由此惡魔之骨做出法螺貝。
Pani **婆哩** パニ	一種吃人魔。四天王之下的八部眾之一。
Pisaca **毗舍遮** ピシャーチャ	在《摩訶婆羅多》中綁架了亞達瓦族（Yadavas）的公主婆奴摩提的惡魔。
Prakamba **婆羅昆巴** プララムバ	與黑天（Krsna）、羅摩（Rama）作戰的**阿修羅**（**Asura 或 Ashura**），身材極為高大。後來被羅摩所殺。

Preta 薛荔多 プレータ	已是死者但尚未成爲祖靈者。也叫做「餓鬼」。棲息於屍體之上，出沒於墳地周邊的邪靈。據說只要與種姓制度（caste）最低階的女性交合會變成薛荔多。
Puloman 補盧曼 プローマン	※因陀羅（Indra）之妻舍質（Sachi）之父。爲一※檀那婆（Danava，惡魔）。
Puspotkata 普蘇婆提迦達 プシュポートカター	住在楞伽（※羅刹之都）的※羅刹女（Raksasi）。爲拉瓦那（Ravana）與其弟鳩姆婆迦哩納（Kumbhakarna）之母。
Putana 布陀那 プータナー	魔王伯利（Bali）之女。欲吞下年幼時期的黑天（Krsna），卻反被黑天殺死。
Baka 羅刹娑 ラクシャサ	印度神話中的鬼神。梵文「Raksasa」的音譯。傳入佛教後寫作※「羅刹」（Rakasasa）。印尼的爪哇則發音爲「羅刹娑娑」。
Rakasasa 羅刹 羅刹（らせつ）	就是※羅刹娑（Rakasasa）。傳入佛教後以此名稱之。
Raksasi 羅刹女 ラクシャシー	羅刹族的女性。
Ravana 羅波那† ラーヴァナ	他是印度長篇敘事詩《羅摩衍那》（Ramayana）中，住在楞伽（※羅刹的都城）的魔王。
Rudrani 樓陀羅尼 ルドラーニー	樓陀羅（Rudra，爲暴風神）之妻。出現於森林深處，會帶來疾病、死亡、與恐怖的殘酷女神。
Sambara 商波羅† シャンバラ	阿修羅（Asura 或 Ashura）之王，然而，古代印度婆羅門教聖典《梨俱吠陀》（Rig Veda）中，商波羅並非阿修羅，而是掌管100多個都市的※達濕由（Dasyu）（惡魔）之王。
Sambara 商波羅† シャンバラ	阿修羅（Asura 或 Ashura）之一。希羅尼亞克夏（Hiranyaksa）之子（然而，希羅尼亞克夏卻是※達伊提耶〈惡鬼〉），擅長魔法。
Sani 娑尼 シャニ	土星神。太陽神蘇利耶（Surya）之子。因他爲凶星，故有「庫羅那樓切那」（Krura-lochana，有邪惡眼睛者）之別名。
Simhika 辛悉迦 シンヒカー	爲一※羅刹女（Raksasi），猴王哈奴曼與她戰鬥時，故意讓她吞入腹中，後破其肚而出。
Sitala 濕陀羅† シータラー	印度南部的天花女神。名字有「顫抖」或「發寒」的意思。

Siva 或 Shiva 濕婆 シヴァ	印度教的至高神之一，佛教中稱爲大自在天，與毗濕奴（Visnu，佛教中稱爲妙毗天）、婆羅摩（Brahma，佛教中稱爲大梵天或梵天）齊名。司掌破壞。
Sthuna 蘇優那 ストゥナー	※夜乞叉（Yaksa）。他因與圖婆陀王（Drupada）之女悉迦帝尼（Sikhandini）交換性別而成爲女性。
Sumbha 蘇姆婆† シュムバ	蘇姆婆和※尼蘇姆婆（Nisumbha）都是**阿修羅（Asura 或 Ashura）**的兄弟。其名皆意爲「殺戮者」，兄弟倆非常的富有、擁有地上所有的財富。
Surpanakha 首哩薄那迦† シュールパナカー	楞伽（※羅刹之都）魔王**拉瓦那（Ravana）**之妹，爲一※羅刹女（Raksasi）。其名意爲「爪如扇子般的女人」。
Taraka 陀羅迦 ターラカ	※達伊提耶（Daitya，惡鬼）之王。歷經艱苦的修行後，獲得婆羅摩（Brahma）的恩惠。爲了打倒他，室犍陀（Skanda）因此出生。
Taraka 陀羅迦† ターラカー	※達伊提耶（Datiya，惡鬼）之女。也有人說她是惡魔孫陀（Sunda）之女，或是※夜乞叉須吉圖（Suketu）之女。
Trijata 提哩遮陀 トリジャーター	當羅摩（Rama）之妻悉多（Sita）被抓到楞伽島（Lanka，※羅刹之都）時，羅刹女提哩遮陀成爲她的朋友來安慰她。
Trinavartha 陀哩那婆哩陀 トリナーヴァルタ	變身成旋風，想要將還是嬰孩的黑天抓走的惡魔，結果反而被黑天所殺。
Tunda 吞陀 トゥンダ	被納夫夏（Nahusha）殺掉的惡魔。
Upasunda 烏普孫陀 ウパスンダ	※達伊提耶（Daitya，惡鬼）之一。爲孫陀（Sunda）的兄弟尼孫陀（Nisunda）之子。
Vajranabha 維羯羅尼婆 ヴァジュラナーパ	**阿修羅（Asura 或 Ashura）**之一。其女婆羅帕瓦提與黑天（Krsna）之子婆羅提優母納成親。
Vala 伐羅 ヴァラ	婆羅門聖典《梨俱吠陀》中登場的惡魔，名字爲「洞窟」之意。隱藏在水中。
Vatapi 伐陀毗† ヴァーターピ	※羅刹娑（Raksasa，※羅刹）之一。※毗婆羅吉提（Vipracitti）與※辛悉迦（Simhika）之子。欲謀害名爲投山仙人之聖仙（rishi）但反被他吞噬。
Vibhisana 維毗沙納† ヴィビーシャナ	楞伽（※羅刹之都）的※羅刹娑（Raksasa，即※羅刹）之王——**拉瓦那（Ravana）**的弟弟。

Vipracitti 毗婆羅吉提 ヴィプラチッティ	仙人迦葉波（Kasyapa）與妻子陀奴（Danu）生的*檀那婆（Danava，惡魔）之首長。
Virocana 毗樓遮那 ヴィローチャナ	缽羅訶羅陀（Pralahda）之子，**伯利（Bali）**之父，爲達伊提耶之一。
Virudhaka 毗樓勒 ヴィルーダカ	守護世界南方的*夜乞叉（Yaksa），佛教中稱作增長天。
Virupaksa 毗盧跋迦娑† ヴィルーパークシャ	守護西方的「*夜會叉」（Yaksa）。於佛教中被稱作「廣目天」，居於須彌山第4層，以淨天眼觀望世界，專職守護西方。
Virupaksa 毗盧跋迦娑† ヴィルーパークシャ	那羅伽（Naraka，**阿修羅**之一）的隨從，亦爲阿修羅（**Asura 或 Ashura**）。
Virupaksa 毗盧跋迦娑† ヴィルーパークシャ	迦葉波（Kasyapa，生主之首，有21名妻子，爲眾神、動物、人類、魔族之父）與妻子之一的陀奴（Danu）生下了33名惡名昭彰的*檀那婆（Danavas，惡魔）之其中一名。
Virupaksa 毗盧跋迦娑† ヴィルーパークシャ	迦葉波（Kasyapa，生主之首，有21名妻子，爲眾神、動物、人類、魔族之父）與妻子之一的陀奴（Danu）生下了33名惡名昭彰的*檀那婆（Danavas，惡魔）之其中一名。
Vitunda 毗吞陀 ヴィトゥンダ	**突迦（Durga）**所殺之惡魔。爲*吞陀（Tunda）之子。
Vivindhaya 毗敏達耶 ヴィヴィンダヤ	古代印度敘事詩《摩訶婆羅多》中登場之**阿修羅（Asura 或 Ashura）**，與查盧底修那（Charudeshna）相搏，失敗被殺。
Vritra 弗栗多† ヴリトラ	古代印度的強悍魔怪。照婆羅門教聖典《梨俱吠陀》（*Rig Veda*）所載，他乃是阻塞河川帶來乾旱的邪惡大蛇，或說是龍。被*因陀羅（Indra）擊退。
Yaksa 夜乞叉 ヤクシャ	原本是印度神話中之有能神族。在佛教中變成了*夜叉（Yaksa），與*羅刹（Raksasa）同爲護法的鬼道。
Yaksa 夜叉 夜叉（やしゃ）	就是*夜乞叉（Yaksa），傳入佛教後以此爲名。
Yaksi 夜叉女 ヤクシー	*夜乞叉族（Yaksa）的女性。有時也被視爲財神俱毗羅（Kubera）之妻。
Yama 閻魔† 閻魔（やま）	原本是印度的死神，後來隨著時代演進，變成了地獄之王，在佛教中則成了屬於天部的神。傳到中國翻譯作「閻魔」，再傳到日本時則唸作「enma」。

印度尼西亞

Arimbi
阿琳毗†
アリムビ

爪哇皮影戲的羅剎娑（Raksasa）之一。※羅剎娑（Rakasasa）公主。

Baka
巴卡王†
ボコ王

爪哇皮影戲的羅剎娑（Raksasa）其中之一。尖牙利嘴的※羅剎娑（Rakasasa）王。

Brahala
婆羅訶羅†
ブラホロ

爪哇皮影戲的羅剎娑（Raksasa）之一，更正確的說，他是《摩訶婆羅多》（Mahabarata）中好人的軍師庫力蘇諾，因爲太過憤怒而變成的羅剎娑。

Candrabilawa
強多羅必羅瓦†
チャンドロビロウォ

爪哇皮影戲的羅剎娑之一，外表看來並不厲害。但是砍了一隻會變兩隻，砍了兩隻會變四隻，如此倍數增加，力量自然也增強，最後，不管什麼樣的對手都被它們殺死了。

Kalasrenggi
卡剌司雷基†
コロスレンギ

爪哇皮影戲的羅剎娑（Raksasa）之一。※羅剎娑（Rakasasa）王。

Lature Dano
羅圖雷・達諾
ラツレ・ダノー

住在印度尼西亞西部尼亞斯島（Nias）的至高神之敵。帶來疾病與死亡的存在。他的象徵是紅與黑、黑暗、蛇與月。

Raksasa
爪哇皮影戲的羅剎娑†
ジャワ影繪芝居のラクササ

印尼爪哇島上皮影戲中登場的※羅剎娑（Rakasasa）。印尼語的發音類似「羅剎娑娑」。

Randa
蘭達†
ランダ

印尼峇里島上的舞蹈劇中登場之魔女。劇中可見印度教強烈的影響，取材自古代印度之敘事詩《摩訶婆羅多》（Mahabarata）之一節。

中國

Aohen
傲狠
傲狠（ごうこん）

檮杌（Taochueh）的別名。人面虎身的狂暴惡獸。

Changyu
長右
長右（ちょうゆう）

洪水之兆（The omen of flood）之一。形似長臂猿，有四耳，其聲似人呻吟。

Channiao
鶬鳥†
鶬鳥（せんちょう）

爲亡國之兆。長有黃色羽毛。（→ 鴜鳥・鶬鳥 Tzuniao & Channiao）

Chiangshen-tachun
江君大神†
江君大神（こうしんたいくん）

這是中國最長河川—長江之神。他向居住在流域一帶的民眾要求每年供奉兩位女孩，要是拖延不從，則興水患。後來被李冰打倒，水患得治。

Chiao
蛟†
蛟（こう）

蛟似蛇有四足，小頭細頸，身體需數十人環抱，能吞人。

Chichung
跂踵
跂踵（きしょう）

疫病之兆（**The omen of plague**）之一。於首陽山週邊可見，乃似梟之鳥。豬尾獨腳。

Chiehkou
絜鉤
絜鉤（けっこう）

疫病之兆（**The omen of plague**）之一。居東方之鳥，似鴨而鼠尾。

Chientang-lungwong
錢塘龍王†
錢塘龍王（せんとうりゅうおう）

錢塘龍王指的是流經中國中南部的錢塘江之水神。也是**洞庭神君**（**Tungting-shenchun**）—— 柳毅之妻的叔父。錢塘江之所以有名，主要是由於著名自然奇景－錢塘江大潮。

Chihchu
鴟鵃
鴟鵃（ししゅ）

鵃（**Chu**）的別名。形似鴟，因而得名。

Chihyu
蚩尤†
蚩尤（しゆう）

古代的惡神、戰神、作亂之神。蚩尤是古代帝王炎神神農氏的後裔。率魑魅魍魎及風伯雨師想要推翻黃帝。

Chinchiao-tawong
金角大王†
金角大王（きんかくだいおう）

在《西遊記》（1570年左右成書）登場的怪物。最後反被**孫悟空**（**Sun-wukong**）用自己的法寶葫蘆給吸進去。（→金角大王‧銀角大王 Chinchiao-tawong & Yinchiao-tawong）

Chingwe & huangao
青鳶、黃鷔
青鳶、黃鷔（せいぶん?こうごう）

鳶鳥‧鷔鳥（**Tzuniao & Channiao**）的別名。象徵亡國之兆的怪鳥。

Chiungchi
窮奇†
窮奇（きゅうき）

懲善勸惡的惡神。會食人，然他的飲食喜好十分奇特。聞人爭吵他便前去吃食正確一方；見誠實之人則食其鼻。但另有傳說是驅趕惡靈之降魔神。

Chiungkuei
窮鬼
窮鬼（きゅうき）

顓頊的不孝子。雖非惡神，但卻是個怪人，明明身為天帝之子，卻特意衣著破爛四處流浪，最終餓死在路旁。（→檮杌 Taochueh）

Chiutouniao
九頭鳥
九頭鳥（きゅうとうちょう）

鬼車（**Kueiche**）的別名。招禍怪鳥。

Chiuying
九嬰
九嬰（きゅうえい）

一條名為「凶水」之河的河神。亦稱「九頭怪」。后羿奉天帝之命將之除去。

Chiyu
犰狳
犰狳（きよ）

兆之一。形似兔，鳥嘴蛇尾。據說此怪一出現，就會起蝗災。

363

Chu
鴸†
鴸（しゅ）

據說只要鴸一現身，當地被流放的士人增多。士人即爲君子，也就是官員、學者等人。故對此種階層的人來說，鴸簡直是災難。別名「※鴟鴸」（Chihchu）、「※鵸鴸」（Hanchu）

Chuju
朱獳
朱獳（しゅじゅ）

其形似狐而有魚鰭。因以叫聲呼喊自己名字，故名稱乃由其聲而來。

Chulung
燭龍
燭龍（しょくりゅう）

燭陰（Chuyin）的別名。人面蛇身之自然神。

Chu-pachieh
豬八戒
猪八戒（ちょはっかい）

就是**豬悟能（Chu-wuneng）**。於《西遊記》（1570年左右成書）中登場。

Chu-wuneng
豬悟能†
猪悟能（ちょごのう）

明代神怪小說《西遊記》（1570年左右成書）中的角色。在日本則是以別名「※豬八戒」（Chu-pachieh）較爲人所知。

Chuyen
朱厭
朱厭（しゅえん）

兵亂之兆（The omen of war）之一。其模樣似猴，白手朱足。只要此獸一出現，就會給當地帶來戰爭。

Chuyin
燭陰†
燭陰（しょくいん）

居於北方山中的人面蛇身之神。身軀赤紅，長及千里。可說正是大自然的化身。

Fei
蜚
蜚（ひ）

疫病之兆（The omen of plague）之一。居於東方太山，其狀如牛。白首蛇尾而一目。行水則竭；行草則死。

Feii
肥遺†
肥遺（ひい）

牠是會帶來旱災的兆，外型是條蛇怪。居於中國的西方。（→**乾旱之兆 The omen of drought**）

Fenghsi
封豨
封豨（ほうき）

於中國南方—也就是楚地作亂的大豬。其毛皮堅硬武器不可通透。后羿奉天帝之命將之捕獲。

Fouyu
浮游
浮遊（ふゆう）

爲反叛天帝的水神・**共工（Kungkung）**的臣子。

Fuchu
夫諸
夫諸（ふしゅ）

洪水之兆（The omen of flood）之一。形似白鹿有四角。

Fuhsi
鳧徯
鳧徯（ふけい）

兵亂之兆（The omen of war）之一。外型像雞但臉似人，會發出可怕的鳴叫聲，這隻怪鳥一旦出現，就表示即將天下大亂。

Hanchu
鵸鴸
鵸鴸（かんしゅ）

一說爲**鴸（Chu）**的正確名稱。

Hsiangliu **相柳**† 相柳（そうりゅう）	相柳是人面蛇身的怪物，而且還是隻九頭的大蛇。相柳會用這九顆頭，很貪心地將九處地方的所有東西吃的一乾二淨。爲共工（**Kungkung**）的臣子。
Hsiangyao **相繇** 相繇（そうよう）	即**相柳**（**Hsiangliu**）。爲一九頭的大蛇。
Hsiushe **脩蛇**† 脩蛇（しゅうだ）	脩蛇是中國古代的怪物。蛇身碩大，有180公尺長，青頭烏身。後爲后羿所討伐。別名「*巴蛇」（Pashe）。
Hsiwang-mu **西王母**† 西王母（せいおうぼ）	據道教的說法，西王母爲負責監督眾神之女神。但根據古代傳說則是司掌死於非命命運之怪。
Hsuhao **虛耗**† 虛耗（きょこう）	爲人招來災禍的小鬼。唐玄宗在位年間（712~756）曾記載虛耗現身於宮中。後爲鍾馗所滅。
Hsun **鴞**† 鴞（しゅん）	原名「鼓」，中國古代自然神・**燭陰**（**Chuyin**）之子。與其父一樣爲人面蛇身，或說是擁有青色的羽毛的人面馬身之怪。
Huahuai **猾褢** 猾褢（かつかい）	**人禍之兆**（**The omen of man-made calamity**）之一。形似人，背有豬鬣。只要一出現在縣內，人民就要服繇役，緊接著就會發生叛亂。
Huangmei-tawong **黃眉大王** 黃眉大王（こうびだいおう）	《西遊記》中的怪物。原本是侍奉彌勒菩薩的童子。偷了彌勒的能吸萬物的袋子，讓**孫悟空**（**Sun-wukong**）一行人陷入苦戰，最後由彌勒菩薩收服。
Huangpao-kuai **黃袍怪** 黃袍怪（こうほうかい）	《西遊記》中登場的怪物。原本是天宮二十八宿之一的奎木狼。在地上作奸犯科，與**孫悟空**（**Sun-wukong**）一戰之後被帶回天庭。
Huenshin-mowong **混世魔王**† 混世魔王（こんせいまおう）	《西遊記》（約1570年成書）中登場的怪物。是主角**孫悟空**（**Sun-wukong**）最初的敵人。原本是坎源山水臟洞之主，掌管山中小妖。
Huentuen **渾沌**† 渾沌（こんとん）	亦可寫作「混沌」。也被人特稱爲「原始渾沌」。人類畏懼混沌。對渾沌象徵的無形、無秩序感到厭惡。因此將渾沌當作不論何時都會帶來災惡的元兇。
Hung-haierh **紅孩兒**† 紅孩兒（こうがいじ）	《西遊記》（1570年左右成書）中的妖魔。又稱作「聖嬰大王」。**牛魔王**（**Niu-mowong**）與**鐵扇公主**（**Tiehshan-kungchu**）的兒子。
Huotou **禍斗**† 禍斗（かと）	食火怪獸。原本禍斗乃用以稱呼傳說中居於中國遼闊南方的異民族。相傳該族能食火碳。應是有此傳說才將食火怪獸以禍斗稱之。
Iayu **猰貐**† 猰貐（あつゆ）	中國古代攫人食之的怪物。也可寫作*「獙貐」或*「窫窳」。形象依文獻之不同而在描述上各有所異。爲名弓箭手后羿所殺。

Iayu **猰貐** 猰貐（あつゆ）	猰貐（**Iayu**）的別名。
Iayu **窫窳** 窫窳（あつゆ）	猰貐（**Iayu**）的別名。
Ichi **狋即** 狋即（いそく）	兆的一種。招火的怪鳥。據說見到這鳥的地方會發生大火災。
Ii **依倚** 依倚（いき）	水神，據說會引起水災。也是廁所之神。
Jenmien-hsiao **人面鴞** 人面鴞（じんめんきょう）	乾旱之兆（**The omen of drought**）之一。外型狀似貓頭鷹，但是長了人頭犬尾猴身。（→**肥遺 Feii**）
Keyu **合窳** 合窳（ごうゆ）	洪水之兆（**The omen of flood**）之一。人面豬身的怪物，黃身赤尾，聲如幼子，食人。
Kuei **夔†** 夔（き）	中國古代災害神，能引起暴風雨之怪物。據說其光如日月，其聲如雷，此獸出入水則必起風雨。
Kueiche **鬼車†** 鬼車（きしゃ）	招禍怪鳥。別名「※九頭鳥」（Chiutouniao）。鬼車有十頸，但僅有九頭，其無頭之頸時常滴血。
Kuhuoniao **姑獲鳥** 姑獲鳥（こかくちょう）	爲攫摲孩童之妖怪，成群，會招來災禍。一說爲**鬼車**（**Kueiche**）之別名。
Kungkung **共工†** 共工（きょうこう）	古代惡神・武神・亂神。共工乃古王炎帝神農氏之族人，爲能起洪水之水神。
Li **犭戾** 犭戾（れい）	疫病之兆（**The omen of plague**）之一。狀如赤色針鼠，居於荊山不易得見。
Lili **貍力** 貍力（りりょく）	人禍之兆（**The omen of man-made calamity**）之一。狀似豚，有距（公雞、雄雉等腳上骨後上方突出像腳趾之處），聲似狗鳴。地方見其姿，則當地多興土木。
Lingkan-tawong **靈感大王** 靈感大王（れいかんだいおう）	水神・雨神。《西遊記》中的妖怪。其原形是觀音菩薩所飼養之金魚。爲民降雨，但需以活人祭拜爲條件，後爲觀音菩薩收伏。
Lingling **軨軨** 軨軨（れいれい）	洪水之兆（**The omen of flood**）之一。其狀似牛，全身披有虎紋。

Li-tsuoche
李左車†
李左車（りさしゃ）

李左車是漢高祖劉邦的將軍韓信（?-B.C.196年）的部下。清代怪異小說《聊齋誌異》說他是雹神。

Mengpo
孟婆
孟婆（もうば）

風神。天帝有女，其游水時必起風雨。此女即爲孟婆，有時會招來強風，使舟艇翻覆。

Nanhsun
難訓
難訓（なんくん）

檮杌（Taochueh）的別名。人面虎身之兇暴惡獸。所謂「難訓」乃桀傲不訓難以教誨之意。

9 sisters of sun
太陽九姊妹†
太陽の九人姊妹（たいようのくにんしまい）

布朗（Bulang）族居住在中國雲南省南部的山岳地帶，在他們的口傳故事中，這些災害神是創造神顧米亞（Gumiya）的敵人。（→**太陽九姊妹・月亮十兄弟9 sisters of sun・10 brothers of moon**）

Niu-mowong
牛魔王†
牛魔王（ぎゆうまおう）

《西遊記》（1570年左右成書）中的妖魔。別名「＊平天大聖（Pingtian-tasheng）」。與**孫悟空**（Sun-wukong）義結金蘭的七魔王中的大哥。其原形爲巨大白牛。

Pa
魃†
魃（ばつ）

所在之地會變得一片乾旱的旱神。原名爲「妭」。爲黃帝的女兒。（→**乾旱之兆The omen of drought**）

Paoyu
薄魚
薄魚（はくぎょ）

乾旱之兆（**The omen of drought**）之一。如鯉而僅有一目，居於東方之河。

Pashe
巴蛇
巴蛇（はだ）

爲**脩蛇**（Hsiushe）的別名。中國古代的怪物，巨大之蛇。

Pifang
畢方†
畢方（ひっぽう）

是爲會引起火災的神鳥、怪鳥。是火神，亦是木神。這個名字是從形容燃燒竹子或木材的時候發出的聲音而來的。

Pingtian-tasheng
平天大聖
平天大聖（へいてんたいせい）

牛魔王（Niu-mowong）的別名。明代神怪小說《西遊記》（1570年左右成書）中的妖魔。

Pipi
獙獙
獙獙（へいへい）

乾旱之兆（**The omen of drought**）之一。此怪物爲有翼之狐。

Qitian-tasheng
齊天大聖
齊天大聖（せいてんだいせい）

就是**孫悟空**（Sun-wukong）。

Raahon
拉宏†
ラーホン

在中國與緬甸的疆界附近的阿昌族傳說中，會將混亂與災害帶到世界上來的魔神。生於風與雷。後爲天的創造神遮帕麻毒害而亡。

Raikou
雷公†
雷公（らいこう）

這是住在中國西南方及越南、泰國、寮國等地的苗族傳說中的災害神。他引起大洪水，曾經一度毀滅了世界。

Santsu-wu **三足烏**† 三足烏（さんそくう）	日之精，又或傳爲駕日車者。原有十隻，但其中九隻被后羿射落。
Shanhuei **山獋** 山獋（さんき）	**暴風之兆**（The omen of big wind）之一。人面犬身之怪物，疾走如風。見人則笑，善投物。
Sha-wuching **沙悟淨**† 沙悟淨（さごじょう）	《西遊記》（約1570年成立）中三藏法師的隨從之一。又稱作「沙和尚」。（→**孫悟空** Sun-wukong、**豬悟能** Chu-wuneng）
Shenjen **神人** 神人（しんじん）	**兵亂之兆**（The omen of war）之一。四川北部的熊山裡有個叫做熊穴的洞穴，據說裡面住了神人，這個洞穴夏天會開放，到了冬天則緊閉，但是如果那年的冬天也開放的話，該年必會有戰禍。
Shihchi-niangniang **石記娘娘**† 石記娘娘（せっきにゃんにゃん）	爲中國古代的法力高強的妖魔。在明朝神怪小說《封神演義》中以道士姿態登場。
Shihlang **狚狼** 狚狼（しろう）	兵亂之兆（The omen of war）之一。其外表像狐狸，長有長耳白尾，一旦這隻怪物出現就表示大戰將起。
Shueimu-niangniang **水母娘娘**† 水母娘娘（すいぼにゃんにゃん）	爲水神或水怪。曾令人間捲起滔天狂瀾，使數十萬生靈悉葬水底。
Suanyu **酸與** 酸与（さんよ）	**恐慌之兆**（The omen of panic）之一。雖爲鳥然其狀如蛇，四翼六目三足。酸與之名源自此鳥的不祥啼聲。
Sun-Ascetic **孫行者** 孫行者（そんぎょうしゃ）	就是**孫悟空**（Sun-wukong）。
Sun-wukong **孫悟空**† 孫悟空（そんごくう）	《西遊記》（約西元1570年左右成書）主角。另有「＊孫行者」、「＊齊天大聖」等別名。（→**沙悟淨** Sha-wuching、**豬悟能** Chu-wuneng）
Tae **大鶚**† 大鶚（だいがく）	徵兆的一種，相傳會帶來戰亂。相傳只要有這種鳥出現的地方，不久之後必定會有慘烈的兵燹之災。原本是名爲「欽（丕鳥）」的神明。
Tafeng **大風**† 大風（おおかぜ）	中國古代的怪神。如名所示，大風的職掌是司風、並是一位會引起狂風的災害神。也有人認爲大風的眞面目是協助**蚩尤**（Chihyu）叛亂的「風伯」。（→**暴風之兆** The omen of big wind）
Tansheng **担生**† 担生（たんせい）	此爲可以掀起水患的大蛇之名。
Taochueh **檮杌**† 檮杌（とうごつ）	人面虎身之兇暴惡獸。嘴有豬牙後有長尾，常於荒野中任意作亂，但誰也制止不了牠。亦稱「＊難訓」（Nanhsun）或「＊傲狠」（Aohen）。

Taotieh
饕餮 †
饕餮（とうてつ）

貪欲之化身、象徵，爲古代中國的惡神。一說爲**蚩尤**（Chihyu）別名。

Tapeng-chinchiiniao
大鵬金翅鳥
大鵬金翅鳥（たいほうこんじちょう）

戰國時代思想書《莊子》中提及的巨鳥、怪鳥。《西遊記》中爲居於獅駝洞，意圖謀害三藏的妖怪，而《封神演義》中則是以羽翼仙之名與西岐軍作戰。

Tasuei
太歲 †
大歲（たいさい）

也就是木星。被視爲地上之君（＝皇帝）的表徵，在天上，則是象徵天帝的星宿。但也正因其爲帝王之星，若是作祟，其害也特別猛烈。

10 brothers of moon
月亮十兄弟 †
月の十人兄弟（つきのじゅうにんきょうだい）

布朗（Bulang）族居住在中國雲南省南部的山岳地帶，在他們的口傳故事中，這些災害神是創造神顧米亞（Gumiya）的敵人。（→**太陽九姊妹・月亮十兄弟** 9 sisters of sun ・ 10 brothers of moon）

The omen of big wind
暴風之兆 †
大風の兆（おおかぜのきざし）

由對颱風等強風的恐懼心理具象而成的怪物，指會颳起大風的惡神們。※「山㹞」（Shanhuei）、※「聞獜」（Wenlin）等等皆是。

The omen of drought
乾旱之兆 †
旱魃の兆（かんばつのきざし）

乾旱等自然災害具象而成的惡神。除了形成旱魃此語語源的**魃**（Pa）以外，尚有「※顒」（Yung）、「※蜚鼠」（Tzushu）、「※鯈蠵」（Tiaoyung）、「※薄魚」（Paoyu）、「※獙獙」（Pipi）等怪物。

The omen of flood
洪水之兆 †
洪水の兆（こうずいのきざし）

這些是能引起洪水，深受民眾怨恨、害怕的惡神。有「※軨軨」（Lingling）、「※合窳」（Keyu）、「※長右」（Changyu）、「※夫諸」（Fuchu）等等。

The omen of man-made calamity
人禍之兆 †
人災の兆（じんさいのきざし）

統治者所課徵的勞役，對人民而言有時並不下於自然的災害。據說會帶來這些人禍的徵兆有「※猾裹」、「※狸力」、「※嵌嵌」等怪。

The omen of panic
恐慌之兆 †
恐慌の兆（きょうこうのきざし）

這些是會使人陷入恐慌狀態的惡神。古代社會中都市或村落的居民常爲雞毛蒜皮之事陷於恐慌。「※酸與」（Suanyu）、「※朱獳」（Chuju）、「※雍和」（Yunghe）等等皆是。

The omen of plague
疫病之兆 †
疫病の兆（えきびょうのきざし）

被視作疫病流行前兆，深受人們畏懼的諸多怪物。有「※蜚」（Fei）、※「跂踵」（Chichung）、※「絜鉤」（Chiekou）、※「㺊」（Li）等等。

The omen of war
兵亂之兆 †
兵亂の兆（へいらんのきざし）

人禍之最可以說就是戰爭，這些是會帶來戰亂之禍的怪物。「※朱厭」、「※狍狼」、「※狍鴞」、「※神人」等等皆是。（→**人禍之兆**）（The omen of man-made calamity）

Tiaoyung
鯈蠵
鯈蠵（じょうよう）

乾旱之兆（The omen of drought）之一。體形似蛇，有魚鰭，出入有光。居於東方之河。

Tiehshan-kungchu
鐵扇公主 †
鐵扇公主（てつせんこうしゅ）

出現在《西遊記》（成書於西元 1570 年左右）中的妖怪。鐵扇公主是翠雲山芭蕉洞的女主人。其別名「羅刹女」廣爲人知。

Tienkou
天狗
天狗（てんこう）

月亮中的凶神。清代（1616-1912 年）有祭祀天狗以避難趨吉之俗。

Tienkou **天狗** 天狗（てんこう）	為徵兆的一種。赤紅色之犬。據說此怪一出即有兵亂。但牠也是儀式中用來避凶事的符咒。
Tsaochih **鑿齒**† 鑿齒（さくし）	居於中國南方的沼澤地帶的怪物。一說是巨人。黃帝³下詔神射手后羿，命其前往討伐。 3 譯注：原文「黃帝」疑有誤，應為「堯」。
Tufuchin-shen **妬婦津神**† 妬婦津神（とふしんしん）	水神。「津」指的是渡口。原本為一名為「段氏」之善妒婦人，若是美麗的女性欲渡河，善妒的段氏會突然掀起大浪。
Tungting-shenchun **洞庭神君**† 洞庭神君（どうていしんぐん）	中國第二大的淡水湖—洞庭湖之水神。原名「柳毅」，本是名文弱書生但恰巧見到洞庭龍女遭難，出手相救，因而締結緣分，最後與龍女結婚升天成神，接著繼龍王之後當上了洞庭湖神。
Tuochieh **鼉潔** 鼉潔（だけつ）	水神。於《西遊記》中登場，西海龍王之甥。於黑水河作亂，與**孫悟空（Sun-wukong）**一戰後，由龍王一族押回西海。
Tzuniao **鵁鳥**† 鵁（じちょう）	象徵亡國之兆的怪鳥。長有青色羽毛。（→鵁鳥・鶬鳥 Tzuniao & Channiao）
Tzushu **蝭鼠** 蝭鼠（しそ）	乾旱之兆（**The omen of drought**）之一。怪鳥，其形似雞體覆鼠毛。
Wenlin **聞** 聞（ぶんりん）	暴風之兆（**The omen of big wind**）之一。其形似豬，身有黃毛，白頭白尾。
Wuchihchi **無支祁**† 無支祁（むしき）	為淮河之神，具有引起洪水，操控妖怪的能力。別名「※巫支祁」。
Wuchihchi **巫支祁** 巫支祁（ふしき）	無支祁（**Wuchihchi**）的別名。淮河之神。
Wutung-shen **五通神**† 五通神（ごつうしん）	為擄摅孩童之妖怪。家有美麗的女性，必定會遭到侵害。然而，和狐狸不同，五通神並無方法可驅逐，人民因此更為恐懼、厭惡。
Wu-wenhua **鄔文化**† 鄔文化（うぶんか）	明代（1368～1644）神魔小說《封神演義》中出現的巨人。鄔文化與袁洪一同對周軍軍營發動夜襲，造成 25 萬以上的死傷並殺害將士 34 人。
Yinchiao-tawong **銀角大王**† 銀角大王（ぎんかくだいおう）	在《西遊記》（1570 年左右成書）登場的怪物。與金角大王一同讓三藏一行人吃盡苦頭。（→金角大王・銀角大王 Chinchiao-tawong&Yinchiao-tawong）
Yinghuo **應禍** 應禍（おうか）	也就是鵁鳥・鶬鳥（**Tzuniao & Channiao**），象徵亡國之兆的怪鳥。

Yuchiang

禺彊†

禺彊（ぐうきょう）

居北海，既是海神也是風神，也是傳播疾病的瘟神。是黃帝之孫。

Yung

顒

顒（ぐ）

乾旱之兆（**The omen of drought**）之一。住在南方火山一帶之鳥，人面四目，形似梟。

Yunghe

雍和

雍和（ようわ）

恐慌之兆（**The omen of panic**）之一。此獸形似猿而黃身赤目，其喙亦爲赤色。

Yuyu

峳峳

峳峳（ゆうゆう）

人禍之兆（**The omen of man-made calamity**）之一。形似馬而羊目，牛尾而四角。此獸一出，則多狡客（狡詐之人），地方大亂。

朝鮮半島

Buruke

布爾喀†

ブルケ

韓國的火犬。牠是卡馬克那拉（天上的國度之一，意思是黑暗之國）的猛獸。

Pukesha

不可殺

不可殺（ふかさつ）

中古世紀的朝鮮，也就是高麗國時代的怪物。亦稱作「不可說」。無所不吃，特別好食金屬，身體比鐵還硬。將之投入火中則會燒得火紅而暴跳狂亂。

Tokebi

獨腳鬼†

トケビ

韓國傳說中的鬼神，類似日本傳說中的鬼（Oni）。不過並不像日本的鬼那樣兇惡，雖然是會惡作劇，但是並不至於殺害人畜。

Yungkuei

踊鬼

踊鬼（とうき）

爲兆的一種。朝鮮半島建國神話中登場的妖魔。於百濟的義慈王（在位641-660年）的時代闖入宮中狂舞，並預言百濟將會滅亡後消失無蹤。

日本

Adachigahara-no-onibaba

安達原的妖婆†

安達ケ原の鬼婆（あだちがはらのおにばば）

爲居於安達原（位於福島縣二本松市東部，阿武隈川南岸）的妖婆。本爲服侍公卿之老嫗。別名「※黑塚鬼女」（Kuroduka-no-kijyo）。

Akuroou

惡路王†

惡路王（あくろおう）

於桓武天皇（781～806年在位）時代興兵作亂的傳說人物。爲坂上田村麻呂所敗。別名「大丈丸」。

Akushirou Ishikawa 石川惡四郎 † 石川惡四郎（いしかわあくしろう）	爲相傳住在廣島縣的眞定山中的妖怪首領。
Amanojyaku 天邪鬼 † 天邪鬼（あまのじゃく）	日本民間故事中出現的惡鬼。會模仿他人的外表或聲音舉止，或把人的言行舉止變得相反，以藉此對人作亂。
Amanokagaseo-no-mikoto 天香香背男神 † 天香香背男神（あまのかがせおのみこと）	日本神話中的惡神。《記紀》[4]中唯一的星宿神，抵抗眾神的攻擊，終被誅殺。別名「※天津甕星神」（Amatsumikaboshi-no-mikoto） 4 譯注：指《古事記》與《日本書紀》。
Amanozakoo-no-mikoto 天魔雄命 天魔雄命（あまのざこおのみこと）	魔神。爲顯現素盞鳴神（Susanoo-no-mikoto，也寫作**須佐之男命**）邪惡面的女神。一般認爲她是生出天狗的神。
Amatsumikaboshi-no-mikoto 天津甕星神 天津甕星神（あまつみかぼしのみこと）	天香香背男神（**Amanokagaseo-no-mikoto**）的別名。日本神話中的惡神。
Ananowatari-no-kami 穴渡神 穴渡神（あなのわたりのかみ）	惡神。原爲吉備（岡山縣與廣島縣東部）一帶原住民所信仰之古代神。後來爲日本武尊（Yamatotakeru-no-mikoto）所滅。
Arabaki-gami 荒吐神 † 荒吐神（あらばきがみ）	日本關東以東、東北地區以南之原住民信仰的古代神。也可寫作「※荒霸吐神」（Arabaki-gami）。
Arabaki-gami 荒霸吐神 荒霸吐神（あらばきがみ）	爲**荒吐神**（**Arabaki-gami**）的另一漢字寫法。日本關東以東、東北地區以南之原住民信仰的古代神。
Asyura（此處之羅馬拼音乃日文中「阿修羅」之發音） 阿修羅 阿修羅（あしゅら）	原本是印度神話中的**阿修羅**（Asura 或 Ashura）隨佛教傳入中國與日本，同時也由梵文翻譯成「阿修羅」的漢字。原爲一好爭鬥的種族。在佛教中則是屬於守護佛教八部眾之一。
Binbou-gami<Japan> 窮神〈日本〉† 貧乏神〈日本〉（びんぼうがみ〈にっぽん〉）	日本的民間故事中，住在人家裡，並會帶給該戶貧窮厄運之神。 （→**窮神〈西伯利亞〉The deity of poverty〈Siberia〉**）
Daion-shin 大陰神 大陰神（だいおんしん）	八將神（**Hasshou-jin**）中的土星之精。爲大歲神的神妃，在她的方位上與女性相關的一切事物皆凶。
Daisyougun 大將軍 大將軍（だいしょうぐん）	八將神（**Hasshou-jin**）中的金星之精。於遷徙結婚相關諸事爲凶。
Dakki 妲己 妲己（だっき）	妖狐玉藻前（**Tamamo-no-mae**）在中國的名字。爲一金毛白面之九尾狐狸。
Emishi 蝦夷 蝦夷（えみし）	惡神，化外之神。實爲反抗天皇統治的化外之民，後被視爲妖怪。

Enma 閻魔 閻魔（えんま）	日本的地獄之王。原本是印度的閻魔（Yama）。傳入中國之後翻譯成「閻魔」兩字，再傳入日本之後改發音成「Enma」。（→閻魔 Yama）
Godaigo-tennou 後醍醐天皇 後醍醐天皇（ごだいごてんのう）	惡靈、魔王。南朝的第一代天皇（在位期間1318-39年）。死後成爲魔王，驅使其將領楠木正成擾亂世間。
Gorouzaemon Sanmoto 山本五郎左衛門† 山本五郎左衛門（さんもとごろうざえもん）	支配日本各種來自魔界生物的魔王之一。於江戶時代（1600～1867年）的妖怪物語《稻生物怪錄》的最後登場。
Gotoba-joukou 後鳥羽上皇 後鳥羽上皇（ごとばじょうこう）	惡靈，大魔王。於承久之亂（1221年，承久三年）中兵敗被俘，被處以流放之刑。死後變爲怨靈作祟。
Hasshou-jin 八將神† 八將神（はっしょうじん）	他們是日本的陰陽道思想中，會影響一年的吉凶方位的神祇。共有*大歲神（Taisai-shin）、*大陰神（Daion-shin）、*歲破神（Saiha-shin）、*大將軍（Daisyougun）、*歲殺神（Saisatsu-shin）、*歲刑神（Saikei-shin）、*黃幡神（Ouban-shin）、*豹尾神（Hyubi-shin）等八神。除此之外尚有*歲德神（Saitoku-jin）。
Hidaru-gami 饑餓神 ひだる神（ひだるがみ）	惡神，出現在山中令人飢餓的神祇。一旦遇到此神會突然強烈感到飢餓，以致身體動彈不得。
Housou-gami 疱瘡神† 疱瘡神（ほうそうがみ）	疱瘡是天花的舊稱。在形形色色的傳染病神中，特別爲人所害怕的就是疱瘡神。
Hyoubi-shin 豹尾神 豹尾神（ひょうびしん）	八將神（Hasshou-jin）當中的計都星之精。會極爲凶猛且強力地作祟。
Ibaraki-douji 茨木童子† 茨木童子（いばらきどうじ）	於京都朱雀大道南端之羅生門作亂的妖怪。亦稱作「*羅生門之鬼」。乃盤據於大江山的酒吞童子（Shuten-douji）之弟子。
Izanami-no-mikoto 伊邪那美命† 伊邪那美命（いざなみのみこと）	爲日本人祖先之夫婦神中的女神。後來成爲黃泉女王君臨冥界。
Kasane 累† 累（かさね）	累是下總國羽生村（茨城縣水海道市）的女子，性格容貌欠佳但卻家財頗豐。後爲其夫與右衛門所殺，變成怨靈對該族作祟。
Kashiwanowatari-no-kami 柏渡神 柏渡神（かしわのわたりのかみ）	惡神。原爲難波（Naniwa，即今日之大阪市）的土著神，後來爲日本武尊（Yamatotakeru-no-mikoto）所滅。
Kayou-fujin 華陽夫人 華陽夫人（かようふじん）	傳說中的妖狐─玉藻前（Tamamo-no-mae）在印度的名字。
Kotan-daiou 巨旦大王† 巨旦大王（こたんだいおう）	別名「*巨旦將來」（Kotan-syourai）。《金烏玉兔集》祇園說話中論及的惡神之一。

Kotan-syourai **巨旦將來** 巨旦將來（こたんしょうらい）	爲禍祟神巨旦大王（**Kotan-daiou**）的別名。後來他被稱爲金神（或是**艮之金神 Ushitora-no-konjin**）。
Kunitsu-kami **國津神** 国津神（くにつかみ）	《記紀》[5]神話中，相對於高天原（Takamagahara，神的世界）的眾神，於地上出現的眾神。或者是天津神[6]的後裔，後來降到地上受當地人崇拜，成爲該地的土著神。抑或各地方所崇拜的有力神祇。 <small>5 譯注：指《古事記》與《日本書紀》。6 譯注：天上的神。</small>
Kuroduka-no-kijyo **黑塚鬼女** 黒塚の鬼女（くろづかのきじょ）	爲**安達原的妖婆**（**Adatigahara-no-onibaba**）之別名。
Maou-son **魔王尊**[†] 魔王尊（まおうそん）	這是祀於日本京都鞍馬山鞍馬寺中之天狗頭目。一說其爲毘沙門天夜晚時的樣子。
Masakado Taira **平將門**[†] 平將門（たいらのまさかど）	日本中世史上最強大的惡靈之一。天慶2年（939年）時，自命「新皇」舉兵造反，兵敗而亡。會對碰觸到自己首塚的人作祟。
Matara-jin **摩多羅神**[†] 摩多羅神（またらじん）	爲佛教的守護神，由歷代天皇主持的天台密教（日本佛教的密宗之一）的玄旨歸命壇來負責祭祀。江戶前期時被視爲邪教而下令撤銷。
Michizane Sugawara **菅原道真**[†] 菅原道眞（すがわらのみちざね）	日本影響最大的怨靈。以學者出身的大臣而言，其升遷的速度快的令人吃驚，但最後被其政敵所陷害，流放到九州之太宰府，其後客死異鄉。
Mishaguji-gami **御社具持神**[†] ミシャグジ神	前身爲**大國主神**（**Ookuninushi-no-mikoto**）之次男—**建御名方神**（**Takeminakata-no-mikoto**）。也念作「[※]**Mishagudi-gami**」。
Mishaguti-gami **御社具持神** ミシャグチ神	**御社具持神**（**Mishaguji-gami**）的另一種發音法。
Momiji **紅葉**[†] 紅葉（もみじ）	女妖。居於戶隱（長野縣北部），取得村人的信任後，顯露女妖的本性，開始吃人肉，喝人血。
Myouchin **妙春**[†] 妙春（みょうちん）	妖狸。於江戶時代的長篇傳奇小說《南總里見八犬傳》中登場。曾經授乳給失去雙親的幼犬八房（**玉梓 Tamaazusa**轉世而成的狗）。
o-Iwa **阿岩**[†] お岩（おいわ）	於「四谷怪談」中登場的怨靈。遇人不淑，被夫婿所騙，後又遭拋棄。因而成爲怨靈出來作祟。
o-Kiku **阿菊**[†] お菊（おきく）	怪談《番町皿屋敷》中的幽靈。女僕阿菊因不愼打破主人家裡珍藏的盤子，最後投井自殺後變成的怨靈。
Ookuninushi-no-mikoto **大國主神**[†] 大国主神（おおくにぬしのみこと）	日本神話中代表性的[※]**國津神**（**Kunitsu-kami**，土著神之總稱）。因後與**大物主神**（**Oomonononushi-no-mikoto**）混同而繼承大物主神的蛇神、禍禍祟神性質。

Oomononnonushi-no-mikoto **大物主神** 大物主神（おおものぬしのみこと）	**大國主神**（Ookuninushi-no-mikoto）的異稱之一。
o-Tsuyu **阿露**† お露（おつゆ）	美麗的女鬼。身旁帶著手持繪有牡丹之燈籠的女童
Ouben-Shin **黃幡神** 黃幡神（おうばんしん）	**八將神**（Hasshou-jin）當中的羅喉星之精，據說他的方位對建築爲凶。
Payokakamui **帕幽卡卡姆依**† パヨカカムイ	愛奴族的瘟疫之神。但這只是他的任務，並非所願。
Prince of Kudara **百濟王子**† 百濟の王子（くだらのおうじ）	於第10代・崇神天皇時（西元前97～30年）突然出現，四處爲惡使人民爲之困擾。又稱「吉備冠者」、「禍又溫羅」、「丑寅御前」。
Rasyoumon-no-oni **羅生門之鬼** 羅生門の鬼（らしょうもんのおに）	也就是**茨木童子**（Ibaraki-douji）。
Ryoumensukuna **兩面宿儺**† 両面宿儺（りょうめんすくな）	仁德天皇（第16代）的時代割據飛地方（崎阜縣北部）的地方英雄。
Saiha-shin **歲破神** 歲破神（さいはしん）	**八將神**（Hasshou-jin）中的木星之精，會帶來受傷、刺破的凶相。
Saikei-shin **歲刑神** 歲刑神（さいけいしん）	**八將神**（Hasshou-jin）中的水星之精，是掌管刑罰的神。
Saisatsu-shin **歲殺神** 歲殺神（さいさつかみ）	**八將神**（Hasshou-jin）中的金星之精，雖然他較※大將軍（Daisyougan）爲弱，但是據說有毀敗諸事物的力量。
Sawara-shinnou **早良親王**† 早良親王（さわらしんのう）	日本屈指可數的怨靈。因藤原種繼暗殺桓武天皇（爲早良親王之同母兄，在位781-806年）事件而受到連累，被流放到淡路（兵庫縣淡路島），在路上因衰弱而死。
Shinno-Akudayuu **神野惡太夫** 神野惡太夫（しんのあくだゆう）	魔王。統治日本魔界的魔王之一。
Shuten-douji **酒吞童子**† 酒吞童子（しゅてんどうじ）	平安朝時代，盤據京都西北大江山眾鬼的首領。
Susanowo-no-mikoto **須佐之男命**† 須佐之男命（すさのおのみこと）	日本神話中最強的荒事神（荒人神）、英雄神，同時也是海神。也可寫作「素盞鳴神」。

Sutoku-joukou 崇德上皇[†] 崇德上皇（すとくじょうこう）	禍祟神。第75代天皇（在位1123-41年）。與其父鳥羽天皇對立，掀起保元之亂（1156年），兵敗，後被流放讚岐（日本香川縣），歿於該地。
Taisai-shin 大歲神 大歲神（たいさいしん）	**八將神（Hasshou-jin）**中的木星之精。於爭鬥爲凶，但於創造或遷徙爲吉。
Takemikaduchi-no-mikoto 武甕槌神[†] 武甕槌神（たけみかづちのみこと）	在《記紀》[7]中稱作「※建御雷之男神」（Takemikazuchi-no-mikoto）。爲防塞神，亦是海神。後來也包含了雷神的特質。 7 譯注：指《古事記》與《日本書紀》。
Takemikazuchi-no-mikoto 建御雷之男神 建御雷之男神（たけみかずちのみこと）	也就是《記紀》[8]神話中**武甕槌神（takemikaduchi-no-mikoto）**的名字。 8 譯注：指《古事記》與《日本書紀》。
Takeminakata-no-mikoto 建御名方神[†] 建御名方神（たけみなかたのみこと）	諏訪大社所祭祀之神。「讓國」之際，他與眾神的先鋒建御雷之男神（Takemikazuchi-no-mikoto）比力氣輸了。據說後來成爲禍祟**神御社具持神（Mishaguji-gami）**。
Takiyasha-hime 瀧夜叉姬 瀧夜叉姬（たきやしゃひめ）	妖女，平將門（Masakado Taira）之女。操控大骷髏於世上作亂。
Tamaazusa 玉梓[†] 玉梓（たまあずさ）	江戶時代的長篇傳奇小說《南總里見八犬傳》（曲亭馬琴著。1814-42年刊）中登場的妖女。
Tamamo-no-mae 玉藻前[†] 玉藻前（たまものまえ）	根據御伽草子《玉藻前》的說法，這是隻會毀滅朝廷的金毛白面之九尾妖狐。在印度稱爲「※華陽夫人」（Kayou-fujin），在中國則稱「※妲己」（Dakki）。
Tenaga & Ashinaga 手長腳長[†] 手長足長（てながあしなが）	相關故事廣泛流傳於日本東北地方全境。手長的妖怪叫手長，腿長的妖怪叫腿長，它們通常是兩隻一起行動。
Tokoyo-no-kami 常世神[†] 常世神（とこよのかみ）	皇極天皇時代（在位期間642-645）時，富士川周邊突然出現的神。被視爲邪神而遭排除。其眞面目是爲毛毛蟲。
Toshitoku-jin 歲德神 歲德神（としとくじん）	**八將神（Hasshou-jin）**的八尊神之外還要再附加此神。此神的方位一整年都能帶來吉相。
Tsuchigumo 土蜘蛛[†] 土蜘蛛（つちぐも）	《土蜘蛛草子》中爲一蜘蛛型的怪物，但原本是對古代沒有順服於天皇的土著豪族之蔑稱。別名「※八握脛」（Yatsukahagi）。
Uji-no-hashihime 宇治橋姬[†] 宇治の橋姬（うじのはしひめ）	嵯峨天皇（在位809～823年）時代，某公卿之女因忌妒欲狂投入宇治川中自殺。死後化爲屬鬼於京都中作亂。
Ushioni 牛鬼 牛鬼（うしおに）	妖怪。牛頭妖體、或說是妖頭牛身的兇惡怪物。

Ushitora-no-konjin 艮之金神[†] 艮の金神（うしとらのこんじん）	主要受大本教等大正時代（1912～1926）以後成立之新興宗教祭祀的神祇。依據大本教教理，此神即國常立神（Kunitokotati-no-kami，原初神，乃是宇宙創造者。
Yagyou-san 夜行者[†] 夜行さん（やぎょうさん）	德島縣傳說中的怪異神。以前當地人將節分（立春的前一天）晚上叫做夜行日，據說當晚是魑魅魍魎活動的日子。
Yamata-no-worochi 八俣遠呂智[†] 八俣遠呂智（やまたのをろち）	他與須佐之男命（**Susanowo-no-mikoto**）之間的死鬥，可說是日本傳說故事上最大的動作劇。恐怕是日本傳說中最兇惡的蛇神・邪神。也可寫作「※八岐大蛇」。（Yamata-no-worochi）
Yamata-no-worochi 八岐大蛇 八岐大蛇（やまたのをろち）	八俣遠呂智（**Yamata-no-worochi**）的另一寫法。
Yasaburou-baba 彌三郎婆[†] 彌三郎婆（やさぶろうばば）	女妖，操縱狼群的老太婆。
Yato-no-kami 夜刀神[†] 夜刀神（やとのかみ）	有角的蛇神。與其說是單一的神，不如說是一群的神。記載於《常陸國風土記》中。
Yatsukahagi 八握脛 八握脛（やつかはぎ）	土蜘蛛（**Tsuchigumo**）的別名，為一妖怪。

東洋諸神話（東亞）

bDud 達得 ダド	在苯教（Bon，為佛教傳入前西藏的本土薩滿宗教。）中是天上的精靈，不過在佛教傳入後被當成惡魔。據說達得身軀漆黑，住在黑色城堡裡。
Buau 包[†] ブアウ	越南稱在戰爭中死亡男子變成的幽靈為包，無頭。
Citipati 悉提帕提 シティパティ	「墳場之主」。西藏佛教傳說中住在墳場的惡魔。一般畫作兩隻跳舞的骷髏。
gNyan 釀 ニャン	西藏民間故事中的惡靈，棲息於木石之中，將病痛與死亡帶給人類。
Reahu 樂阿夫 レアフ	柬埔寨高棉人的神話中，想要吞掉太陽與月亮，結果追到天上去的黑暗惡魔。似乎受到印度神話中羅胡（Rahu）的影響。

Sri 斯里 スリ	苯教（Bon，爲佛教傳入前西藏的本土薩滿宗教。）中的惡魔。住在地底，會擄走小孩並食其血。
The monster in water 水中怪魔 水の怪魔	棲息於越南孫羅河中，有時害人溺水，有時會令漁夫滿載而歸，任性妄爲的怪物。據說喜好擄走年輕姑娘。

北美

Brushman 魔靈 † ブラッシュマン	范達一庫欽族（Vanta-Kutchin）的傳說中提到的精靈。是個會對人類惡作劇的精靈，因此並不受歡迎。
Ipiup Inua 依皮屋普・因紐雅 † イピウプ・イニュア	愛斯基摩人伊果里克族傳說中的吃人精靈。
Iya 伊亞 イヤ	美洲原住民蘇族傳說中的邪惡巨人。會一口吞掉人類與動物。而且他的呼氣還會散播病菌，有時也會變身成風暴。
Nuliajuk 努莉雅尤克 † ヌリアジュク	尼切里克族傳說中出現的海獸之母。與依努依特（Inuit）人所害怕的海之女神賽德娜（Sedna）非常的相似。
Oke 歐克 オケ	美洲原住民的阿根金族傳說中的邪惡精靈。該族相信死亡的巫婆會變成歐克。
Okewis 歐克威絲 オケウス	就是※歐克（Oke）。
Sta Au 史塔・奧 スタ・アウ	美洲原住民的黑腳族傳說中的邪惡精靈。該族認爲，人的影子就是他的靈魂，而邪惡的精靈會在夜晚到來時出現在聚落附近偷襲人類。
Tawiscara 塔威史卡拉 † タウイスカラ	這是休倫印地安人（Huron Indan）及莫霍克印地安人（Mohawk Indian）等，居住於美國五大湖附近的印地安人傳說中的惡靈。
The Thrashing Spirit with Bearded Seal for a Whip 持鞭的精靈 † 鞭打ちの精靈（むちうちのせいれい）	這是愛斯基摩人中伊果里克族傳說中的可怕精靈。據說他手持海豹以之爲鞭來鞭殺人類。
Tieholtsodi 提耶荷索敵 ティエホルツォディ	美洲印地安人那瓦荷族傳說的水怪。過去曾經是人類的仇敵，不過現在對立的情形已經緩和許多。只是有時他還是會害人溺死。

Windigo 溫敵哥 † ウェンディゴ	爲愛斯基摩人最爲恐懼的寒氣精靈。

馬雅（Maya）

Ah Puch 阿・普切 † アフ・プチ	居於中美猶加敦牛島之馬雅人的死神。
Camazotz 坎馬卓茲 † カマソッツ	形爲巨大蝙蝠殺人飲血的惡神。所謂的「坎馬卓茲」應當是一種族的名稱。
Hun Came 胡・卡美 フン・カメ	統治魔界西保巴（Xibalba）之王。與※維科布・卡美（Vucub came）爲共同統治者。名字的意思是「一死」的意思。
Hunhau 胡好 フンハウ	馬雅陰間的統治者。**阿・普切（Ah Puch）**的別名。
Itzam Cab Ain 依札姆・喀布・艾因 イツァーム・カブ・アイン	於世界末日洪水淹沒大地時出現的巨大鱷魚，代表著大地與洪水的力量。注定要被眾神所滅。
Ixchel 伊希切爾 † イシュチエル	馬雅神話裡，伊希切爾乃天界支配者伊札姆納（Itzamna）之伴侶。爲引發洪水或豪雨、對人類抱持惡意的女神。
Ixtab 伊希塔布 † イシュタム	馬雅人的自殺女神。
Kabrakan 卡布拉坎 † カブラカン	爲擁有「翻山者」的稱號之巨人。諸神之敵**維科布・卡庫伊科斯（Vucub Caquix）**的次子。與其父同爲孿生英雄所滅。
Vucub Came 維科布・卡美 ヴクヴ・カメ	統治魔界西保巴（Xibalba）之王。與**胡・卡美（Hun Came）**爲共同統治者。名字的意思是「七死」的意思。
Vucub Caquix 維科布・卡庫伊科斯 † ヴクヴ・カキシュ	爲眾神的敵人。傲慢的巨人，其權勢曾赫赫一時，但最後爲孿生英雄所打倒。
Zipakna 辛巴克那 † シパクナー	眾神的敵對者**維科布・卡庫伊科斯（Vucub Caquix）**的長男。具有「造山者」的稱號。與其父同爲孿生英雄所滅。

阿茲特克（Azteca）

Cipactli **修提那特爾** ショチナトル	巨大的鱷魚。在陰間的深處等待吞噬死者的靈魂。
Coatlicue **科亞特利庫埃**† コアトリクェ	吞噬一切生命的殘酷大地女神。當生命到了盡頭，她就會以其韌顎咬碎，使其歸還大地。
Ispusteke **伊斯普斯特克** イスプステケ	這是一長有前後相反的雞腳之陰間惡魔。以其爪子將死者靈魂撕裂。
Itzlacoliuhque **依茲拉科里烏基**† イツラコリウキ	會帶來冰冷與「死之寂靜」的惡神。一般認為金星神是他的眞面目，會爲人世帶來災害。而有時他也被視爲與渾沌**神泰茲卡特利波卡（Tezcatlipoca）**爲同一神。（→**特拉威斯卡爾潘泰庫特利 Tlahuixcalpantecuhtli**）
Mextli **密克斯特利** ミキストリ	司掌死亡，帶來戰爭與風暴。象徵著月亮。
Mictlantecuhtli **米克特蘭泰庫特利**† ミクトランテクトリ	這是阿茲特克的死神。統治接近絕對的「空無」的世界—米克特蘭（Mictlan）之死神。受馬雅的**阿‧普切（Ah Puch）**神的影響產生的神，爲阿茲特克主要的四大神之一。
Nesyutepewa **涅修特佩瓦** ネシュテペワ	陰間的惡魔。遍灑灰塵遮蔽死者的視線，使死者迷路。
Tezcatlipoca **泰茲卡特利波卡**† テスカトリポカ	會給世界帶來破壞與無秩序，任性妄爲的渾沌神。亦被稱作「魔王」。其力量有時甚至會凌駕善神。
Tlahuixcalpantecuhtli **特拉威斯卡爾潘泰庫特利**† トラウイスカルパンテクートリ	帶給人類苦痛，司掌一切不幸的破壞神。爲**依茲拉科里烏基（Itzlacoliuhque）**之前身。
Tlaltecuhtli **特拉爾泰庫特利** トラルテクトリ	巨大到不可思議之一兩性兼具的鱷魚。會吞掉一切事物。後來被眾神撕裂，以其身體創造了世界。
Tlazolteotl **特拉索爾泰奧特爾**† トラソルテオトル	中美的納瓦族人信仰中的愛之女神及玉米女神。但其名字乃「不潔的女神」之意，特別是與性的罪惡關係密切。
Tzitzimitl **茲茲米特爾** ツイツイミトル	不斷地與太陽作戰的女神。名爲「黑暗的魔神」，圖謀毀滅世界。

巫毒教（Voodoo）

Baron Cimetiere **墓地男爵** シミテール男爵	巫毒教中死神**瑯得**（Ghede）之別名。
Baron La Croix **十字架男爵** クロア男爵	巫毒教中死神**瑯得**（Ghede）之別名。
Baron Samedi **星期日男爵** サムディ男爵	巫毒教中死神瑯得（Ghede）之別名。
Ghede **瑯得**[†] ゲーデ	巫毒教中的死神。為一身形嬌小的男子，頭戴黑色圓頂禮帽、身著黑色燕尾服，戴著黑色的單邊眼鏡，站在「永遠的十字路口」。

印加（Inca）・祕魯

Antyantyu **安強酋** アンチャンチョ	為會帶來災厄的惡靈之總稱。
Camahueto **卡碼威特** カマウエトー	外型是一巨大海馬，以驚人的速度移動。一看見船就會無差別地攻擊。
Chonchon **飛頭**[†] チョンチョン	會出現在瀕死病人身旁之「長有大耳的巨大人頭」。
Giribito **幾力比羅** ギリビーロ	狐狸與蛇生下的怪物。
Kuero **克耶羅** クエーロ	生有四顆大眼與無數的小眼之烏賊。會吞食入海的人類。
Sappo Feruso **薩波・菲爾索** サッポー・フェルソー	為一長有龜殼，放出螢光之蟾蜍。其眼神可以控制人心。
Serena **色蕾娜** セレーナ	姿態為一美麗少女的惡魔。會出現在一切水源豐沛之處。據說見到她的人，不久一定會死亡。

| Waillepen, Huallepen
瓦雷盆
ワレペン | 牛頭羊身之怪物。孕婦若是聽到瓦雷盆的聲音，或是見到他的樣子，生出來的小孩就會有嚴重的缺陷。 |

中南美諸神話

Cherufe **克魯非** ケルフエ	這是住在智利或阿根廷的印地安人，阿勞諾族的神話中的怪物。擁有極為巨大的身軀。住在火山口，捕食年輕女性。
Elel **厄劣爾** エレル	阿根廷的布爾喀印地安人傳說中的邪惡惡魔。會招來風暴、瘟疫與死亡，因此深受恐懼。
Tokakami **托卡卡米** トカカミ	中美洲威秋族的死神，與月之女神對立。

大洋洲（Oceania）

Ahifatumoana **阿西法多摩亞納** アヒファトゥモアナ	為波里尼西亞的海魔。意思是「海蛇」。
Aremata-Popoa **阿列馬塔卜卜托** アレマタポポト	為波里尼西亞的海魔。意思是「小浪」。
Aremata-Rorua **阿列馬塔洛洛亞** アレマタロロア	為波里尼西亞的海魔。意思是「大浪」。
Burrekki **布烈其**† ブルレッキ	西太平洋帛琉群島中貝里琉島（Peleliu）的民間傳說中的惡神。
Eratemu **艾拉帝穆**† エラテムー	西太平洋帛琉的賈拉左瑪地方流傳之有翼惡神。
Haumea **哈烏美亞**† ハウメア	她是波里尼西亞的吃人女神。

Kaia	爲新不列顛島（New Britain）加賽爾半島上的原住民信仰的惡
凱亞	魔。特別喜歡棲息在火山口的下方。原本是創世時期的造物主。
カイア	但現在則是邪惡的惡魔，想要讓一切事物都轉往邪惡的方向。

Kaiamunu	巴布亞新幾內亞（Papua New Guinea）的民間故事中登場的惡
凱亞姆奴	魔，少年在接受成年禮時，他會將少年吞下，再將他吐出來時表
カイアムヌ	示該少年已經重生了。

Lioumere	爲密克羅尼西亞的卡洛林群島的女幽靈。長有鋼鐵的長牙。
琉梅蕾	
リオウメレ	

Masarai	這是居住在新幾內亞的阿拉貝許族中各氏族的精靈。
馬薩萊†	
マサライ	

Matuku	波里尼西亞的食人巨人。
瑪圖克†	
マツク	

Mokoi	莫可伊這個名字是「惡靈」的意思，是住在澳洲的原住民阿波吉
莫可伊†	尼族中的一部族姆倫金人（住在北澳）信仰中的惡靈。
モコイ	

Muruadurukuru	這是西太平洋上的帛琉群島中，貝里琉島上叫做卡西亞斯的地方
姆爾阿茲庫爾†	的惡神，是個食人者。
ムルアヅルクール	

Muruaduru・Nheyangaru	這是住在西太平洋帛琉群島中恩黑陽家爾地方的惡神。
姆爾阿茲・恩黑陽家爾†	
ムルアヅル・ンヘヤンガル	

Pahuanuiapitaaiterai	波里尼西亞的海魔，特別是大溪地人更是怕他。
帕夫努愛阿皮塔愛特萊†	
パフアヌイアピタアイテライ	

Pele	夏威夷司掌火山的破壞女神。
裴蕾†	
ペレ	

Pua Tu Tahi	爲波里尼西亞的海魔。意思是「孑然獨立的珊瑚礁」。
普阿多塔西	
プアトゥタヒ	

Tsumarangu	流傳在巴布亞新幾內亞（Papua New Guinea）的拉包爾（Rabaul）
史馬蘭格†	附近的馬丘皮特島（Matupiy Island）上的惡靈。
ツマラング	

Tu	波里尼西亞的戰神，名字有「對立」、「攻擊」的意思。
圖†	
トゥ	

Warutahanga	美拉尼西亞的蛇女。
瓦達漢加†	
ワルタハンガ	

Whaitari	波里尼西亞神話中的天界女神。威塔莉乃「雷」之意。此女神以
威塔莉†	人肉爲食。
ウハイタリ	

現代傳說

克蘇魯（Cthulhu）

Ahtu 奧陀† アトゥ	奈亞魯法特（**Nyarlathotep**）乃被稱爲「持擁千面」之神，奧陀即他的化身之一。主要於非洲地方被信仰，甚至還隨黑奴一起融入了巫毒教中。
Atlach-Nacha 阿圖拉奇・納采† アトラク＝ナチャ	有著與人類的大小相近之軀體，足部粗圓的蜘蛛神。
Azathoth 阿瑟特斯† アザトース	克蘇魯神話（**Cthulhu Mythos**）中的主神且是破壞神。
Bokrug 波克魯格† ボクルグ	克蘇魯神話中鮮少提及的一尊邪神。名義上雖然是個神，但是更像是隻擁有強大能力的奇妙生物。
Cthugha 庫多古† クトゥグア	克蘇魯神話中的邪神之一。居住在離地球27光年的北落師門南魚座 α（**Formalhant**〈α **PsA**〉）的炎之邪神，是一團有生命的火焰。在破壞神眾多的克蘇魯邪神當中，庫多古是最具破壞性的邪神之一。
Cthulhu 克蘇魯† クトゥルフ	克蘇魯神話中的主要邪神之一。其名稱雖冠有神話之名，卻非主神。在太古之時，從異界飛來地球。
Glaaki 葛拉奇† グラーキ	克蘇魯神話中的邪神之一，橢圓形的身體上，長滿無數金屬棘刺，厚唇大口，三個眼睛分別位於嘴巴周圍突出的肉棘前端。
Haster 哈斯特† ハスター	主神之一。別名「難以名狀之物」或「往來星間宇宙者」。最溫和的樣子是叫做「黃衣之王」（**The King in yellow**）的化身。
Nyarlathotep 奈亞魯法特† ニャルトテップ	在克蘇魯神話當中最接近「惡魔的概念」的，恐怕就是奈亞魯法特了。別名也叫做「無形之神」，可以輕易地變成各種相貌。
Quachil Uttaus 時間的影子† クアチル・ウタウス	於克蘇魯神話中登場的邪神之一。一但被時間的影子碰觸，人類會瞬間老化或死亡，物體則是彷彿經過數百年般腐朽崩壞，不管什麼，最後都會變成一抔塵土。
The King in Yellow 黃衣之王† 黃衣の王（きごろものおう）	克蘇魯神話邪神**哈斯特**（**Haster**）的化身之一。
Tsathoggua 札特瓜† ツアトゥグア	邪神之一。當地肚子餓的時候，不管是人類、其他生物、或是無形的嬰靈，可說來者不拒。也被稱爲「佐特瓜（**Zhothaqquah**）」、「索達瓜伊（**Sodagui**）」。

Y'golonac **伊果魯納克**† イゴールナク	伊果魯納克乃惡行與敗德之神。但儘管如此，他卻非親自爲之，而是喜愛讓崇拜者施行惡事、於世上散佈讓精神墮落的方法。
Yig **依格**† イグ	司掌克蘇魯神話諸蛇的神祇。於美洲中西部平原、姆大陸（Mu）、古・揚（K'n・yan）等地受崇拜。據說也是阿茲特克蛇神魁札爾科亞特爾（Quetzalcoatl）的原形。

作品虛構

Amon the Brave **勇者安蒙**† 勇者アモン	他是永井豪漫畫《惡魔人》中的角色，簡單講就是惡魔族中的好人。原本是惡魔族的一員，後與主角不動明合體。
Azhrarn **亞祖蘭**† アズュラーン	美國作家塔妮絲・李（Tanith Lee）的小說《平坦地球系列》（*Flat Earth Series*）中登場的五個妖魔王之一。別名「黑暗公子」（Night's Master）。好用形象爲一黑髮白膚，有著會如石碳般燃焰生光的黝黑雙目的男子。
Christine **克莉斯汀**† クリスティーン	電影「克莉斯汀」（1993年）裡登場的1958年型Plymouth Fury車輛之名。這輛車被亡靈魯貝附身。
Chuz **強茲**† チャズ	美國作家塔妮絲・李（Tanith Lee）的小說《平坦地球系列》（*Flat Earth Series*）中登場的五個妖魔王之一。別名「惑亂公子（Delusion's Master）」。他的右臉是年輕俊朗的男子。但是左臉卻是佈滿皺紋的醜陋老者。
Keshmet **凱希梅特**† ケシュメト	美國作家塔妮絲・李（Tanith Lee）的小說《平坦地球系列》（*Flat Earth Series*）中登場的五個妖魔王之一。司掌「命運」，原本面目不可考，只知他喜好穿著骯髒襤褸的破衣。
Maxwell's Demon **馬克士威的惡魔**† マクスウェルの惡魔	這是19世紀的科學家馬克士威（James Clerk Maxwell）的假設中出現的惡魔。在微分子等級負責分別分子的假想生物。但因爲不合熱力學第二定律，因此一般認爲不可能存在。
Satan the Demiurge **魔王撒旦**† 魔王サタン	永井豪的漫畫《惡魔人》中最後的敵人。惡魔族的創造者，是惡魔族所信仰的神。
Shambleau **宇宙魔女**† シャンブロウ	美國女性作家 C. L. 摩爾（Catherine Lucille Moore, 1911~1987年）的太空冒險《諾斯威斯特・史密斯》（Northwest Smith）系列中登場的外星生物。其髮似蛇一般蠢蠢欲動，被她頭髮纏住的話，身體會動彈不得。
Uhlume **烏戮穆**† ウールム	美國作家塔妮絲・李（Tanith Lee）的小說《平坦地球系列》（*Flat Earth Series*）中登場的五個妖魔王之一。別名「死之王」。他的外表高大削瘦肌膚黝黑，看來彷彿是由黑暗雕鑿而成的人形。只有頭髮蓬鬆雪白，身上衣服一片潔白。
Zenon the Demon-lord **惡魔王賽農**† 惡魔王ゼノン	永井豪漫畫《惡魔人》中登場的惡魔族之王。

都市傳說（朱注：即為 Urban Legend）

Boogeyman **惡作劇精靈** † ブギーマン	恐怖電影《月光光，心慌慌》（*Halloween*）（1978）中出現的殺人魔。原本是美國都市傳說中的人物，父母經常以「如果你還不睡覺小精靈就要來抓你了喔！」來嚇小孩子要他們趕快就寢。
Jack the Ripper **開膛手傑克** † 切り裂きジャック	英國史上第一位變態殺人犯。歷史上真有其人，但是「開膛手傑克」之名卻早先一步不逕而走。（→**彈簧腿傑克 Spring-heel Jack**）
Killer Clown **殺人小丑** † 殺人道化師（さつじんどうけし）	1960年代到1980年代出現在美國的連續殺人魔。（→**開膛手傑克 Jack the Ripper**、**彈簧腿傑克 Spring-heel Jack**）
Kuchisake-onna **裂嘴女** † 口裂け女	1970末期到1980年流傳於日本各地的女妖怪傳說，典型的都市傳說。
Men In Black, Black men **黑衣人** † 黑衣の男	這是在UFO懸疑小說中，必會登場的「黑衣人」，黑衣人全身上下穿著黑衣及黑帽，經常三人一組，乘著一部舊式黑色的BMW四處奔波。
Mothman **天蛾人** † モスマン	1960年代到1980年代之間在全美各地出現的怪生物。（→**殺人小丑 Killer Clown**）
New Jersey Devil **紐澤西惡魔** † ニュージャージーデビル	據說這是實存於美國紐澤西州的怪異生物。
Spring-heel Jack **彈簧腿傑克** † バネ足ジャック	比有名的**開膛手傑克**（**Jack the Ripper**）的時代早了約十數年，有另一個傑克存在。跟開膛手一樣也是史實事件，他到底是何方神聖，至今仍然不明。

惡魔紳士錄 ▼ 一神教

惡魔觀之沿革

惡魔是從何而來的呢？

直截了當地說，從人心裡浮現的，便是惡魔。人類遭遇到自然的惡意、人的惡意（包括自己本身的）時，會向外尋找原因之所在。而這些原因，即成了邪惡精靈、惡神，終於到最後成了惡魔。

從自然惡意中產生出來的惡魔，其出現方式與神的產生方式相同。人類會認爲眼前這些給人類帶來無力感的自然界威脅，是在人類之上的某個存在造成的；這可以說就是神產生的原因，惡魔的前身——邪惡精靈的由來也是一樣。一齊感受到自然惡意存在的人類，會認爲：「之所以發生了這樣的事，一定是因爲有個對人類懷抱惡意的超越性存在之故。」這便是邪惡精靈產生的原因。

惡意不是單從自然界而來，更深切的惡意來自人對他人所抱持的想法。這種惡意乃是從人心中出現。在某種意義上，這種惡意是個更深刻的問題。

因爲，人們同意那些外來的惡意是外部的事物所造成的。但人心中出現的惡意卻不能歸咎於外部的原因。等於說人其實就是惡的。特別是在自己對他人懷有惡意的時候；而這個惡意的源頭就是自己。可人們對於這樣的認知幾乎難以忍受。因此，引誘人類向惡的存在體——惡魔，乃至於類似惡魔之物便變得不可或缺。如此一來，人們才可以把「惡」的原因視爲是自身以外的存在所致，如此使能夠心安理得。

當然，相對的，「『惡』會不會侵襲自己？」的不安便產生了，並折磨著人們。但是，人們卻能因此而從「自己本身是不是惡？」這個深切的恐懼裡逃開。

人類文化最初期的萬物有靈論（Animism，認爲萬事萬物身上普遍存有著「靈」anima之類的靈體，而諸般事物現象因此存在、活動的世界觀。是宗教原初的形態。）時代並沒有惡魔存在，有的只是精靈而已。

那麼，精靈是惡的嗎？精靈並不是惡的，只是個可怕的東西。

可怕的精靈和惡魔有什麼不一樣呢？其不同點就在於精靈本身並不包含善惡基準。也就是說，人會行善也會做惡；同樣的，精靈有行善的時候同時也有做惡的時候。

當然，所謂的邪惡精靈也是存在的。只不過大半的精靈若是被好好敬拜著的話就會做好事，反之就會做怪。

再則，邪惡精靈確實是做惡多端沒錯，但並不是做一些會導致世界毀滅之類的惡事。他們只會做一些搗亂造物主的工作，或是讓事物變得奇怪特異。而且阻擾人類不老不死、或縮減人類的壽命，做一些對不是超自然存在的人類來說相當致命的事。

特別是在萬物有靈的時代中，最重要的就是惡作劇精靈（Trickster）[1]這種半神半人的存在。他們是惡作劇者，善意與惡意兩者兼備的存在體。因此，他們在神和人類之間帶來恩惠也帶來災厄。這類的存在體或許也明確地表示出了，自然恩惠和自然惡意兩者尚未分化的情形。

即使在接下來的多神教時代裡，惡魔亦尚未登場。取而代之的是代表惡之一物的惡神登場了。在多數神共存的體系中，惡神會和雷神或戰神等同時並列出現。

話雖如此，在多神教世界裡的惡神只是相對性的存在。一般被視為善神的諸神，如稍微惹他們生氣了，他們做出一些像邪神一樣讓人們苦不堪言的事可說是家常便飯。希臘神話的眾神們，如果有看不順眼的人類就會視之如螻蟻，以殘酷手段對待。由此觀之其實也頗自然。

這就意味著眾神裡有善神也有惡神。實際上，像印尼的慕伽林（Mecarin）[2]一樣會給人帶來疾病卻也治病的例子就有好幾個。巴比倫神話裡，埃阿神（Ea）[3]的模樣是「蛇頭、粘液自鼻垂下，口水髒污。耳如皇冠鬣蜥，頭上生螺狀旋角，體為魚，腳有爪」，居住在某大洋底

---

1. 譯注：於本項目中譯作「惡作劇神」，此處為求語意連貫，稍稍變譯。Trickster在神話或是民間傳說中扮演著丑角的角色，有時給人帶來智慧有時也搗亂人間，可活化文化並同時再次確認社會關係。
2. 譯注：一種據說會在乾季換為雨季時散佈疫病的惡神，但若加以祭祀也會收疫病。
3. 譯注：智慧之神與水神。

下被七匹惡魔（→七惡靈Seven demons）所養顧。同樣是巴比倫的天空之神阿努（Anu）則生出雨和黑暗的惡魔。

總之，多神教的眾神如果能正確祀奉的話便能得守護，如果祀奉錯誤或忘記祀奉的話，同樣是會做崇爲禍。日本的神祇也同是此模式，即使是做怪的神，只消加以正確祭祀，亦會對人加以保護，頗類似此種想法的逆向思考。

另外，多神教的眾神們在很多的場合是有敵對神與種族的，比如說希臘神話裡的**泰坦神族（Titan）**，印度神話裡的**阿修羅（Asura或Ashura）**或是※達伊提耶（Daitya，惡鬼）等等。他們這些敵對種族並非不能放入惡魔的分類裡，根據神話內容，他們做了許許多多的惡行，也對神諸多挑釁。實際上，本書中有爲數頗多的部份在介紹他們。但在本質上，他們只是敵人而並非是「惡」；他們之所以爲惡，乃因他們是眾神的敵人。

他們當中有大多數本是某民族之神，而該民族剛好和後來成爲支配民族的人相敵對。因此在後來的神話中他們被視爲敵人，爲了貶低他們的地位而視他們爲惡。不論是誰，都會認爲並主張自己所崇拜的神是正義，敵人所崇拜的神都是邪惡，而只有勝利的一方才能夠留下歷史記錄。

在這種前提下，比較有趣的例子應該就屬印度和波斯。印度的**濕婆（Siva或Shiva）**或是毗濕奴（Vishnu）等提婆印度神（Deva）[4]是屬於正義的，**阿修羅（Asura或Ashura）**則是惡的。但在波斯，阿胡拉・瑪茲達（Ahura Mazzdah，Ahura被簡約成阿修羅Asura或Ashura）是正義的，但**阿里曼（Ahriman）**和德弗（Daeva）都是惡的。像這種分類依舊懸案未決，兩者的記錄都分別一直殘存至今，可說是相當重要的例子。

照這樣看來，從當時開始，對某個民族而言「惡魔崇拜即信仰」的觀念是存在的。但那只是某一民族將其他部族崇拜的神定義成惡神而已。對於崇拜該神的民族來說並沒有崇拜惡魔的意識存在，只是單純地崇拜著自己的正義之神。

比如，印度存在過崇拜**魔羅（Mara）**的儀式，這也是因爲黑膚色

---

4. 譯注：梵文爲「天神」之意。

的印度原住民在戰爭失敗之後，他們所崇拜的神被稱爲魔羅之故。

　　順帶一提，說起來日語當中（追根究柢的話是中文）的「惡魔」這個詞彙本身，自然不是西洋的惡魔這個詞彙的語源。在佛教用語中魔羅是帶惡的，意思是「惡的魔羅」，因此佛教裡存在著惡魔這樣的詞彙。

　　惡魔這個詞彙被用在西洋的demon或 devil的譯語是相當後來的事。如此看來，書中出現阿修羅等神的敵人及眾多邪惡精靈，名爲《惡魔事典》的本書，可說是正確地運用了這個詞彙的眞正意涵了！如果本書取名爲《Dictionary of Devils》，又將他們列入其中就大錯特錯了。

　　二神教也是多神教之一種，但它是以二神的對立爲藍圖的宗教。初期的瑣羅亞斯德教即是如此，在「善的阿胡拉‧瑪茲達」和「惡的阿里曼」不斷地鬥爭中創造了宇宙。總之，世界初始便有阿胡拉‧瑪茲達和阿里曼的存在了。這一點和一神教有相當大的不同。

　　之後的瑣羅亞斯德教在兩邊各聚集了眾多神祇，變成了形爲兩大勢力對立的多神教。

　　但無論如何，「正義與邪惡的對立」的概念由此確立。

　　正義的神無論發生何事仍爲正義的神，惡神則總是惡神，眾神的立場變得明確。必須特別說明的是，神話體系因二神教的關係，演變成含有明確的「惡」之觀念此一大特點。

　　至今爲止的惡神在神話體系中原是不存在的，只有敵對民族的神被當成敵人而納入神話當中。自然，瑣羅亞斯德教的德弗（Daeva）也正是由採納印度的提婆（Deva）而來。但是，把神話構造建立在善和惡的基礎觀念這一點上，瑣羅亞斯德教可謂是劃時代的創舉，也帶給之後出現的一神教極大影響。也就是說，至今的惡神因是敵人，所以是惡的；但在瑣羅亞斯德教之後的惡魔則是因爲是惡的，所以是敵人。

　　瑣羅亞斯德教之前的神在某種意義上是矛盾的存在。「神爲善」的主張和「神是全能的」主張是很明顯的矛盾。如果神眞是善的話，這個世界上就不應該有惡的存在。

　　多神教的時代，因爲眾神各司其職所以並非全能，而且也沒有完全善的神存在，所以都還算不相矛盾。但是，因爲一神教的出現，就

非得解決「神爲善且全能」的矛盾不可。

　　瑣羅亞斯德教因爲要將神視爲完全善的，所以否定了神的全能性。神是完全善的，也接近全能。但因爲完全惡且接近全能的**阿里曼**（**Ahriman**）也存在，所以世界變得不完美。

　　之後一神教出現時，可以看到各個宗教以不同的方法在解決這個問題。在猶太教裡，唯一神耶和華是全能者，但卻是嫉妒之神，有人認爲耶和華可能由於對人類懷有惡意才會給人類施以許多嚴酷試煉。基督宗教的主，雖未對人類懷有如此惡意，但取而代之地創造出墮落天使。伊斯蘭教則認爲，不完全不完美的是人類，是人的自由意志讓世界變成惡。

　　在二神教誕生後、一神教誕生前爲止，飛躍式的一步乃不可或缺。這個飛躍即是「惡神並不是神」的看法。

　　在猶太教裡，雖是一神教卻也有其他許多神存在。在《舊約聖經》中，除上主以外亦有數位神祇之名，只不過在猶太教的思想中這些神都是假神。總之就是在多神教世界中的一神教。

　　這是理所當然的。因爲當時的世界乃多神教的世界，個別的城市有各自的守護神，將這些神統合起來之後的形式便產生多神教的神話；此乃當時宗教的基本思想。

　　在此，若要讓一神教成立的話，即會出現「雖然存在多數的神，但我們的神才是真的神」此種說明。實際上，《舊約聖經》就是以此立場寫成，而且被《舊約聖經》視爲假神的這些存在在後來都成了惡魔（demon）。但在《舊約聖經》中，尚未有內敵「墮落天使」的出現，連撒旦（Satan）都還是神忠實的天使，只是因爲太過熱心於職務而對人類嚴格了一點而已。撒旦本是「敵對者」的意思，但在《舊約聖經》裡的撒旦是身爲「試煉人類的存在」的「人類的敵對者」，而不是「神的敵對者」。（→**撒旦 Satan**《舊約聖經》）

　　再則，猶太教的神尙殘有古代多神教之神所留下的濃厚色彩。神是嫉妒之神、若不正確祀奉便會遭到報復之類的思想，從萬物有靈論時代一直延續不絕；神就這樣和降災神的思想相連結。

　　基督宗教是以猶太教爲前提而誕生的宗教，也就是說，基督宗教是在猶太人信仰猶太教（＝一神教）的前提下，爲了要教導猶太人而創造出來的教理。

　　因此，基督宗教的神只有一個，這是不言自明的。已經沒有必要去非難爲數眾多的假神了。也因此創造出成爲內敵的墮落天使（devil）。

　　基督宗教原本應爲猶太人專屬之宗教，但是由於向猶太人以外的地區佈教，故惡魔也必須具備有普遍性。

　　因爲，將異教諸神納入基督宗教理論中編組出來的惡體系裡乃勢不可免。因爲如此一來教理內部包含著敵對者的基督宗教內，便沒有存在其他諸神（惡神）的必要，因爲這些惡神全都被吸收到惡魔這個內敵中。因此，這個教理無論帶到存在著何種宗教的地域去也不會起矛盾。只消說：「這些全都是惡魔！」如此一刀兩斷地劃分開就解決了。

　　實際上，因爲基督宗教的緣故，有許多異教神便因此被貶落爲惡魔。像北歐的主神奧丁（Odin）等神，不知何時竟也被貶抑成惡魔中的一個。（→**奧丁 Óðinn**〈北歐神話〉、**奧丁 Óðinn**〈改宗後的北歐薩迦〉）

　　從此，世界轉變成唯一神和無數惡魔所存在的世界。

　　到了中世紀，這個傾向愈加強烈。爲了要說明「理當全能且唯一存在的神，卻無論經過多久都無法拯救世界」這個矛盾，於是惡魔的勢力變得越來越強大。在某種意義上我們或許可以說，基督宗教已轉變成神和惡魔這兩大勢力互相對立的二神教了。

　　不只是存於東方的異教神，包括希臘神話、羅馬神話、北歐神話、塞爾特（Celt）神話等神話裡的諸神和妖精，都成爲惡魔被基督宗教化了。

　　若是多神教，尚可將這些神收納入善神的神話體系，但之所以一味地增加敵人數量，大概就要歸咎於唯一神信仰裡不可免的排他主義了。

　　世界三大宗教之一的佛教因爲採取多神論式的方法論，成功地將許多當地的神都納入爲神祇或天神。

　　從近代進入現代，人們從凝固堅定的信仰當中走向自由，因此惡魔的概念也開始變得自由，特別是在文學表現裡更是明顯可見。小說家們讓這些惡魔以迄今未見的自由姿態在小說裡登場。

　　也有將惡魔書寫成反抗神的壓迫的角色，被視爲一種自由象徵的小說。而且，將惡魔當做串場關鍵角色的小說也多得不勝枚舉。

一神教的惡魔觀

希伯來（猶太教）

■ 希伯來的惡魔

　　信奉唯一絕對神的希伯來人，否定此神之外的權威及一切存在。對他們而言，神和神的使者之外的超自然性存在都是惡魔。

　　但是，對他們而言，「惡魔」亦非單一概念可以說明清楚的。

　　以這個名詞所表現的存在體，大致可以分為兩個種類。

　　一個是在沿革中已介紹過的「異教神」。

　　這個種類的存在，是在希伯來人自埃及逃脫到迦南地的旅程中，因為和各地信仰著「土著神」的人民所接觸而逐漸增加的。

　　不過，所羅門王時代（西元前 1000 年左右）漸趨勢微時，交易大國的古代以色列王國內亦認可異教信仰，也曾建築了若干神殿。也就是說，雖僅是一時之間的信仰，卻是同樣承認其他神格存在過。

　　另外，第二種即是以「神的使者」身份存在的惡魔。

　　這可以說是一種完全為了「神給人試煉時的道具」之目的才存在的。我們可以在《舊約聖經》〈約伯記〉裡看到這樣的證明：撒旦和神親密對話。當時的撒旦被允許和神直接對話，在天上的身份可以說相當高。

　　實際上在《舊約聖經》的時代，撒旦並不代表惡魔，而是用來區別各種異教的神，以「大敵」（Archenemy）表現的一種存在。

　　（→撒旦 Satan《舊約聖經》）

■ 日益增加的惡魔

　　受到希伯來民族的宗教觀、神話觀最大影響的莫過於猶太教了。

　　對這些深信不移的他們，在往迦南地的旅程中（恐怕是為了要鎮壓試圖阻止旅行的內部勢力）惡魔之數越來越多，此點的原因正如之

前所述。

從神被貶爲惡魔的例子當中最有名的，當屬在之後被視同於撒旦的墮落天使※路西法（Lucifer）了吧！（→**撒旦Satan**〈中世歐洲〉）

原來在迦南神話中他本是「曉之王子」沙哈魯（Shaharu），同「夜之王子」沙利穆（Shalimmu）是雙胞兄弟⁵。因覬覦天的王座興起叛亂失敗，而被放逐到天堂之外。

這個迦南地的傳承在《舊約聖經》〈以賽亞書〉裡寫道：「明亮之星、早晨之子啊！你何竟從天墜落？」之後的英國詩人密爾頓（John Milton）在《失樂園》（*Paradise Lost*）裡構築出「撒旦＝路西法」的構圖，從此被確定撒旦即路西法。（→**撒旦Satan**《失樂園》）

但是，在〈以賽亞書〉裡所記載的路西法一語，原是指曾企圖滅亡以色列王國，卻被希伯來人所逮捕的巴比倫王。也就是說，巴比倫王的死，被比喻成如「曉之王子」沙哈魯的墜落一樣。

後世被引誤爲正的這個說法，是從誤讀此一句之後才開始的。

希伯來人的惡魔於是因此而增加。

■ 典外文獻‧僞的惡魔

從巴比倫迫害開始的西元前六世紀離散異邦⁶（the Diaspora）時代，希伯來人便散落在世界各地。

此時猶太教正漸漸推廣出去，在每塊土地上以當地的文字記錄下來的聖經被捏造改變，加入了土著神及土著傳承的信仰，於是產生了誤譯及誤釋，也因此成了聖經變質的原因。

一世紀時，猶太教中存在著許多被區域化的聖經，爲了有一本能成爲基準教義的統一聖經，而以希臘文爲主編纂了《七十士譯本聖經》。此時，並未被收納進希伯來文的聖典（正典）裡，卻被收納在《七十士譯本聖經》的部分便被稱爲「外典」（Apocrypha）。

而所謂的僞經（Pseudepigrapha）就是指那些採用《舊約聖經》的各書記名稱、固有名稱等，大約和《舊約聖經》同時代寫成，被排出《七十士譯本聖經》之外的那些作品。

---

5. 譯注：一說是朝霞之神與晚霞之神。
6. 譯注：猶太人於西元前6世紀時被巴比倫人逐出古代以色列王國之國土，大量流散異邦。

這種僞典當中，被視神秘主義爲最要書的就要屬《衣索匹亞語版以諾書》。

這一書中描述了義人以諾蒙召，被傳授了各樣教義及知識之後昇天的過程。

在受傳的知識裡，有一處描述監視著地上人類的天使們（Grigori）[7]墮落，因而被逐放於天堂之外的文章。

擔任著監視地上人類的角色的天使們被人間的女子誘惑，明知是犯罪卻還是與人間女子發生了肉體關係。也因此，他們各自將各自所擁有的一些知識都分給了人類。

因爲這個關係，天使和人類之間誕生了巨人（Nephilim），天使們所帶來的各樣知識也就成了地上所有惡行的根源。

身高300肘（1350公尺）的巨人其智能不高，且性格粗暴，在地上行惡犯罪不斷。

爲此憤怒不已的神，因此將天使們逐放於天堂之外，並爲了掃除巨人而氾濫洪水，這就是所謂的諾亞洪水。在這洪水之後，天使們被幽禁在天堂的第五天處，變成了「永不能眠者」。

如上所述，《衣索匹亞語版以諾書》裡，看守的天使被視爲墮落的天使；但在希伯來的傳承中則是被視作完全相反的存在。

若根據此書，天使們本是爲了在人間一掃諸多惡行，並讓人們知道神的光威而下降的，但因被人間的女子誘惑，而將禁忌的知識都傳給了人們。

在《舊約聖經》的〈創世紀〉裡也記載著，地上的人類開始繁育，「神之子」們見人間女子美麗便將之納爲妻。這個在天使和人類之間所生下、稱爲半天使亦不爲過的存在，應該就是「巨人」；可被視爲「遠古的著名英雄」。

附帶一提的是，因爲大衛王所殺死的哥利亞（Goliath）是巨人，因此我們可以認爲在諾亞洪水之後巨人的子孫仍殘存了下來。

---

7. 譯注：「神之子」、「監視者」的意思，可參照《以諾一書》六到八章。

基督宗教

■ 原始基督宗教的惡魔

耶穌基督開始進行講道的當時，基本上在他的教導裡，惡魔和猶太教的惡魔來自同樣的來源。

有一個說法是，耶穌基督是以死海畔爲根據地的猶太教之一派——艾賽尼派（Essenes）[8]出身的教師（正確來說是「義師」）。故若說其佈教起始時的惡魔觀和猶太教幾近相同也不爲過。

康士坦丁大帝（Constantinus）頒佈「米蘭敕令」（313年）時，基督宗教被認可爲羅馬帝國的公認宗教，在尼西亞會議（Council of Nicaea，325年）上公認亞坦耐修派爲教義後，自此惡魔開始變質。

受到以意指「普遍性」的「Catholic」一字爲名的亞坦耐修派影響後，本遭猶太教視爲「異教神」、與基督宗教的神無交集的存在，就被和大敵撒旦連結在一起了。

再則，撒旦本身的存在意義也從原來的「誘惑者」、「帶來神的試煉者」的神之道具（天使），轉變成「與神敵對者」、「惡德的根源」。

而且，在《舊約聖經》的〈以賽亞書〉的記述，撒旦被視爲和「從天而降者」路西法一樣，對神發起了叛亂。

這個造反事件中，上述的「異教各神」被當成了造反天使，變成撒旦或路西法之手下部屬一同叛亂。

由於後來從天堂被驅趕出來，因此他們身爲天使只是一下子的事。

如此一來，便打破了異教神和《舊約聖經》〈創世紀〉裡描述的「神創造一切」之間的矛盾，將唯一神以外的神納入了自己的神話或是教義中。

因爲和撒旦扯上了關係，惡魔這個概念就變得越來越單純，經過時代的演變已簡化爲「惡魔＝撒旦」。

（→撒旦 Satan《舊約聖經》、撒旦 Satan《新約聖經》）

---

8. 譯注：西元前二世紀，特色是共產、獨身主義，猶太教的其中一派

■ 新約外典

四世紀末，針對《新約聖經》也編纂了《七十士譯書聖經》。此時，依循《七十士譯舊約聖經》的慣例，舊約外典亦含於其中。

意指外典的「Apocrypha」原意是指「被隱藏起來之物」；而在基督宗教統一組織起來後，就變成了含有「因含異端性而被隱藏起來之物」或是「被隱匿起源的異端之物」「偽物」等意義的名詞。

因為亞坦耐修派被指為正統，故《新約聖經》裡沒有偽典。不過，被指為外典的 Apocrypha 這個名詞，在《七十士譯新約聖經》的編纂之後，也被應用在指稱舊約偽典上。

新約外典碰觸到有關惡魔的部份並不太多。

值得重視的也不過只有《西彼拉（Sibulla）神諭》一類。但即使如此，仍有來自基督宗教外的神諭書被當作災厄後該施行之對應禮儀的參考資料來使用。

另外，西彼拉是指於古代地中海沿岸地區一帶各式各神諭地活動的女巫，並非指任一特定人物；同樣地，被稱為《西彼拉神諭》或是《西彼拉之書》的書籍指的亦非同一本書。被保管在羅馬的《西比菈神諭》是在坎帕尼亞地區、拿波里附近的庫馬耶（地名）的西彼拉所作的，被認為是以希臘文、按六文詩[9]的韻律而寫成的。

■ 〈啟示錄〉

現今能看到的《新約聖經》中，大部份都將〈啟示錄〉收錄在最後。或許是因為當中描寫了最激烈也最絕望的狀況，因此才被收錄在最後。

關於這一點，因為該章已經有名到沒有必要詳加說明，便省去細節不談。它乃是一篇謳歌「世界的再生和永福千年王國的到來」的書文。

〈啟示錄〉裡，出現了「有十角七頭，在十角上戴著十個冠冕」的「獸」。另外，身為「※敵基督」（Antichristos）的**巴比倫的大淫婦**，也被言明是屬於惡魔的存在。

---

9. 譯注：一種仿自希臘詩的敘事詩格式。

　　但是，如果讀過一次便會知道，假設所謂的惡魔是「給人間帶來惡害之物」，那麼〈啓示錄〉裡最大的惡魔，應該可以說是神和四個天使吧！因著神的命令而行動的四個天使吹號時，飢饉和旱災遍臨人間。而且，每個天使被神賦予了殺死四分之一人類的權力。

　　如此一來，究竟誰是惡魔不是就清楚明白了嗎？

女巫審判

　　可稱得上是近世基督宗教教會一大污點的女巫審判是從異端審問所發展出來的。這意味著處理女巫的情況本就大異於平常。

　　一個宗教必須統一其教理，如果這樣的統一失敗的話，這個宗教便會分裂。因此而分裂的例子有天主教和基督新教（現在雖有歷史性和解的風潮，但分裂當時卻互稱彼此是惡魔，幾乎要在歐洲全境掀起戰爭）。相反的，容許這種分裂產生的宗教便是佛教（當然，佛教裡因爲宗派之爭而引起的流血慘案實屬例外）。

　　爲了避免這樣的分裂，基督宗教裡存在著所謂的大公會議，試圖統一該教教理。而且對於統一教理的違悖者加以審判，這種審判便是異端審問。

　　也就是說，異端審問就是一個宗教的內部監察機制。因爲將之移用於女巫審判，才出現了異常結果。此一結果便是將信仰異教的人們任意視爲異端而斷罪。因此，他們所信仰的諸神也全被約化成基督宗教內的惡魔，或是被視爲是至今未爲人知的惡魔。基督宗教的系統裡，要將異教的神直接編入惡魔裡是非常簡單的一件事。

　　如此一來，即使進入近世，惡魔仍舊不斷增加。

　　女巫審判裡認爲女巫和惡魔有關係，但這裡的惡魔指的到底是什麼東西呢？

　　從歐洲古代的母系社會連綿傳承下來的豐穰神，多是身爲大地母神的女神與身爲她的丈夫或兒子（時爲丈夫時爲兒子的情況也有）的男神搭配。身爲男豐收神的乃是植物神，也是充滿精力的神。基督宗教教會所主張同女巫有關係的惡魔，指的可能便是這個男神。

　　這一類男神的最佳例子，要算是希臘神話裡的戴歐尼修斯[10]

---

10. 譯註：酒與豐穰之神。

（Dionysos）了。征服了賽倫諾斯（Silennus）或撒泰兒（Satyrs）等山野精靈，帶著放蕩的女酒徒（Mainas）眾女的戴歐尼修斯，此等形象對拘謹的基督宗教來說，應該就算是惡魔了。

認真說來，在古代宗教裡，歐洲的母性崇拜裡並不存在著淫蕩或是放浪的記載。而且可以想見受到基督宗教影響的他們，不會作出這種胡搞的行為。

接二連三地拷問這些魔女們，甚至是拷問一些和魔女毫無干係的男女老少，並要脅他們說出假造的自白，再處以殘酷的火刑。要說在這場魔女審判裡到底誰是惡魔的話，除了基督宗教教會之外別無他者了。

■ 宗教改革

隨著基督新教徒的產生而來的便是宗教改革時代，這也可說是個惡魔囂張跋扈的時代。說來，乃是因為天主教派（Catholic）和基督新教派這兩派相互指責對方被惡魔所操控，或非難對方是惡魔的關係。

根據德國宗教改革者**馬丁路德**（**Martin Luther**，1483～1546年）的說法，羅馬教皇是※敵基督（Antichristos）、撒旦的化身，天主教會是惡魔的王國。於是，撒旦出現，並阻撓欲將基督宗教引回正途的馬丁路德，馬丁路德的身體狀況不佳也是因為惡魔的緣故，想要外出傳教天氣卻變壞也是惡魔的陰謀。**男夜魔**（**Incubus**）也當然存在，因為撒旦等惡魔的興趣就是化身為俊俏的青年來誘惑女性。

馬丁路德的《餐桌夜話》裡有一節是這樣寫的。

今晨試著早起之後，惡魔便來了，對著我擅加議論。
「這種人真是十惡不赦的罪人啊！」他這樣說。
我回答他。
「撒旦啊，你就說不出些更奇怪的話了嗎？」

當然，行這種非難的並不是只有基督新教一方而已，反宗教改革的天主教方面也主張馬丁路德因被惡魔附身才提倡狂妄思想。

若兩者的主張皆正確的話，歐洲的那些神父和牧師合計起來就全都是惡魔或是被惡魔附身者了。

（→撒旦 Satan《新約聖經》、撒旦 Satan〈中世紀歐洲〉）

魔法書（Grimoire）中的惡魔

■ 「魔法書」（Grimoire）

被稱爲魔法書〔Grimoire〕的乃是一整群文書。魔法書表示了一種神話的產生並不只侷限於古代的書物。人類自身的想像力、或接觸到他人想像力的衝擊，都會產生嶄新的想法，並形成一成串的創作連鎖反應；魔法書便可說是這些創作現象的里程碑。是一種華麗的「幾可亂眞」。而傳統魔法書的概念原是詳細記載惡魔或天使的召喚方法。

●●基本條件乃描述的惡魔數量

據說一般魔法書的形式約是在15世紀末到16世紀時歸納出來的。對現代的我們而言，雖說只是在中世紀時代書寫出來的作品，卻十分能讓人感受到其歷史的份量。因爲魔法書幾乎都爲當時的人所不信任，被人們自動否定；故編輯寫作時會特別強調其中古文獻及傳統的部分。

魔法書的數量極多，從內容和格調當中可感受到作者的完美主義、相當具有說服力的作品，到一些粗淺幼稚的作品，數量與歧異處均多。儘管程度有所不同，但無論每本書裡都列舉出相當多惡靈（可用 demon 稱之，爲惡魔或天使之類的靈質存在）的名字、特徵或能力，以及召喚時的約定事項等。數量似乎是基本的要件，如果未將魔法書裡介紹的惡魔加以區隔的話，本書厚度大概會變成十倍。本書中介紹了被視爲影響日後惡魔學甚深的一部書——《雷蒙蓋頓》（*Lemegeton*，又名《*The Lesser Key of Solomon*》），書中的第一部份〈哥耶提雅〉（Goetia）裡列舉的七十二個惡魔。

●● 〈哥耶提雅〉（Goetia）的惡魔

《雷蒙蓋頓》是包含於名爲《所羅門文獻》之書本群裡的一部魔法書。在希伯來傳說中，古代以色列王國國王所羅門可以自由支配、差遣惡魔。魔法書的大多數作者都說是所羅門，因此被鍍上一層金的《雷蒙蓋頓》自然也不例外。

《雷蒙蓋頓》的最古版本爲17世紀初之作品，這本書被認爲是和其他的文獻合訂成爲謄本的集大成之作，而此書主體似乎即爲第一部

的〈哥耶提雅〉。該部分介紹了著名的所羅門72隻惡魔。72此數字，應是和12宮圖[11]的72分角相對應而產生的；又因爲〈哥耶提雅〉的版本不同，使得惡魔名字有些微差別，若全部舉出，本書的惡魔數量可能會更多一些。這些惡魔之名，大部分和據說繼承了啓示文學作品《以諾（Enoch）書》[12]風格的《僞以諾書》之目錄重複，因此本書當中介紹了一些未被登錄在〈哥耶提雅〉中，卻被記載在《僞以諾書》中的惡魔。

●● 《地獄辭典》（ *Dictionnaire Infernal* ）

在現代，喚起大家對於惡魔之興趣的起因，是一本相當知名、由一名法國記者傑克・亞賓・賽門・柯林（Jacques-Albin-Simon Collin，1794～1881年）以德・普朗西（Collin de Plancy）之筆名所出版的《地獄辭典》一書。普朗西雖不是個對惡魔學有特別深厚造詣的人，卻是個相當博學多聞之人，因受到對惡魔學有著深厚知識的作家讓・維爾（Jean Wierus〈Wier〉，1515～88年）的影響，所以也不完全是外行人。有人質疑用半調子知識所寫的《地獄辭典》畢竟是無法被算做近代魔法書的作品，更非難普朗西是個混淆惡魔學的人物，但說起來這些由魔法書而來的惡魔學傳承作品，本來就是由編纂者各人天馬行空的想像和自行解釋的結果，所以只非難《地獄辭典》或許不合理。

普朗西在解說惡魔時雖用維爾的著作做主要資料，但全面來說有相當多的部份都加上了自己獨特的解釋。雖然《地獄辭典》初版刊行於1818年；但至今仍享有盛名的，該是在1863年刊行的第6版。新版裡加上了550幅插畫，最特別的要算是M.L.布爾頓（M.L. Breton）這名畫家以手工上色的彩色木版畫。若說是這些惡魔肖像畫決定了近代人腦中對惡魔形象也不爲過。但最好同時記得，因著這些插畫而有名的幾個惡魔，除了《地獄辭典》之外並無其他書籍談及他們（惡魔）。

---

11. 譯注：即天空中的黃道十二宮。
12. 譯注：《舊約聖經》裡的十二小先知之一。

古典作品中的惡魔

《神曲》

　　義大利詩人但丁（Dante Alighieri，1265～1321年）的代表作《神曲》（*Divina Commedia*，1307～21年作），以代表三位一體之奧義的基督宗教神聖數字「3」做為該作的基本架構。此長編敘事詩由〈地獄篇〉〈淨界篇〉〈天堂篇〉這三篇構成，附上序篇一篇；三大篇中另各由33小篇構成（全部共100篇，總之是完全數）。主題是西元1300年35歲的但丁，以生者肉身之姿探訪死者之國一週的旅程。

●●《神曲》裡的地獄王

　　《神曲》的三個世界裡，「地獄」是懲罰重罪的地方，「淨界」是洗清輕微罪惡的地方，而「天堂」則是無罪者同天使以及神居住的地方。淨界的原本概念，乃由身為但丁死者之國的導覽，在《神曲》裡登場的羅馬詩人維其略（Publius Vergilius Maro，紀元前70～前19年）；以及古希臘哲學家柏拉圖（Platon，紀元前428、427～紀元前348、347年）兩者所來。天主教於16世紀時已將淨界概念納為教義，成了死後的世界。但丁乃第一個對淨界諸多著墨的詩人，他也因此成名。作者的分身──《神曲》中的但丁由維其略帶領行經地獄和淨界；而從淨界的地上樂園到天堂的至高天為止，乃由永恆愛人佩雅特麗琪（Beatrice）導覽；最後，神的世界由精擅神秘主義的聖伯納德（San Bernardo，1090～1153年）導覽。

　　一般人最有興趣且能讀畢的，應是描寫地獄光景的〈地獄篇〉。《神曲》中的惡魔便是於這最初的一篇中登場。但丁沒有將這些住在地獄的惡魔描寫成誘惑人類朝向罪惡的存在，而是將惡魔描寫地獄的機能──為懲罰罪人而在的存在。最顯眼的惡魔有三種類：在地獄像螞蟻一樣到處走來走去、常被譯成「魔鬼」的「黑魔鬼」（※Malebranca）；帶領現世罪人的靈魂到地獄去的可怕「黑色智天使」（**黑天使 Nelo Angelo**）；地獄的最下層第九圈第四溝裡，遭冰困禁的巨大「**地獄王※路西勿羅（Lucifero）**」（※狄斯Dis）[13]

―――――――――――

309. 譯註：也指冥府之神。

但丁所描寫的地獄王事實上並非他自己虛構的形象，應是受到11世紀文學作品《丹堤爾的幻想》裡所出現的惡魔※路西法（Lucifer）的影響而來。

　　《丹堤爾的幻想》裡的惡魔有著巨大身軀和野獸形貌，被用鐵和青銅做成的鎖鏈拘禁在地獄之底。《丹堤爾的幻想》裡的路西法，是神最初的創造物且同時是背叛神者，會自口中噴出地獄的業火。作中的路西法可算是苛虐亡者的地獄拷問道具，其本身亦是地獄囚犯之一。

　　《神曲》中登場的地獄王，顯然承襲了《丹堤爾的幻想》裡墮落天使的形象；只是被描繪成象徵冰寒，而非象徵炎熱的存在。地獄王也因此成為產生一種獨特莊嚴氣氛的存在。

　　《神曲》的地獄最下層「猶大環」（Giudecca）是個像風洞一樣之處；是個陰暗沉靜，可以感受到某種美感的空間。被冰湖拘禁起來的地獄王已經完全失去力量，巨大而醜陋的樣子雖然可怕，但早已無法再行任何惡事。和在《神曲》裡登場的其他卑小惡魔一樣，地獄王只是為懲罰罪人而在的地獄機制，三張臉上的三張嘴分別咬著世界三大背叛者——猶大（Judas）、柏呂篤（Marcus Junius Brutus）、卡西何（Casius）的身體（猶大背叛耶穌基督，柏呂篤和卡西何則是暗殺羅馬帝國創始者凱撒的人物。表示背叛教會和帝國等最高權威的叛徒，會被地獄最高權威的地獄王所懲罰）。

　　《神曲》中的地獄王未曾說過一句話。以人類難以想像的神界居民為樣本的地獄王，像博物館中展示的遠古生物塑像一樣地呈現在但丁和讀者的眼前。

●●魔鬼們

　　除地獄王路西勿羅（Lucifero）以外，在《神曲》裡登場的惡魔代表，就是黑色身體、黑色翅膀，有著銳齒利爪，同人等身大的「魔鬼」※馬納勃郎西（Malebranche）。這些惡魔們在〈地獄篇〉第8篇中第一次現身。惡魔們最初以超出1000名以上的集團形式現於但丁面前，欲阻止打算以生者肉身旅行地獄的但丁，關閉了地獄下層世界的地帝城的門。在第8篇中，說明這些卑小惡魔們是「和雨一般從天落下來的」，由此可知他們似乎是跟隨**地獄王**背叛神的天使群，最後落得如此下場。

　　這些被稱為「魔鬼」的惡魔們也和地獄王一樣同為地獄的功能之

一；代表的不是神曲中出現的穩重但丁，而是隱含著作者激動正義感及怒氣的分身。在作品中的地獄裡苛責現實中他所憎惡的義大利權勢者。

■ 《失樂園》

英國詩人密爾頓（John Milton，1608～74年）的作品《失樂園》（*Paradise Lost*）的初版乃作者於晚年1667年發表。這部作品以《舊約聖經》〈創世紀〉爲題材，以荷馬（Homeros，紀元前8世紀左右的希臘詩人，代表作有《伊利亞特》和《奧德賽》）時代即有的連綿承續敘事詩手法完成。在敘事詩不可或缺的英雄人物當中，佔了特別重要位置的人物，便是造反天使的首領──撒旦。（→**撒旦 Satan**《失樂園》）

●●古老的英雄和嶄新的英雄

按敘事詩一般手法，卓越尚武、智慧優秀、勇氣百倍的英雄一定會擺在主角之位。一般認爲，密爾頓構想中的長篇敘事詩男主角，本是人類第一個男性──亞當。但是背負著原罪被放逐於樂園之外的亞當，若成爲傳統敘事詩體裁中的主角，在讀者心中實在是個難以同英雄印象相連結的人物。

而且，敘事詩中約定俗成地必須以完美結局（Happy Ending）作結；但〈創世紀〉裡的亞當卻是悲劇色彩較重的角色。爲了將亞當寫成敘事詩中的主角，密爾頓採用了一種新的英雄形象。因爲要突顯這種新英雄主義並與傳統英雄明顯區隔，便以傳統敘事詩爲背景。身爲神的唯一子的聖子（耶穌基督）、與具備王者風格的造反天使首領撒旦，便是傳統的敘事詩主角。

雖然因爲撒旦這個絕對惡的陰謀而墮落犯罪，但仍相信和神約定好的新救贖，背對樂園勇敢邁向荒野，心裡充滿希望──這才是密爾頓賦予敘事詩《失樂園》主角亞當的新英雄形象。爲了要讓「被放逐於樂園之外」的這個狀況能依循敘事詩傳統成爲完美結局，《失樂園》亞當的心靈就不能沿用作爲原型的〈創世紀〉亞當，必須要賦予其向善的志向。

但是，撒旦作爲光耀新英雄亞當而出場的背景，屬於傳統（或可說是舊式）敘事詩裡的主角，所擁有的英雄特質還是有著非常強大的說服力。這是個不爭的事實。擁有威嚴、氣度和王者特質的撒旦，乃

是荷馬及維其略所描寫的英雄的直系子孫。

●●悲劇的反叛者撒旦

一開始讀到《失樂園》的人，大概都對造反天使的首領撒旦有著強烈的同情（憐憫或是共鳴）。《失樂園》裡的撒旦被作者密爾頓賦予了美的屬性；這在描述惡魔的手法上尚屬破天荒的嘗試。

當然，密爾頓並非惡魔的讚美者。因對國王查爾斯一世的宗教政策（鎮壓清教徒）懷有反感而放棄成為聖職者的密爾頓，生於一個富裕的清教徒（Puritan，改革派的新教徒）家庭；乃是一個為了要成為牧師而勤勉學習的人。《失樂園》裡也一貫地將背叛神描述成無可原諒的大罪，絲毫不留餘地。撒旦因背叛了神，於是失去了所有的榮光和運勢，也幾乎失去了他曾有的無與倫比力量。密爾頓「背叛神即是絕對惡」的主張浸潤在整部敘事詩裡堅定不移。

不過，密爾頓同時也是個熱愛敘事詩的詩人。密爾頓筆下的撒旦和古希臘三大悲劇詩人之一「埃斯庫羅斯」（Aischulos, 525B.C.～456B.C.）在《被綑綁的普羅米修斯》裡描寫的英雄式反叛者普羅米修斯極為相似；在擁有悠久傳統的舊式敘事詩架構支撐下，撒旦有著容易被讀者理解的英雄個性。

雖然作品中說明了「人被撒旦誘惑墮落；撒旦自我墮落，兩者差距甚大。」但是，跟在《失樂園》中登場的神、唯一神子基督以及無玷天使比起來，我們人類仍具有和撒旦類似的感性。在淺讀《失樂園》時，無可避免地我們會對撒旦懷有同感。而且，繼承了傳統敘事詩中對主角的描寫，撒旦具有各項王者應有的氣度、美、武勇過人、孤獨清高、悲哀等，種種讓讀者銘感在心的英雄資質。依據這些特質，作者本欲否定其正統性的《失樂園》撒旦反而強烈地吸引著讀者。（→**撒旦 Satan**《失樂園》）

●●英雄（惡魔）們

《失樂園》中以首領撒旦為首，陸續有許許多多造反天使（惡魔）登場。雖然他們幾乎全被描寫成悖道者的性格，但在遵照傳統敘事詩筆法的描繪下，他們也帶上了英雄式的光環。依登場人物之名一一被介紹出來的造反天使們，似乎就這樣和在荷馬的《伊利亞特》裡登場的英雄們產生了形象重疊。

■ 「梅菲斯特」（Mephistopheles）的系譜

基督宗教的惡魔當中，最有名的當然是撒旦（＝※路西法 Lucifer）。但，誰為次呢？大概不是**阿斯摩丟斯（Asmodeus）**，也非別西卜（Beelzebub），而應該是出現在歌德（Johann Wolfgang von Goethe）[14] 的《浮士德》（*Faust*）裡的惡魔——梅菲斯特吧！因為這個惡魔擁有耐人尋味的深刻歷史，所以特設一單項說明。

（→**撒旦 Satan**《舊約聖經》、**撒旦 Satan**《新約聖經》、**別西卜 Beelzebub**《失樂園》、**別西卜 Beelzebub**〈M.L.布爾頓〉、**別西卜 Beelzebub**〈希伯來〉）

●●史實

浮士德為一真實人物，是15～16世紀德國一個名氣甚高的哲學家、鍊金術者、占星術師。在德國各地遷移旅居，同各地學者或學生都有來往。但是因為讓人有浮誇不實的感覺，故被斥為魔術師或是詐欺師的狀況也很多。同鄉同時代的牧師**馬丁路德**（宗教改革者）稱呼浮士德為操弄妖術者，並說「這傢伙和惡魔曾發誓結拜兄弟」。不論是好是壞都算個有名的人物。

●●通俗版本

因此在浮士德死後產生了許許多多不同的傳說。傳說中，他成了和惡魔訂定契約的魔法師。當時正好古騰堡（Johannes Gutenberg）[15] 確立了印刷術，因此德國在16世紀出版了很多適合民眾娛樂的通俗文物。於這些書中浮士德博士和惡魔兩人連袂在德國裡四處流連，以魔法戲弄那些權勢之人。在封建的德國，不受世間權威所囿的浮士德相當受到歡迎。只不過因為他和惡魔訂定了契約，最後因契約日期已到而墮落地獄。

這一類的通俗版本當中，在1593年左右的戲曲裡，和浮士德簽約的惡魔的名字初次登場，叫做「梅佛斯特」（Mephostophiles），據說是個「下級惡魔」。

---

14. 譯注：1749-1832年，德國詩人、劇作家和小說家。
15. 譯注：1398年左右～1468年，發明活字印刷術的德國人。

之後，這個名字變成了「梅菲斯特」（Mephistopheles），意思是「浮士德的敵人」或是「光明之敵」。

●●馬婁的《浮士德博士悲劇史》

這種通俗版本在海外也被傳閱。結果在1588年左右，希臘就出現了浮士德劇的傑作，創作者是克利斯都夫・馬婁（Christopher Marlowe，1564～93年），他是莎士比亞的前輩也是個演員、劇本家和品行不良的遊民，因戀愛爭風吃醋進行決鬥而死。

馬婁的《浮士德博士悲劇史》這部戲曲裡，梅菲斯特[16]（Mephistopheles）以浮士德伙伴的身份登場。馬婁是個擅長將一切事物描寫得動人有力的人，因此馬婁版的梅菲斯特比普通的通俗版本更驚悚。這個惡魔要求浮士德博士以血書寫誓文，並授他以魔法書。契約日期到期，浮士德在要墮入地獄時變得驚恐無比，之後被拉入地獄裡去。合唱團群唱輓歌。

●●馬婁以後的浮士德

馬婁的名字在他死後很快便被人遺忘了，不過《浮士德博士悲劇史》被翻譯成德文，帶給德國本土的浮士德劇和人偶劇相當大的影響。德國的戲劇會出現丑角也可說是因為受到《浮士德博士悲劇史》的影響。

不知不覺間，在浮士德劇當中梅菲斯特的地位變得越來越高。雖然最初是「下級惡魔」，但最後甚至卻被賦予「賢能之魔」（Klugheitteufel）的迴異稱號。不只如此，他還是在惡魔之中腳步最快、應浮士德的召喚馬上就出現的一個。

可說其速度之快「和人類起心動念一樣」。

18世紀的德國文人萊辛（Gotthold Ephraim Lessing）所作浮士德劇的部份片段（他為了要為論爭做旁證，因而將部份片段以「友人舊稿」之名發表）裡的**梅菲斯特（Mephistopheles）**出現得更快。被求知欲所操控的浮士德把地獄最快的七個惡魔叫喚出來，問問他們誰的速

---

16. 譯注：於桂冠代理之中文版中Mephistopheles譯作「魔菲斯特菲力斯」。

度最快。

　　惡魔們紛紛回答：「我和風差不多快」「我的速度和光差不多」「和人類起心動念一樣」……最後剩下來的梅菲斯特回答道「和人類由善轉惡的速度差不多」，這個答案讓浮士德初次感到滿足。

●●歌德的《浮士德》

　　19世紀的文豪歌德在年幼的時候相當喜歡看人偶演出的浮士德劇。他和前輩萊辛一樣，嚮往著不為財富不為名、潛心追求知識的浮士德的形象，費時耗日地書寫浮士德劇。歌德筆下的梅菲斯特言語輕浮好嘲笑，個性鄙俗，見到高尚或看似高尚的事物就非得揶揄一番不可。在日語版裡，森鷗外所翻譯的梅菲斯特就充份地傳達了這一面的特質。

●●歌德以後的浮士德～文學時代～

　　歌德的《浮士德》受到相當好評，特別是受到文人們喜愛。不光只是賢者浮士德的苦惱、浮士德和葛麗卿（Gretchen）之間的悲戀亦受到歡迎，連梅菲斯特也獲得相當多的支持。19世紀的俄羅斯詩人普希金（Aleksandr Sergeyevich Pushkin）模倣歌德《浮士德》中的一個場面寫成幽默詼諧詩，讓梅菲斯特盡興地講了許多廢話、閒話。

　　從來，許多文人都對浮士德獻上讚頌，此時梅菲斯特（或之類的東西）便不斷地不斷地出現，以下就介紹當中幾個重要的例子。

　　19世紀的俄羅斯文人屠格涅夫（Ivan Sergeevich Turgenev）在中篇《浮士德》中，或許創造出了世界上第一個女浮士德。其大綱如下……女孩薇拉（Vera）有一個魔術師祖父，母親是一個相當嚴格的女性。祖父和父親死後，薇拉由母親一手拉拔大，在完全接觸不到詩或小說這種「虛構物」的環境下教養而成。即使結婚生子到母親過世之後，薇拉言行舉止及風采容都絲毫未變，有些矯作的冷漠且年輕。德國留學回來的男性舊識（故事的敘述者）來拜訪這樣的她，讀了《浮士德》之後說給她聽。薇拉第一次對文學和感情開啓了雙眼，不知不覺間和說故事的人互相喜歡，但是一直苦惱於亡母的幻影苛責著自己而因此病倒，終於死去。

　　這個故事的梅菲斯特是說故事的那個人，還是薇拉的母親呢？每個人讀來心中的感覺大不相同吧！

20世紀的德國小說家湯馬斯·曼（Thomas Mann）在長篇的《浮士德博士》裡，描寫了年輕且才華橫溢的作曲家過度追求瘋狂靈感，為此身染梅毒而一切破滅的故事。這個故事裡扮演梅菲斯特這個角色的應該是梅毒螺旋菌（Treponema pal- lidum）吧！

●●歌德以後的浮士德～影像時代～

20世紀以後電影開始流行，甚至壓倒詩和小說，浮士德和梅菲斯特也在其中登場。

歌德的《浮士德》所翻拍成的電影作品並不多，只有德國版（1926年）和義大利版（1948年）。兩部都完全捨棄掉《浮士德》的後半段故事，只對處理前半段的戀愛悲劇有著濃厚興趣。

話雖如此，實際上出現浮士德和梅菲斯特這兩個角色的電影卻很多。

描述浮士德劇後台發生的怪事的作品；描述在納粹庇護之下因演出浮士德一角而名聲大噪的演員心中苦惱的作品；或是描述舞台不在中世紀，而是移往歌德出生的十九世紀初的作品……。

而在20世紀的日本，梅菲斯特這個角色活躍的地方幾乎也全是影像作品，特別是漫畫和小朋友的節目；在日本或許慣於將惡魔或是童話故事視為小孩子的玩意。

首先是水木茂（Mizuki Shigeru）的漫畫《惡魔君》。以天才少年「惡魔君」為主角的漫畫約略可分為兩種版本問世。一個版本是不受世間倫理拘束的天才少年惡魔君為了要在此世界上創造出千年王國而征戰；另一個版本是惡魔君為了打敗恣意破壞世界的魔王和壞人而征戰。後者的版本裡登場的惡魔是「惡魔梅菲斯特」。惡魔君一喊著「耶羅姆、耶撒姆，我們提出要求！」（Eloim，Essaim，frugativi et appelavi）[17]，梅菲斯特就會出現。穿著有點骯髒的大衣和圓型高禮帽的惡魔梅菲斯特，擁有不可思議的力量能解決任何奇怪的事件，但很小氣也很懶惰，所以不太理會這類的呼喚。萬不得已的惡魔君只好吹起他擁有偉大魔力的「所羅門笛」讓梅菲斯特頭痛欲裂，強迫他跟隨

---

17. 譯注：Eloim，Essaim，frugativi et appelavi，為惡魔君最著名的咒文。

惡魔君一起征戰。也製作成了電視連續劇（當然是第二個版本）。

在電視版裡，惡魔梅菲斯特只要一說「妖術機關槍」，他的魔杖頭就會發射出機關槍子彈，相信很多日本人都對這個魄力場景印象深刻。再者，這個電視版裡登場的梅菲斯特兩兄弟更令人充滿了興趣。哥哥梅爾費內西斯・梅菲斯特（吉田義夫飾演）在無論對誰都不能使用魔力的「濕婆女王神殿」，為了要救惡魔君在不已得之下使用了魔力，將諸島和神殿一起炸碎，結果被地獄警察給逮捕。換陣上場的是弟弟修羅撒爾坦・摩梅特・梅菲斯特（潮健二飾演）。順帶一提的是，《惡魔君》也有動畫版。

接著介紹的是特攝劇「Ultra Man」[18]。第33集「被嚴禁的一句話」裡，來自梅菲斯特星的外星人登場。穿著燕尾服的宇宙人目的是征服地球。但是他不喜歡使用暴力，所以選了一個少年來代表地球人，請這位少年把地球讓出來。

「『把地球給你吧！』你只要說這一話就好了。」

少年拒絕了惡魔的誘惑，結果少年的姊姊就突然變得巨大無比，眼神空洞就好像魂魄被奪走了一樣，開始在高樓大廈之間破壞起來。曾經企圖侵略地球的卻戰敗的外星人出現在大街上的其他角落。

梅菲斯特星人是異星球來的客人，其行動是要引誘人出賣自己的靈魂；此乃浮士德傳說一直以來的古典惡魔模式。

如同此處介紹的一樣，**梅菲斯特（Mephistopheles）** 前後共跨越約五個世紀仍持續活躍著。恐怕到第六個世紀的21世紀仍會有許多的梅菲斯特會被創作出來吧！

伊斯蘭教

■ 伊斯蘭教圈的惡魔

伊斯蘭教繼承了猶太教、基督宗教的脈絡，因此伊斯蘭教圈裡的惡魔和猶太教、基督宗教圈裡的惡魔相當類似。

---

18. 譯注：台灣翻譯成鹹蛋超人。朱註：特攝愛好者們比較偏好早期的超人力霸王譯名。

下面是相似處：

- 違背神、造行一切邪惡。
  特別是誘惑神所鍾愛的人類，讓他們行惡。
- 有強大的魔力，使用妖術。
  特別是擅長讓傳染病流行散播。
- 能夠隨心所欲改變樣貌，變成人或野獸。
- 擁戴墮落天使**易卜劣廝**（**Iblis**＝※路西法 Lucifer）為大頭目。

反之，下面舉出其中之相異點：

- 在基督宗教的民間傳承中，地獄之王是撒旦（＝路西法），加諸痛苦於罪人是惡魔的工作。另一方面，伊斯蘭教的說法則是，地獄之王是馬力克（Malik）[19]，予罪人痛苦則是天使的工作（→**撒旦 Satan**《新約聖經》）。
- 根據基督宗教一般的說法（特別是在密爾頓以後的說法），和惡魔王撒旦一起自天墮落的天使為數眾多。另一方面，伊斯蘭教則是認為，從天墮落的基本上只有惡魔王易卜劣廝一人而已，至於其他的惡魔是從哪裡出現的尚無定論。（→**撒旦 Satan**〈中世歐洲〉）。
- 基督宗教裡，妖精和惡魔比較有明顯的不同。另一方面，在伊斯蘭教裡，※巨靈（Jinn，邪靈）和惡魔間的不同並沒有明確地加以區別，一部分性惡的巨靈也被用意指惡魔的名字——※色但（Saitan）稱之。

同異處大概就是上述幾點。

再則，阿拉伯語裡一般都稱呼惡魔為色但，即「撒旦」的地方腔調。基督宗教圈內部就像前述的一樣，經過時代演變後惡魔＝撒旦的概念日益堅固，由此觀之，阿拉伯世界的惡魔，或許也可以說是這個概念的衍生結果。

---

19. 譯注：地獄的管理者，也是地獄之火的管理者。

多神教的惡魔觀

中東（Orient）

　　古代東方（西亞地區）是多神教世界，但同時也鄰接產生祆教的俄羅斯，並且也是所有一神教先祖的猶太教之誕生地。基督宗教原形的猶太教乃是在此地誕生。因此，身為多神教世界的同時，卻處處都可以發現到許多惡魔群，而他們算是猶太教惡魔、基督宗教惡魔的祖先。

　　其中的一個民族——阿卡德（Akkad）人，在紀元前3000年左右是相當繁盛的一族，人人都有著褐色肌膚。他們的神話幾乎都沒有遺留下來，《舊約聖經》的〈創世紀〉等，大部分都是從阿卡德神話裡剽竊來的。洪水神話、巴比倫高塔、所多瑪（Sodom）[20]或俄摩拉（Gomorrah）[21]等，在以石版形式殘存下來的阿卡德文獻上，幾乎都原封不動悉數地揭載著這些事。

　　他們早已使用以七日為一週的曆法，並稱安息日[22]為沙巴度（Sabatu）。直至遙遠的後世，人們稱魔女集會為巫魔會（Sabbat）即是從沙巴度而來的。

　　阿卡德人的後繼者巴比倫人（Babylonia）也屬多神教的世界。巴比倫人最特別的一點在於：相當於惡魔首領的神也是眾神先祖——母神**蒂雅瑪特（Tiamat）**。

　　生出所有生物的母親蒂雅瑪特，也同時生出惡魔是沒有什麼好不可思議的。

---

20. 譯注：位於死海南岸的古都。
21. 譯注：與所多瑪一起被上帝毀滅的罪惡城市。
22. 譯注：從星期五日落為起點到星期六的日落為止。

但是馬杜克（Marduk）[23]卻將母神蒂雅瑪特當成惡魔之母而殺害之。

腓尼基（Phoenicia）[24]的神叫做**巴力（Ba'al）**。本來巴力只是一尊神，後來變成表示「神」的代名詞，命名為「巴力・～」的神便越來越多。

至此為止一切尚平安無事，但是卻因巴比倫鄰接猶太的關係而招致許多麻煩。話雖如此，也是因為猶太方面非難巴力為偽神才會這樣。而且，在猶太教的影響下產生的基督宗教也繼承了這樣的思想。並且因為基督宗教在歐洲廣為流傳的緣故，巴力就被視為偽神，且為惡魔首領之一。有名的蒼蠅王別西卜（Beelzebub）本來的名字也是巴力西卜（Baal-zebul）（→**別西卜 Beelzebub**〈希伯來〉）。

猶太人本身也是經過了很長一段的多神教時代，才走到現代的猶太神教。惡魔或說墮落天使之一的阿撒瀉勒，本來是和猶太的唯一神耶和華（Jehovah）並列，被認為是別的都市的其他神祇（→**阿撒瀉勒 Azazel**〈希伯來〉）。

埃及

在埃及，按「惡魔」字義來解釋的話惡魔是不存在的。但是，責司「惡」的神是存在的。**塞特（Seth）**這等殺了哥哥之後篡奪王位的人，充分具有惡神的資格。

塞特是象徵不毛沙漠、旱災的神，是與被視為和象徵尼羅河、肥沃和生命的兄長神※奧賽洛斯（Osiris）對比的角色。塞特在埃及是最強大的破壞神，這意味著塞特有著足以和奧賽洛斯匹敵的偉大神格。不過也有祀奉塞特的人。要問為什麼的話，那是因為塞特也是橫越沙漠的人們的守護者。

埃及的特徵是擁有為數眾多的死神。在非常重視喪葬儀式的埃及，包括小神、從屬神等有無數的喪葬神。說來，連本來應是主神的奧賽洛斯，也在被塞特殺害之後成了冥界之神。

---

23. 譯注：原為農耕神，後因巴比倫市的興盛而升格成最高神。
24. 譯注：地中海古代城市國家，在今敘利亞和黎巴嫩沿海一帶。

　　這是因爲在埃及宗教中將死和復活視爲重點的緣故。因此葬禮變得相當重要，喪葬神的數量也就日益增多。實際上，據說如果包括小神在內，喪葬神的數量多達數十尊之多。

希臘‧羅馬

　　希臘和羅馬的神話是多神教世界的典型神話。

　　眾神基本上都被塑造成正義的神，但同時也是既瘋狂又殘酷、如果不虔誠敬拜，就會蠻不在乎地四處作怪的存在。

　　比如說，處女神阿蒂蜜絲（Artemis）[25]把不小心看到她在水邊洗沐浴的獵人變成一頭鹿，並且讓獵人養的狗將他啃噬殺害。天界的王妃赫拉（Hera）[26]則是爲了要折磨丈夫宙斯（Zeus）外遇的對象而付出了相當大的努力。在特洛依戰爭時，奧林帕斯（Olympos）諸神更是分成希臘和特洛依兩派，各自支持一方且形成代替兩陣營出戰的狀態。

　　雖然希羅神話中惡魔是不存在的，但有神祇敵人**泰坦神族（Titan）**及巨人們存在。諸神的敵人沒有被描寫得太過邪惡，大概算得上是希臘神話的一個重要特徵。

　　泰坦神族的族長烏拉諾斯（Uranos）確實有些殘忍的一面，比如說他因畏懼宙斯之類的新神，而在他們出生之後馬上將之吞食下肚。但是，將火賜給人類的普羅米修斯（Prometheus）等人卻是泰坦神族，而且他們爲人類做的事比諸神爲人做的事要來得多（然而也因做了這些事被諸神懲罰）。

　　形態怪異的巨人們也是爲數不少。但是與其說他們因做壞事而墮落地獄；不如說他們是因想得到能凌駕諸神的強大力量才被懲罰墮落地獄。

　　在其他多神教神話裡，有著神祇血統的神之敵人頗多，希臘神話也不例外。宙斯打敗的烏拉諾斯是泰坦神族之王，同時也是宙斯的父親。巨人們也一樣，同時是泰坦神族的後裔，有時也是諸神本身的後裔。

---

25. 譯注：月神和狩獵女神，同時是誕生‧多產之神，相當於羅馬神話中的黛安娜 Diana。
26. 譯注：天神宙斯之妻，相當於羅馬的 Juno。

塞爾特（Celt）

塞爾特人是在許久以前即從中亞一代移往至歐洲的民族，在人種上來說屬於印歐語系種族。去除西班牙、英國、愛爾蘭等北歐國和地中海沿岸等地外，其文明範圍包含了從東歐開始的大部份歐洲，對現代的西歐文明也留有相當大的影響。

不過，他們本身所擁有的神話，除了英國或愛爾蘭等「海島塞爾特」區域的稍晚期傳說之外，並沒有以文字形式殘存下來。因此，在除去海島塞爾特的塞爾特神話體系（大陸塞爾特）或是民間傳承中，我們無法得知其中到底含有何種惡魔存在。

不過，大陸塞爾特文化曾傳播到與其相鄰的希臘、羅馬文明中，讓塞爾特文化的痕跡遺留了下來。甚至影響了在他們之後來到歐洲的日耳曼民族的文化。從中世歐洲傳說中登場的妖精、小人或惡鬼等，可看出其原點是來自塞爾特神話。當然這或許也可能是影響範圍廣及印度或波斯（伊朗）的印歐語系民族原本就有的神話材料。

另一方面，在與塞爾特文化距離久遠的英國或愛爾蘭神話中，卻有描述得生動鮮明的近惡魔存在。此兩地的神話富有濃厚塞爾特文化色彩，並保留了塞爾特的神話傳說文獻。

特別是在愛爾蘭神話裡，曾描述過在塞爾特眾神來到愛爾蘭前支配此島的巨人，他們也是神的敵人。這群名為**弗摩爾（Fomor）**的巨人有著猙獰外表和強大魔力，和塞爾特眾神展開了一場壯烈爭戰。結果他們被眾神給殲滅。而這種可怕敵人的形象，其實乃世界各國的民族所共有；可以說這種觀念裡面其實含有一種對異民族的畏懼感（→**英帝契Indich**）。

再者，塞爾特民間傳說中登場的魔女，也在中世到近代裡被以各種形式口耳相傳了下來。而且身為他們文明指導者的德魯伊（Druid），則被基督宗教信徒視為妖術師，被當成是神的敵人而傳流後世。

在印度，隨著武士階級的興盛，為了對抗宗教指導階層的婆羅門，擁有魔力的**阿修羅（Asura 或 Ashura）**被塑造成惡魔，而象徵力量的**濕婆（Siva 或 Shiva）**、*因陀羅（Indra）則被視為神受到崇拜。從塞爾特的德魯伊在基督社會中被形塑為行使妖術者來看，印度的宗教鬥爭也與此有些類似；而從前者的背景中，可以找出和後者相通的要

素。

總之，當某神話被其他神話給篡奪改變時，過去的宗教指導者所擁有的力量就會被視做是惡的魔力，而這些人全會被視爲惡魔。在塞爾特，也因爲是如此才有「惡魔的誕生」。

北歐

■ 擁有惡魔資質的神

古代北歐的亞薩神族（Aesir）諸神從初期開始，便被勢力凌駕於他們之上的敵對種族所壓迫。據說被稱爲巨人族的敵對種族，是把山岳、冰河、火山爆發、暴雪這類自然的壓倒性力量擬人化而成的。可是在身具基督宗教惡魔觀的現代人眼裡看來，並不會覺得他們是十分邪惡的種族。還不如說是內含惡魔性質的神族比較適合。

■ 亡靈性質的神祇──奧丁

北歐神話的主神、亞薩神族之王奧丁是個具有非常多種樣貌的存在。且是連一絲救世濟人的溫和氣質也奉欠的神。

當奧丁在傳承的過程中尚未具有神的高度威嚴前，在古代日耳曼人的想像裡，他只是於夜裡颳起暴風的靈。一般說來「神秘」這個概念是指恐懼感和誘惑力渾然相融的狀態，奧丁便可以說是此種「神秘」概念的一個擬人化存在。

奧丁擁有爲數眾多的別稱，但這些稱號幾乎都同戰爭、魔法以及死亡相連結。這些稱號證明了奧丁身爲神祇的種種強大能力，也是好戰無饜且日復一日略奪復仇的古北歐王侯、戰士，所夢寐以求的克敵能力。倍受戰士們讚頌的奧丁在傳承中更是被附加了許多能力，並被塑造成毫無道理可言的智慧者。但他的智慧並不是給世間帶來光明的慈愛，而是擊潰敵人的軍事謀略。奧丁爲了在神界集合亡靈兵士而激起人類世界的戰爭；是個陰晴不定、反覆無常的同伴，不但陰險狡猾且會忽然背叛直到昨日還蒙自己眷顧的人。這樣的奧丁形象酷似基督宗教裡的惡魔。

北歐神話裡非常有名的奸狡神祇便是**洛基（Loki）**。洛基在古代北歐並不是被當成神來崇拜的信仰對象。洛基被認爲是傳承神話的詩人們爲了讓故事能發展得更有趣而想像出來的人物。因他的性質本來僅

是為了能讓故事裡的危機發生，所以洛基被設定成機敏過人，卻老在古代神話中不停做些連自己都無法預料結果的天真惡作劇。但是，恐怕被基督宗教影響所生的變化加入洛基的神話傳承中，讓這個惡作劇神（trickster）完全變了樣。最後甚至成了「北歐版的撒旦」。俊美容貌、變身能力、是促進世界毀滅的神、直至世界末日為止都被束縛地底的命運……這些洛基擁有的眾多特徵，基督宗教裡的惡魔也同樣擁有。（→**撒旦Satan**《新約聖經》）

有趣的是，與擁有基督宗教惡魔特色的洛基極為相似的神，便是主神奧丁。兩者間重疊的部份頗多，例如和巨人族之間關係匪淺、在古代北歐所忌諱的性別變異、隨心所欲的變身能力等等。（→**奧丁Óðinn**〈北歐神話〉、**奧丁Óðinn**〈改宗後的北歐薩迦〉）

■ 變為惡魔的神

不停救贖人類與生俱來之原罪的深廣慈愛、讓人戰慄的地獄光景、高過宇宙的無限唯一神、集神權柄於一身降生成人的聖子（耶穌基督）、無數的光輝天使大軍。擁有前面這些形象的基督宗教，顯然對人心具有壓倒性的掌控能力。這個光輝燦爛宗教到了北歐後，當地的土著神馬上變成了卑微渺小的存在。換言之，相對於唯一神和基督，北歐諸神被視為施行卑微反抗的惡魔。

將基督視作守護神，且努力讓基督宗教扎根深化的挪威國王奧拉夫一世[27]（Olaf I，Olaf Tryggvesson，960年左右～1000年）和他的後繼者奧拉夫二世[28]（Olaf Haraldsson，Olaf II〈聖王〉995～1030年），在歌誦這二者的史詩（Saga）中，過去的北歐主神奧丁以惡魔身份登場。奧丁所擁有的微寒氛圍和深厚智慧，與誘惑皈依基督者將信仰轉向他者的惡魔相符。在描述此類故事的史詩裡的奧丁，身為神卻完全敵不過對方，被信仰基督宗教的國王們看穿了他的陰謀，且遭國王投來的祈禱文所擊退。

另外，身為舉世無雙的豪傑且被農民所愛戴的北歐雷神托爾

---

27. 譯注：Olaf I，俗稱Olaf Tryggvesson，960?～1000，挪威國王，努力使該國改信基督教。
28. 譯注：Olaf II，俗稱Saint Olaf，995～1030，繼任挪威國王，強制推行基督教，該國的主保聖人，紀念日7月29日。

（Thor）也在被基督宗教化的史詩裡，被描寫成屢次對基督施以小報復的小惡魔。

東歐的基督宗教

■ 惡魔與妖精

人類無法不去想像在一切事物背後有著超自然存在。這些超自然存在被賦予了各式各樣的名字。例如靈、神、精靈、妖怪、妖精。

在一神教中，這類超自然的「靈」有一部份被稱為惡魔，一部份被稱為妖精。惡魔和妖精間的差別並無嚴密的區分。因此，在早期教會政策忠於教理的地方，所有的「靈」都稱做惡魔；至於在那些主教不拘小節，說：「妖精是沒有壞到要下地獄，卻也沒有善良到足以上天堂的靈魂」的土地上，大都把「靈」稱做妖精。

東歐各國的民間傳說也反映出這樣的情況。

■ 斯拉夫的精靈們

住在東歐的斯拉夫人本來就相信著許多「靈」。

居住樹洞裡的梟或是木葉梟形態的精靈，會出現在死期將近的人面前預言死亡。

河川或沼地裡有溺死女靈停駐其中，見到俊美的年輕人就會引他走入水中讓他溺斃。南方國度的溺死女靈則會以姣好容貌和動聽歌聲將年輕人吸引至水中；而北國溺死女靈則是醜陋老婆，用力量將年輕人拉入水中。

在炎炎夏日的正午黑麥田裡，「正午之女」會出現。這個妖怪身材削瘦十分高大，長髮紮成髮辮垂墜而下。她會和在正午工作的農夫攀談，並逼問他們一些問題，如果農夫們答不出來的話，她就會扭斷農夫的脖子然後用大鎌刀把頭割下來。

這類妖精或是妖怪們之後的命運，每個國家都不相同。粗略來說，這和該國人民是接受天主教教會（羅馬）還是接受東方正教教會（君士坦丁堡，Constantinople）[29]有相當大的關係；此事也大大左右了

---

29. 譯注：伊斯坦堡（Istanbul）之舊稱，東羅馬帝國首都。

這些精怪的命運。

■ 教會・口傳文藝・惡魔

　　東歐諸國當中，波蘭、捷克、匈牙利、克羅埃西亞、斯洛維尼亞
等都受到天主教教會強烈的影響。

　　天主教教會對於根絕民間信仰或是風俗習慣等相當努力，而東歐
的天主教教會比東正教教會更要喜歡「斬草除根」。斯拉夫地區被認為
是口傳文化的寶庫，但這當中有幾個類別──比如英雄敘事詩或是葬
禮喪歌等，這些在東歐天主教文化圈裡早就被根絕了。

　　隨之而來的，出現在老婆婆的故事裡的那些妖精、精靈或惡魔
們，也漸漸為惡魔所取代了（或變得像是披著惡魔的皮一樣）。

　　另一方面，俄羅斯、烏克蘭、塞爾維亞、馬其頓（Macedonia）[30]、
保加利亞、羅馬尼亞等地都受到東方正教教會的強大影響。這些國家
的民間傳說裡雖也摻混了基督宗教體系的惡魔；但不管怎麼說，還是
只有「特別邪惡的精靈」才被視為惡魔。

■ 東歐各國的惡魔

　　如此的結果是怎樣？

　　舉例來說，在天主教文化圈國家──波蘭的民間傳說裡，出現的
惡魔就比歐洲任何一個國家都要來得多。而他們雖然擁有超自然能
力，但和其他國家的惡魔相較，並不是什麼特別可怕的東西。有時還
會同情貧窮人，甚至對不公正的審判都會發出不平之鳴。另一方面，
則是和人類外形相似，被稱作妖精或精靈的存在極為罕見；他們只被
允許生存在波羅的海深處或大海彼方的遙遠小島一類的「遙遠彼端」。

　　捷克或是匈牙利的民間傳說裡也同樣出現正直且尊重契約的惡
魔，而且有時惡魔還會遭到狡滑農夫的欺負計算。

　　一方面，在東方正教文化圈的國家，例如俄羅斯或是烏克蘭的民
間傳說裡，雖然惡魔也屢屢出現，但往往會同俄羅斯古有的精靈、魔

---

30. 譯注：在巴爾幹半島南部，橫跨今日的希臘、保加利亞和前南斯拉夫。現為馬其頓共和國。

女、妖術師等併肩登場。這些國家的惡魔會和溺死女靈結婚或者和魔女調情，有時還會叫來人類的助產婆來接生小孩。

而且，不管天主教文化圈還是東方正教文化圈，東歐各國的文人幾乎都有惡魔愛好癖。像說到波蘭就會令人想到《聖女約安娜[31]》（*Matka Joanna od aniolow*，伊瓦什凱維奇[32]）、《薩拉戈薩手稿》（*Manuscrit trouve a Saragosse*，傑波托奇[33]著）、《與惡魔的對話》（*Talks With a Devil*，科拉柯夫斯基[34]著）等……俄羅斯文豪對惡魔的喜愛不言可喻。然而，在這些作品裡出現的惡魔姿態，從悲劇英雄、永遠的背叛者，到人類最卑微渺小部份的代表都有，實際上有著各種不同的樣貌，很難從中找出共通的特徵。

但是，若要問這個惡魔愛好癖是由何而來，卻又無人能答。如要牽強附會地推論，或許可以說：是因為從遠古以前便住在自己國家的各種「靈」，被以惡魔之名在民間流傳，於是就從此中被引出許許多多的不同想法了。

（→波蘭的惡魔 Diabe、俄羅斯的惡魔 Demon <Russia>）

印度

■ 文明的衝突

印度神話是戰鬥的故事。而且也同時是發生在印度的各色文明的歷史，以及戰爭的歷史。從紀元前 3000 年到前 1500 年左右，雅利安人（Ayran）[35]（印歐民族的古名）越過興都庫什（Hindukush）山脈，遠從中亞到印度來，這是現今印度歷史的開端。但是印度在這之前就已存有擔任印度河文明中心的德拉比達人（Dravidian）[36]；也有同這些德拉比達人爭戰、比德拉比達人更古老的原始民族在此生活。而且，各民族所有的神話在他們互相接觸時也被連結了起來。有時是發生眾神間的戰爭；有時則是眾神的融合。

---

31. 譯注：內容描述一被惡魔附身的修道院，神父和院裡的修女之間的糾葛。
32. 譯注：Jaroslaw Iwaszkiewicz，1894～1984，被譽為波蘭文學巨人的作家。
33. 譯注：Jan Potocki，1761～1815，波蘭詩人作家。
34. 譯注：Leszek Kolakowski，1927 生，波蘭學者。
35. 譯注：操原始印歐語的史前人類。
36. 譯注：主要為居住在印度南部和錫蘭北部的土人。

即使是在雅利安人定居於旁遮普[37]或恆河流域後，依舊有希臘人、伊斯蘭教徒、蒙古人等各民族造訪印度。在此爭戰、定居、統治，或是離開此地。在沒有敘述歷史此一習慣的印度，像這種文明和文明的、民族和民族的衝突就被取材到他們的神話裡，成就了眾神的紛爭史和融合史。

■ 古代印度神話裡的惡魔

印度神話裡的惡魔性質存在，包含了：各色神祇的敵人；人類的敵人；還有住在遠離人類村落居的密林、深山、海洋裡的精靈。

和眾神敵對存在的惡魔被稱做**「阿修羅」**（Asura 或 Ashura）或是「阿須羅」。阿修羅最初是神，記載著初期印度神話的聖典《吠陀[38]》（Veda）裡賦予他們水神此一重要的神格。另外，對同樣是雅利安人的波斯人們來說，阿修羅被當做主神阿胡拉‧瑪茲達（Ahura‧Mazda），成為他們信仰的對象。

但是隨著時代變遷，雅利安人們也開始崇拜另一個神族提婆（Deva）[39]，阿修羅便開始被視為與提婆敵對的惡魔。或許，一方面是因為印度人較容易尊崇更接近自己民族性的提婆；另一方面，和信仰阿修羅的西方國波斯間交易或爭戰的歷史，也影響了神話之故。

如果從眾神性格此一角度來看，和自然神提婆擁有的強大能力及正直相對，阿修羅乃是擁有智識和魔力的神格。託魔力之助，阿修羅可以和提婆平分秋色，有時比提婆更強，甚至可以贏過眾神。神話裡，惡魔阿修羅和神族提婆，兩者間永無止盡爭戰一直持續不休。

相對於阿修羅與眾神為敵；魔族「※羅剎娑」（Rakshasa）或「羅剎」則被描繪成人類之敵。他們有著猙獰可怕的樣貌，一到夜晚就會出現在村落裡襲擊人類並且吃人。而且他們可以變化成各種模樣，※羅剎女（Raksasi）會幻化成美女誘惑人類男子，有時也會混入他們的家庭裡。此種魔族形象被認為是從雅利安人之前的印度原住民而來的。從西邊來的雅利安人把南印度到東南亞以及大洋洲所居住的食人種族看作惡魔而加以畏懼。

---

37. 譯注：Punjab，印度西北部一地區，古代印度河文明的發祥地。原為英屬印度的一個邦，1947年分屬印度和巴基斯坦，意為「王河之地」。
38. 譯注：印度婆羅門教的宗教文獻。
39. 譯注：印度教裡的天神。

阿修羅乃眾神敵人，而羅剎是人類之敵，但他們的共通點是相傳兩者可藉苦行而變得更強。當中也有一些羅剎因經歷苦行而擁有令人畏懼的力量，進而向眾神挑戰。古代的印度敘事詩《羅摩衍那》（Ramayana）中的魔王**羅波那（Ravana）**，或是在日本被稱爲毘沙門天[40]的俱毗羅[41]（Kubera）皆爲其中代表。

印度神話裡還有出現「＊夜乞叉」（Yaksa）或被稱爲「＊夜叉[42]」（Yaksa）的精靈。他們住在遠離村莊的森林或山岳、沼地裡，擁有一個巨大的寶物；說不定這個寶物是在象徵礦物或寶石這一類地下資源。他們經常守護著此一寶物，攻擊那些前來盜寶的人們。

而由神變魔之例並非印度僅有。在雅利安人到來以前也有土著宗教裡的神被視爲惡魔的例子。具有代表性的就是蛇神**那迦（Naga）**，在神話的描寫中他時而與眾神爭戰，時而順服眾神。

■ 宗教戰爭

就這樣，隨著時日變遷，當佛教或耆那教這類新興宗教在印度出現後，雅利安人侵入以後長年累月所培育出來的印度惡魔，也開始逐漸地改變當初的形象。

在佛教中，出現了當初妨礙釋迦佛陀修行、施以誘惑的惡魔。此惡魔是一種象徵，象徵妨礙開悟的性欲、物欲等煩惱；和眞的妖魔鬼怪相比，算是一種哲學性概念。但佛教勢力越來越大，信者變得越來越多之後，也變得和至今爲止所有的宗教一樣，開始講述一些關於眾神的神話。或許可以說，這些神話是在面對深信既存宗教，亦即婆羅門教的信徒時；從「有必要提供明瞭易懂世界觀」和「有必要從同時代其他宗教吸引信徒」此兩項需求中誕生的。

因此，＊**因陀羅**（Indra）[43]或**濕婆（Siva 或 Shiva）**等神祇被吸納入佛教的世界觀裡。同時，在這之前被視爲惡魔的＊**阿修羅（Asura 或 Ashura）**和＊**羅剎**（Raksasa）也變爲擁有一個因守護佛教而倍受尊崇的地位。佛教否定了眾神之間的爭戰，並將那些爭戰容納作爲眞理的

---

40. 譯注：原爲印度神，在日本則被祀爲七福神之一，專司財富，護持佛法和道德，又稱多聞天。
41. 譯注：印度神話裡掌管財富的神，率領夜叉保護著北方的須彌山。
42. 譯注：本是印度是害人的惡鬼，但在佛典裡被視爲是毘沙門天的眷屬，一同守護著北方。
43. 譯注：司雷雨之神，爲經文及文學作品《吠陀》（Veda）中之主神。

一部份，將其對應為開悟過程中的某個階段。

　　佛教之後在印度雖日漸衰微，但這個世界觀經中國傳到西藏、日本，甚到擴展到了東南亞。而且，另一方面也因此將當地的土著神祇也收納進佛教裡；而印度的惡魔形象也在這些區域傳佈了開來。比如日本的天狗[44]就與印度神話中的精靈相似，像這種應該便可說是惡魔形像和佛教一同傳進日本的例子！

　　另外，和佛教同時期出現的耆那教也和佛教一樣，將印度神話裡的諸神或惡魔都納入自己的世界觀中。耆那教中會以無頭人像來表示一種世界觀，惡魔就居於世界的左腳，分成好幾個集團。

■　印度教的惡魔

　　和佛教向全世界推廣一事相對的，是印度對這類新興宗教產生的反動。印度教在印度乃最大宗教，現在印度仍有許多人是印度教信徒。隨著印度教讓對自古以來的印度神祇的信仰復活，同時也讓本來擔任惡魔角色的**阿修羅（Asura 或 Ashura）**或是※夜乞叉（Yaksa）的地位回復。

　　甚至還進一步賦予主神濕婆和他的妻子雪山神女（Parvati）各式各樣的化身，在這些化身當中添加了一些給人帶來恐怖感的惡魔性面向。比如濕婆就擁有黑色姿態化身，和全力使出身為破壞神所有之破壞力量的化身；而雪山神女的另一姿態則是要求人身獻祭此種血腥儀式的「黑色女神」**迦梨女神（Kali）**。

　　在印度，就像上述一樣，有許多惡魔和眾神爭戰，或是被納入眾神中；不單令人畏怖也為人信仰。印度的惡魔們不停以這種形態被傳說下去。

中國

　　中國是個歷史悠久的國家。漢民族至今仍殘存的歷史記載中，擁有世界各地的文明圈皆無可類比的數量和正確性。

---

44. 譯注：日本固有的山神之一。紅臉上有著高高的鼻子，手持團扇，身形十分高大，背上有翅膀。具有令人畏懼的神力。

　　雖說歷史是一種被創造出來的東西，但是黃河文明圈中歷史的成立卻出奇地早。有相當大的一個原因是在民族中出現了兩個天才——孔子和司馬遷。

　　但是，關於神話的成立和這一點便有所衝突。歷史家的資格是將事實正確地記錄下來，這一點和神話的成立正好是完全相反。司馬遷等人，拒絕將傳說諸帝王的相關傳記收錄到自己所著的《史記》（紀元前91年左右著成）中。

　　而且，孔子（紀元前551～前479年）這個人物更留下了「子不語怪力亂神」（不談論無法用理性說明的不可思議存在體或現象，出自《論語》「述而第七」）這種言論。因此成立了「知識份子不應和神秘主義扯上關係」的思想；這樣的思想大大地阻礙了神話的系統化。

　　話雖如此，漢民族也並非沒有所謂的創世神話。盤古此一神人將混沌的蛋推開而創造了天地；以「盤古開天闢地」的神話為首，數則神話流傳後世。另外，也流傳有若干在那個時代的神或是神秘英雄的事蹟。

　　只是，中國的神話中「與神對立的邪神」並沒有辦法在早期產生。

　　一個原因是由於中國很早便已成立了歷史，所以「神話時代」便無法長久持續下去。從神話的構造上來說，只要將新創造的故事補添連結到古代即可，但在中國從創世神話到歷史英雄間的演變在早期就已成立完畢，根本沒有擠進新神話的空隙。

　　關於傳說、民間傳說等方面，中國人也和其他民族一樣不虞匱乏。但是份量在和漫長的歷史相較下，實難稱得上豐富。如前所述，因為知識份子嫌惡神秘主義，所以除了以口傳的形式殘留下來之外別無他法。

　　本來多多少少也有一些重視記錄上述這類傳說的人。雜家（諸子百家之一，九流之一流）這一派，是以記錄當時森羅萬象為目的的學派；要說他們是百科全書的編纂者也可以。另外還有一派叫做小說家，和現在一般所說的小說作家不同，「小」在這裡的意思是「無趣」之意，因為專記錄一些無趣的話題（＝民間傳說和奇談一類）方才如此稱呼。是一種歧視用語。

　　因為有了這些人，我們才能稍稍一窺中國從古代流傳下來的神話傳說。

■ 道教

含有特定意圖而將中國民間信仰系統化的乃是道教。

本來道教是「教導人身為人所應遵循之道」的意思。後來之所以會變成現在一般所說的宗教含義，是因為系統化後的民間信仰把「道」擺在宗教理論體系中心的關係。

民間信仰的系統化大約是從漢代末期（3世紀初頭）開始。太平道、五斗米道這些信仰集團的成立目的本是要救贖人們；而當時人們因漢末混亂而使得原來信仰——祖靈信仰（請參照次項「儒教」）——被破壞。他們的目標本是要徹底濟世；給予信眾醫療、精神上的救濟、脫離貧困的。道教以此為衷成立了初期教團。

但是隨著亂世平息，教團連帶著要擴大組織。為了要傳教則必須要有一套足以救贖眾人的宗教理念。從漢代傳進中國文化圈的佛教本就是種哲學，也擁有救濟人類的力量。而將祖靈信仰體系化的儒教（孔子的教誨），本來也是哲學而非宗教。道教教團極需一套足以和這些競爭對手抗衡的理念。

加上為了集中信眾對教團的尊崇，也有必要將賦予神秘性的信仰對象明確化。

因此教團的指導者們便從外部導入了這些要素。

教理部分的哲學，以儒教的對抗勢力——道家思想為中心。老子此人將道家的基礎變成了系統化的道家思想；提倡人類回歸自然、無為無欲。思想是「不刻意有所作為，也不刻意創造，任萬物依其本性自然生長，去私欲而任自然」。而且，老子提倡身為人所應有的理想生活方式即是「道」，不只是人類，森羅萬象全有「道」，順從道而生存即是人類的理想。

這思想雖和現實社會完全背道馳且互不相容；但在將這些思想高度、細密地理論化後，這個難解思想便帶有濃厚神秘性。教團的指導者們便將這個「道」視為信仰理想並將之置於中心地位。

教團將「真人」擺在「道」信仰的最終極，這是和老子同系列的思想家莊子的學說。能夠到達這個終極階段的便是真人或是「遷人[45]」，這乃是仙人的始祖。也就是說，道教就此煥然一新地成為一個為得

---

45. 譯注：可寫成仙人，和仙人為同意。

「道」而修行，以成仙爲目標的宗教。

這個過程裡所產生的副產物，即是成立了「人類以外的、自然界所存在的全部東西都可以得道」的思想。日後的傳承和文學作品裡，出現非人類修行而成的仙人就是因此而來的。

另一方面，應信仰的對象首先就是道家思想的先人。含有祖靈信仰傳統的中國人，習慣將實存的古人神格化。老子便成爲太上老君，而莊子成了南華仙人。

但光只有這樣是不夠的，他們將古人之中具有傾向道家思想的人都陸續將化成仙人。還將儒教聖人、甚至是歷史上的英雄都神格化，結果變成主張佛教也是和道教的源頭相同。

■ 儒教

接著我們將目光轉移到儒教。

儒教是以孔子爲祖的儒家思想之別名。

儒家思想原有兩面。一面是導正人類的生活方式，欲給社會賦予秩序的哲學思想；另一面則是現今漢民族民俗信仰的集大成。

對現代的日本人來說，這兩者幾乎可以說是天差地別的東西。但是對孔子和同時代的漢人來說卻不是這樣。

古代（春秋時代）的漢民族社會是由同族支配而成立的。所謂的地域即是以巨大家族劃分，國家也是如此。支撐此種支配方式的就是漢族的民俗信仰——亦即所謂的祖靈信仰。

只要少了先祖中的任何一人，便不會有今日的我存在，因此對於先祖（從雙親開始）的尊敬乃屬必要。另外，即使是敵人，滅其全族這樣的事情亦屬禁忌（taboo）；因爲敵人的祖靈會作祟。

孔子整理了祖靈信仰並將之形成一體系。調查、發掘、整理了祭祀家族祖先、同族祖先、民族國家祖先的禮法，將這些製作完成爲一個龐大體系。據此確定國祖子孫——「王」的權威；並希冀賦予大至國家小到家族的社會秩序。

順帶一提的，對於孔子是神秘主義否定派的說法應該是誤解。孔子是祖靈信仰的專家，只不過他對不加思索便談論神、怪的非禮行爲感到憂心。

孔子最尊重的爲「天」。

天乃司命神——掌管命運之神。只是，即使天存在但卻不具有人

格，即使有意志卻不會恣意而為。像這種神叫做非人格神。而天地間的法則則成了神，神不因自身慾望而變更事物命運。天所決定的命運稱為天命，絕不可逆。孔子亦將自己視為「順天命者」。

預先將天命告知人類的就是如「兆」一類之物。

所謂的「兆」即是不易得見的特異生物；一般認為他們為了預言天災而被遣至人間，或說是帶來災害。博學多聞的孔子精通「兆」之事亦可見於史書。這可以佐證孔子並非站在反神祕主義的立場。

之後，孔子的學派裡出現了孟子這號人物，他認為王是「受天命而王天下」，若王不適任為支配者時，天將從王手中取回支配權，再授與新人天命。這被稱為「易姓革命」。

孔子死後，儒教從哲學性的儒學中分化出來成為宗教性的儒教。這完全是因為誤解了孔子所說的「子不語怪力亂神」一話才開始的（至於儒學的解說因為在此處並無相關，故不涉及）。

正因儒教本以祖靈信仰為基礎，所以存有許多宗教性要素。因此孔子在死後被尊祀為聖人成為信仰的對象。之後隨著時代演進，天被賦予人格後也變成了信仰的對象。甚至，被孔子視為理想支配者而尊崇的上古帝王也被神格化，最後連古代神話的眾神也都被祀奉。同時，同他們對立的反叛者們就成了邪神，為讓邪神不要作怪所以也一同祀奉他們（再則，孔子的時代還沒有「皇帝」一詞。孔子後過了700年，秦王政〈始皇帝〉一統天下時才取用了上古的皇、帝、王之稱號，創造皇帝一稱）。

直接將地上支配體制納入神界乃是儒教神界中的一個特徵。

就像中國是以皇帝為首的一個龐大官僚國家一樣，儒教的眾神也從屬於以天神為首的官僚機構，並於其中各司其職。而且中國透過名為「科舉」的國家公務員考試從民間拔擢有能力的官員（即使實際上並無卓越成效）；儒教神界裡會也從死者中選出優秀人賦予神職。名武將或名政治家在死後馬上會獲得高階神職（最有名的屬《三國誌》的關羽成了關聖帝君），即使是沒沒無名的庶民，只要在地方上德高望重且廣為人知，也會被當成該地的土地神。而決定死後是否為神的，通常是平民對該人的評價。

儒教這種民間信仰的面向，在稍後被道教所統合了。

■ 誌怪小說・神魔小說

　　之前已說過中國知識份子將「子不語怪力亂神」的態度視作準繩。

　　但平民並未受到這個思想影響太深。關於這點，我們只要看了名為誌怪或神魔一類的文學作品即可了解。

　　直至近代，中國在文化方面仍是世界中的一大先進區域。在平民教育一點上，由於方才提及之科舉制度，所以是個教育普及最深的文化圈之一。還有一個很大原因是製紙、活字印刷等技術的發祥地也是中國；可以說書籍是與中國人生活相當密切的產物。

　　當然，對日常生活窮困的人們（這個階層佔了最大多數）來說讀書是不太可能的。不過對生活堪稱餘裕的都市居民而言，文字並非那麼遙不可及的東西。

　　此外，中國還有一種名為說書（講談）的娛樂。對不會讀寫的民眾來說，說書人所說的故事乃是相當重要的娛樂。此類說書的內容之後刊行爲以富裕民眾爲對象的書籍。這就是白話（俗話）文學。

　　這些適合民眾的文學作品裡，最受到歡迎的種類之一即是名為誌怪小說、神魔小說的作品。

　　誌怪和日本所說的怪談很類似。把一些幽靈或妖怪出現的奇談小說化的《聊齋誌異》（1766年）便屬其中代表。

　　另一方面，神魔小說就如同字面一般，是一些神明、仙人或是魔怪活躍書中的故事。《西遊記》（1570年左右作成）、《封神演義》（明代作成）等都是當中的代表作，而同時期作成的《水滸傳》、《三國演義》等書也可見到這些神魔小說的影響。

　　從這些小說可以了解當時民眾的生活觀點，這點十分珍貴。不過，本書所定義的「惡魔」卻不常出現其中。誌怪小說中活躍的是大多是以狐（狐仙、狐妖）爲代表的動物靈，而且以害人爲目的的幽靈也並不多。

　　至於神魔小說的話，雖然很想對各位說「裡面確實出現了許多魔怪」，但即使在此類書中兼備「在人界行惡」「爲固有存在」兩種條件的魔怪也並不多。魔怪也會爲了特定目的（比如吃掉三藏法師等）鬧事，或是和仙人之間互相爭戰。

　　其他的區域也是如此，要在唯一神信仰的基督宗教圈外，尋找適合「惡魔」定義的存在體似乎有些困難。

朝鮮半島和台灣

和中華文明圈相連接地區的其中一個就是朝鮮半島。

朝鮮半島是個在歷史上受到中國很大影響的國家。並不止於政治方面，還涉及了文明、文化、思想等所有層面。

朝鮮半島的古代文獻非常稀少。其中一部份是在日本侵略（豐臣秀吉的朝鮮征伐、日韓合併時的日本統治）時被帶走的，但絕大部份的原因還是因爲受到中國的影響。從古代到近代，朝鮮一貫奉行中華思想。也就是說，朝鮮在思想上承認中國這個宗主國的優勢，並學習中國想要成爲中國。因此他們直到近代幾乎都未曾擁有過獨自的文化。因爲擁有獨自文化一事，便代表著離開中國而退化爲蠻族。

例如，在朝鮮半島史方面，可信賴的朝鮮文獻約在12世紀開始出現，這些文獻全部是以漢文（中文）所寫成。當然，從古代開始即已有朝鮮半島語這種語言；但是他們否定了文言體的朝鮮半島語，而以中文來記錄一切。沒有遺留下任何關於古代、中世的文獻，就是因爲這個原因。

因此，神話或傳說幾乎也沒有殘留下來。特別是關於神話的部份，創世神話的片斷和以「檀君神話[46]」爲代表的建國神話也只遺留下一小部份，這部分也被認爲是在進入中世之後才作成的。「檀君神話」裡記述著朝鮮被漢人子孫統治的事，顯示出其受中華思想影響之深。

繼承「檀君神話」的是百濟（4世紀前半～660年）或新羅（365～935年）的建國神話，但是這些國家存在的時期和日本的邪馬台國時代相差不遠；換言之這約是西元2世紀左右的事。別說是關於盤古開天闢地的神話，即便是與日本《古事記》[47]等書相較，其內容也是屬於相當晚期的東西。自然，就幾乎沒有惡魔一類的存在出場。

朝鮮半島的傳說或民間故事都是以口傳形式遺留下來；最近也在進行這類事物的發掘和整理。不過也沒有發現什麼惡魔的蹤跡。擔任邪惡角色的皆是些動物妖怪或是以集團出現的妖魔。一般廣爲人知的

---

46 譯注：韓國的歷史傳說，始於西元前2333年，相傳天神之子與一位以熊爲圖騰的部落女子生下了一名男嬰檀君，之後檀君繼承了天神的天符印，建立了一個稱爲「朝鮮」的王國。

47. 譯注：日本《古事記》中並未處理世界誕生之問題，而由神明造陸開始。相較於盤古的開天闢地，《古事記》並未處理如此根源性的問題。

朝鮮半島的惡鬼是**獨腳鬼**（Tokebi），但這並不是一個專有名詞，而是一種像日本「山童」「山精」一類的精怪，亦即妖怪的一種。

另一方面，雖說台灣和中國相鄰接，但文化圈卻相當不同，因為台灣進入中華文化圈是大概近五十年前之事。連中國最後的王朝——清朝都將台灣稱為「化外之地」（＝君王教化外的土地），看成是位於中華文明圈外側的蠻族。事實上，在甲午戰爭後，日本統治所觸及的台灣乃是林蔭蔽天之地，是無數尚未文明開化的部落各自割據的未統一地域。

因此，台灣的土著神話還停留在非常原始的水準。見不到相當於創世神話的故事，有的是關於部落誕生的傳說。沒有惡魔這般存在出現的餘地。

日本

■ 基督宗教傳來前的日本惡魔

一開始首先要說明的是，本來日本是不存在「惡魔」這種概念的。

至少沒有身為「和神對立之惡者」的惡魔存在。

但是，日本神話裡存在著一個描述著土著神——國津神（Kunisukami）[48] 們被天津神（Amatsukami）[49]（在天孫降臨以前居於高天原〈眾神所在地〉，其後降至葦原中國〈地上〉的眾神同其子孫）當成惡者而加以驅趕的神話。與今日日本人有關，名為大和民族的渡來種族，征服了原初的日本主人——繩文人這段歷史事實，應當可用上面的神話來加以佐證。

在日本神話裡，「暴虐惡神」之所以被描述成在早期地面人界跋扈囂張，這只是因為朝廷和《記紀》（《古事記》和《日本書紀》）的編纂者要將此種侵略行為正當化罷了。

另外，以神武（Jinmu）[50] 為始的早期帝王們持續東征，平定了東國住民。而日本所謂的征夷大將軍一職，便是意指此種征討的總指

---

48. 譯注：日本神話裡住在地上的神之總稱，相對於住在高天之原的天津神。
49. 譯注：日本神話裡住在天上的神之總稱，相對於住在葦原中國的國津神。
50. 譯注：《古事記》和《日本書紀》裡記載的日本第一代天皇。

揮。在歷史上，征夷大將軍一職，最後已失去了坂上田村麻呂（758～811年）鎮壓**惡路王**（**Akuroou**）之亂時的「鎮壓化外之民者」性質；淪落爲僅有「幕府之長」「武家社會頂峰」等虛名的職位。征夷大將軍本是負責征服不順從天津神帝王的國津神（＝原住民）的角色。

總之，不服從天津神的存在便會片面地被定爲「惡」，或是敵人，進而被加以征服。

■ 來歷不明的神

當朝廷東征最初告一段落時，佛教經中國傳入了日本（538年）。

但是這個在印度發祥的宗教，傳來之後馬上就和極度禁慾主義或稻荷（Inari）[51]信仰相融合，大量加入了日本特有的要素。

而且甚至還出現了身份不明、來歷不明的神。

比如被稱爲**摩多羅神**（**Matara-jin**）的神即是。

他是專司往生、和荼吉尼天（Dakiniten）[52]相似的神，但並不是從中國、印度傳來的神，也不是日本的神。

後來雖然被延曆寺第3代座主慈覺大師圓仁（794～864年）當作是從中國回來的路上所感知到的神，但究竟是否眞爲如此？他是從何處帶出來的神祇？都無從得知。

只是，因奉此神爲主的天台密教的秘密儀式——「玄旨歸命壇[53]」（Genshimimyodan）具有濃厚的星辰信仰（對星星或是星座的信仰）色彩；故可推測此神應是屬於同樣擁有星辰信仰要素的道教、或陰陽道[54]的系統。

另外，其他也有像是受到中國咒術——「巫蠱」強烈影響，名爲**常世神**（**Tokoyo-no-kami**）的神祇。

這些神大多秘密流傳，而因爲形跡可疑的緣故，到後世被視爲淫祀邪教而受到彈壓。

---

51. 譯注：日語中「稻荷」是稻子的果實的意思，稻荷神也就是糧靈神、農耕神。演變到後來也有漁業、商業神等多樣的信仰型態，至今仍是日本最普及的信仰之一。
52. 譯注：傳說中是印度佛教的女神之一，傳至日本後被視爲和稻荷神是一樣的神。
53. 譯注：天台宗的一種儀式。
54. 譯注：西元六世紀時，中國的陰陽五行思想傳入日本。然而，日本的陰陽道有別於最初中國的陰陽思想，還兼備占卜、祭祀、天文、曆法等應用，屬於方術的一種。

■ 祇園民間故事

除了前面的神話神明和可疑神祇外，還有一些比較正統，但應算作怪物一類的超自然存在。

他們被流傳在京都祇園的民間故事中。

這類故事或許會因「祇園」一字而被認爲是佛教民間故事的一種也說不定（祇園原是傳說中是釋迦說法時的印度僧院），但事實上這類故事是以從《金烏玉兔集[55]》（*Kinugyokutoshu*）爲中心思想的陰陽道而來。更進一步地說，祇園本身比起佛教來更靠近神道。

在陰陽寮（陰陽師所屬的機構）被廢止之後，土御門一族（即安倍一族）爲了要殘存下去，便以佔據祇園的神職爲手段，因此將祇園開始陰陽道化。

如此，原本就有影響到日本神話的道教或陰陽道要素，也變得更加濃厚了。

■ 鬼和妖怪

日本最具代表性的怪物要算是「鬼」[56]和「妖怪」。

這兩者本都是些自然現象、非平地居民眾的山野工作者，或山中居民；對一般人來說，會把這些日常生活中的邊緣人物當作與自己不同的存在。

他們被天津神（朝廷勢力）塑造成惡者，且被奪走土地；於是逃入山林或大海這些平地居民不常履足之處。結果他們在人們心目中就成了偶爾現身的「非日常性存在」，也就是被當成了「物之怪者」（怪物）。

這些鬼或妖怪最初只是會引人注意之物，故在將他們繪爲圖畫時也不會精細描繪。只是簡單地把他們畫成像是會走路的布袋，或是外表和普通人無啥差別的生物。但隨著時代轉變，他們便被怪物化、怪獸化了。

---

55. 譯注：被視爲是陰陽道的聖經，相傳爲陰陽師安倍晴明所著。
56. 譯注：日本之「鬼」與中文慣稱的鬼有所不同，日本的「鬼」較接近妖怪一類，此處爲免與妖怪混淆而直接引用日文漢字。

承擔這項任務的，是江戶時代的町狩野[57]畫師鳥山石燕（1712～88年）。他將至今爲止只以概念形式存在的妖怪或怪物用繪畫具體表現出來（留有『圖畫百鬼夜行』等名畫）。不過，據說生性詼諧的鳥山石燕捏造了好幾個妖怪，還在那些妖怪旁附上「自古即有」之類的說明。

妖怪被以繪畫方式表現，取得怪物的性質後；妖怪也就此從「物怪」（要警戒留意之物）或自然靈的立場，轉而變成鬼怪或是必須要消滅的對象。

■ 幽靈、怨靈

在日本，名爲「幽靈」或「怨靈」的靈體力量頗爲強大。

古時有平將門（Masakado Taria）或菅原道眞（Michizane Sugawara）；新的則有江戶落語[58]的怪談說[59]。

但是這股風潮是在進入元祿年間（1688～1704年）才興起，時間上出人意外地晚。

寬政年間（1789～1801年）以後，戲劇小屋因夏季場次的入場客人漸漸變少，爲了要聚集客源於是開始上演《四谷怪談》（1825年初演）。以此爲濫觴，陸續產生了幽靈怪譚或怨靈怪譚。

或說是因爲處於和平時代的關係，這些故事的背景皆已不再是「征服地」或是「外來的入侵者」。而如果沒有外敵的話，那便僅剩下內敵而已。

換句話說，在施行幕府制後，計畫性地執行了交通開發或人口調查等事，結果讓民眾了解到世界上並沒有未知的部份。

德川幕府一口氣消滅了鬼或妖怪這些怪物。但在同時卻也形成了一種結果：讓人類造出的幽靈、怨靈這類懷有怨念的怪物解放於世。

這並非什麼值得驚異的現象。在這世界上也有好幾個這種因世界觀的充實而喚起新土著妖怪的例子。德川幕府結束後，在明治政府在成立前後，積極收攝西方文明、排除土俗幽怪一類迷信的時代，也曾

---

57. 譯注：日本傳統繪畫派別中的「狩野派」的最底層，於民間自營的畫師稱做町狩野。
58. 譯注：落語是日本曲藝的一種，專講滑稽故事，有點類似中國的單口相聲。
59. 譯注：落語的一種，在夏天講述幽靈鬼怪故事時，會將照明弄暗，並有人扮幽靈鬼怪出現在觀眾席中，給觀眾帶來恐怖感的一種落語表演方式。

掀起過一股前所未有的超自然神秘熱潮。

■ 愛奴[60]神

那麼，原本的（不是身為征服者的大和民族，而是和被征服的繩文人血脈相連的）日本人所意識到的神應該是怎麼樣的一種存在？

從世界歷史的角度來看，即使遭到征服而被迫接受征服者文化；民族原有的宗教觀或和眾神相繫的世界觀，也並不會就此輕易消失不見。雖然有一些神會以「暴虐神」的形象被納入征服者的神話中；不過和日常生活更加緊密連接的土著神——多是不會成為抵抗征服者的精神基礎因此被征服者疏忽的小神。他們雖不起眼卻會在日常生活的意識形態中存留下來。灶神和付喪神[61]（由因破舊被丟棄的用具所成之神）便是其中的典型。再則，像拔刺地藏王[62]的「針供養」，便是融合了征服者所帶來之宗教後留下的產物。

這些便被認為是日本人最初體驗到的神祇之原形，從中可以看出愛奴（主居北海道）或琉球（沖繩）的神。

愛奴神是典型的自然精靈神，和多神教的希臘神話裡的眾神一樣，幾乎沒有惡神存在。雖然有危害人類的「壞傢伙」，但其屬性並非為神，而是依神明意志在行惡。神是種會為了工作或某種修行，在一定期間內（或是為了完成特定的目的）從神國來到人界的存在。山神、湖神之名，在某種意義上來說是像職稱一般的名稱，因此即使有的山神會加害人類，卻也不會因此將山神和惡神連接在一起。

像這種沒有固有名稱的神，或相似的替代概念；在《記紀》眾神的小故事或是民間傳說中，到處都可以見到他們留下的痕跡。在此，並沒有和所有神祇與人類（有時是動物或是自然物）敵對，絕對性的邪惡存在；更進一步，連惡魔的概念都是不存在的。就像開頭所敘述過的一樣，會出現惡神、惡魔、惡鬼的概念，是在大和民族的日本征

---

60. 譯注：日本北海道的原住民人種，愛奴族。後因明治政府的統治政策而破壞了其原有的文化傳承及生活型態。
61. 譯注：又寫作九十九神，器物在經過長年累月之後變成妖怪。
62. 譯注：東京豐島區巢鴨地區的曹洞宗寺院—高岩寺，據說該寺的地藏王菩薩能靈驗地拔除身上疾病。

服（除去抵抗不服朝廷統治的北關東以北居民的土地、蝦夷地[63]和琉球不論）行動接近完成時的事。

■ 天邪鬼

如前述種種，基本上在日本古來的民間傳承裡惡魔是不存在的。但也有少數例外，比如「**天邪鬼**」（Amanojyaku）和「山姥」便是其中之二。

天邪鬼是日本最古老的惡鬼，同時也是最神秘的存在。有著能襲擊小孩或老人並吃掉他們的能力，但並不擁有特別強大的力量。不如說他是有專行拐騙之事的小聰明，卻沒有什麼力量的怪物。

關於天邪鬼的原形眾說紛云，一說是從住在山裡的惡鬼、山姥、山童或山彥（Yamabiko）[64]所演變而來；另一說是由中國的狐妖傳說變形而來。以此兩種說法最為有力。特別是山彥又擅長模仿天邪鬼，因此一特徵和上述說法相符，故以前一說最具說服力。另外，後來天邪鬼似乎也納入了佛教的餓鬼形象，這一點亦不難想見。

受到天邪鬼影響的其他惡鬼還有「河童」和「喀嗒咯嗒山狸」。雖然河童有嗜食人類屁股和肝臟、常作壞事或惡作劇、身具怪力、和水關係密切這些後來新加的許多特徵；但河童與人類之間的瓜葛卻和天邪鬼很類似。

「喀嗒咯嗒山狸」中最古老版本的狸會拐騙老婆婆，讓身為自己敵人的老爺爺把她吃下去以進行復仇。而在東北地方流傳的《瓜子姬》故事中，則是天邪鬼誘騙瓜子姬的養父母把天邪鬼殺掉的瓜子姬給吃下肚。

河童的傳說，大多最終會和人類間訂立和平協定；而咯嗒咯嗒山狸則是因為兔子之故而遭受報應被溺死。無論哪一個故事，從故事構造上的成熟度到故事結局，都可確知這是佛教傳來後才成立的民間故事。

■ 山姥

---

63. 譯注：明治時代以前，對日本北方的北海道、樺太、千島的總稱，特指北海道。
64. 譯注：山之神或山之靈。

關於另一個日本的惡鬼——山姥，一般說法是：其乃是將山的恩惠和可怕處加以擬人化，並和山中少數民族（推測是原種日本人，但也有一說是渡海來日之民。無論何者皆非大和民族）的形象複合後才產生的。

山姥形象更近一步被「悟」（Satori）[65]（能猜住在山中小屋裡的男人心裡所想之事）、「**飢餓神**」（**Hdaru-gami**，被他附身時會劇烈飢餓，甚至會無法起身動彈不得）、「雪女」（出現在下雪夜晚的女妖）、「山男」（住在山中的畸形人類）等妖怪所繼承。在這，作爲人與妖之分水嶺的，仍是對「不順服者」的恐怖感。但這些妖怪並非是大和民族爲貶低其他民族才創造出來的；而是從一般民眾（幾乎都已和大和民族同化）的原初偏見以及由此而生的恐懼感形成。這點和「暴虐神」是不一樣的。

山姥的惡行幾乎可以集約成一個模式，那就是吃人。有時是吃掉山裡迷路的人；有時假造出廟寺將旅人吃掉；或甚至吃食自己的兒子。從這可看到原初的恐懼：即自己的死亡和肉體消失。從一點可以看出，山姥應是相當遠古以前便存在的惡鬼。

初期的山姥本來並非僅會危害人類的惡鬼；山姥同時也會帶給人類山中產物。有時山姥會給人的這些山林產物（主要是水果、木實或鳥獸等）；有時是領人到有這些物品的所在地去；或是這些東西會從被殺的山姥屍體長出。這是常可在豐穰或大地的女神身上看到，不分中外皆有的形象。補充說明，沒有其他神祇會像豐穰神那樣需要頻繁地奉獻供品。這是因爲豐穰神同時也是需索肉體的神祇之故。

隨著時代變遷，這些山林產物變成了直接意味著金銀財寶的寶物。而在山姥被打倒之後，主人翁通常會得到這些寶物然後返回鄉里。再則，鬼（或是這類的怪物）擁有寶物這種事，毋需引用桃太郎的例子也可以明白，這是古今中外皆然的普遍現象。

這樣的山姥在和佛教思想的「鬼」融合後，除「**安達原的妖婆**」（**Adachigahara-no-onibaba**）、「三枚護身符[66]」等高度洗練的故事

---

65. 譯注：形似猿猴的山中妖怪，會出現在人面前一說出人心中所想之事。
66. 譯注：日本福島縣的地方傳說，一個小和尚帶著師父給的三枚護身符到山中玩耍，因貪拾果子而被鬼婆引到家裡去，最後用三枚護身符逃命的故事。

外，山姥已漸漸不在民間故事或是傳說中出現了。

北美

　　北美美洲土著的宗教處在薩滿信仰[67]（Shamanism）和萬物有靈信仰（Animism）的階段。因此，並無「與神對立而欲毀滅世界的惡魔」此種概念。

　　話雖如此，在他們的神話裡卻出現了為數眾多的邪惡存在。以雙胞胎、兄弟或是姊妹的形式，來描寫善惡對立的神話為數頗多。但是大部份都是惡神這一方因善神的智慧或機靈敏捷而被無力化。

　　比如，約瑪族的可可馬特（Kokomat）和巴可塔爾（Bakotar）是雙胞胎，巴可塔爾被善神可可馬特欺騙而變成了瞎子。只不過，這樣的對立並不一定就意味著善惡的對立。因為有神話中出現了兩個感情不好的姊妹，但兩者卻都不是壞人的。不過也有包含惡魔觀念的神話存在。這可能是受到在數百年前來到北美大陸的白人所帶來的基督宗教影響之故。因受到基督宗教惡魔概念的影響，所以美國土著的神話中也採納了惡魔。

　　可做為例證的，是美洲土著神話裡馬的存在。在西部劇裡，「乘馬來襲的印地安人」這種場景可謂不可或缺。但事實上美洲大陸原來是沒有馬的。所有的馬都是歐洲人帶進來的，之後因便利快速所以在美洲居民間廣為流傳開來。但是在美洲土著的神話裡，動物誕生的神話中，卻有著馬同時和海狸、水牛一起被創造出來的神話。這顯示了：本來沒有馬的動物神話為了要強調馬的重要，所以變成了含有馬匹的神話。換言之，神話是一種經常被持續創造的東西。

　　惡魔應該也是以同樣的方式被採納入美洲土著的神話裡。

　　而且也有一些因惡魔的搗亂而使神創造人類失敗的神話。例如神捏塑人像要燒製，但因惡魔跑來而燒製失敗；結果弄出了燒不夠的白色人像和燒過頭變黑的人像。這神話也被認為或許是在白人和黑人來了之後才成立的神話。

---

67. 譯注：原始宗教的一種晚期形式，形成於原始社會後期。具有明顯的氏族部落宗教特點，相信靈魂不滅和萬物有靈。

馬雅（Maya）‧阿茲特克（Aztec）

　　馬雅、阿茲特克這些古代文明是從墨西哥的猶加敦半島（Yucatan）[68]起，橫跨瓜地馬拉、貝里斯、宏都拉斯、以及太平洋這端的哥斯大黎加，在這片廣大土地上榮盛一時的文明。這些文明統稱為「中美洲（Mesoamerica）文明」。

　　中美洲文明的宗教將世界以二元論劃分。晝與夜、生與死、善與惡。若晝在偉大的太陽神統治下是安定與秩序的時間；那麼夜就是魔神遊蕩的神秘時間。

　　只是，這樣的對立概念並不一定完全是種敵對關係。倒不如說這是一種相輔相成的共生關係。夜確實是封閉在黑暗中的危險時刻，但也是人們為了獲得明日的活力而休息的時間，亦是通靈人（shaman）[69]朝向靈的世界出發的神聖時刻。

　　因此中美洲宗教裡一名神祇通常同時交雜著善與惡的屬性。最清楚的例子就是混沌神**泰茲卡特利波卡（Tezcatlipoca）**，他基本上是個帶來混亂和破壞的神。另一方面也擔任著打破停滯沈澱狀況，為世界吹進一股嶄新力量的角色。另外，他也有會令人會心一笑的小插曲：泰茲卡特利波卡有次達成在摔跤中打敗自己的男人的心願，而令那名男子的戀愛成功。

■　無力量的魔神

　　那麼，是不是完全沒有「惡的存在」呢？其實不然。馬雅、阿茲特克文化中有類似基督宗教所說的「地獄」的地方，裡面存在眾多魔神。當中有不少會在地上徘徊。他們不崇敬眾神，若無旁人地四處胡鬧為人間帶來災害。他們並不似基督宗教裡的「惡魔」那般狡滑，只是單純炫耀自身幼稚能力的存在。這些魔神們大多有共通的性格特徵，那就是傲慢不遜和欲望強烈。在許多小故事中，他們曾是盛極一時的存在，但結果終因自身的性格而導致毀滅。巨大怪物**維科布‧卡庫伊科斯（Vucub Caquix）**一族也是如此，他因英雄雙胞胎的智慧被

---

68. 譯注：墨西哥東南部的半島。
69. 譯注：具有能和神靈、精靈、死靈直接交談接觸的能力，能治病、指使惡魔、預言等的通靈者。

439

滅亡。

■ 人身祭獻和基督宗教的到來

談到中美洲宗教的話，不能避免的便是「人身祭獻」。這種將犧牲者心臟摘取出來奉獻給神的血腥儀式，確實存在於此地域內。這是爲了要賦予守護世界的眾神們活力的緣故。人身祭獻若有任何怠慢的話，神力便會衰弱，世界也將沈沒在黑暗中。

「人類對世界的存續而言乃是種必要存在」——中美洲人便是根據這種理論來確立人類自身的存在意義。

但他們的宗教體系也因從海的彼岸而來的征服者而被化爲齏粉。原因便是西班牙人和基督宗教的到來（16 世紀前半）。對基督宗教的傳道士而言，當地的神就是「惡魔」，至於人身祭獻更是「無藥可救的邪教墮落儀式」。

因此便興起一陣異端審判和偶像破壞、改宗換教的風暴。許多珍貴圖文書被扔進火中，神像被砸碎。當時傳教士所著的記錄文獻相當多，如西班牙出身的方濟會會士狄亞哥（Diego de Landa）[70]（1524、25～1579 年）的《猶加敦事物記》（1566 年左右）便是。當然，這只不過是些透過偏見（針對崇拜異教的原住民）濾鏡觀察而成的偏頗記錄。這些作品當中，來到奴瓦艾斯番納（Nueva Espana，於今日墨西哥）的西班牙方濟會士班那狄諾·狄·撒赫根（Bernardino de Sahagon）（1499、1500～1590 年）花了二十年的時間搜集資料寫成一本叫做《奴瓦艾斯番納事物總史》的詳細大百科。但這本巨著因爲教會壓力而不幸被禁止發行（現在則是以《佛羅倫斯文書》之名收錄在義大利的圖書館裡，是研究被征服以前的墨西哥不可欠缺的史料）。

經過數百年，中美洲的「惡魔」們已成了遭人遺忘的存在。結果，即使中美洲人未奉獻生命世界也沒有毀滅，人類也沒有受到懲罰。而到了現在，索求鮮血（這是人類自己傾注的想法）的「惡魔」們，只在民間傳說中默默保存著命脈。

---

70. 譯注：天主教方濟會會士。

大洋洲（Oceania）

　　主張太平洋地區信仰以萬物有靈論（animism）為主體的說法最為有力。惡作劇神（trickster，文化人類學上的分類是丑角）擔任著神話形成的重要角色。

　　太平洋地區惡魔的特徵，能舉出來的大抵是居於海裡的惡魔居多一項。對散居在太平洋各小島上的人們來說，海是取得魚貝類等惠澤之處，也同時是讓船遭逢海難、會殺害人類的恐怖地方。

　　大溪地人傳說中出現的**帕夫努愛阿皮塔愛特萊**（**Pahuanuiapitaaiterai**）就是住在深海裡的惡魔。大多認為此類惡魔象徵著船員們會遭遇的海洋風險（暴風雨、觸礁擱淺或是鯊魚）。另外，像紐西蘭原住民毛利人的魚神塔格羅亞（Tangaroa）[71]還會同章魚惡魔羅葛・托姆・黑雷作戰。

---

71. 譯注：魚和爬蟲類之神，也被認為是大海之神。

現代虛構的惡魔觀

小說

十九世紀初期，文學世界裡出現了故事小說。

直至十九世紀初期為止，文學大都是以戲曲或私小說為主，而融合了這兩種文學形式的故事小說則從此時開始。

其中最初期的故事小說之一，便是英國的女作家瑪麗‧雪萊（Mary Wollstonecraft Shelley，1797～1851年）的處女作《科學怪人》（*Frankenstein*，1818年）。故事情節環繞佛蘭肯斯坦博士所製造出來的人造人。

這本書的內容因無需多言故在此略過；由此可知故事小說在其發祥期乃是以恐怖故事為主類。

而在故事小說的世界裡自然也有惡魔的存在。

小說裡最具代表性的惡魔，首推 H‧P 洛夫克萊夫特（Howard Phillips Lovecraft）[72]的第一本小說《大袞》（*Dagon*，1919年）中所言及的海神大袞。

原來腓尼基地區的土著神由於被猶太教、基督宗教取代，因此而遭完全遺忘；而洛夫克萊夫特讓這些神以邪教神的身份重新復活。

此後，許多作家便積極挖掘那些被遺忘的神祇及傳說，藉此顛覆支配歐美宗教觀、倫理觀的一神教；或是單純地將他們視作可怕的怪物、魔神，讓他們復甦重現。

然而大多數作家不過僅是想找到「令人耳目一新的角色」，好用以取代已是陳腔濫調，甚至惹人發笑的基督宗教惡魔罷了。

但洛夫克萊夫特（可能是在無意識的狀態下）帶頭開始的「發掘

---

72. 譯注：1890～1937年，美國作家。

神祇」題材，卻大受讀者及其他同業作家的歡迎。最後，這種把歷經數世代變遷的既有古代神話解體、重新定義、再度構築的神話，便被稱爲「克蘇魯神話」（Cthulhu Mythos）。

結果據說演變到後來，甚至有人潛入擁有初期版權的 Arkham house 出版社[73]公司內舉行怪異儀式（「奈亞魯法特協會」爲一實際存在的魔術集團）；而只存在小說中的黑魔法書《死者之書》（Necronomicon）竟也出現在舊書店的圖書目錄中。

與洛夫克萊夫特有往來的艾格霍夫曼普萊斯（Edgar Hoffmann Price）[74]（爲與洛夫克萊夫特共著《穿越銀色鑰匙之門》〈Through the Gates of the Silver Key〉的作家），據說也跟主宰神智學協會的俄國出身超自然神智學女論者 H・P 布華斯奇（Helena Petrovna Blavatsky）[75]，有著不錯的交情。

此外，由日本國書刊行會所發行『克蘇魯神話全集大系』之第二卷收錄的『死靈秘法解說』（在解說《死者之書》）的作者羅伯透納（Robert Turner）[76]，也是位對英國的魔術集團（黃金黎明，the Golden Dawn[77]）的來龍去脈相當有研究的超自然神智學論者。

克蘇魯神話不過是惡魔、魔神於現代甦醒的一個例子罷了。有關克蘇魯神話的詳細介紹，會於下一項目解說。

至於創作小說界裡的其他惡魔，具代表性的還有奇幻小說先驅－托爾金（J.R.Tolkien）的《魔戒》（The Lord of the rings）裡的索倫和炎魔。

構築了現今奇幻小說基盤的作家托爾金，將至今模糊不清的「邪惡勢力」描述得極爲具體化、階層化（雖說如此，在文藝復興時所進行的階級化其實含有對當時貴族階級的諷刺）。

亦即他創造出了「黑暗的合理化」。

而現代的「魔」的共通特徵，應當可以說是這種「邪惡的合理

---

73. 譯注：Arkham House Publishers, Inc，是克蘇魯神話系列作家最信賴的出版社。
74. 譯注：1898～1988 年，美國作家。
75. 譯注：1831～1891 年，出生於俄羅期的女性靈媒，被稱爲十九世紀的最大神秘家。有時簡稱爲 HPB。
76. 譯注：1915～1980，美國短篇小說家。
77. 譯注：19 世紀末成立之秘密結社，對後世魔法運動有強大影響力。

化」。

克蘇魯

　　針對屬現代創作神話的克蘇魯神話，最近雖有日本人開始以非英語圈、非基督教圈作家的身份發表了相關作品。但其實在初期，克蘇魯神話是為西歐人（基督教徒）所寫的驚悚小說。創始者洛夫克萊夫特（Howard Phillips Lovecraft，1890年～1937年）以截然不同的恐怖感為目標而寫出了克蘇魯神話的作品；同既有的各色惡魔故事及反基督教怪物（例如害怕十字架的吸血鬼德古拉，或是侵犯神之領域所製造出來的人造怪物科學怪人）此類老掉牙的驚悚故事截然不同。然而由於洛夫克萊夫特本身受基督宗教文化（或者說是西歐人中心的世界觀）影響極深，所以他描述的「惡魔」「邪神」「恐怖」等觀念終究還是未超出基督宗教範疇。

　　也就是說，（尤其是初期的作品當中）要理解克蘇魯神話中的邪神，一定要留意其背景含有基督宗教的影子這一點，否則是無法理解作者想表達的真正「恐怖」意念的。

■ 克蘇魯神話中的「惡魔」奈亞魯法特

　　克蘇魯神話的邪神當中，最符合「惡魔」之名的莫過於**奈亞魯法特（Nyarlathotep）**。他之所以跟其他邪神不同，在於他喜歡人類的型態，且不僅止於使用語言與人們進行知性溝通，還訴諸於人類的慾望和感情，誘導人類自己走向毀滅和墮落的道路。這一點簡直就跟基督教裡的惡魔如出一轍。

　　實際上，奈亞魯法特此種角色的形象源頭之一，無可否認地跟基督宗教的惡魔有關。他喜歡的樣子，是一個叫做「BLACK MAN」的膚色黝黑之人。雖然臉部輪廓同白人一樣，但是膚色卻黑如黑檀。他這種型態也跟基督宗教惡魔所喜好的化身模樣極為酷似。在克蘇魯神話作品中，也有一些說中世紀惡魔的真面目，就是奈亞魯法特本身的。

　　從十一世紀到十九世紀，「惡魔」就已在各種文學作品、小說、戲劇、民間故事中扮演要角或敵方角色。但這種情況又磨損了惡魔原本擁有的背德和恐怖形象。於是惡魔變得已不再被當作是懼怕的對象

了。

　　換言之，奈亞魯法特可以說是在現代世界中回復了惡魔本質，東山再起的「惡魔」。

　　然而，惡魔本來就是違逆唯一神的反叛者，也可說是爲了動搖唯一神信仰而誘惑信者的存在。也就是說，爲了描述惡魔的存在，唯一神的存在便成了故事的前提。極端說來，有唯一神才會有惡魔，惡魔的力量也是永遠無法超越唯一神的。

　　相對於此，對奈亞魯法特而言，與他對等的善神亦即唯一神乃是不存在的。（的確，奧古斯都達雷斯（August William Derleth）[78]雖然創造出與奈亞魯法特相對的**哈斯特（Haster）**和**克蘇魯（Cthulhu）**等邪神，但這種「相對」並非是像希臘四元素論的那種「對等」，也非是表示善惡等象徵性的「對立」。且以諾典思[79]（Nodens）爲代表的舊眾神，也並非是與奈亞魯法特對等的存在。）

　　也因此奈亞魯法特的力量幾乎是無窮的，他的陰謀也大多能成功。於是乎，從唯一神的枷鎖中解放的「惡魔」回復了他本來的力量……這惡魔便是奈亞魯法特。

■ 其他眾惡魔

　　由於奈亞魯法特被塑造成有龐大力量的「惡魔」，又因他擁有的力量太過強大，所以其他被分類到「惡魔」派的克蘇魯邪神的身影，相較之下就顯得較薄弱了。

　　像**伊果魯納克（Y'golonac）**會利用向人類鼓吹邪惡觀念、使人們精神墮落的手段，之後再同化、吸收犧牲者。他雖也是身爲「惡魔」系統之神，但由於其作惡對象多爲個人，跟奈亞魯法特比起來，他陰謀伎倆就顯得小巫見大巫了。再加上伊果魯納克帶來的「墮落」和「惡德」，不過只屬於基督宗教一元價值觀（而且對此全無深切倫理考察之類的論證）中的膚淺部分；這也是讓伊果魯納克變得較微不足道的緣故。如先前所述，若奈亞魯法特是從唯一神的威光中完全解放，並因此擁有龐大力量；相對地，伊果魯納克只不過是在對唯一神所訂

---

78. 譯注：1909～1971年，美國作家。
79. 譯注：被稱爲「巨大深淵支配者」的海神。

定的道德規範進行反作用而已。

即使沒有像伊果魯納克這樣擁有超自然力量的惡魔存在，一般來說，在克蘇魯神話世界中，道德的敗壞或是精神的墮落也常會讓人的容貌慢慢變得怪異，最後完全變成怪物。這只不過是傳統惡魔故事中「出賣靈魂者的窮途末路」的現代版。或許也可說是作家想用比較有說服力的方式，描寫近代以後的基督宗教信徒或擁有其他世界觀的人們，被神（＝希望）拋棄而靈魂最後在黑暗中消失殆盡的恐怖感；這才如此設定。

然而，仔細想想，精神墮落、充滿敗德及頹廢的「惡」會以異樣形態出現的這種設定，實在是非常一廂情願又不負責任的世界觀。

到頭來，變成書中只留下了這種基本性、生理性的恐懼感：自己會因魔術或是邪神的影響而變為異形生物。

■ 克蘇魯神話裡的邪神

克蘇魯神話裡的邪神，都是現實世界中的邪神（不屬基督宗教的神），或是為了虛構神話故事而寫出來的原創神祇。

屬於前者的邪神，可以說只不過是中世基督宗教教會所宣揚過的事，在「邪神確實存在」的虛構世界裡再度被定義一次罷了。然而，讓那些神之所以成為邪神的前提──「善的唯一神」，卻被設定為不存在；這也正是克蘇魯神話恐怖題材的絕妙之處。（至於達雷斯的一系列作品則是例外，於後再述。）

因為如此一來，既可由現實與作品世界的差距而產生幻惑感，同時又成功排除了中世基督宗教所有的獨善價值基準。

而屬於後者的原創邪神，除了有著為了配合故事而創造出來的特徵；跟現實世界中的民族學邪神比起來，也多了些人工的感覺。

作家原創邪神的典型特徵之一，就是邪神被信仰的原因。

在此試著略為分析克蘇魯神話裡的邪神信仰，它大致可分為兩種典型。

信仰邪神的原因之一，就是信仰邪神的種族本身具備「邪惡」特性，因此才會信仰邪神。而藉著信仰邪神以獲得現世利益，則是另外一種信仰邪神的原因。

特別是在先前的邪神分類中所提到的原創邪神，其信仰型態，（人類以外的怪物崇拜的情況除去不論）便大多是以現世利益為考量。

這種爲了「現世利益」而信仰邪神的理由固然容易理解，但在宗教學上其實相當稀有。特別是在自然產生的宗教當中，因現世利益而延續了信的情形實在非常少見。這種把獲取現世利益作爲信仰原因的情況，大多只存在有明確開山祖師的新興宗教內。連追求力量和知識的魔術師們都爲了獲取利益都信仰邪神姑且另當別論；但未開發地區的無知民族會爲了利益去信仰邪神，實在是相當不自然的一件事。在原始民族的世界觀裡，神的存在本身就是自明之理。

舉例來說：他們會爲了祈求農作豐收而獻祭給豐穰神；但若是發生接連不斷的飢饉，也不會停止供奉或因此懷疑豐穰神的存在。

所以說，以現世利益爲交換，要人對信仰、順服自己，正是惡魔的特質。

惡魔擁有的這種特質與自然產生的「神」不同，人造性質十分濃厚。惡魔此一存在是可以隨敘述者所講的內容而改變形象「角色」，例如有時惡魔是展示唯一神力量的角色；有時又是故事中的反派角色。本書提及的惡魔，之所以大多以小插曲的方式介紹，多少也同他們是人工創造物一事有所關聯。

因此，同樣地，爲了寫作而被創造出來的克蘇魯邪神，也因而擁有許多與惡魔相近的性質，或許也可以說他們因此給了人一種自然的感覺。

無神世界裡的惡魔群——這正是克蘇魯邪神的寫照。

■ 奧古斯都達雷斯（August Dares）的克蘇魯神話邪神

最後，再補述有關奧古斯都達雷斯的神話觀。達雷斯可算洛夫克萊夫特的弟子，他將洛夫克萊夫特及其他克蘇魯神話出版，還將克蘇魯神話整理出合理的體系。

至目前爲止，因系統過於繁雜，故而達雷斯的神話作品（以及達雷斯所指導的其他作家之作品）視作例外，未去觸及。在現代達雷斯的神話觀因屬於少數派，也常常被忽略；但若要論及有關神、惡魔、邪神的觀點，就不可不提達雷斯神話。

在達雷斯神話的背後，有舊善神與克蘇魯邪神相互對立的架構。善神雖不是單一神，但在此亦可看出基督宗教善惡二元論的深厚影響。這些所謂的舊善神群，跟基督宗教的唯一神耶和華一樣，對人們有著無限的慈愛，且擁有將可恨眾邪神暫時封印的強大力量。

像這種兩大對立力量的存在，無庸置疑地必然會對作品有強大影響力。但若從驚悚小說的觀點來看，驚悚程度便有相當程度的不同了。因為即便由於邪神的力量而遭遇危險，也說不定會有正義的一方出現解救，能令人安心。就個人層次而言或許有恐怖成分存在，但對全體人類來說，還是保障了未來的安全。

並且，二元對立的構造也侷限了邪神們的力量；這也是讓小說的恐怖減少幾分的原因之一。

附帶一提，達雷斯的神話作品，比起自己其他非神話故事的作品或是其他作家的作品，在小說整體的構造上有不少不完美的地方。這雖然跟神話觀無關，但也不能否認這是達雷斯的世界觀不受認同的遠因之一。

而且達雷斯還將克蘇魯神話的邪神限制到了既有的惡魔框架裡，這也可說是他的敗筆之一。從負面教材的意義來說，這不啻也提示了克蘇魯神話的吸引力和驚悚感的所在處。

最後，近年來由於用「反對克蘇魯神話＝驚悚小說」為方針的作品增加，在這股潮流中，關於達雷斯的功過也被重新評價了。

漫畫・電影

若要舉出20世紀最具代表性、最適合傳播故事的媒體，漫畫和電影可以說是最具說服力的媒介。

尤其是進入20世紀以後，廣為大眾所熟知的分格漫畫更成了日本足以向世人誇耀（暫且不論是否值得誇耀）的少數文化之一。

漫畫和電影的共通點，除了同是20世紀裡的新興媒體以外，兩者還同樣是「大眾消費產品」。

隨著北半球諸國的經濟發展以及教育水準提升，媒體本身也成了一種商品。亦即，媒體裡的故事敘述也成了一種商品、消費品。

當然，小說也具有這些共通特性，但娛樂性較強的漫畫和電影在消費速度上還是比小說快得多。而且漫畫電影中，比起故事本身，角色本身的特色較受重視。而若以消費前提來說，短篇小說或許也可列為娛樂性較強的媒體之一。

再來就是這些媒體裡的惡魔了。

漫畫、電影裡的惡魔，基本上只是一個角色。這裡所說的角色，

並非歐洲世界的民間故事裡所提及的「具備故事機能的惡魔」這種「記號＝角色」的意思；而是指惡魔是與故事裡其他人物同級的「故事人物」。

這也可說是媒體所有的視覺化特性造成的結果。隨著惡魔形象的視覺化，便削減了惡魔這種存在以往所擁有的「可怕」與「神秘」印象。

同時，由於對惡魔的描寫變得跟故事裡的其他出場人物──人類一樣，所以即使是惡魔也以一下子便被消費結束。如今，甚至到了只要一拿出「惡魔○○」的劇情，便會被消費者嗤之以鼻的程度。

電玩

到了現代，惡魔這種概念已被消費殆盡，可怕的形象不停地徹底減少。

電腦遊戲的興起也是加速這種情形的原因之一。

大多數在電腦遊戲中出現的惡魔，就跟傳統的、宗教裡描述的一樣，是大家所熟悉的反派角色。但玩家必須要具備相當的力量才能擊退來襲的惡魔，這裡就跟民間故事所描寫的不同，不會有正義之士出現解救，只能靠玩家自身加以擊殺。

遊戲乃是娛樂。

為了要能讓玩家投入遊戲，敵人的數量自然必須要到達一定水準。而若是能讓這些敵人成為「賣點」，作出令人耳目一新、優秀引人的敵方角色，那又更加理想。

因為如此，就形成了電腦遊戲中大量出現惡魔的情況。

現今的電腦遊戲界已經歷了黎明期、成長期，呈現出高度成熟的狀態。在遊戲界中，也同其他業界一樣開始出現了「顛覆翻轉」或「價值觀相對化」的情形。

都市傳說

在19世紀中期情報流通速度開始飛快加速，先進國家的教育水準也開始向上提升。從這時起，以往的惡魔傳說以及化為傳承故事的某類流言蜚語，開始被稱為「都市傳說」。

並且拜情報系統發達之賜，各種情報傳播所需要的時間也漸漸縮短。

然而，就算是在情報傳播應較為正確且快速的現代，卻也可能由於傳播時是透過了人們口耳相傳或文字傳遞等傳統方式，而使情報變質或被加油添醋的情況與往日相同，最後讓訊息變得跟起初源起時截然不同；而這便形成了所謂的都市傳說。

在最早期時出現的都市傳說，有被叫做「兩名傑克」的**彈簧腿傑克（Spring-heel Jack）**和**開膛手傑克（Jack the Ripper）**二人。這兩個人都是實際上存在但真實身份不明的人物，也有物理證據可證實他們造成的事件。但是專門研究他們的研究家中，至今仍無一能確切指出他們的真面目為何。

這種便是以真實事件做為濫觴的都市傳說。

接下來就舉出沒有真實事件存在為依據的都市傳說例子來做比較。

25歲以上的日本人可能對1970年末期到1980年初期，在日本引起話題的「**裂嘴女**」（**Kuchisake-onna**）還有印象吧？

有關裂嘴女的詳細內容在此就不詳述。在謠言發生當初，只被當成是小朋友（小學中年級到高年級）間流傳的無聊傳說。這種無憑無據傳言多是從「我是聽朋友的朋友說的」這類尋常話語開始的。在此希望大家瞭解的是，這位「朋友的朋友」事實上大多不存在。總之，（說難聽些）只不過是有人在吹噓從不存在的人那傳來的話罷了。

然而，一旦說出口的話，便會經由人們接連傳播下去，開始愈滾愈大。

不論是多麼不真實的謠言，只要有許多人相信它是真的，在這種情況下這些傳言便多半變得不再虛假。

都市傳說便是從這種「謊話成真」的情況中產生的。

搖滾樂

要正確判斷搖滾樂與惡魔是如何結合是件極為困難之事。然而，不僅搖滾樂被視為惡魔音樂，時至今日也常有搖滾樂手被基督宗教信徒控告的事件發生。

搖滾樂與惡魔性質事物的關係，可追溯至搖滾開始確立為一種音

樂類型的時候。於 1960 年代大爲活躍的披頭四樂團，儘管在當時大人的眼裡他們非常猥褻不正經，卻還是風靡了全球的少男少女們。於是以披頭四爲代表的搖滾樂被當成了誘惑善良的基督宗教信徒的事物，也因此開始了將搖滾樂視爲惡魔相關物的風潮。

搖滾樂樂手們於是順水推舟，反過來利用了針對他們的反感。在披頭四以後，搖滾樂不僅重視音樂性也變得開始重視視覺要素。於是某些特定樂團便使用了惡魔形象中的「酷」「邪惡」成分。其中也出現了號稱「會使用黑魔法」「把身體賣給惡魔」的搖滾樂手。而當時的迷信風潮、嗑藥、性濫交等嘻皮式的反道德行爲也給了搖滾樂影響。因此或許也可以說搖滾樂代表了當時的年輕人，紀錄了當時的世相。

雖然大多數的搖滾樂團都或多或少表現了惡魔性質，但最具代表性的則是 1970 年出道的「黑色安息日」（Black Sabbath）。他們的第一張專輯就名爲「黑色安息日」，且還由公司的行銷策略將發售日訂爲 13 日星期五；再加上令人驚悚的唱片封面、晦暗曲調、謳歌惡魔的歌詞，於是立刻成爲轟動話題。在他們採用黑暗形象爲行銷策略一炮而紅後，也有好幾個或認眞或半開玩笑的樂團踏襲這種惡魔形象出道，甚至還確立了「惡魔搖滾[80]」的音樂類型。

1970 年代以後的搖滾樂出現了多樣化的音樂類型，有出身工學背景的樂手打出的電音或工業金屬類型的音樂；有美術背景的樂手提出前衛搖滾或視覺系金屬；還有以貧窮勞動階級的怒吼爲背景的龐克樂等等，而以文學爲背景的惡魔系樂團也漸漸地增加。

在這樣的音樂風潮中，還曾出現抗議某惡魔系樂團公演的自治團體，以及認爲兒子的自殺跟聽了惡魔搖滾樂有關的遺族提出法律告訴等社會事件發生。樂團方面對於此，則是不以爲意地在記者會上大啖活生生的蝙蝠；或在歌詞中高唱洛夫克萊夫特之名；在唱片封面採用魔法陣或墓園；在演唱會舞台表演將裸女釘在十字架上的戲碼。藉此嘲弄社會對自己的批評，或藉此把惡魔傾向更加變本加厲地表演出來。

進入 1990 年代，在以重低音、大音量爲樂旨的重金屬樂團中，也

---

80. 譯注：目前國內大多將黑色安息日視作黑死金屬樂團一類，然因其出道甚早，發跡時音樂中所謂黑死金屬之樂種尚未成熟，故其早期風格多是搖滾或近似金屬風格之搖滾歌曲相混。

出現了惡魔歌詞和恐怖電影氣氛的音樂，而以視覺效果爲賣點的黑死金屬音樂也出現了。其中更出現了徹底反基督宗教的撒旦金屬樂，將搖滾中的惡魔風潮的更加細化、次文化化。

到了現在，將露骨惡魔形象當作賣點的樂團，幾乎都無法變成主流市場的音樂。黑死金屬或撒旦金屬被當成歐洲音樂市場的次要音樂，不過僅被部份狂熱歌迷接受所而已。而事實上，瑪莉蓮曼森（Marilyn Manson）、奧茲奧斯朋（Ozzyosbourne）、金屬製品（Metallica Pantera）等當紅樂團，至今還是被全美國的青少年監護人、熱心基督宗教信徒，以及保守團體視爲惡魔主義者而加以攻擊。

搖滾樂果眞是惡魔的音樂？或者是惡魔的形象何時會從搖滾樂中消失不見？這仍是我們在現階段不得而知的事。

主要参考文献

総記

悪魔学大全 ロッセル・ホープ・ロビンズ 著／松田和也 訳／青土社
悪魔学入門 J・チャールズ・ウォール 著／松本晴子 訳／北宋社
悪魔の系譜 J・B・ラッセル 著／大瀧啓裕 訳／青土社
悪魔の事典 フレッド・ゲティングズ 著／大瀧啓裕 訳／青土社
悪魔の歴史 ポール・ケーラス 著／船木 裕 訳／青土社
幻獣辞典 ホルヘ・ルイス・ボルヘス，マルガリータ・ゲレロ 著／柳瀬尚紀 訳／晶文社
幻想世界の住人たちⅡ 健部伸明 著／新紀元社 Truth In Fantasy
幻想動物事典 草野 巧 著／シブヤユウジ 画／新紀元社 Truth In Fantasy 事典シリーズ2
神話 ―人間の夢と真実― アレクサンダー・エリオット他 著／大林太良，古田敦彦 訳／講談社
神話のイメージ ジョゼフ・キャンベル 著／青木義孝，中名生登美子，山下主一郎 訳／大修館書店
図説 天使と精霊の事典 ローズマリ・エレン・グィリー 著／大出 健 訳／原書房
世界の妖怪たち 日本民話の会，外国民話研究会訳／三弥井書店 世界民間文芸叢書別巻
妖怪魔神精霊の世界 山室 静 執筆代表／自由国民社
宗教学辞典 小田偉一，堀 一郎 監修／東京大学出版会
エリアーデ世界宗教事典 ミルチャ・エリアーデ，ヨアン・P・クリアーノ 著／奥山倫明 訳／せりか書房
世界の神話 マイケル・ジョーダン 著／松浦俊輔他 訳／青土社
世界宗教大事典 山折哲雄 監修／平凡社
世界神話辞典 アーサー・コッテル 著／左近司祥子，宮元啓一，瀬戸井厚子，伊藤克巳，山口拓夢，
　　左近司彩子 訳／柏書房
西洋神名事典 山北 篤 監修／稲葉義明，桂 令夫，佐藤俊之，司馬炳介，秦野 啓，遙 遠志，
　　田中 天，牧山昌弘，山北 篤 著／新紀元社 Truth In Fantasy 事典シリーズ4
魔法 ―その歴史と正体― K・セリグマン 著／平田 寛 訳／平凡社 世界教養全集20
魔法事典 山北 篤 編／新紀元社 Truth In Fantasy 事典シリーズ3
「魔」の世界 那谷敏郎 著／新潮社 新潮選書
魔女はなぜ人を喰うか 大和岩雄 著／大和書房
民族衣装 オーギュスト・ラシネ 著／マール社編集部 編／マール社 マールカラー文庫
平凡社大百科事典 平凡社
広辞苑 第四版 新村 出 編／岩波書店
Dictionary of Gods and Goddessed, Devils and Demons Manfred Lurker 著／Routledge
Dictionary of Mythology Folklore and Symbols Gertrude Jobes 著／The Scarecrow Press
Encyclopedia of Gods:Over 2500 Deities of the World Michael Jordan 著／Facts On File, Inc.
Larousse Encyclopedia of Mithology Robert Graves 著／Hamlyn Publishing Group Limited
Le Morte D'Arthur Sir Thomas Malory 著／Penguin Classics
Man and his Gods encyclopedia of the world's religions Geoffrey Parrinder 著
　　Hamlyn Publishing Group Limited
New Larousse Encyclopedia of Mythology Robert Graves 著／Hamlyn Publishing Group Limited
Standard Dictionary of Folklore Mythology and Legend Maria Leach 著／Harper and Row
The Encyclopedia of Ghosts and Spirits Rosemary Ellen Guiley 著／Facts On File, Inc.
A History of Costume Karl Kohler 著／Dover

ヘブライ（ユダヤ教）／キリスト教

カラー版　西洋絵画の主題物語1　聖書編　諸川春樹 監修／諸川春樹，利倉　隆 著／美術出版社

キリスト教の神話伝説　ジョージ・エヴリー 著／今井正浩 訳／青土社

ユダヤの神話伝説　デイヴィッド・ゴールドスタイン 著／秦　剛平 訳／青土社

旧約聖書外典（上下）　関根正雄 訳／講談社

新共同訳　旧約聖書　日本聖書協会

聖書外典偽典1　教文館

聖書外典偽典補遺2　教文館

聖書辞典　新教出版社

聖書人名録 ―旧訳・新約の物語別人物ガイド―　草野　巧 著／新紀元社 Truth In Fantasy

聖書物語　山形孝夫 著／岩波書店　岩波ジュニア新書

カラー版　悪魔の美術と物語　利倉　隆 著／美術出版社

キリスト教シンボル図典　中森義宗，永井信一，小林　忠，青柳正規 監修／東信堂 世界美術双書別巻

怪物のルネサンス　伊藤　進 著／河出書房新社

新共同訳　新約聖書　日本聖書協会

新約聖書外典　荒井　献 訳／講談社

魔女と魔術の事典　ローズマリ・エレン・グィリー 著／荒木正純，松田　英 監訳／原書房

Dictionary of Deities and Demons in the Bible　Brill Academic Publishers

グリモア／創作物

悪魔の話　池内　紀 著／講談社　講談社現代新書

オカルトの図像学　フレッド・ケティングズ 著／阿部秀典 訳／青土社

オカルトの事典　フレッド・ケティングズ 著／松田幸雄 訳／青土社

地獄の辞典　コラン・ド・プランシー 著／床鍋剛彦 訳／講談社

Lemegeton;Clavicula Solomonis; or The Complete "Lesser" Key of Solomon The King
　　Nelson H.White 著／The Technology Group

神曲　ダンテ 原作／ギュスターヴ・ドレ 挿画／谷口江里也 訳・構成／JICC出版局

神曲　ダンテ 著／平川祐弘 訳／河出書房新社

神曲（上）　ダンテ 著／山川丙三郎 訳／岩波書店　岩波文庫

ダンテ　神曲　新生　ダンテ 著／野上素一 訳／筑摩書房　筑摩世界文学大系

ダンテ　神曲　ダンテ 著／平川祐弘 訳／河出書房　世界文学全集

ダンテの地獄を読む　平川祐弘 著／河出書房新社

悪魔　J・B・ラッセル 著／野村美紀子 訳／教文社

悪魔　ルーサー・リンク 著／高山　宏 訳／研究社

楽園の喪失　ミルトン 著／新井　明 訳／大修館書店

極楽浄土喪失　ミルトン 著／森谷峰雄 訳／風間書房

失楽園　ミルトン 著／平井正穂 訳／筑摩書房

失楽園（上下）　ミルトン 著／平井正穂 訳／岩波書店　岩波文庫

ローマ軍の歴史　ピーター・コノリー，クリスティーヌ・ジョリエ 著／福井芳男，木村尚三郎 監訳
　　東京書籍　カラーイラスト世界の生活史26

イスラム教

アラブの民話　久保儀明 訳／イネア・ブシュナク 編／青土社
イスラム教　M・S・ゴードン 著／奥西峻介 訳／青土社
イスラム幻想世界　桂　令夫 著／新紀元社 Truth In Fantasy
イスラム事典　日本イスラム協会，嶋田襄平，板垣雄三，佐藤次高 監修／平凡社
コーラン　藤本勝次 責任編集／中央公論社　中公バックス・世界の名著
コーラン（上中下）　井筒俊彦 訳／岩波書店　岩波文庫
バートン版　千夜一夜物語　1〜8　大場正史 訳／河出書房新社

オリエント

ヴェーダ・アヴェスター　辻直四郎 編／筑摩書房　筑摩世界古典文学全集
オリエント神話　ジョン・グレイ 著／森　雅子 訳／青土社
ゾロアスター教の神秘思想　岡田明憲 著／講談社　講談社現代新書
ゾロアスター教 ―神々への賛歌―　岡田明憲 著／平河出版社
ゾロアスター教の悪魔払い　岡田明憲 著／平河出版社
西アジア　上　尾形禎亮，佐藤次高 著／朝日新聞社　地域からの世界史7
バビロニア・アッシリア・パレスチナの神話伝説　名著普及会　世界神話伝説体系5
ペルシアの神話 ―光と闇のたたかい―　岡田恵美子 編著／筑摩書房　世界の神話5
ペルシア神話　ジョン・R・ヒネルズ 著／井本英一，奥西峻介 訳／青土社
王書 ―ペルシア英雄叙事詩―　フェルドゥスィー 著／黒柳恒男 編訳／平凡社　東洋文庫

エジプト

エジプトの神々　J・チェルニー 著／吉成　薫，吉成美登里 訳／六興出版
エジプトの神秘　リュシ・ラミ 著／田中義廣 訳／平凡社　イメージの博物誌22
エジプト神話　ヴェロニカ・イオンズ 著／酒井傳六 訳／青土社
図説　エジプトの神々事典　ステファヌ・ロッシーニ，リュト・シュマン＝アンテルム 著
　　矢島文夫，吉田春美 訳／河出書房新社
図説　古代エジプトの動物　黒川哲朗 著／六興出版

ギリシア／ローマ

ギリシア・ローマ神話辞典　高津春繁 著／岩波書店
ギリシア神話　アポドーロス 著／高津春繁 訳／岩波書店　岩波文庫
神統紀　ヘシオドス 著／廣川洋一 訳／岩波書店　岩波文庫
ローマ神話 ―西洋文化の源流から―　丹羽隆子 著／大修館書店

ケルト／北欧

ケルトの神話　井村君江 著／筑摩書房　ちくま文庫
ゲルマン・ケルトの神話　トンヌラ・ロート・ギラン 著／清水　茂 訳／みすず書房
虚空の神々　健部伸明 著／新紀元社 Truth In Fantasy
北欧神話　K・クロスリィーホランド 著／山室　静，米原まり子 訳／青土社
Celtic Myth and Legend　Charles Squire 著／Newcastle Publishing
Celtic Mythology　Proinsias MacCana 著／松田幸雄 訳／青土社
Mythologie Germanique　E.Tonnelat 著／清水　茂 訳／みすず書房

ロシア

ロシアの神話　ギラン 著／小海永二 訳／青土社
ロシアの妖怪たち　齋藤君子 著／大修館書店
ロシア怪談集　沼野充義 編／河出書房新社　河出文庫
ロシア民話の世界　藤沼 貴 編著／早稲田大学出版会
イワンのばか　トルストイ 著／松谷さやか 訳／集英社　子どものための世界名作文学15
ゴーゴリ全集1～7　河出書房新社
スラヴのことわざ　栗原成郎 著／ナウカ
ディカーニカ近郷夜話（上下）　ゴーゴリ 著／平井 肇 訳／岩波書店　岩波文庫
プーシキン全集1～6　河出書房新社
狂人日記 他二編　ゴーゴリ 著／横田瑞穂 訳／岩波書店　岩波文庫
肖像画・馬車　ゴーゴリ 著／平井 肇 訳／岩波書店　岩波文庫
世界名詩集大成12 ロシア　平凡社
片恋・ファウスト　ツルゲーネフ 著／米川正夫 訳／新潮社　新潮文庫
民話集　イワンのばか 他八編　トルストイ 著／中村白葉 訳／岩波書店　岩波文庫
ロシア・ソ連を知る事典　川端, 佐藤, 中村, 和田 監修／平凡社

東欧

神と悪魔 ーギリシア正教の人間観ー　高橋保行 著／角川書店　角川選書
ポーランドの民話　吉上, 直野他 訳編／恒文社
世界むかし話・東欧　松岡享子 訳編／ほるぷ出版
東欧を知る事典　伊東, 直野, 萩原, 南塚 監修／平凡社

フィンランド

カレワラ ーフィンランド国民叙事詩ー（上下）　森本覚丹 訳／講談社　講談社学術文庫
カレワラタリナ ーハーヴィオ再話ー　坂井玲子 訳／第三文明社　レグルス文庫
フィンランドの神話伝説　名著普及会　世界神話伝説体系31
ロシアの神話　ギラン 著／小海永二 訳／青土社

シベリア

シベリアの神話伝説　名著普及会　世界神話伝説体系10
東北アジアの神話・伝説　荻原眞子 著／東方書店
モンゴルの神話・伝説　原山 煌 著／東方書店
図説　シャーマニズムの世界　ミハーイ・ホッパール 著／村井 翔 訳／青土社

欧州諸神話

オーストリアの伝説　名著普及会　世界神話伝説体系25
スコットランドの神話伝説　名著普及会　世界神話伝説体系39
ヨーロッパの神話伝説　ジャクリーン・シンプソン 著／橋本槇矩 訳／青土社
エトルリア文明展　図録　青柳正規 監修・翻訳／篠塚千恵子, 石原 正, 今井桜子 翻訳
　　朝日新聞東京本社文化企画局 編／石橋財団ブリヂストン美術館学芸部 編集協力／朝日新聞社

インド

インド神話　ヴェロニカ・イオンズ 著／酒井傳六 訳／青土社

インド神話伝説辞典　菅沼　晃 著／東京堂出版

インド神話入門　長谷川明 著／新潮社　とんぼの本

インドの神話　マッソン・ウルセル，ルイーズ・モラン 著／美和　稔 訳／みすず書房

インドの民話　中島　健 訳／ラーマーヌジャン 編／青土社

インド民衆の文化誌　小西正捷 著／法政大学出版局

バラモン　原始仏教　長尾雅人 著／中央公論社　世界の名著1

マハーバーラタ（1～9）　山際素男 訳／三一書房

マハーバーラタ（上中下）　C・ラージャーゴーパーラーチャリ 著／奈良　毅，田中嫺玉 訳
　　第三文明社　レグルス文庫

ラーマーヤナ（1～2）　岩本　裕 訳／平凡社　東洋文庫

ラーマーヤナ（上下）　河田清史 著／第三文明社

リグ・ヴェーダ讃歌　辻直四郎 訳／岩波書店　岩波文庫

もっと知りたいインドⅡ　臼田，押川，小谷 編／弘文堂

仏像図典　増補版　佐和隆研 編／吉川弘文館

やさしい仏像入門　松原哲明，三木童心 著／新星出版社

密教曼荼羅　久保田悠羅＆F.E.A.R.／新紀元社　Truth In Fantasy

新版　河童駒引考　石田英一郎 著／岩波書店　岩波文庫

南アジアを知る事典　辛島，前田他 監修／平凡社

仏教に見る世界観　定方　晟 著／第三文明社

仏尊の事典　関根俊一 編／学研　エソテリカ事典シリーズ

密教の仏たち　井ノ口泰淳，鳥越正道，頼富本宏 著／人文書院

インドネシア

インドネシア・ベトナムの神話伝説　名著普及会　世界神話伝説体系15

インドネシアの民俗　リー・クーンチョイ 著／伊藤雄次 訳／サイマル出版会

バリ島楽園紀行　渡部，伊藤，佐藤他 著／新潮社　とんぼの本

マハーバーラタの蔭に　松本　亮 著／八幡山書房

東南アジアを知る事典　石井，高谷，前田，土屋，池端 監修／平凡社

魔女ランダの島・バリ　板垣真理子 著／スリーエーネットワーク

東洋全般

屍鬼二十五話 ―インド伝奇集―　ソーマデーヴァ 著／上村勝彦 訳／平凡社　東洋文庫

大漢和辞典　諸橋轍次 著／大修館書店

東洋史大辞典　京大東洋史辞典編纂会 編／東京創元社

東洋歴史大辞典　池村　宏，矢野仁一他 編／臨川書店

中国

あの世の辞典　水木しげる 著／築摩書房

インド曼荼羅大陸　蔡　丈夫 著／新紀元社　Truth In Fantasy

タオの神々　真野隆也 著／新紀元社　Truth In Fantasy

山海経 ―中国古代の神話世界―　高間三良 訳／平凡社　平凡社ライブラリー

完訳　封神演義　光栄

五雑組　謝　肇淛 著／岩城秀夫 訳／平凡社　東洋文庫
三国志　『中国の思想』刊行委員会 編訳／徳間書店
司馬遷　史記　『中国の思想』刊行委員会 編訳／徳間書店
史記　平凡社　中国古典文学大系
春秋左氏伝　平凡社　中国古典文学大系
書経・易教（抄）　平凡社　中国古典文学大系
水木しげるの憑物　水木しげる 著／学習研究社
水滸伝　平凡社　中国古典文学大系
西遊記　平凡社　中国古典文学大系
祖先崇拝のシンボリズム　オームズ・ヘルマン 著／弘文堂
荘子　『中国の思想』刊行委員会 編訳／徳間書店
中国の神話伝説　袁珂 著／鈴木　博 訳／青土社
中国神話　聞　一多 著／中島みどり 訳／平凡社　東洋文庫
中国神話・伝説大辞典　袁珂 著／鈴木　博 訳／大修館書店
中国魔物図鑑　ＫＺ和 著／光栄
道教の神々　窪　徳忠 著／平河出版社
封神演義　安能　務 訳／講談社
平妖伝　平凡社　中国古典文学大系
抱朴子・列仙伝・神仙伝・山海教　平凡社　中国古典文学大系
妖怪100物語　水木しげる 著／小学館
老子・荘子・列子・孫子・呉子　平凡社　中国古典文学大系
老子・列子　『中国の思想』刊行委員会 編訳／徳間書店
六朝・唐・宋小説選　平凡社　中国古典文学大系
論語　『中国の思想』刊行委員会 編訳／徳間書店
淮南子・説苑（抄）　平凡社　中国古典文学大系
聊斎志異　平凡社　中国古典文学大系

韓国

韓国神話　金　両基 著／青土社
水木しげるの続・世界妖怪事典　水木しげる／東京堂出版
日本「鬼」総覧　新人物往来社　歴史読本特別増刊・事典シリーズ

日本

日本の神話・伝説　吉田敦彦, 古川のり子 著／青土社
日本架空伝承人名事典　大隈和雄, 西郷信綱, 阪下圭八, 服部幸雄, 廣末　保, 山本吉左右 編集委員
　　平凡社
日本の神様読み解き事典　川口謙二 編著／柏書房
上代説話事典　大久間喜一郎, 乾　克己 編／雄山閣
里見八犬伝　栗本　薫 著／講談社　少年少女古典文学館第22巻
土蜘蛛草子　天狗草子　大江山絵詞　小松茂美 編／中央公論社　続日本の絵巻26
風土記の世界　志田諄一 著／教育社　教育社歴史新書
疱瘡神 ―江戸時代の病いをめぐる民間信仰の研究―　ハルトムート・O・ローテルムンド 著／岩波書店
歌舞伎名作事典　演劇出版社
仏像図典　増補版　佐和隆研 編／吉川弘文館

密教曼荼羅　久保田悠羅＆F.E.A.R.／新紀元社　Truth In Fantasy
新版　世界人名辞典　日本編　佐藤直助，平田耿二 編／東京堂出版
別冊歴史読本　日本人物総覧＜歴史編＞　新人物往来社
資料　日本歴史図録　笹間良彦 編著／柏書房

アイヌ　神々と生きる人々　藤村久和 著／福武書店
アイヌの世界観　「ことば」から読む自然と宇宙　山田孝子 著／講談社
アイヌの昔話　ひとつぶのサッチポロ　萱野 茂 著／平凡社　平凡社ライブラリー20
アイヌ文化の基礎知識　財団法人アイヌ民族博物館 監修／草風館
カムイユカラと昔話　萱野 茂 著／小学館
古代の蝦夷（えみし）　工藤雅樹，佐々木利和 著／河出書房新社　歴史博物館シリーズ
ちとせのウエペケレ　長見義三 著／響文社
火の神（アペフチカムイ）の懐にて　ある古老が語ったアイヌのコスモロジー　松居友 著／JICC出版局
金の小犬銀の小犬 －県別ふるさとの民話6　北海道－　日本児童文学者協会 監修／偕成社

東洋諸神話

インドネシア・ベトナムの神話伝説　名著普及会　世界神話伝説体系15
チベットの秘宝展　図録　読売新聞社
ラダック密教の旅　滝 雄一，佐藤 健 著／佼成出版社

北米

エスキモーの民話　ハワード・ノーマン 著／松田幸雄 訳／青土社
カナダの土地と人々　島村博文 著／古今書院
北米インディアン生活誌　横須賀孝弘 監修／秋巻耿介 訳／C・ハミルトン 編／社会評論社
Dictionary of Native American Mythology　Sam D. Gill & Irene F. Sullivan 著／Oxford University Press

中米

マヤ興亡　八杉佳穂 著／福武書店　Fukutake Books22
マヤ文明　石田英一郎 著／中央公論社　中公新書
マヤ文明　失われた都市を求めて　クロード・ボーデ，シドニー・ピカソ 著／落合一泰，阪田由美子 訳
　　創元社　「知の再発見」双書07
マヤ文明の謎　青木晴夫 著／講談社　講談社現代新書
古代マヤ文明展　図録　朝日新聞社
マヤ・インカ神話伝説集　松村武雄 編／社会思想社　現代教養文庫
ポポル・ヴフ　A・レシーノス，林屋永吉 訳／中央公論社　中公文庫
図説　古代マヤ文明　寺崎秀一郎 著／河出書房新社　ふくろうの本
ANCIENT MEXICO in the British Museum　British Museum Press

アステカ文明の謎 －いけにえの祭り－　高山智博 著／講談社　講談社現代新書
アステカ・マヤの神話　カール・タウベ 著／藤田美砂子 訳／丸善　丸善ブックス044
マヤ・アステカの神話　アイリーン・ニコルソン 著／松田幸雄 訳／青土社
Aztec and Maya Myths　Karl Taube 著／British Museum Press

インカ帝国 －砂漠と高山の文明－　泉 靖一 著／岩波書店　岩波新書

インカ帝国　太陽と黄金の民族　カルメン・ベルナン 著／大貫良夫，阪田由美子 訳
　　　創元社　「知の再発見」双書06
図説　インカ帝国　フランクリン・ピース，増田義郎 共著／小学館
ペルー・インカの神話　ハロルド・オズボーン 著／田中　梓 訳／青土社

オセアニア

オーストラリア・ポリネシアの神話伝説　名著普及会　世界神話伝説体系21
オセアニア神話　ロズリン・ポイニャント 著／豊田由貴夫 訳／青土社
精霊たちのメッセージ　ー現代アボリジニの神話世界ー　松山利夫 著／角川書店　角川選書
ニューギニア　神と精霊のかたち　埼玉県城ヶ島市教育委員会 編／里文出版
パプア・ニューギニアの民話　S・ストウクス，B・K・ウィルソン 著／沖田外喜治 訳／未来社
パラオの神話伝説　土方久功 著／三一書房
メラネシア・ミクロネシアの神話伝説　名著普及会　世界神話伝説体系22
神々のかたち　ー仮面と神像ー　サントリー美術館学芸課 編集／朝日新聞大阪本社企画部

アフリカ

アフリカ神話　ジェフリー・パリンダー 著／松田幸雄 訳／青土社
アフリカのかたち　小川　弘 著／里文出版

フィクション

デビルマン　1〜5　永井　豪＆ダイナミックプロ 著／講談社　講談社漫画文庫
闇の公子　タニス・リー 著／浅葉英子 訳／早川書店　ハヤカワ文庫
死の王　タニス・リー 著／室住信子 訳／早川書店　ハヤカワ文庫
大宇宙の魔女　C・L・ムーア 著／仁賀克雄 訳／早川書店　ハヤカワ文庫
熱夢の女王（上下）　タニス・リー 著／浅葉英子 訳／早川書店　ハヤカワ文庫
惑乱の公子　タニス・リー 著／浅葉英子 訳／早川書店　ハヤカワ文庫

クトゥルフ

クトゥルー神話事典　東　雅夫 著／学習研究社　学研ホラーノベルズ
クトゥルフ・ハンドブック　山本　弘 著／ホビージャパン
クトゥルフの呼び声［ルールブック］　サンディ・ピーターセン，リン・ウィリス 著／中山てい子 訳
　　　ホビージャパン
クトゥルフモンスターガイド　1，2　サンディ・ピーターセン 著／中山てい子 訳／ホビージャパン
ラブクラフト全集　1〜6　H．P．ラブクラフト 著／大瀧啓裕他 訳／東京創元社　創元推理文庫
真ク・リトル・リトル神話大系　1〜10　H．P．ラブクラフト，オーガスト・ダーレス 著
　　　大瀧啓裕他 訳／国書刊行会

都市伝説

モンスターUMAショック　並木伸一郎 著／竹書房　竹書房文庫
消えるヒッチハイカー　ーブルンヴァンの「都市伝説」コレクション　1ー
　　　ジャン・ハロルド・ブルンヴァン 著／大月隆寛，菅谷裕子他 訳／新宿書房
世界の謎と不思議百科　ジョン＆アン・スペンサー 著／金子　浩 訳
　　　扶桑社　扶桑社ノンフィクション

▌中文參考文獻

《工作與時日　神譜》赫西俄德著／H.G.Evelyn-White 英譯／張竹明、蔣平轉譯／商務出版社

《山海經校注》袁珂校注／里仁出版社

《基督教典外文獻──舊約篇》黃根春編／文藝出版社

《失落的文明　印加》沈小榆著／三聯書店

《希臘羅馬神話與傳說》葛斯塔夫・舒維普著／齊霞飛譯／志文出版社

《浮士德》歌德著／周學普譯／志文出版社

《浮士德博士悲劇史》馬婁著／郭錦秀譯／桂冠出版社

《英漢宗教字典》鄧肇明編／道聲出版社

《宗教辭典》任繼愈主編／博遠出版社

《阿茲特克帝國》克蘭狄能著／薛絢譯／貓頭鷹出版社

《神曲的故事－地獄篇》但丁著／王維克譯／志文出版社

《神曲的故事－淨界篇》但丁著／王維克譯／志文出版社

《神曲的故事－天堂篇》但丁著／王維克譯／志文出版社

《失樂園》密爾頓著／朱維之譯／桂冠出版社

《北歐神話故事：消失已久的維京諸神傳說》白蓮欣著／好讀

《埃及神話故事－解開古老埃及神話之謎》黃晨淳著／好讀

《聖經》（新標點和合本）聯合聖經公會

《追蹤埃及諸神的腳印》歐力維・提亞諾著／羅苑韶譯／麥田出版社

《希臘羅馬神話故事》赫米爾敦著／宋碧雲譯／志文出版社

《古埃及探祕》Jean Vercoutter 著／吳岳添譯／時報出版社

《希臘的誕生　燦爛的古典文明》Pierre Leveque 著／王鵬、陳祚敏譯／時報出版社

《天使典》奧瑟亞著／千禧國際文化出版社

《女巫　撒旦的情人》Jean-Michel Sallmann 著／馬振騁譯／時報出版社

《希伯來神話故事》程義編／星光出版社

《波斯神話故事》程義編／星光出版社

《埃及神話故事》程義編／星光出版社

《印度神話故事》程義編／星光出版社

《塞爾特神話故事》程義編／星光出版社

《北歐神話故事》程義編／星光出版社

《神秘神學》狄奧尼修斯著／包利民譯／漢語基度教文化研究所

《中國神話傳說辭典》袁珂編著／華世出版社

《聖經大辭典》海丁氏著／上海廣學會譯／中央編譯

大陸書籍

《世界各民族神話大觀》謝‧亞‧托卡斯夫等著／魏慶征譯／國際文化出版公司

《印地安神話故事》蕭風編譯／宗教文化出版社

《印度神話故事》曾明編著／宗教文化出版社

《埃及神話故事》李永東編著／宗教文化出版社

《古代埃及神話》魏慶征編／北岳文藝、山西文藝出版社

《古代印度神話》魏慶征編／北岳文藝、山西文藝出版社

《古代伊朗神話》魏慶征編／北岳文藝、山西文藝出版社

《古代兩河流域與西亞神話》魏慶征編／北岳文藝、山西文藝出版社

《東方神話傳說第一卷──希伯來、波斯、伊朗神話傳說》唐孟生編／北京大學出版社

《東方神話傳說第二卷──西亞、北非古代神話傳說》孫承熙編／北京大學出版社

《東方神話傳說第三卷──非洲古代神話傳說》李永彩編／北京大學出版社

《東方神話傳說第六卷──東南亞古代神話傳說（上）》張玉安編／北京大學出版社

《東方神話傳說第七卷──東南亞古代神話傳說（下）》張玉安編／北京大學出版社

《東方神話傳說第八卷──東北亞神話傳說》史習成編／北京大學出版社

《鬼神學詞典》蔣梓驊等編／陝西人民出版社

《外國神話傳說大詞典》外國神話傳說大詞典編寫組／中國國際廣播出版社

《世界神話辭典》魯剛主編／遼寧人民出版社

《神話辭典》M.H.鮑特文尼克等著／黃鴻森、溫乃錚譯／商務印書館

《聖經百科辭典》梁工主編／遼寧人民出版社

《基督教詞典》基督教詞典編寫組／北京語言學院出版社

《基督教文化百科全書》丁光訓等編／濟南出版社

索　引

C

U

Z

國家圖書館出版品預行編目資料

惡魔事典／山北篤、佐藤俊之監修；桂令夫、佐藤俊之、司馬炳介、秦野啟、
田中天、遙遠志、牧山昌弘、山北篤合著；高胤堯、劉子嘉、林哲逸合譯.
--初版.--台北市：奇幻基地出版：城邦文化發行；2003〔民92〕
面；　　公分. --（聖典：05）

ISBN　986-7576-07-1（平裝）

874.597　　　　　　　　　　　　　　　　　　　　　　92017448

惡魔事典

原 著 書 名	／惡魔事典
監　　　修	／山北篤、佐藤俊之
作　　　者	／桂令夫、佐藤俊之、司馬炳介、秦野啟、田中天、遙遠志、牧山昌弘、山北篤
譯　　　者	／高胤堯、劉子嘉、林哲逸
審　　　定	／朱學恒、楊伯瀚
總 策 畫	／朱學恒
副 總 編 輯	／黃淑貞
責 任 編 輯	／張世國

發　行　人　／何飛鵬
法 律 顧 問　／中天國際法律事務所
出　　　版　／奇幻基地出版
　　　　　　　台北市 104 民生東路二段 141 號 9 樓
　　　　　　　電話：(02)25007008　　傳真：(02)25007759、25007579
　　　　　　　網址：www.ffoundation.com.tw
　　　　　　　email：ffoundation@cite.com.tw
發　　　行　／英屬蓋曼群島商家庭傳媒股份有限公司城邦分公司
　　　　　　　連絡地址：台北市 104 民生東路二段 141 號 2 樓
　　　　　　　讀者服務專線：0800-020-299
　　　　　　　24 小時傳真服務：(02)25170999
　　　　　　　讀者服務信箱：CS@cite.com.tw
　　　　　　　郵政劃撥帳號：19833503
　　　　　　　戶名：英屬蓋曼群島商家庭傳媒股份有限公司城邦分公司
　　　　　　　歡迎光臨城邦讀書花園　網址：www.cite.com.tw
香港發行所　／城邦（香港）出版集團有限公司
　　　　　　　香港北角英皇道310號雲華大廈4/F, 504室
　　　　　　　電話：25086231　　傳真：25789337
馬新發行所　／城邦（馬新）出版集團【Cite(M)Sdn. Bhd.(458372U)】
　　　　　　　11, Jalan 30D/146, Desa Tasik,
　　　　　　　Sungai Besi, 57000 Khala Lumpur, Malaysia.
　　　　　　　電話：603-9056 3833　　傳真：603-9056 2833
　　　　　　　e-mail：citekl@cite.com.tw

封 面 設 計　／黃聖文
版 型 設 計　／鴻霖印刷傳媒事業有限公司
排 版 印 刷　／鴻霖印刷傳媒事業有限公司
總 經 銷　／農學社　電話：(02)2917-8022　　傳真：(02)2915-6275

□2003年(民92) 12月19日二版5刷　　　　　　　　　　　Printed in Taiwan.
□2004年(民93) 12月24日二版12刷

售價／480 元

廣　告　回　函
北區郵政管理登記證
北臺字第10158號
郵資已付，免貼郵票

100 台北市信義路二段213號11樓

城邦文化事業（股）公司　收

奇幻基地網址：www.ffoundation.com.tw
奇幻基地e-mail： ffoundation@cite.com.tw

請沿虛線對摺，謝謝！

書號：IHR005	書名：惡魔事典	編碼：

 奇幻基地

讀 者 回 函 卡

謝謝您購買我們出版的書籍！請費心填寫此回函卡，我們將不定期寄上城邦集團最新的出版訊息。

姓名：_____

性別：□男　　□女

生日：西元 _____ 年 _____ 月 _____ 日

地址：_____

聯絡電話：_____　傳真：_____

E-mail：_____

學歷：□1.小學 □2.國中 □3.高中 □4.大專 □5.研究所以上

職業：□1.學生 □2.軍公教 □3.服務 □4.金融 □5.製造 □6.資訊

　　　□7.傳播 □8.自由業 □9.農漁牧 □10.家管 □11.退休

　　　□12.其他 _____

您從何種方式得知本書消息？

　　　□1.書店□2.網路□3.報紙□4.雜誌□5.廣播 □6.電視 □7.親友推薦

　　　□8.其他 _____

您通常以何種方式購書？

　　　□1.書店□2.網路□3.傳真訂購□4.郵局劃撥 □5.其他 _____

您喜歡閱讀哪些類別的書籍？

　　　□1.財經商業□2.自然科學 □3.歷史□4.法律□5.文學□6.休閒旅遊

　　　□7.小說□8.人物傳記□9.生活、勵志□10.其他 _____

對我們的建議：

_____

_____

_____

_____